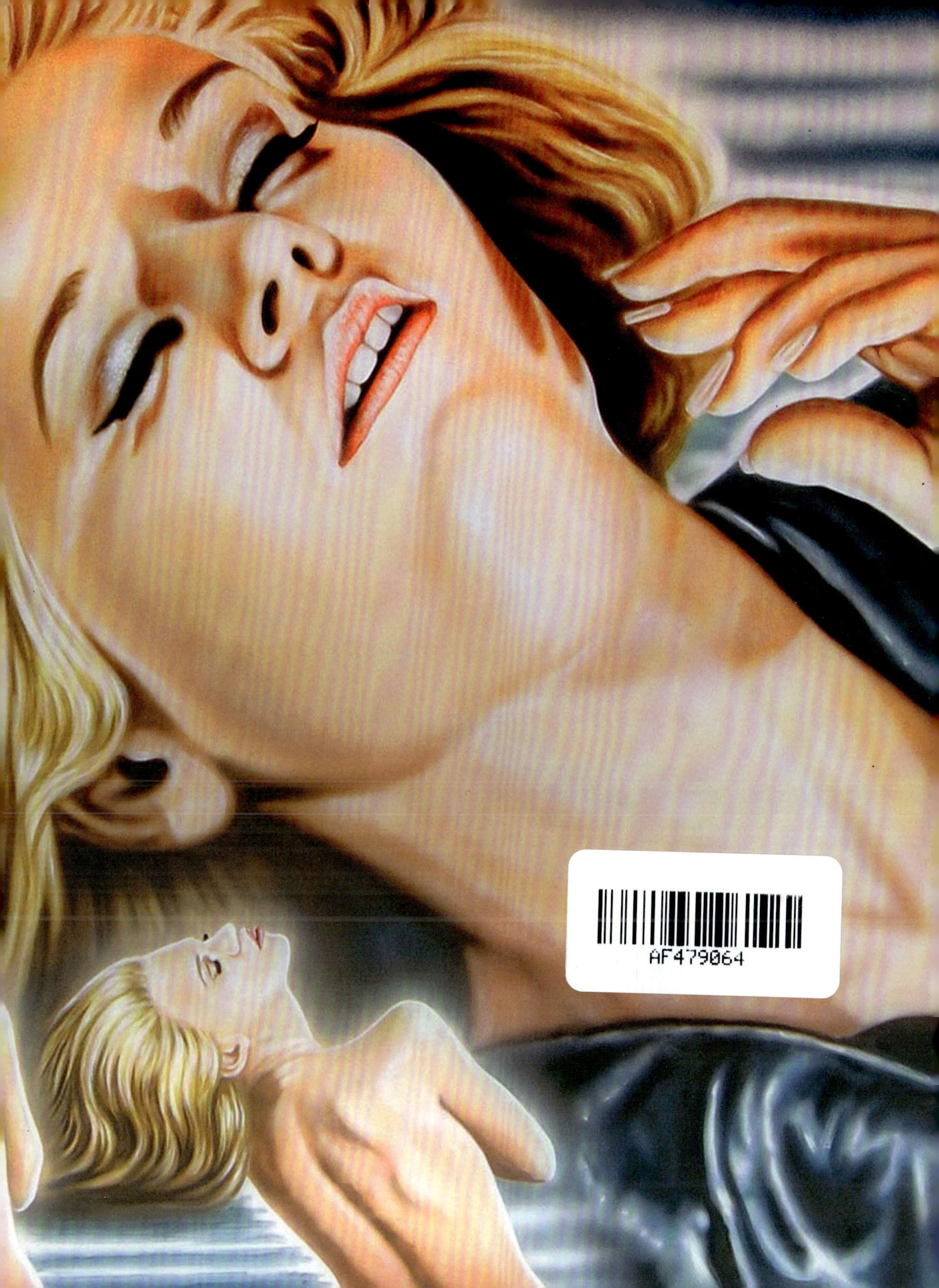
AF479064

# Vorspannkino
## 47 Titel einer Ausstellung
### 47 Titles of an Exhibition

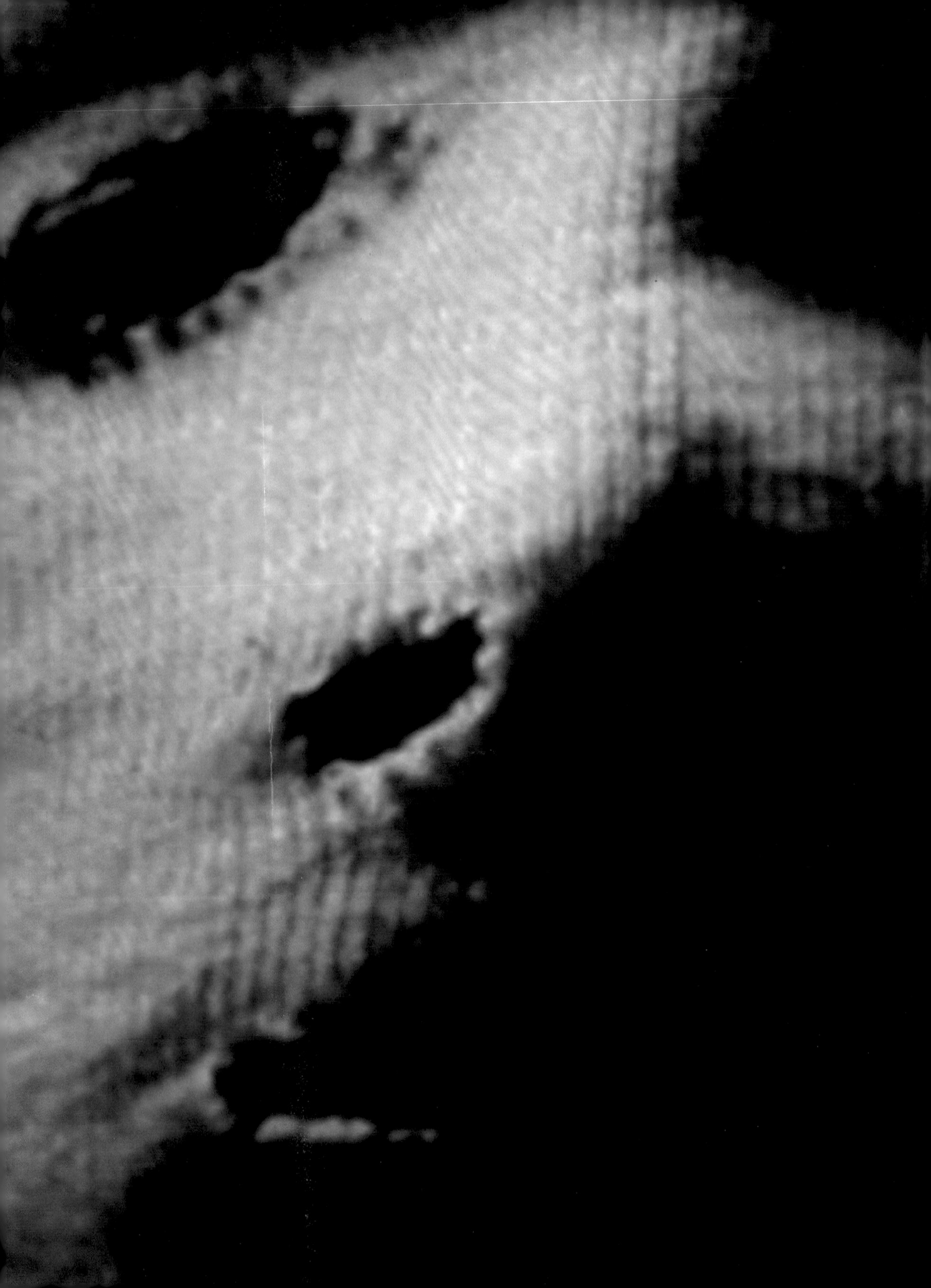

# Vorspannkino

## 47 Titel einer Ausstellung

### 47 Titles of an Exhibition

Hrsg. / Ed. Susanne Pfeffer

KW Institute for Contemporary Art, Berlin
Verlag der Buchhandlung Walther König, Köln

# Inhalt / Contents

# Vorspann- kino 47 Titel einer Ausstellung

**Susanne Pfeffer**

Am Anfang war der Vorspann nur ein Titel. Gleich dem „Künstler Anonymus" wurden in den ersten Jahrzehnten des Films nur selten Regisseur oder Schauspieler, geschweige denn der Kameramann oder andere Mitglieder der technischen Crew namentlich genannt. In den mehr als einhundert Jahren, die seit dem Einzug der bewegten Bilder in eigens für sie errichtete Lichtspielhäuser vergangen sind, hat sich der Vorspann zu einem filmischen Genre entwickelt, das nicht nur einzelne Beispiele hervorgebracht hat, die mindestens so bekannt sind wie der auf sie folgende Hauptfilm, sondern auch einige berühmte Gestalter, die seine Geschichte besonders geprägt haben, so wie der in dieser Publikation mit einem Interview vertretene Titeldesigner Saul Bass (1920–1996). Umso mehr verwundert es, dass dem Vorspann bisher nur wenige Publikationen gewidmet wurden, und, vor allem, dass er noch nicht Gegenstand einer Ausstellung und damit verbundenen umfangreicheren Recherchen und Untersuchungen gewesen ist. Wenn hier ein kurzer Überblick über die Geschichte des Vorspanns gegeben wird und im Folgenden vier verschiedene Kategorien vorgeschlagen werden, die dem Genre eine gewisse Systematik verleihen, so ist dies als Versuch zu verstehen, der von der Sichtung eines umfangreichen Materialbestandes ausgeht, aber keineswegs den Anspruch auf Vollständigkeit und unanfechtbare Objektivität erheben kann.

*

Während zunächst allein der Titel zur Eröffnung des Films auf der Leinwand erschien, bemühte man sich bereits in den 1920er Jahren, für diesen eine Typografie zu verwenden, die formal auf den Inhalt beziehungsweise das Genre verwies. Auch kamen gelegentlich Frühformen der Animation zum Einsatz. So setzen sich etwa bei DANSE MACABRE (Dudley Murphy, USA 1922, S. 198) die Buchstaben aus der Bewegung von Totentänzern zusammen. Zunächst einmütig erstarrt, geraten die schaurig klapprigen Figuren zur Musik von Camille Saint-Saëns in Bewegung und fügen sich zum Schriftbild. Nur wenige Jahre später schuf Lotte Reiniger einen ganzen Spielfilm in der hier angewandten Legetricktechnik, DIE ABENTEUER DES PRINZEN ACHMED (Deutschland 1926, S. 170). Der Vorspann, der die fiktiven Trick-Charaktere vorstellt, ist passend zum Ort der Handlung gestaltet: eine orientalisch anmutende Schrift auf Tafeln, die von Ornamenten im selben Stil umrahmt und von zwei Pfauen eingefasst sind.

Mit dem Aufkommen des von den großen Filmstudios beförderten Starkults in den 1930er Jahren kamen die Namen, und damit wurde der Titel zum eigentlichen Vorspann, wie er sich bis heute in den verschiedenen Spielarten entwickelt hat. Die wachsende Zahl der zu nennenden Schauspieler bedingte ganze Sequenzen, die nun nicht mehr nur grafisch, sondern zunehmend auch filmisch gestaltet wurden. Bereits in den 1940er Jahren waren Vor- und Abspanne zu einem fast selbstständigen filmischen Genre geworden, was Regisseure wie Jean Cocteau oder Orson Welles dazu veranlasste, dieses selbst zu reflektieren und zu ironisieren. Während Cocteau bei LA BELLE E LA BÊTE (ES WAR EINMAL – DIE SCHÖNE UND DIE BESTIE, Frankreich 1946, S. 244) jeden einzelnen Namen der Mitwirkenden eigenhändig an eine Schultafel schreibt und jeweils wegwischt, um ihn durch den nächsten zu ersetzen, verzichtet Welles in THE MAGNIFICENT AMBERSONS (DER GLANZ DES HAUSES AMBERSON, USA 1942, S. 248) gänzlich auf Schrift und spricht die Namen und Funktionen aus dem Off ein.

Während häufig die Regisseure selbst für die Vorspanne verantwortlich zeichneten (wie es auch heute noch oft der Fall ist), hatte sich – parallel zur wachsenden Bedeutung und Selbständigkeit der Titelsequenzen – eine von den Filmstudios unabhängige Riege von meist aus dem Grafikdesign kommenden Gestaltern formiert, die eigenständige Vorspanne entwarfen. Als sich Mitte der 1950er Jahre die Filmgewerkschaften verpflichteten, alle beteiligten Künstler zu nennen, waren es vor allem diese Titeldesigner, die die rechtliche Vorgabe als Chance begriffen, denn die dadurch gewonnene Filmlänge erweiterte die Möglichkeiten origineller Gestaltung. In dieser Zeit behauptet sich der Vorspann endgültig als eigenes Genre, häufig im Format eines in sich abgeschlossenen kleinen Films vor dem Hauptfilm. Dies ist der Fall im berühmten Vorspann zu THE PINK PANTHER (DER ROSAROTE PANTHER, Friz Freleng, Großbritannien/USA 1963, S. 192), in dem sich ein pinker Diamant zu einem Panther wandelt, der im, mit und gegen den Vorspann sein komisches Unwesen treibt. In BULLIT (Pablo Ferro, USA 1968, S. 142) bildet der Vorspann bereits einen kurzen Agentenfilm in sich, mit eigener Dramaturgie und Spannungskurve.

Erstmals werden auch rein grafische mit filmischen Sequenzen kunstvoll miteinander verwoben, so in einem der bekanntesten Vorspanne des bereits oben erwähnten Titeldesigners Saul Bass: Aus der vollkommen schwarzen Projektionsfläche heraus taucht langsam, scheinbar immer näher kommend, das Gesicht einer Frau auf. Zunächst vollkommen reglos, zuckt der leinwandgroße Mund plötzlich zusammen, während die Musik in hypnotischen Rhythmen aufsteigt. Der Blick des Objektivs gleitet zu den Augen, die, beunruhigt und beunruhigend, wie in Panik hin- und herschauen. Die Kamera fährt dicht an das rechte Auge heran. Es weitet sich angsterfüllt. Das Bild färbt sich blutrot. Aus dem Inneren des Auges tritt der Filmtitel hervor. Eine Spirale dreht sich aus der Pupille heraus, wird größer und größer und füllt schwindelerregend das gesamte Bild – VERTIGO (VERTIGO – AUS DEM REICH DER TOTEN, Alfred Hitchcock, USA 1958, S. 224).

Ab den 1950er Jahren lässt sich eine wachsende Nähe zur zeitgenössischen bildenden Kunst beobachten. Einflüsse aus Pop- und Op-Art spiegeln sich zum Beispiel in einigen Titelsequenzen von Bass – selbst ein Sammler zeitgenössischer Kunst: In NORTH BY NORTHWEST (DER UNSICHTBARE DRITTE, Alfred Hitchcock, USA 1959) wird eine monochrom grüne Flächen von rechts, oben und unten mit Linien durchzogen, die sich zu einem abstrakten Gitternetz fügen, das das Lineament für die Schrift bildet. Ein Bild wird eingeblendet, das Raster entpuppt sich als das der modernen Glasfassade des UN-Gebäudes, in der sich der rasante Verkehr Manhattans spiegelt. In diesem Vorspann führt Bass Piet Mondrians Gemälde *Boogie Woogie* (1942/43) gleichsam auf seinen städtischen Ausgangpunkt zurück.

Ein reines Spiel mit abstrakten Flächen, die sich öffnen, schließen und immer wieder zu neuen Kompositionen formieren, kennzeichnet hingegen den Vorspann des Films THE SEVEN YEAR ITCH (DAS VERFLIXTE SIEBTE JAHR, Billy Wilder, USA 1955, S. 64). Die dynamisch wechselnden Farbfelder rufen RYTHMUS 21 (1921), RYTHMUS 23 (1923) und RYTHMUS 25 (1925) von Hans Richter aus den 1920er Jahren in Erinnerung und knüpfen an die abstrakte Moderne an. In Pablo Ferros Vorspann zu THE THOMAS CROWN AFFAIR (THOMAS CROWN IST NICHT ZU FASSEN, Norman Jewison, USA 1968, S. 234) findet sich die Formensprache der Pop-Art ganz explizit wieder: Der Vorspann zersetzt sich in komponierte Einzelbilder, die Protagonisten werden zu reproduzierbaren Ikonen des Pops.

Ihre Hochzeit haben die Titelsequenzen in den 1960er Jahren. Erstmals wird ein, wenn auch kleines, eigenes Budget für Vor- beziehungsweise Abspanne mit in die Filmproduktionskosten einkalkuliert. In Europa und Nordamerika scheint kaum ein Film zu entstehen, dessen Macher nicht darauf bedacht wären, ihm einen möglichst originellen und einzigartigen Vorspann voranzustellen. Der Experimentierfreude sind keine Grenzen gesetzt. In dieser Zeit entstehen Firmen, die über die Vorspanne ganze Vermarktungsstrategien

für die Filme aufbauen und ihnen damit zu einem gewissen Eigenleben verhelfen. Das bekannteste Beispiel hierfür ist die schon erwähnte, 1963 von Friz Freleng für den gleichnamigen Film erdachte Zeichentrickfigur des rosaroten Panthers, die es später zum Helden einer ganzen Animationsserie brachte. Typisch für den Status der Titeldesigner in dieser Zeit ist allerdings auch, dass der Erfinder nicht mehr von dem Eigenleben seiner Schöpfung profitierte, da er die Rechte abgetreten hatte und somit an der Serie keinen Penny verdiente. Bis heute dienen Elemente des 1962 von Maurice Binder entwickelten Vorspanns der James-Bond-Filme als Markenzeichen für die noch immer erfolgreiche lose Serie und genießen einen Kultstatus, der sich automatisch auch auf den Film überträgt.

In den 1970er Jahren findet sich eine vergleichbare Experimentierfreude besonders im B-Movie-Bereich. Viele der interessantesten Titelsequenzen entstehen für solche Filme, die einen Genre-Mix darstellen, so für den Grusel-Porno BLACULA (William Crane, USA 1972, Vorspann: Sandy Dvore, S. 120) oder die Horror-Komödien ATTACK OF THE KILLER TOMATOS (ANGRIFF DER KILLERTOMATEN, John de Bello, USA 1978, S. 54), The HEADLESS EYES (Kent Bateman, USA 1971, S. 154) und den Action-Porno PORNO JIDAIGEKI: BOHACHI BUSHIDO (BOHACHI BUSHIDO: CODE OF THE FORGOTTEN EIGHT, Teruo Ishii, Japan 1973, S. 138): Aus den klirrenden Schwertern der Samurai lösen sich wie Funken die Buchstaben des Vorspanns, aus dem Blut der abgeschlagenen Häupter fließt die Schrift.

Als das Medium Film in den 1980er Jahren, unter anderem über die preiswertere Variante des Videos, auch jenseits der großen Studioproduktionen und im künstlerischen Bereich eine größere Verbreitung erfährt, kommt dem Low-Budget-Experimentalfilm eine gewisse Vorreiterrolle im Umgang mit den Titelsequenzen zu. Gängige Formen werden verkehrt, dekonstruiert oder ad absurdum geführt. In Christoph Schlingensiefs TUNGUSKA. DIE KISTEN SIND DA (Deutschland 1983/84, S. 50) bewegen sich die Titel so schnell in den wabernden Vordergrund, dass dem Zuschauer ein Lesen unmöglich gemacht wird. In WHERE EVIL DWELLS (David Wojnarowicz, Tommy Turner, USA 1985, S. 202) wird ein Papierband, auf dem die Namen der Beteiligten handschriftlich vermerkt sind, langsam aus dem Mund einer Maske gezogen und geht am Ende in Flammen auf.

In den 1990er Jahren sind es vor allem die Vorspanne aus dem Bereich des Thrillers und Horrorfilms, von denen neue Impulse ausgehen. Mittels einer vom Internet inspirierten Found-Footage-Ästhetik erzeugt Kyle Coopers Vorspann für SE7EN (SIEBEN, David Fincher, USA 1995, S. 220) ebenso wie der für MIMIC (MIMIC – ANGRIFF DER KILLERINSEKTEN, Guillermo del Toro, USA 1997, S. 188) Spannung durch die vermeintliche Authentizität und Seriosität des fiktiven dokumentarischen Materials, wohingegen NEKROMANTIK 2 (Jörg Buttgereit, Deutschland 1991, S. 176) oder TWELVE

MONKEYS (12 MONKEYS, Terry Gilliam, USA 1995, Vorspann: Penny Causer, S. 80) mit ihrer Retro-Ästhetik den Zuschauer in eine zweite Realität entführen.

In jüngster Zeit scheinen insbesondere die Cineasten unter den Regisseuren den Vorspann bewusst als eigenständiges Medium zu nutzen, während ansonsten immer häufiger der unmittelbare Einstieg in den Film gewählt wird. Besonders Autorenfilmer wie Quentin Tarantino, Robert Rodriguez, Gus Van Sant, Martin Scorsese oder Woody Allen legen gemeinhin äußerst großen Wert auf die Gestaltung der Titelsequenzen. Der Vorspann ist zum Liebhaberstück geworden, und nicht umsonst bedienen sich viele der aufwendigeren und auffälligeren von ihnen eines Retrostils, der den Zuschauer unmittelbar in jene Zeit versetzt, in der die Handlung spielt, so wie der eindeutig an die 1960er-Jahre-Ästhetik angelehnte Vorspann zu Steven Spielbergs CATCH ME IF YOU CAN (CATCH ME IF YOU CAN – MEIN LEBEN AUF DER FLUCHT, USA 2002, Vorspann: Olivier Kuntzel, Florence Deygas, S. 38).

*

Die Herausforderung, in einer zeitlich begrenzten Filmsequenz (Text-)Informationen mit Bild und Ton zu verbinden, gleichzeitig in ein Thema einzuführen und, vor allem, den Zuschauer zu fesseln und in das Filmgeschehen hineinzuziehen, hat zur Entwicklung eines eigenen Genres geführt, das in der Ausstellung *Vorspannkino* erstmals mit über vierzig Vor- und Abspannen gewürdigt wurde. Die Titeldesigner, welche jahrzehntelang anderen zur Nennung verholfen hatten, sollten nun namentlich in Erscheinung treten.

Die Auswahl für diese erste umfassende Ausstellung gestaltete sich angesichts der immensen Materialfülle naturgemäß schwierig, allein wegen der notwendigen Limitierung auf eine Anzahl, die von den Besuchern der Ausstellung bewältigt werden konnte. Der Anspruch der KW Institute for Contemporary Art konnte außerdem nicht sein, die Entwicklung des Vorspanns von seinen Anfängen bis heute aufzuzeigen, sondern es ging darum, den bildnerischen Aspekt in den Vordergrund zu stellen. Im gesamten Gebäude der KW wurden in vier Kinos insgesamt 47 Titelsequenzen gezeigt. Die suggestive Wirkung, die starken atmosphärischen Stimmungen der Vor- und Abspanne erforderten eine Unterteilung der einzelnen Sequenzen nach Genre, zum einen, um den Betrachter nicht von einer Stimmung in die nächste zu katapultieren, zum anderen, um nicht die Wirkung des einzelnen Vor- beziehungsweise Abspanns zu beschneiden.

Das KINO 1 (S. 260) war auf die konzeptuellen und filmisch klar durchdachten Titelsequenzen fokussiert und schuf die Illusion eines klassischen Kinos, in dem die Zuschauer von Polstersitzen aus das Geschehen auf der Leinwand verfolgen. Zwischen Betrachter und Leinwand lag jedoch eine Distanz von zwanzig Metern, die durch einen Farbverlauf auf den flankierenden Wänden von Weiß nach Schwarz noch verstärkt wurde. Die Farbe verlief dabei genau entgegengesetzt zum filmischen Licht im Raum – vom hellen Ton im Zuschauerraum zum dunklen Ton bei der Leinwand. Während im Kino die Absorption des Zuschauers ein zentrales Moment der Rezeption ist, wurde hier durch die Raumgestaltung eine künstliche Entfernung geschaffen, um eine distanzierte Wahrnehmung der konzeptuellen Vorspanne zu ermöglichen.

Gleich einem Ralleystreifen auf silbernem Untergrund zog sich die Leinwand im KINO 2 (S. 264) über 25 Meter an der Wand entlang durch den Raum. Ohne ein Sekunde Pause folgte eine Action-Sequenz auf die andere, wobei die Projektion jeweils zu ganz unterschiedlichen Stellen sprang. Damit gerieten nicht nur die Bilder in Bewegung, sondern auch der Betrachter geriet in Aktion. Um den jeweiligen Vorspann sehen zu können, musste er sich im Raum, in dem zehn Actionfilme ihre Eröffnung feierten, bewegen.

Die Leinwände im KINO 3 (S. 268) schwebten dagegen in verschiedenen Winkeln zueinander gehängt im Raum. Auch hier starteten die projizierten Vorspanne unmittelbar nacheinander, wobei dem Zuschauer durch die immer wieder wechselnden Blickachsen eine rhythmische Bewegung durch den Raum ermöglicht wurde. Inhaltlich wurde dabei der Fokus auf animierte, spielerische und humoristische Sequenzen gerichtet.

Auf unsicherem Terrain bewegte sich der Besucher im KINO 4 (S. 272), wo der Boden unter ihm, wenn auch nur leicht, so doch unkalkulierbar nachgab und bei Betreten des nachtschwarzen Raums zu einem ersten Schreckmoment führte. Die kurzen Pausen zwischen den hier präsentierten Horrorsequenzen, in denen absolute Dunkelheit herrschte, verstärkten das Gefühl der Verunsicherung.

*

Genreübergreifend können aus der Vielfalt der Vorspanngestaltungen vier spezifische Kategorien herauskristallisiert werden, die in unterschiedlichen Ausprägungen immer wieder auftauchen.

Die früheste – als „klassisch" zu bezeichnende – Form, die bis heute zum Einsatz kommt, könnte man **Analogen Vorspann** nennen. Bei dieser Art des Vorspanns ist der Titel des Films das alleinige Thema und wird auf unterschiedliche Weise illustriert. Zu dieser Kategorie gehören Vorspanne wie der bereits beschriebene von DANSE MACABRE, in dem die den Titel wiedergebenden Buchstaben den Totentanz aufführen. In THE PINK PANTHER nimmt ein rosafarbener Diamant Gestalt in der Comicfigur des rosaroten Panthers an. Bei ATTACK OF THE KILLER TOMATOES trällert ein italienischer Tenor eine Arie über einen Angriff von Killertomaten, während diese auf der Leinwand brutal zerbersten. Unter lautem Schreien sucht ein Kopf sein Auge in THE HEADLESS EYES. Unendliche Zahlenkolonnen folgen aufeinander, grafische Landschaften geraten in Bewegung, mathematische Figuren lösen sich ab, und inmitten dieser Zahlen Babylons erstrahlt ein „π" (Pi / Pi – Der Film, Darren Aronofsky, USA 1998, S. 128). Der Autonome Vorspann zeichnet sich auch dadurch aus, dass sich der Hauptfilm nicht übergangslos an ihn anschließt, sondern beide deutlich voneinander abgegrenzt sind.

Eine zweite, ebenfalls klassische Kategorie ist der **Suggestive Vorspann**. Mit allen Regeln der Kunst wird der Zuschauer in den Film hineingezogen, die Stimmung des Films wird auf ihn übertragen, das Thema beginnt, sich langsam zu entwickeln. Von der ersten Sekunde an befindet man sich mitten im Geschehen, kein Entrinnen ist möglich. Beispielhaft ist der Vorspann zu Seconds (Der Mann, der zweimal lebte, John Frankenheimer, USA 1966, Vorspann: Saul Bass, S. 18): Schattenhaft tauchen aus dem Dunkel zerklüftete Formen auf. Im Rhythmus der ätherischen Klänge einer Geige werden zerrspiegelartig Gesichtsöffnungen erkennbar. Der Blick bohrt sich tief hinein in das Schwarz eines aufgerissenen Schlundes, der den Titel zu verschlingen droht. Zu Beginn von To Kill a Mockingbird (Wer die Nachtigall stört, Robert Mulligan, USA 1962, Vorspann: Stephen O. Frankfurt, S. 44) wird eine Zigarrenschachtel geöffnet. Ein Kind zeichnet mit Wachsmalstiften einen Vogel und summt dabei eine einfache Melodie, Murmeln klicken, eine Uhr tickt, man fühlt sich unwillkürlich in die Kindheit zurückversetzt: Die Perspektive der beiden Kinder, aus deren Sicht der gesamte Film erzählt wird, wird unmittelbar mit dem Vorspann eingeführt. Der Verlust der kindlichen Unschuld, der sich anbahnende Schrecken, ist bereits im Ticken der Uhr angedeutet, die jedoch keine Zeiger trägt, die darauf hinweisen würden, was die Stunde geschlagen hat.

Bei der dritten Kategorie, dem **In-Nuce-Vorspann**, fasst dieser das Thema des Films gewissermaßen zusammen und trifft es zielgenau in seinem Kern, wie in folgendem Fall: Frontal und über die ganze Bildfläche zeigt sich das Gesicht einer jungen Frau; ein Pagenkopf, große Augen, voller Mund. Ihr Blick ist auf uns gerichtet. Leicht vibrieren ihre Naseflügel, ihre Augen blinzeln flüchtig, sie atmet sanft. Die Musik bricht ab. Das Bild bleibt zunächst stehen. Dann erscheint die Frau im Profil von links, die Musik erklingt und bricht nach einigen Sekunden erneut ab. Die rechte Gesichtshälfte kommt ins Bild, die Komposition ertönt und erstirbt erneut. Dass der Versuch, jemanden vollständig, alle Seiten erfassend zu porträtieren, immer nur Fragment bleiben kann, das über eine Annäherung nicht hinausgeht, verdeutlicht Jean-Luc Godard bereits in seinem Vorspann zu Vivre sa vie: Film en douze tableaux (Die Geschichte der Nana S., Frankreich 1962, S. 182).

Die Art und Weise, wie die grafischen Titel im Vorspann zu Psycho (Alfred Hitchcock, USA 1960, Vorspann: Saul Bass, S. 166) zerteilt werden, weist explizit auf die Schizophrenie des Protagonisten hin. Die sich drehende Spirale bei Vertigo überträgt das mörderische Schwin-

delgefühl auf den Betrachter. Die Vorspanne dieser Kategorie verdichten den jeweiligen Film in einer kurzen Sequenz und verweisen damit auf seinen Kern. Um das Hauptmotiv dieser Filme zu erfassen, würde es reichen, allein den Vorspann genau zu betrachten.

Der **Reflexive Vorspann** bildet die vierte Kategorie. Im Gegensatz zum Suggestiven Vorspann versucht er nicht, den Zuschauer in den Film hineinzuziehen, im Gegenteil: Er reflektiert die spezifische Aufgabe des Vor- oder auch Abspanns selbst. Die Produktionsprozesse, die in der Regel nur abstrakt anhand der Erwähnung aller Beteiligten und ihrer Aufgaben in der schriftlichen Nennung ablesbar sind, werden hier zum Thema gemacht. So in Le Mépris (Die Verachtung, Jean-Luc Godard, Frankreich 1963, S. 94): Mit einem Buch in der Hand schreitet eine schöne junge Frau langsam auf den Betrachter zu. Neben ihr fährt ein Kameramann auf einem Trolley entlang und filmt die Szene von der Seite. Dazu nennt die Stimme des Regisseurs Namen und Funktionen der Hauptbeteiligten, inklusive seiner selbst.

Mittels eines Liedes, gesungen auf die Komposition von Ennio Morricone, werden im plumpen Schüttelreim alle Beteiligten des Films Uccelacci e Uccellini (Grosse Vögel, kleine Vögel, Pier Paolo Pasolini, Italien 1966, S. 68) nicht nur namentlich, sondern samt zusätzlicher Beschreibungen und Kommentare vorgestellt. Die Schauspieler, so ist zu hören, habe man auf der Straße gefunden, der Produzent riskiere sein Budget, und der Regisseur Pier Paolo Pasolini setze den Verlust seines guten Rufes aufs Spiel.

Auf besonders anschauliche Weise eröffnet der bereits erwähnte Abspann zu The Magnificent Ambersons Einblicke in die Produktionsprozesse des Films. Angefangen mit der Einblendung des Buches von Booth Tarkington, auf dessen Geschichte der Film basiert, über Architekturpläne für das Filmset, die Kamera und die Schauspieler selbst stellt eine Stimme zu den Bildern der Instrumentarien und des Personals alle Mitwirkenden vor, bis am Ende nur ein Mikrofon zu sehen ist und die Stimme weiter aus dem Off spricht: „And I'm Orson Welles, I directed the film." Das Mikrofon schwenkt zur Seite, Blackout, Film aus.

Fast alle Vor- und auch Abspanne lassen sich den hier vorgeschlagenen vier Kategorien – Analoger Vorspann, Suggestiver Vorspann, In-Nuce-Vorspann, Reflexiver Vorspann – zuordnen. Dabei ist diese Zuordnung nicht immer eindeutig, es gibt Überschneidungen und Abweichungen. Die übergreifende Kategorisierung mag also den einzelnen Vorspannen mitunter nicht gerecht werden. Dass der Versuch dennoch unternommen wird, ist der enormen Vielfalt ihrer Gestaltungen – wie sie sich in der Ausstellung *Vorspannkino* schon anhand einer relativ kleinen Auswahl gezeigt hat – geschuldet und zugleich eine Reverenz an die Autonomie des Vor- und Abspanns als filmischem Genre.

# Vorspann-kino
# 47 Titles of an Exhibition

**Susanne Pfeffer**

In the beginning, title sequences merely consisted of the film title. Similar to "artists anonymous," the director or actors—not to mention the cameraman or other members of the technical crew—were not named during the first decades of cinema's existence. In the over one hundred years that have gone by since the advent of moving images shown in movie theaters built for them, title sequences have developed into a cinematic genre that has not only brought about single examples that are at least as well known as the main feature that they preceded and announced, but also several famous designers who have especially shaped their history, like the title designer Saul Bass (1920–1996), presented in this publication in an interview. It makes you wonder all the more that title sequences have had few publications dedicated to them and, above all, have not yet been the subject of an exhibition nor of the research and studies associated with one. If a short review of the history of title sequences is given here and four different categories are suggested that lend the genre a certain systematization, this is to be understood as an attempt to move forward following a study of the copious stock of material, but in no way as a claim for definitiveness and unassailable objectivity.

*

While initially the film title alone appeared on the screen at the opening of the film, as early as in the 1920s an effort was made to use typography to prefigure the contents or the genre. Early forms of animation were also used at that time. Thus for DANSE MACABRE (Dudley Murphy, USA 1922, p. 198), the letters for the title convey the movement of the grim dancers. At first uniformly immovable, the grue-

somely rickety figures then begin to move to the music of Camille Saint-Saëns, coming together to form a typeface. Only a few years later, Lotte Reiniger created a whole feature film with legetrick animation: DIE ABENTEUER DES PRINZEN ACHMED (THE ADVENTURES OF PRINCE ACHMED, Germany 1926, p. 170). She adapted the title sequence that introduces the fictive trick characters to match the site of the action: oriental-looking writing on panels that are framed within ornaments in the same style and bordered by two pheasants.

With the rise of the star cults promoted by the large film studios in the 1930s came the stars' names, and with them the film title evolved into genuine title sequences, appearing in various forms that continue to the present. The rise in the number of actors who needed mention necessitated longer sequences, which not only required graphic design but also an increasingly filmic one. Already by the 1940s, title sequences had become an almost autonomous film genre, which inspired directors like Jean Cocteau and Orson Welles to rethink and even ironize them. While Cocteau in LA BELLE ET LA BÊTE (BEAUTY AND THE BEAST, France 1946, p. 244) writes the individual names of the cast on a blackboard in his own hand—rubbing each one out, only to replace it with the next—Welles in THE MAGNIFICENT AMBERSONS (USA 1942, p. 248) does away with writing altogether and instead announces the actors and their roles verbally from offstage.

While the directors were often themselves responsible for the title sequences (as is still frequently the case today), a group of autonomous title designers formed themselves independently from the film studios, parallel to the growing importance and autonomy of the title sequences. Mostly from backgrounds in graphic design, they produced stand-alone title sequences. When, from the mid-1950s, the film unions were obliged to name all the contributing artists, it was these title designers more than anyone else who understood this new regulation as an opportunity, since the supplementary footage increased the possibilities for originality. It was during this time that title sequences became established as a self-contained genre, often packaged as its own little film before the main feature. Which is the case for the title sequence of THE PINK PANTHER (Friz Freleng, Great Britain, USA 1963, p. 192) where a pink diamond is transformed into a panther who moves along in, with, and counter to the credits to pursue his comic diversions. In BULLIT (Pablo Ferro, USA 1968, p. 142) the opening titles are composed of a short spy film with its own dramaturgy and suspense curve.

For the first time, a purely graphic design was being artfully woven together with filmic sequences, as in one of the best known opening scenes by the above-mentioned title designer, Saul Bass: From out of a completely black projection screen, the face of a woman appears very gradually, seeming to approach ever closer. Completely motionless at first, the screen-wide mouth suddenly flinches while the music soars to hypnotic rhythms. The focus of the camera glides towards the eyes that, alarmed and alarming, look to and fro in panic. The camera zooms in close to the right eye. Frightened, it opens wide. The picture turns blood-red. From the eye's interior the film title appears. Emerging from the pupil, a spiral rotates, becomes bigger and bigger, dizzily filling the entire screen—Vertigo (Alfred Hitchcock, USA 1958, p. 224).

The 1950s showed an increasing affinity with the era's visual arts scene. Influences from Pop and Op Art are, for instance, reflected in several title sequences by Bass—himself a collector of contemporary art. In North by Northwest (Alfred Hitchcock, USA 1959), a monochrome green field is pervaded from the right, above, and below with lines that conform to an abstract mesh, the lineament to the writing. A picture is faded in; the grid appears to match the structure of the UN headquarter's modern glass façade in which Manhattan's hell-bent traffic is reflected. With this title sequence, Bass has taken Piet Mondrian's painting *Boogie Woogie* (1942/43) back to its urban starting point, so to speak.

A purist game with abstract areas that open up, close, and re-form over and over into new compositions is, in turn, featured in the title sequence of The Seven Year Itch (Billy Wilder, USA 1955, p. 64). These dynamically changing color fields call up the rhythms of Rhythmus 21 (1921), Rhythmus 23 (1923), and Rhythmus 25 (1925) by Hans Richter from the 1920s and are a link to Modernist abstraction. Pablo Ferro's title sequence for The Thomas Crown Affair (Norman Jewison, USA 1968, p. 234) explicitly mirror Pop Art's formal vocabulary. The titles splinter into orchestrated single images; the protagonists turn into reproducible icons of Pop.

The 1960s were the glory days of the title sequence. For the first time, the opening and closing sequences were given their own, if small, budget that was calculated as part of the film production costs. In Europe and North America, it seems a film hardly saw the light of day without its maker considering an opening sequence as original and unique as possible; a delight in experimentation knew no bounds. At this time, companies arose that, via title sequences, developed whole marketing strategies for motion pictures and thus helped the titles to take on a certain life of their own. The most famous example of this is the aforementioned 1963 animated figure that Friz Freleng thought up for the film of the same name, The Pink Panther, who later became the hero of an autonomous cartoon series. However, typical for the status of the title designer at this time is also the fact that the creator had no further share in the life his creation went on to take, since he had signed over his rights and therefore did not earn a penny from the resulting series. To this day, elements of the title sequence that Maurice Binder designed for the James Bond films serve as brand recognition for the ongoing success of the series and enjoy cult status, which is automatically carried over to the film.

In the 1970s, a comparable delight in experimentation occurred in the B-movie field. Many of the most interesting title sequences came about for such films that represent a genre-mix, like the horror-porno Blacula (William Crane, USA 1972, titles: Sandy Dvore, p. 120) or the horror-comedies Attack of the Killer Tomatoes (John de Bello, USA 1978, p. 54) and The Headless Eyes (Kent Bateman, USA 1971, p. 154), and the action-porno Porno jidaigeki: Bohachi bushido (Bohachi Bushido: Code of the Forgotten Eight, Teruo Ishii, Japan 1973, p. 138): Out of the clanking swords of the Samurai, the title's letters fly out like sparks; from the blood of the decapitated heads flows the writing.

In the 1980s, the medium of film received wider distribution beyond the large studio productions when the advent of video introduced lower production costs and opened up filmmaking to others. In the hands of artists and experimental filmmakers, the low-budget film played a certain pioneering role in the treatment of title sequences. Conventional forms were perverted, deconstructed or cited ad absurdum. In Christoph Schlingensief's Tunguska. Die Kisten sind da (Germany 1983/84, p. 50), the titles move around so fast in the swirling foreground that they are unreadable for any viewer. In Where Evil Dwells (David Wojnarowicz, Tommy Turner, USA 1985, p. 202), a paper ribbon on which the names of cast and crew are handwritten is slowly pulled from the mouth of a mask and ends up bursting into flame.

In the 1990s, it was above all the title sequences of thrillers and horror films that spawned new impulses. Using an Internet-inspired found-footage aesthetic, Kyle Cooper's title sequence for Se7en (David Fincher, USA 1995, p. 220) as well as that for Mimic (Guillermo del Toro, USA 1997, p. 188) generates suspense by means of the presumed authenticity and seriousness of the fictive documentary material, whereas Nekromantik 2 (Jörg Buttgereit, Germany 1991, p. 176) and Twelve Monkeys (Terry Gilliam, USA 1995, titles: Penny Causer, p. 80) carry the audience to another reality via a retro aesthetic.

It seems that recently it has been the cineastes among the directors who very consciously use the title sequences as an autonomous medium, while otherwise a direct entry to the film is more often chosen. Above all auteur filmmakers like Quentin Tarantino, Robert Rodriguez, Gus Van Sant, Martin Scorsese, and Woody Allen attach great importance to the design of the opening sequences. Titles have become a vertu, and for good reason many directors help themselves to the more elaborate and striking ones for a retro style that carries the audience directly off to that time in which the plot takes place, just as 1960s aesthetics unmistakably come alive in the title sequence to Steven Spielberg's Catch Me If You Can (USA 2002, titles: Olivier Kuntzel, Florence Deygas, p. 38).

*

It was the challenge to link textual information with image and sound in a briefly timed title sequence and at the same time introduce the theme and, above all, captivate the audience and draw them into the story line that led to the development of a distinct genre and which *Vorspannkino* catered to by showcasing over forty opening and closing sequences for the first time. The title designers—who over decades have helped others to be named—now appear under their own names.

In view of the immense volume of material, what to select for this first comprehensive exhibition proved, by its very nature, to be difficult, owing to a necessary restriction to an amount that could be managed by exhibition visitors. In addition, the KW Institute for Contemporary Art could hardly aspire to an historical retracing of the way title sequences developed from their very beginnings to today, but instead chose to put their graphic aspect on show. Throughout the KW building, forty-seven title sequences were on show in four cinemas. The suggestive impact and strong atmospheric tenor of the opening and closing titles required us to classify and divide the single sequences according to genre, on the one hand so as not to catapult the viewer from one state of mind to another, and on the other so as not to curtail the effect of the individual title sequences.

KINO 1 (p. 260) focused on title sequences that have been thought out in a conceptually and cinematically clear way and therefore recreated the illusion of a classic movie theater in which the audience watches the events on the screen from upholstered seating. Between viewer and screen there was a distance of twenty meters that was further heightened by a white-to-black color gradient on the flanking walls. The color took its graduated course inversely to the filmic light in the room—from a light tone in the auditorium to a dark tone near the screen. While, usually, the audience is meant to be absorbed in the film as a central factor of reception, here an artificial distance was created via interior decoration that made a distanced perception of the conceptual sequences possible.

In KINO 2 (p. 264), like a rally course against a silver ground, the screen wound its way twenty-five meters across the walls of the room. Without a second's break, one action sequence followed the next, whereby the projection sprang from one place to another on the wall. Thus not only the pictures were in motion, but the viewers themselves were forced to be too. In order to see a respective title, they had to move around the room in which ten action films were celebrating their opening.

In KINO 3 (p. 268), the screens were mounted at different angles to each other. Here too, the projected title sequences were launched immediately one after the other, whereby the audience was able to move rhythmically through the room in sync with the constantly changing angles of vision. Thematically, the focus was thus on animated, playful, and humorous sequences.

In KINO 4 (p. 272), the visitors moved across precarious terrain, where the ground under their feet yielded tangibly if only slightly when they entered the black-as-night room, leading to the first moment of fright. The short pauses between the horror sequences presented here, where absolute darkness reigned, reinforced this feeling of precariousness.

*

Four specific categories have materialized from the genre-spanning diversity of title design, and these turn up in various forms again and again.

The earliest—so to speak "classical"— form is still used today and could be labeled **Analogous Titles**. With this type, the title of the film is the sole theme and is illustrated in various ways. The Danse Macabre sequence falls into this category in which the title-forming alphabetic letters perform the dance of the dead. In The Pink Panther title sequence, a rose-colored diamond with the same name takes form in the comic figure of a pink panther. In Attack of the Killer Tomatoes, an Italian tenor warbles an aria about an assault by killer tomatoes while they brutally burst apart on the screen. Accompanied by loud screams, a head seeks its eye in The Headless Eyes. Endless columns of numbers follow each other; graphic landscapes are set in motion; mathematical figures become detached and, in the midst of these Babylonian ciphers, a "$\pi$" glows (Pi, Darren Aronofsky, USA 1998, p. 128). This type of title sequence is characterized by the fact that the feature film does not follow without a transition; both are clearly demarcated one from the other.

A second, likewise classical concept is the **Suggestive Titles**. With all the tricks in the book the audience is drawn into the film; the mood of the film is transmitted to them; the theme slowly begins to develop. From the first second, you find yourself in medias res of the cinematic action; no escape is possible. Paradigmatic of this is the title sequence for Seconds (John Frankenheimer, USA 1966, titles: Saul Bass, p. 18): Rugged forms emerge from the darkness like shadows. To the rhythm of the ethereal sounds of a violin, facial apertures look like images reflected in a funhouse mirror. The viewers' eyes bore deeply into the blackness of a wide-open throat, which threatens to swallow the title. To Kill a Mockingbird (Robert Mulligan, USA, 1962, titles: Stephen O. Frankfurt, p. 44) begins with a cigar box being opened. A child draws a bird with a crayon and hums a simple melody; the click of marbles, the tick of a clock—you feel yourself involuntarily transported back to childhood. The perspective of the two children, from whose viewpoint the film is told, is directly introduced with the opening title. The loss of childish innocence, the imminent horror, is already suggested by the ticking of the clock—one which, however, lacks hands to show which hour it strikes.

In the third category that could be called **In-a-Nut-shell Titles**, the titles summarize the theme of the film short-and-sweet, as in the following: Frontally and across the entire screen, the face of a young woman is shown: pageboy haircut, large eyes, full mouth. Her eyes look at us. Her nostrils vibrate slightly, her eyes blink fleetingly; she breathes gently. The music stops. The image remains steady at first. Then she reappears in profile from the left; the music begins and breaks off again after several seconds. The right side of the face appears in the picture; the musical score sounds and dies out once more. The fact that any attempt to portray someone fully and from all sides can only remain fragmentary and does not go beyond an initial approach is something Jean-Luc Godard makes clear in his title sequence to VIVRE SA VIE: FILM EN DOUZE TABLEAUX (MY LIFE TO LIVE, France 1962, p. 182).

The way the graphic title in the title sequence of PSYCHO (Alfred Hitchcock, USA 1960, titles: Saul Bass, p. 166) is fragmented points explicitly to the schizophrenia of the protagonist. The turning spiral in VERTIGO transmits the murderous feeling of dizziness to the viewer. The title sequences that fall into this category condense the respective film to a short sequence and evince its core. In order to take in the main motif of these films, it would suffice to study their title sequences.

The **Reflective Titles** make up the fourth category. In contrast to the Suggestive Titles, these do not try to draw the viewers into the film. On the contrary, they formulate the specific task of the opening or closing titles on their own. The production processes—which as a rule are only abstractly derivable when the cast and crew and their functions are specifically named in writing—are here themselves the theme, as in LE MÉPRIS (CONTEMPT, Jean-Luc Godard, France 1963, p. 94). With a book in her hand, a beautiful young woman walks slowly towards the viewer. Alongside of her, a cameraman rides on a trolley and films the scene from the side. Meanwhile, the director's voice announces the names and functions of the main characters and crew, including himself.

By means of lyrics written to the music of Ennio Morricone, all the participants in the film UCCELACCI E UCCELLINI (THE HAWKS AND THE SPARROWS, Pier Paolo Pasolini, Italy 1966, p. 68) are not only named but introduced with additional descriptions and comments: The actors, it is said, have been found on the street; the producer is risking his budget and the director, Pier Paolo Pasolini, his good reputation.

In an especially graphic way, the aforementioned closing sequence to THE MAGNIFICENT AMBERSONS allows insights into the production processes of the film. Beginning with a shot of the book by Booth Tarkington on which the film is based, then of the architectural plans for the film set, the camera, and the actors themselves, a voice—in reaction to the pictures of the set and the staff—introduces all the participants by name, until in the end only one microphone can be seen and the voice from off-screen says, "And I'm Orson Welles, I directed the film." The microphone swings to the side, blackout, cut.

Almost all opening and closing sequences can be classified under these four proposed categories: Analogous Titles, Suggestive Titles, In-a-Nutshell Titles, Reflective Titles. What is, however, not always clear in this systemization is the fact that there are overlaps and deviations. The overall categorization may thus not be fair to the single title. But an attempt to do so despite this is owed to the enormous diversity of their designs—as the exhibition *Vorspannkino* has already shown with its relatively small selection—and is at the same time an homage to the autonomy that the title sequence enjoys as a cinematic genre.

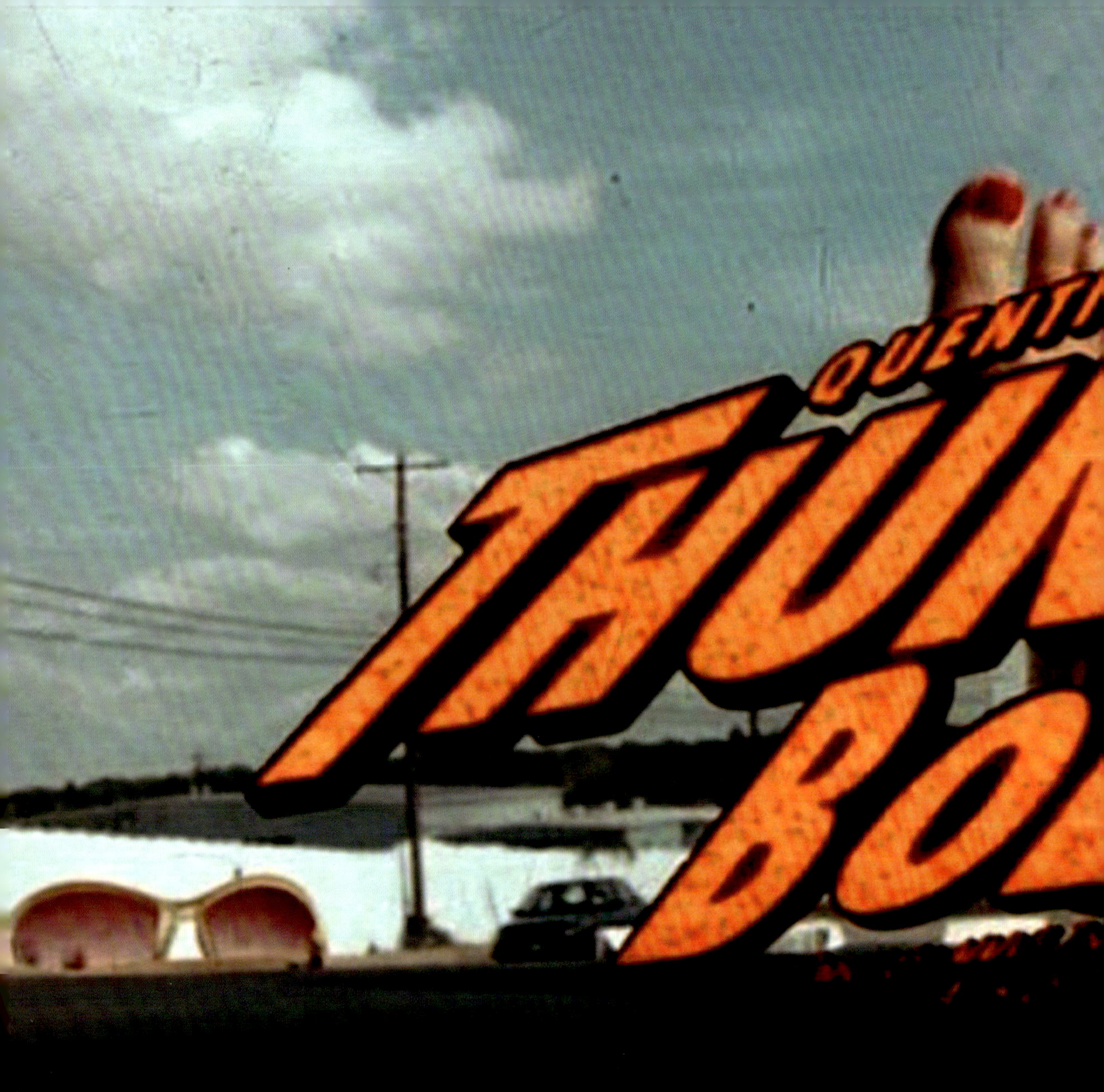
QUENTIN
QUENTIN
THUN
BOL

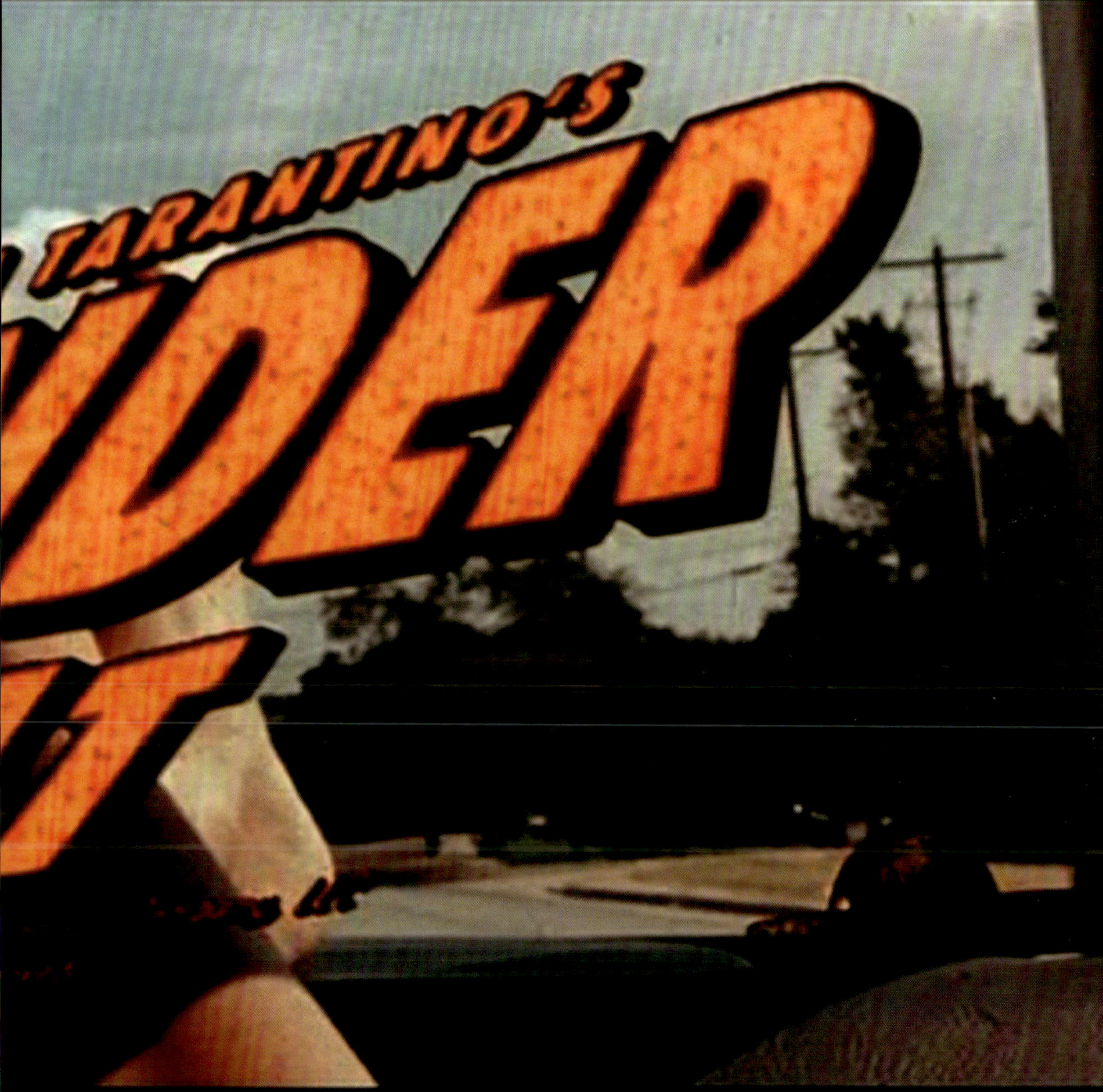

TARANTINO'S

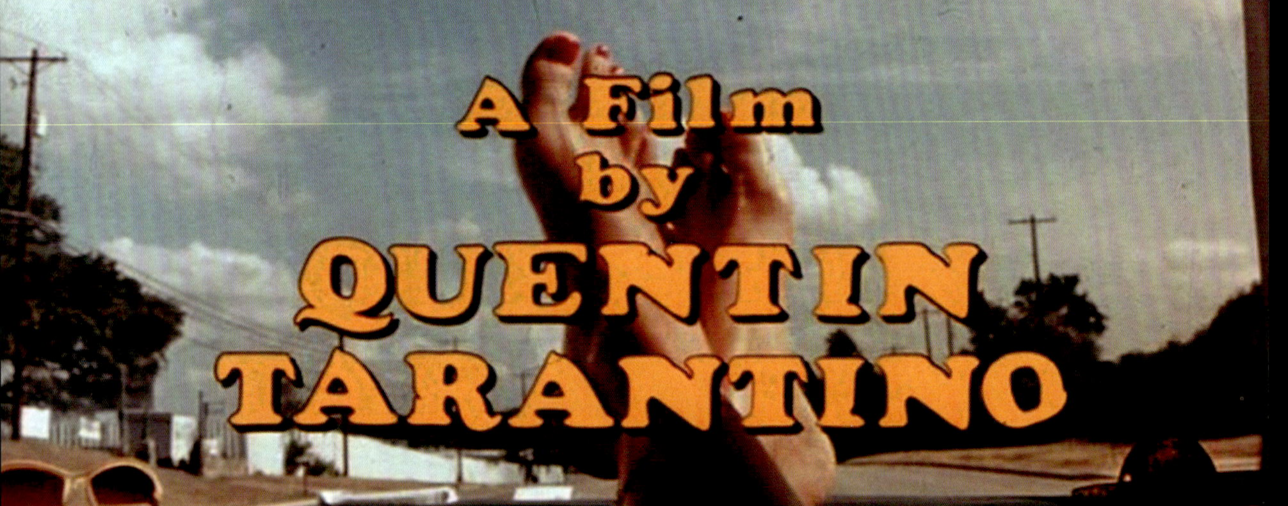

A Film by
QUENTIN
TARANTINO


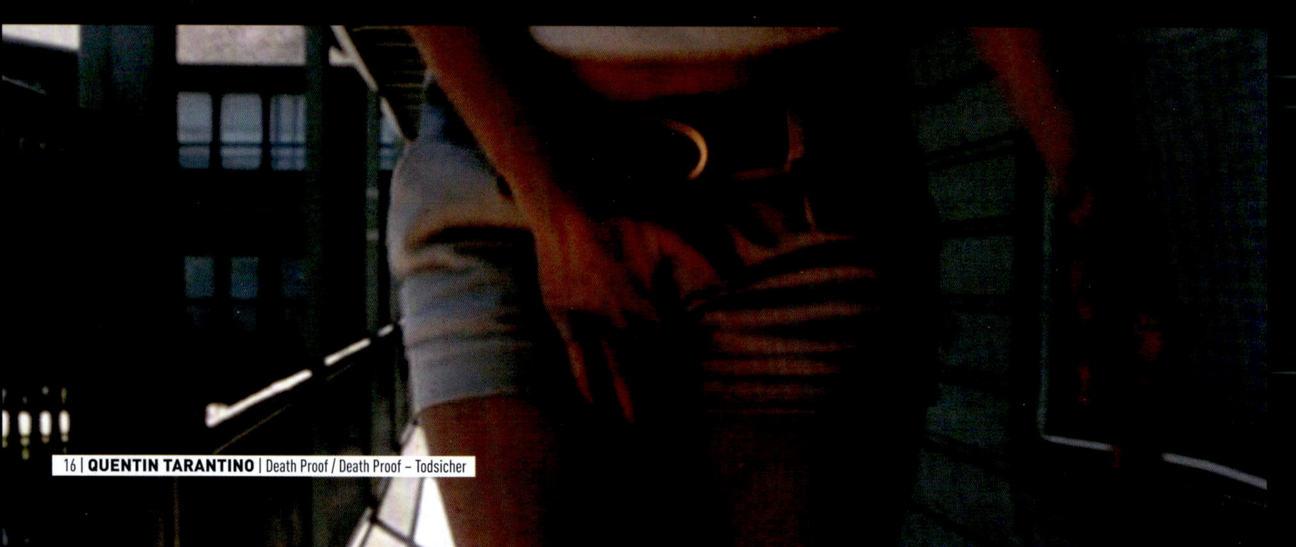

DEATH

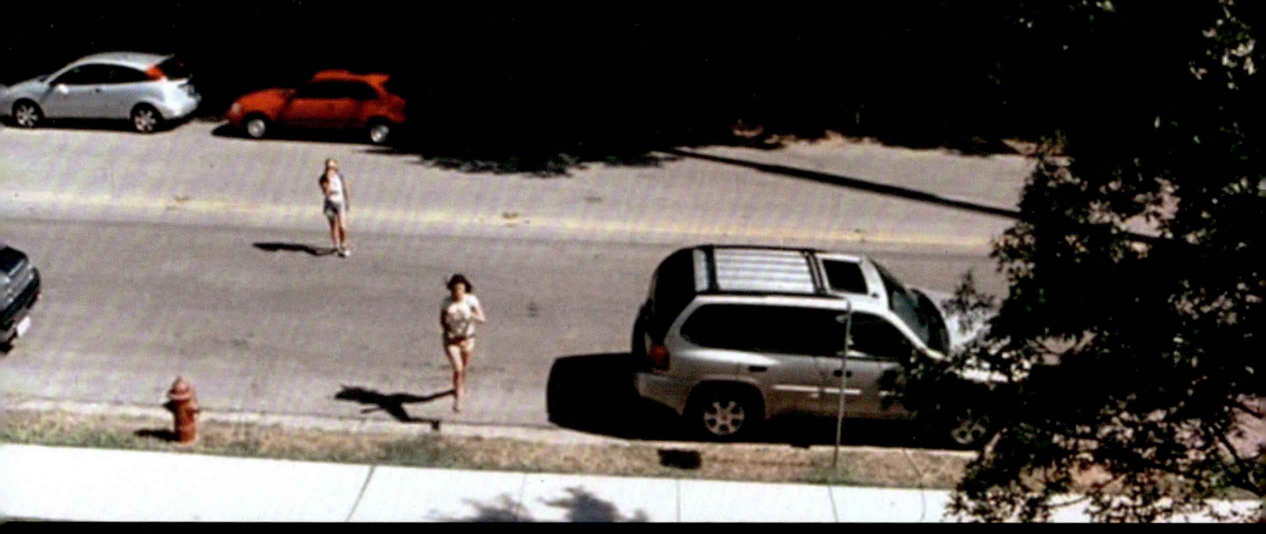

# PROOF

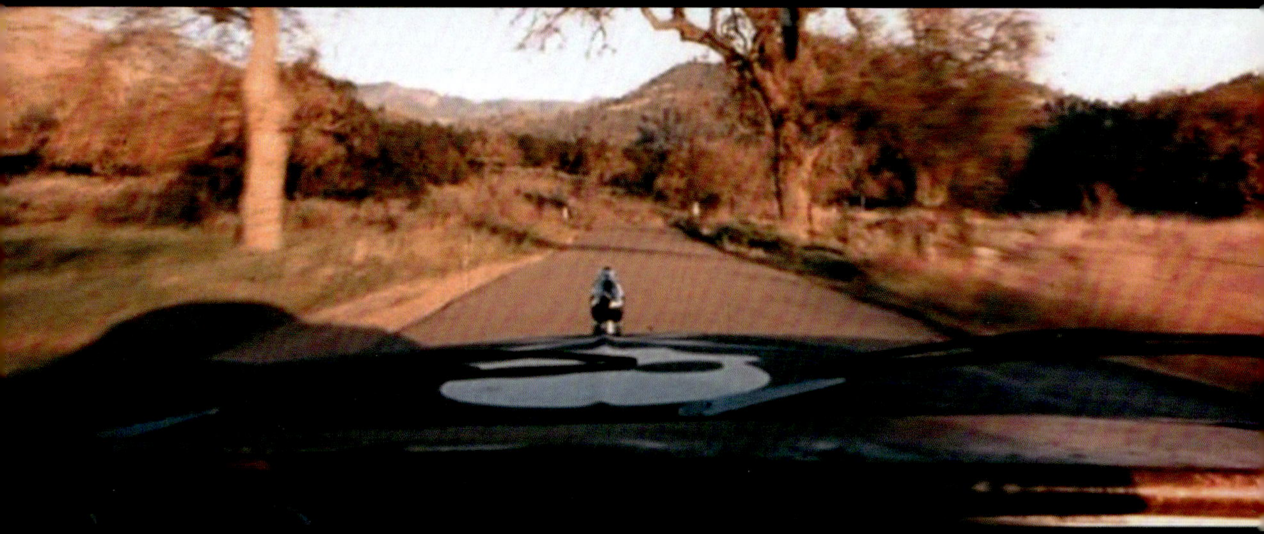

SECO

NDS

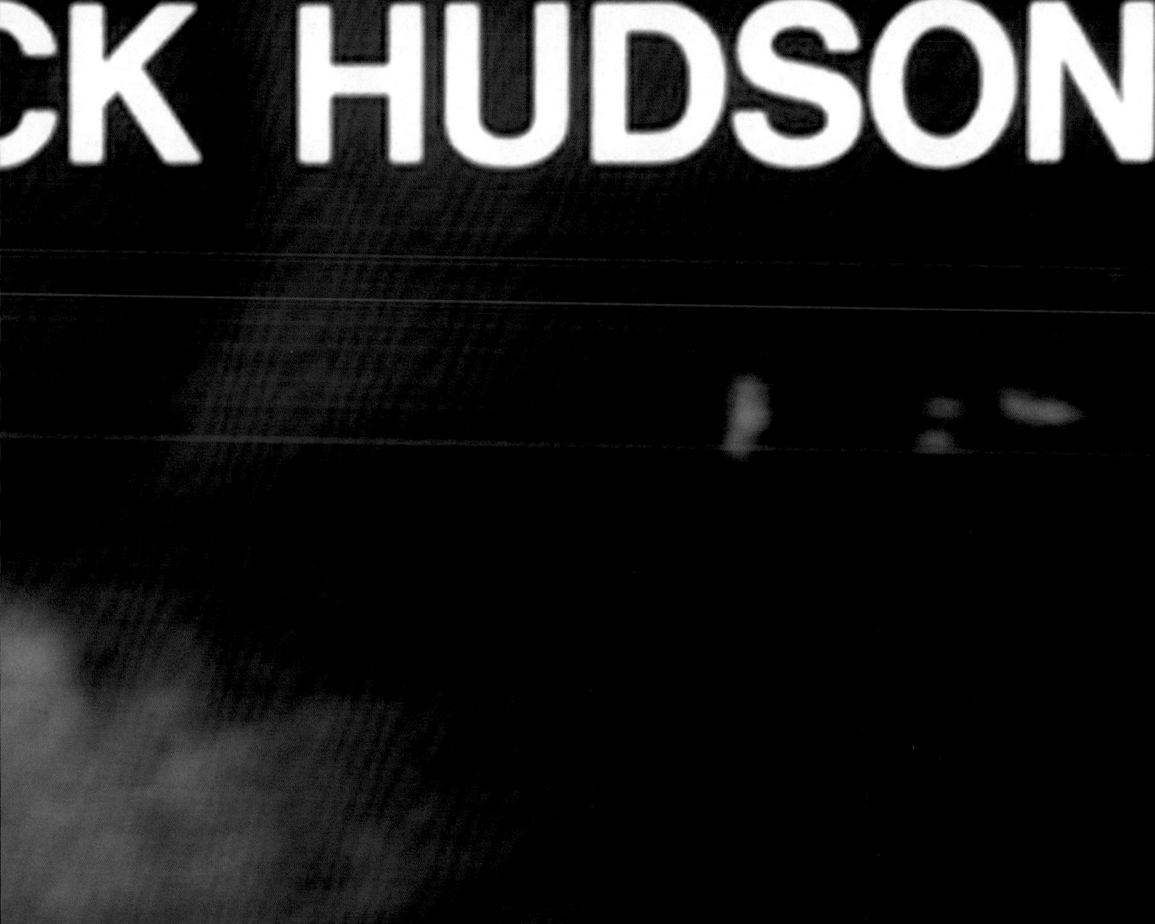
CK HUDSON

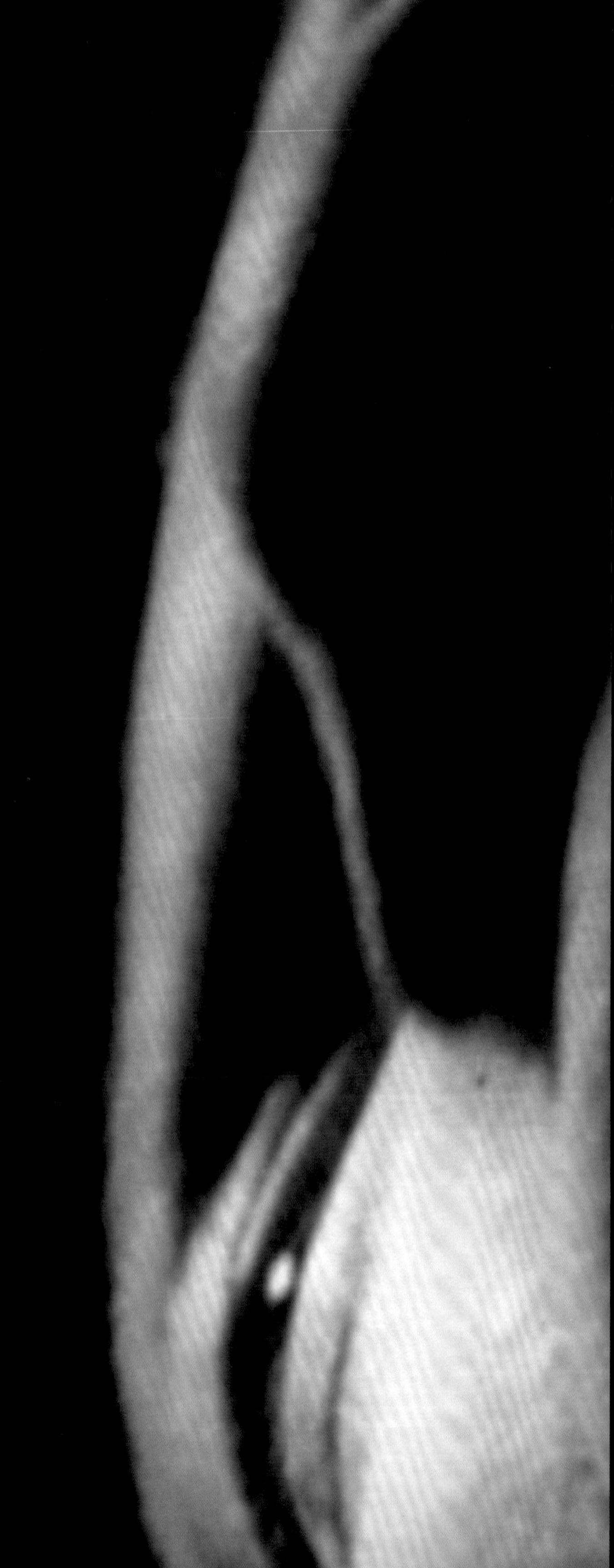

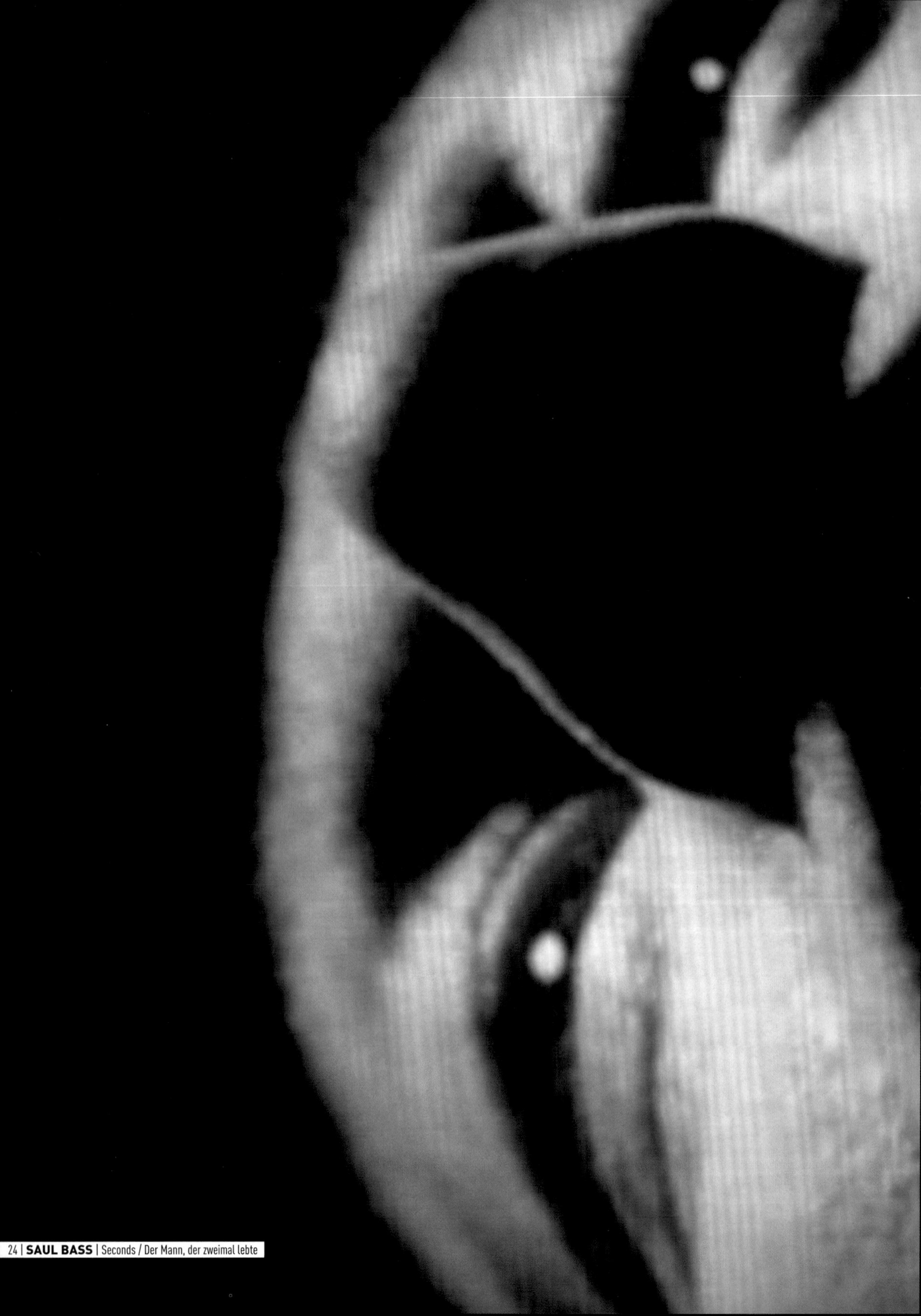

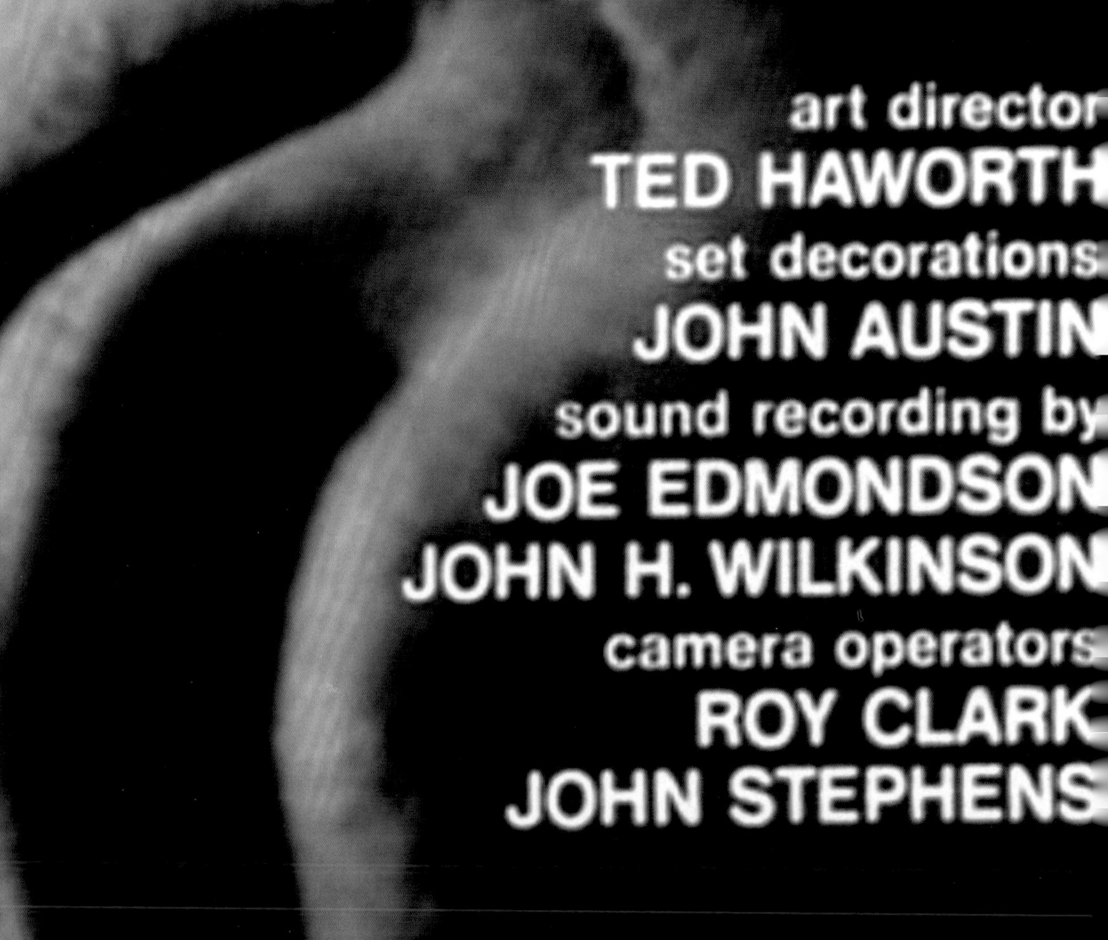

art director
TED HAWORTH
set decorations
JOHN AUSTIN
sound recording by
JOE EDMONDSON
JOHN H. WILKINSON
camera operators
ROY CLARK
JOHN STEPHENS

hairstyles for
Miss Jens created by
SYDNEY GUILAROFF

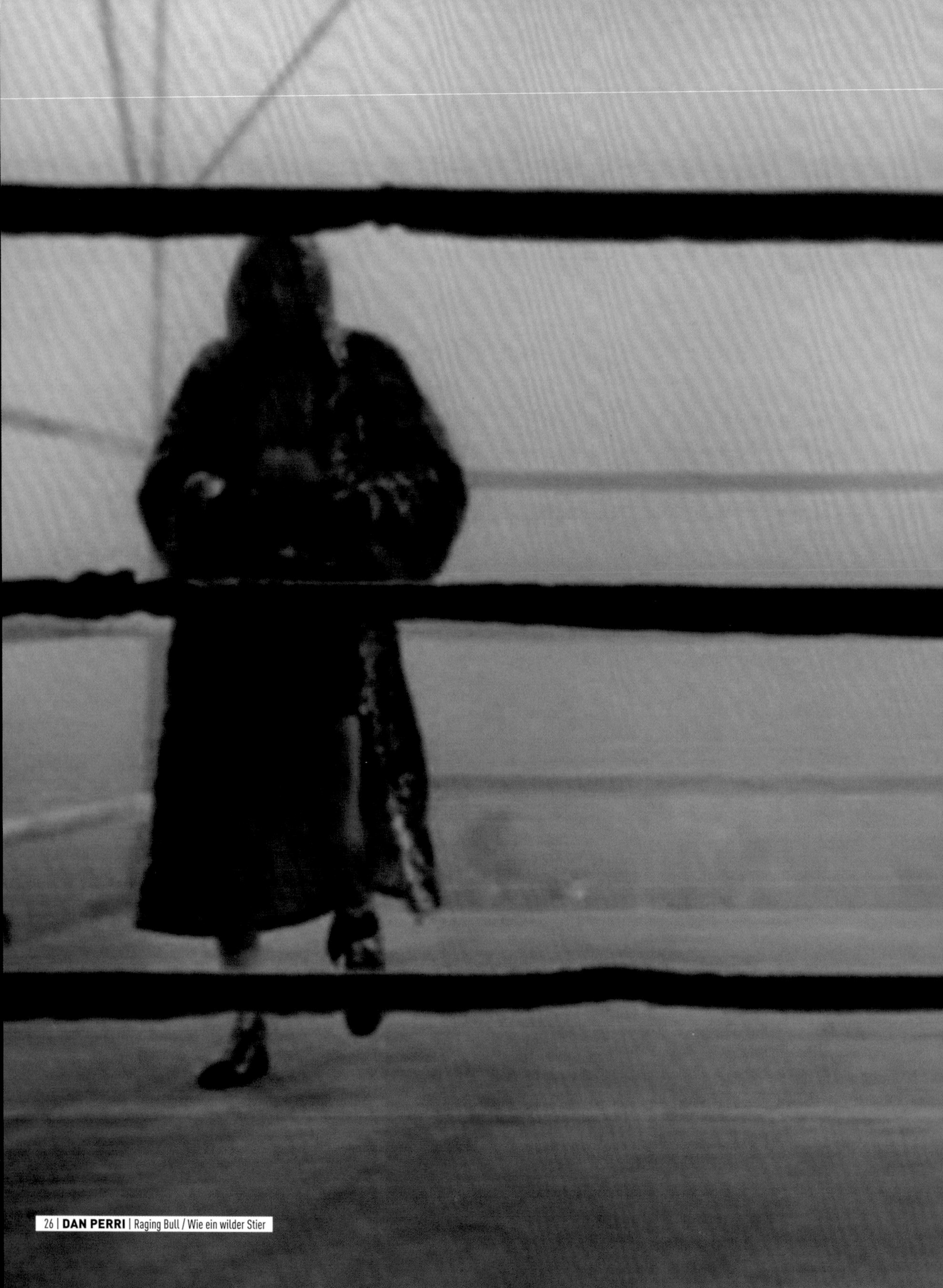

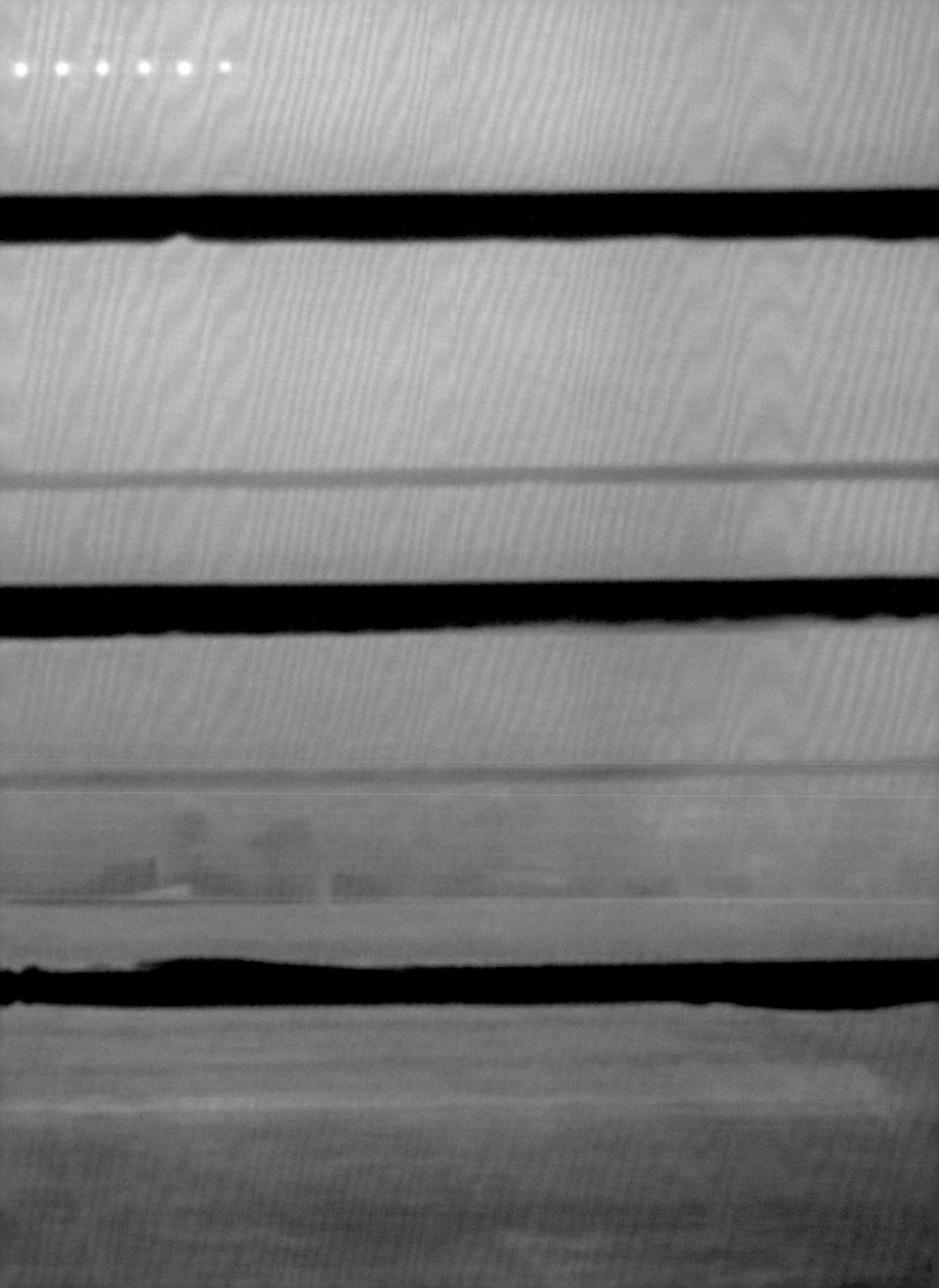

GINGBULL

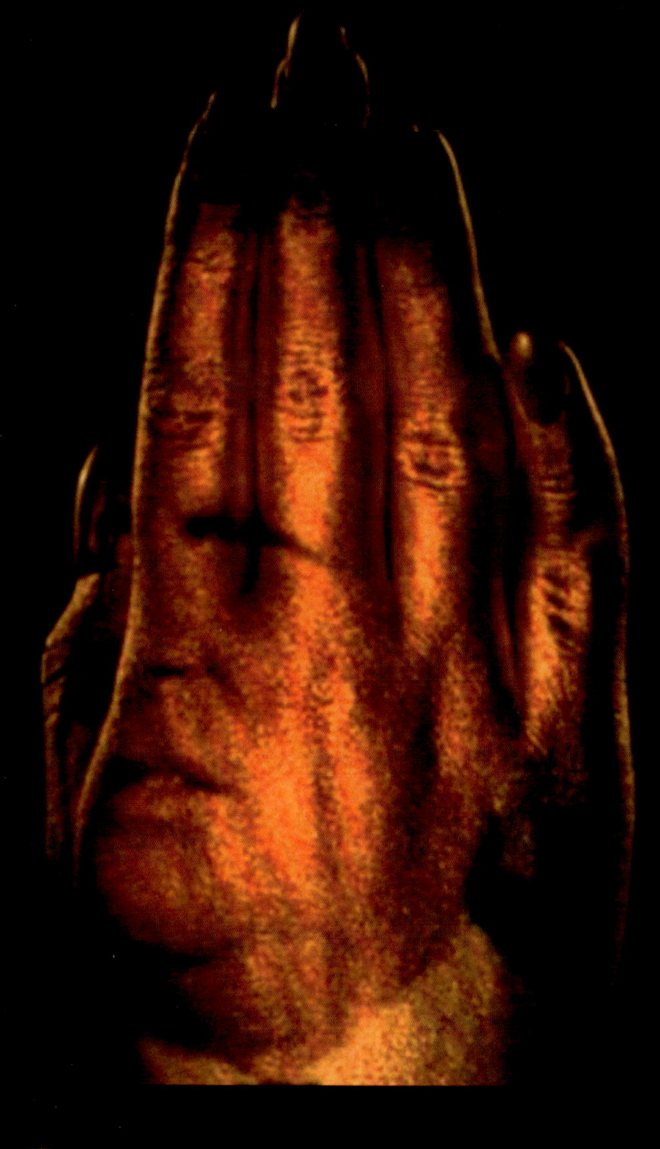
IN
IAN FLEM
GOLDFINC

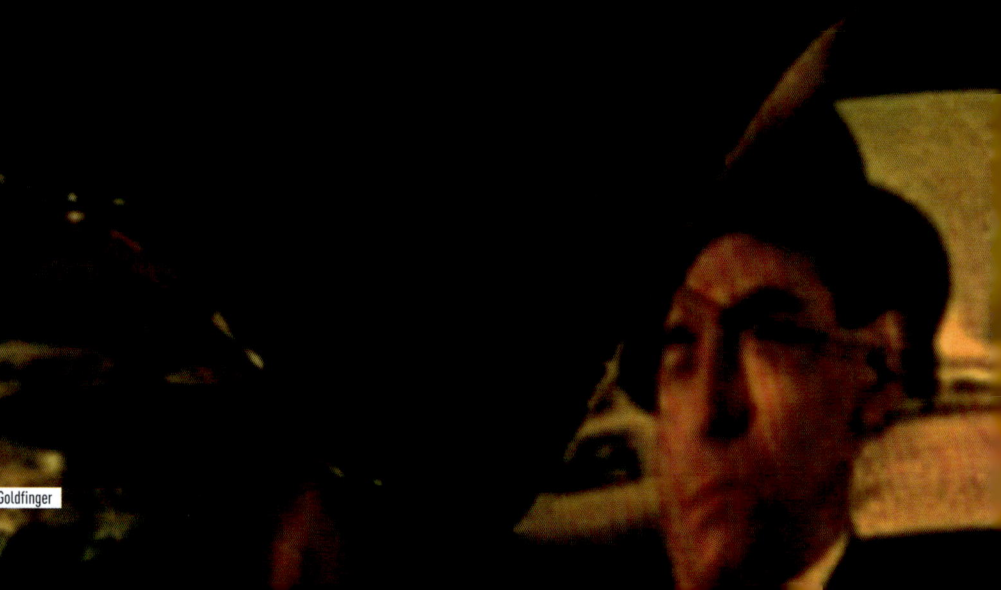

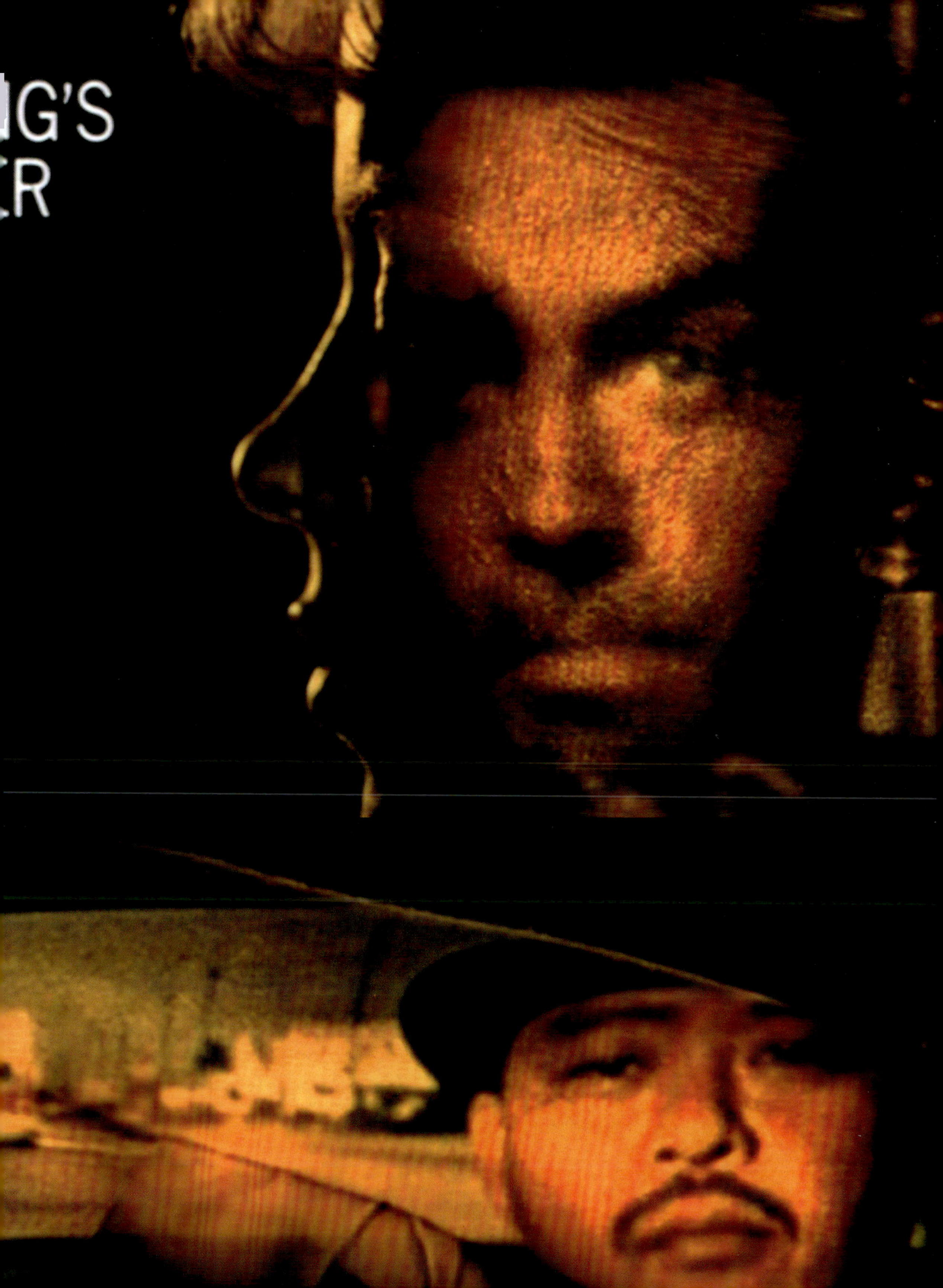
G'S
R

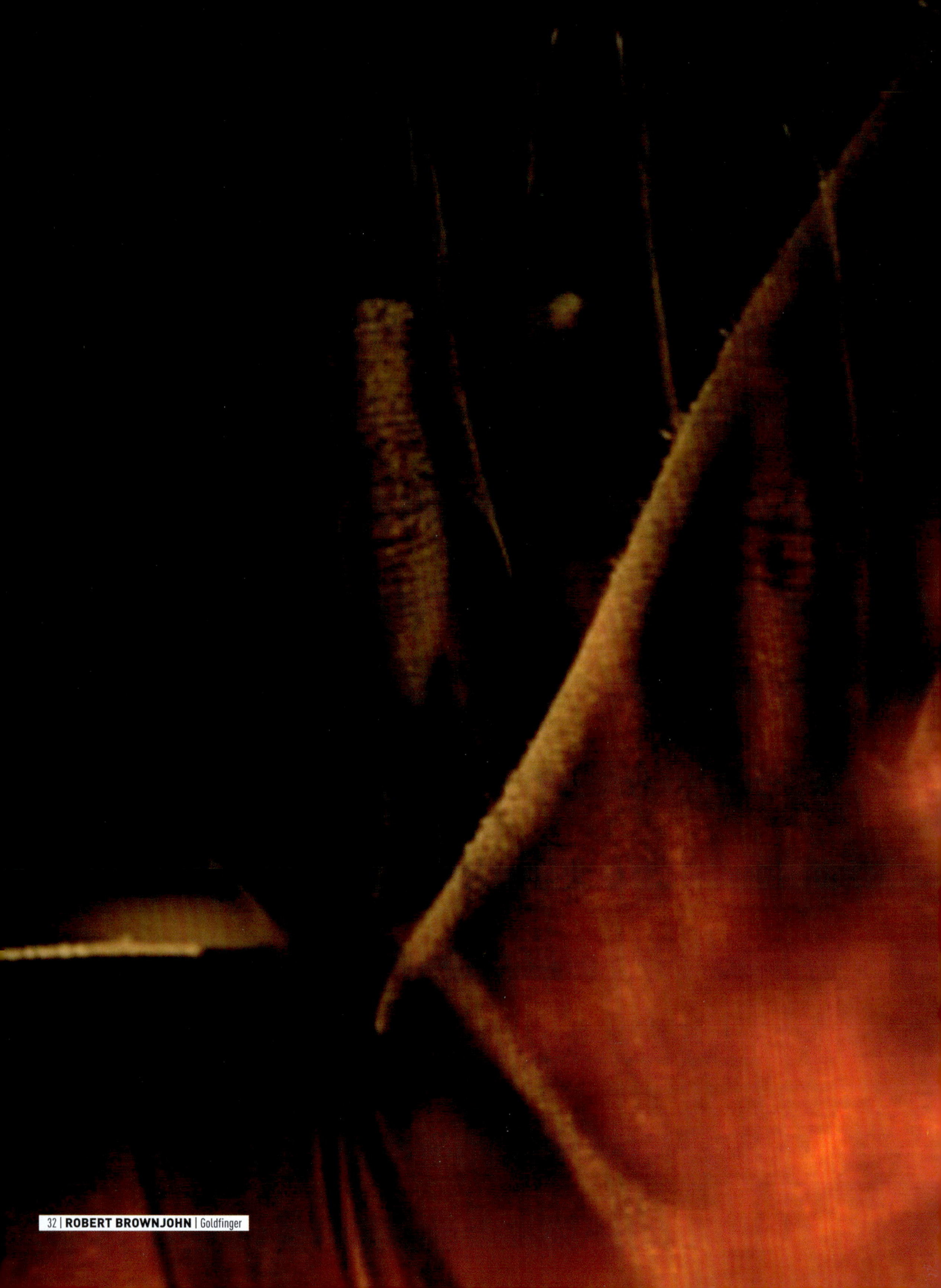

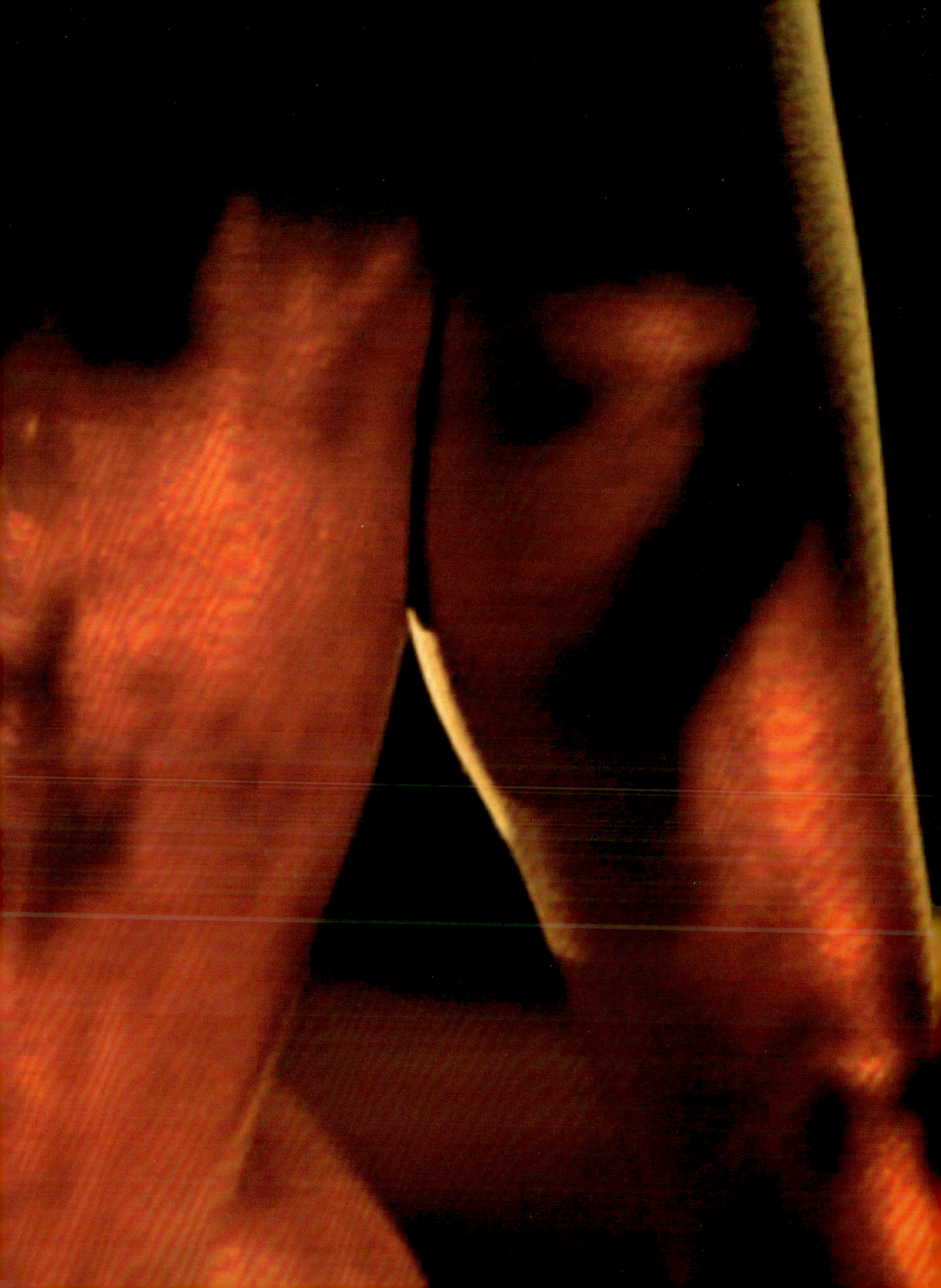

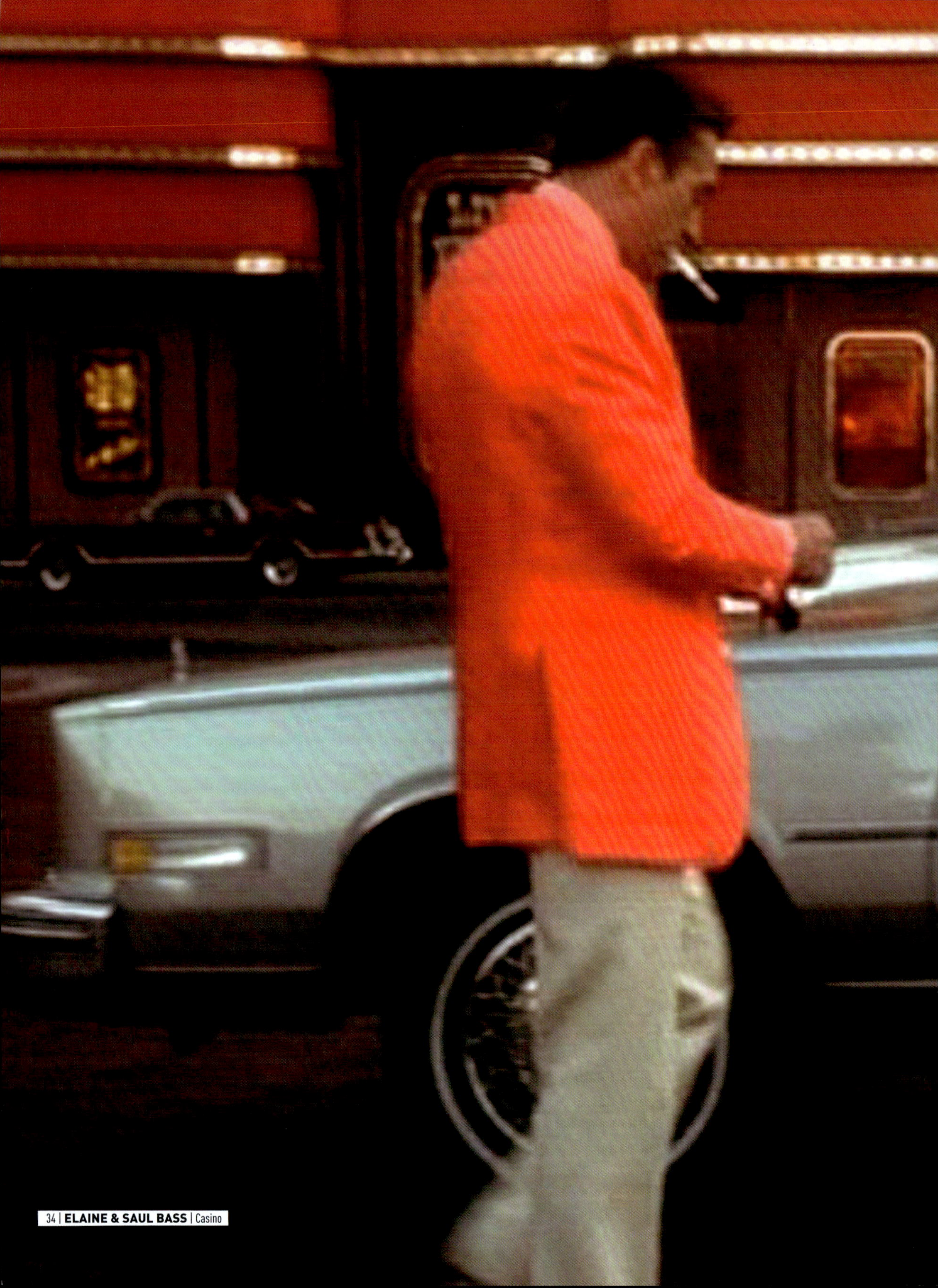

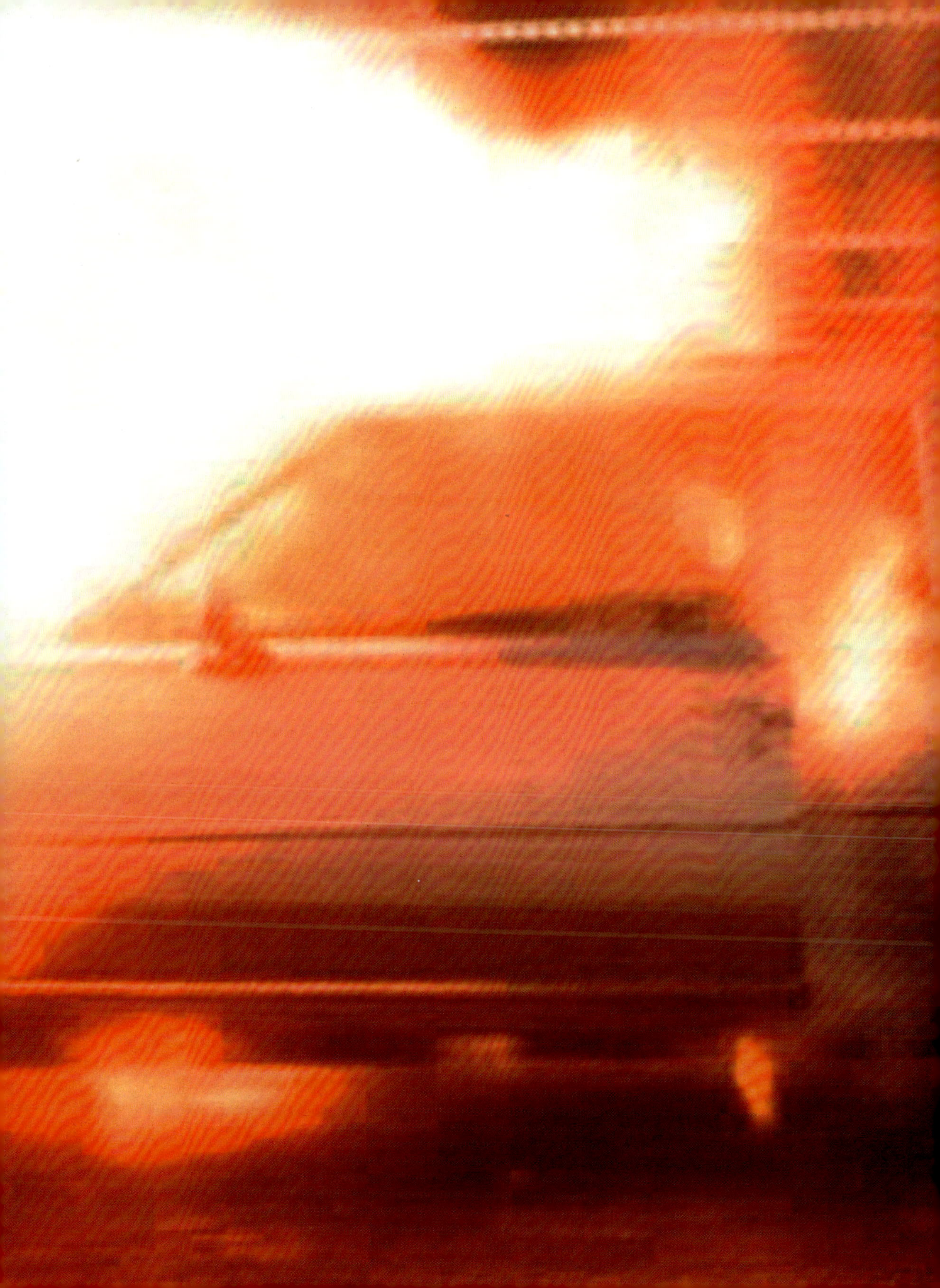

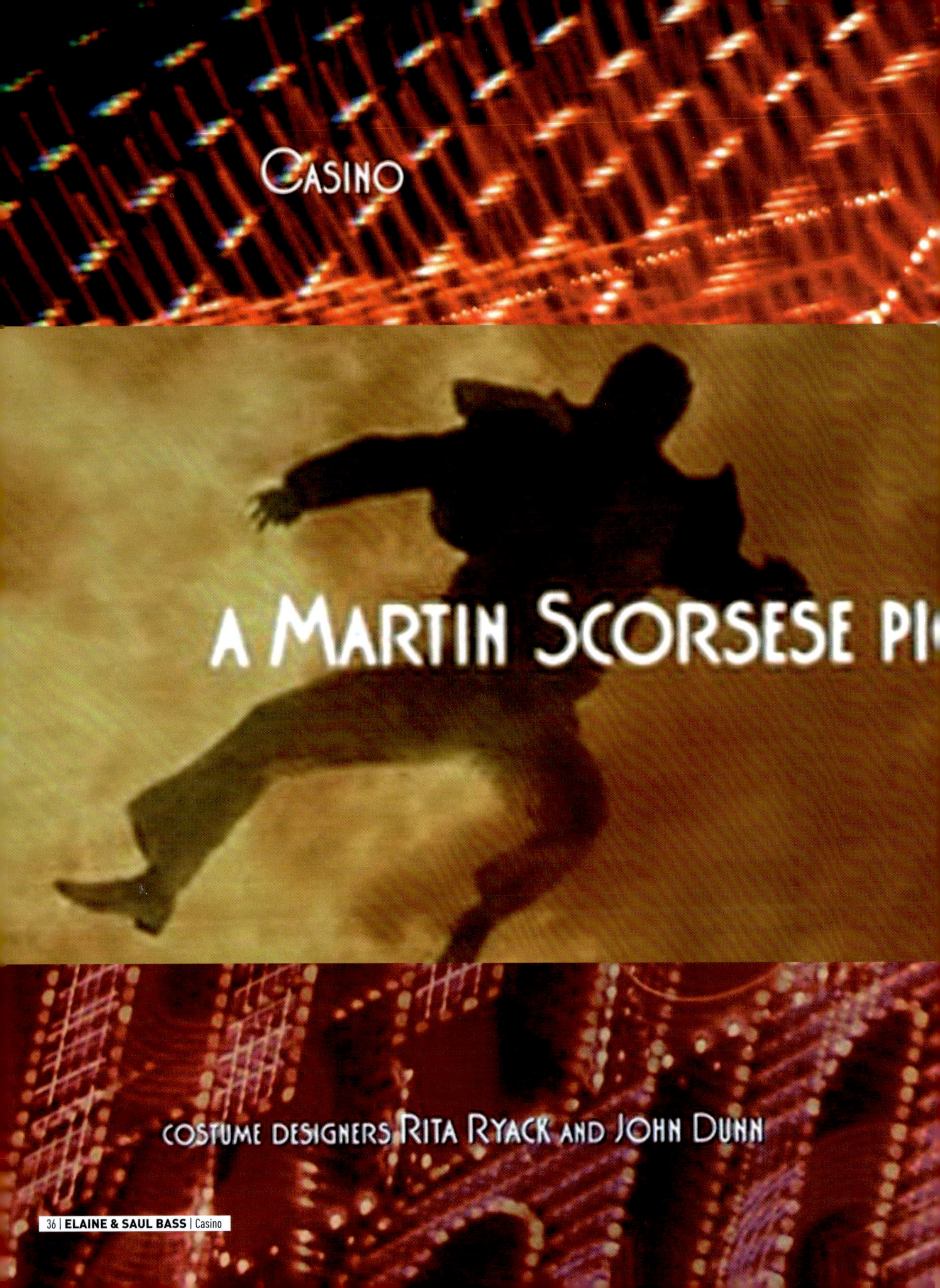

CASINO
A MARTIN SCORSESE PI
COSTUME DESIGNERS RITA RYACK AND JOHN DUNN

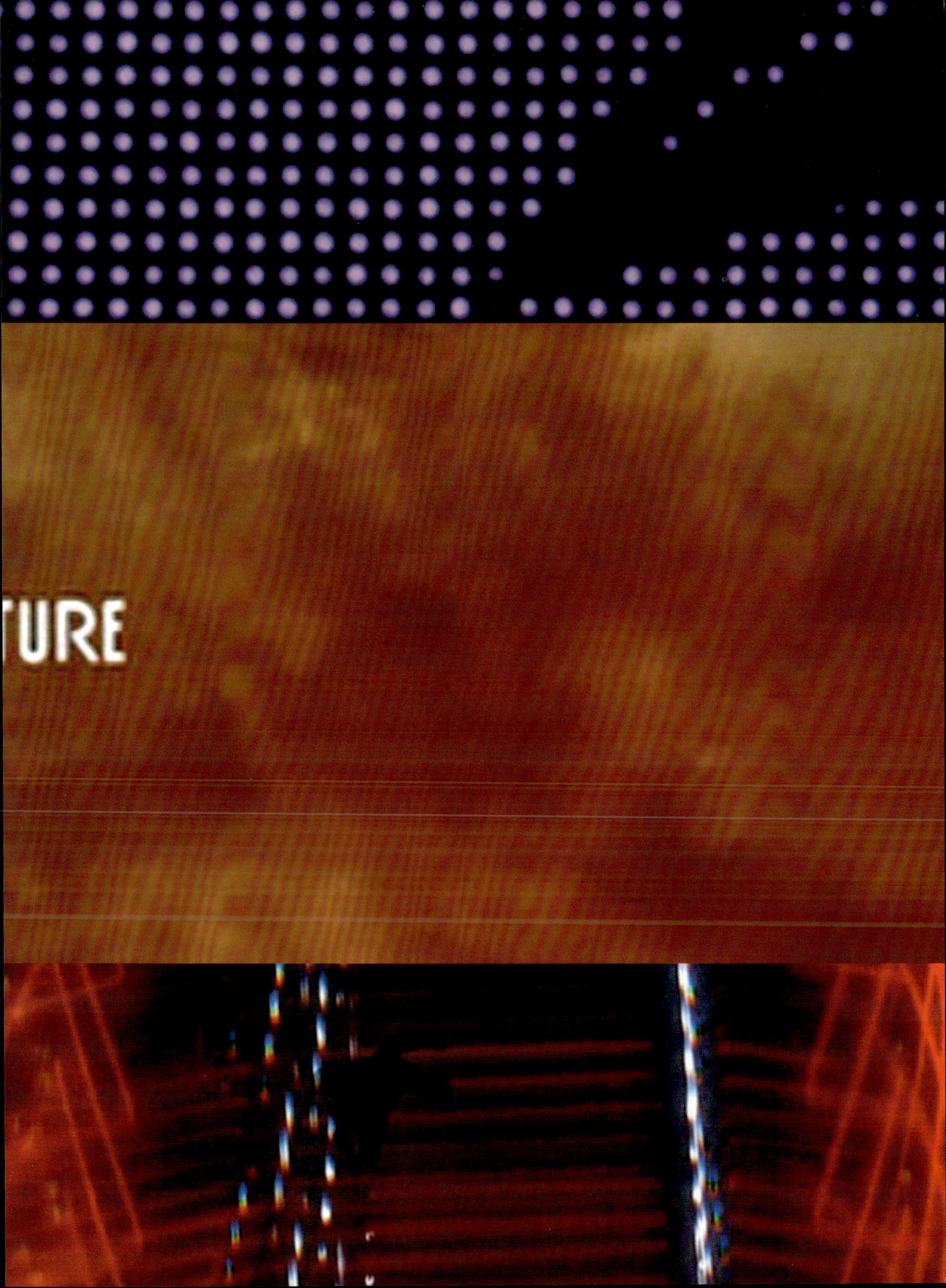

# Catch if you

me
can

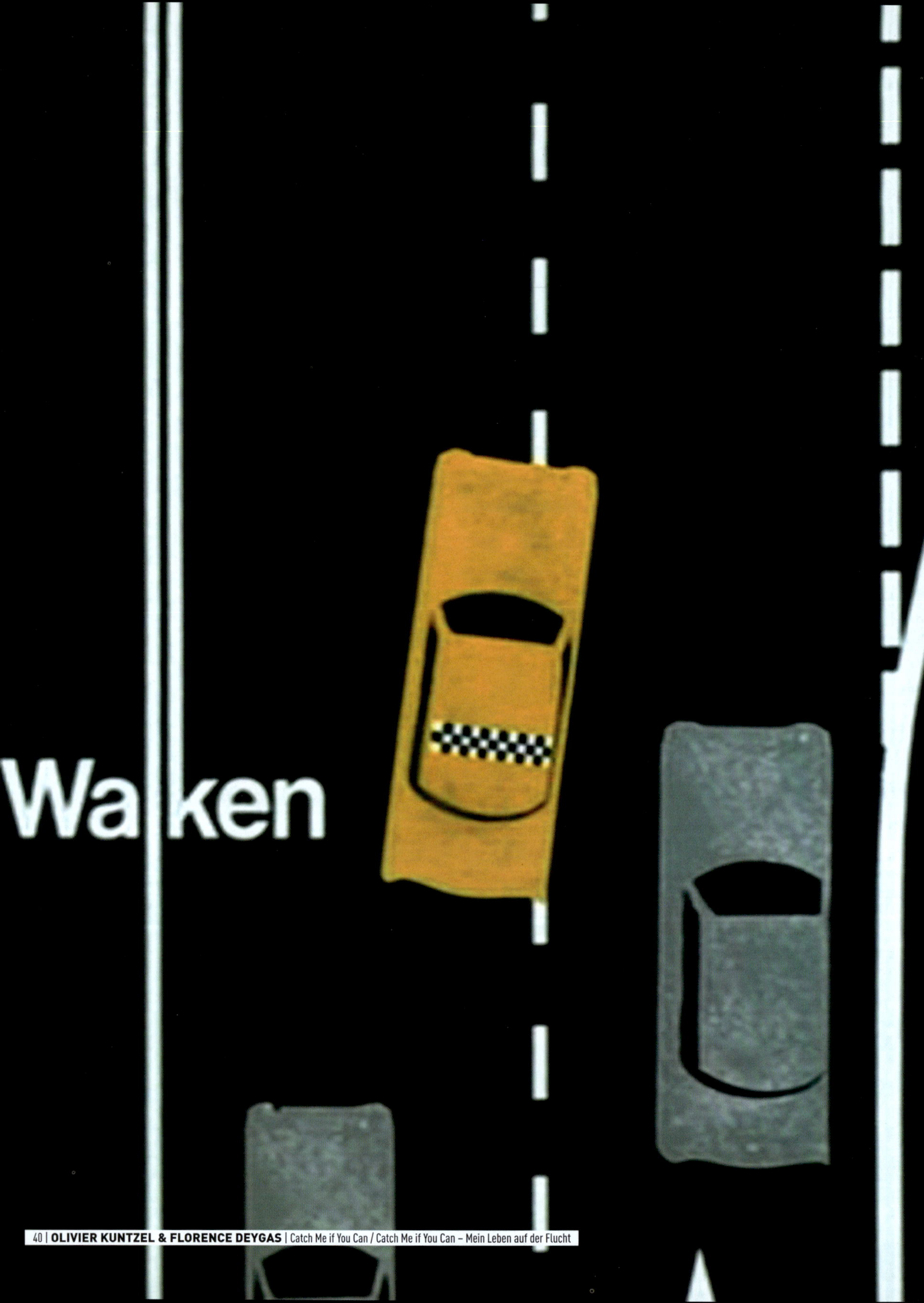

Walken

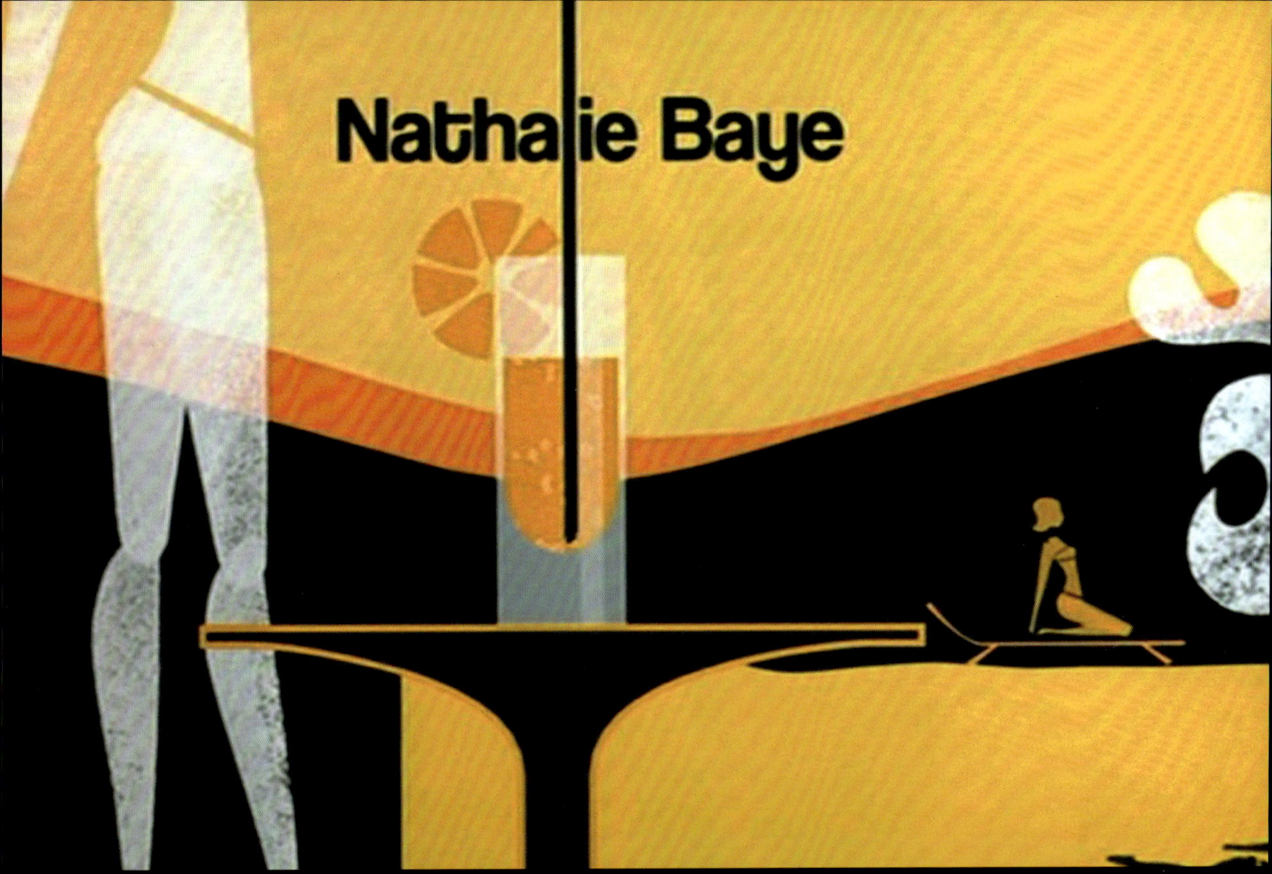

Nathalie Baye
DIRECTOR OF 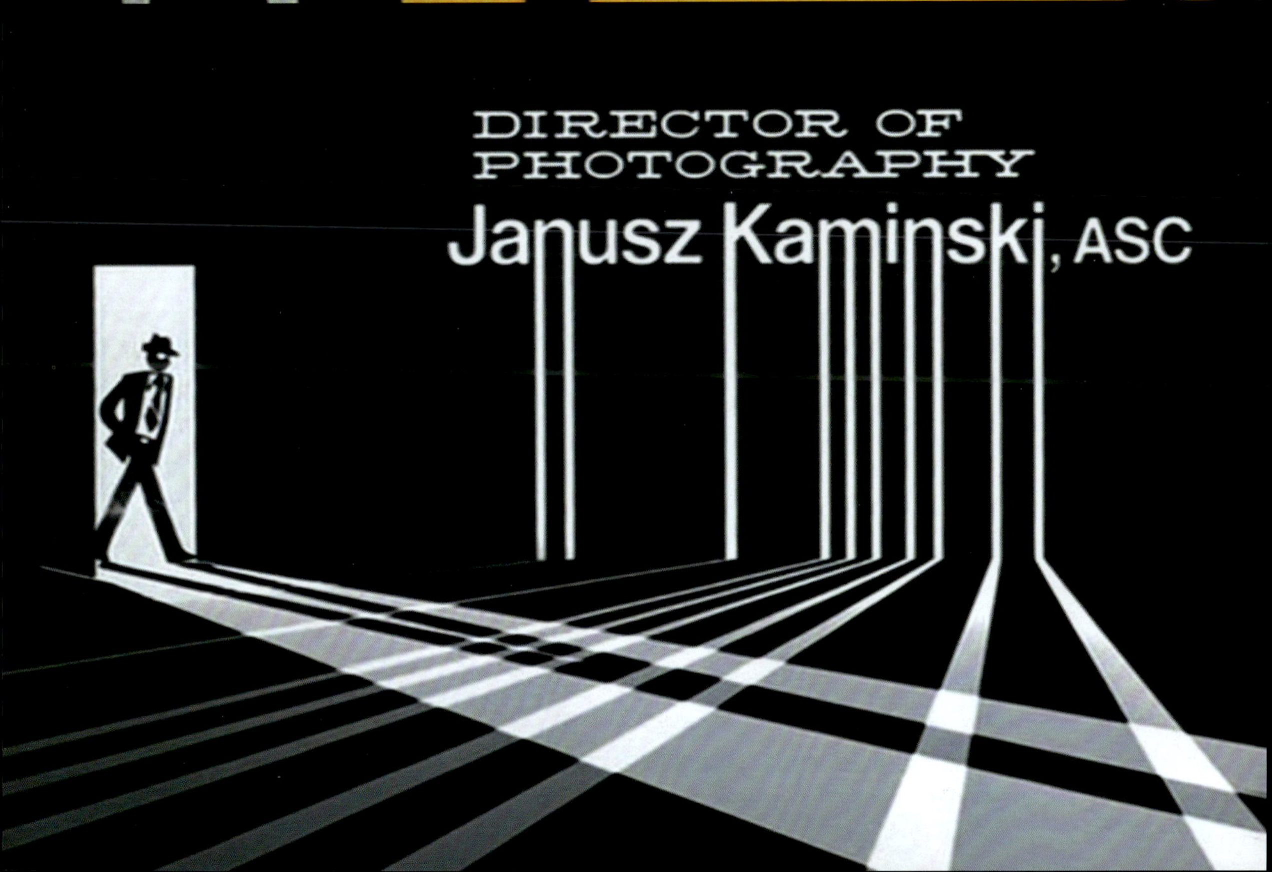
PHOTOGRAPHY
Janusz Kaminski, ASC

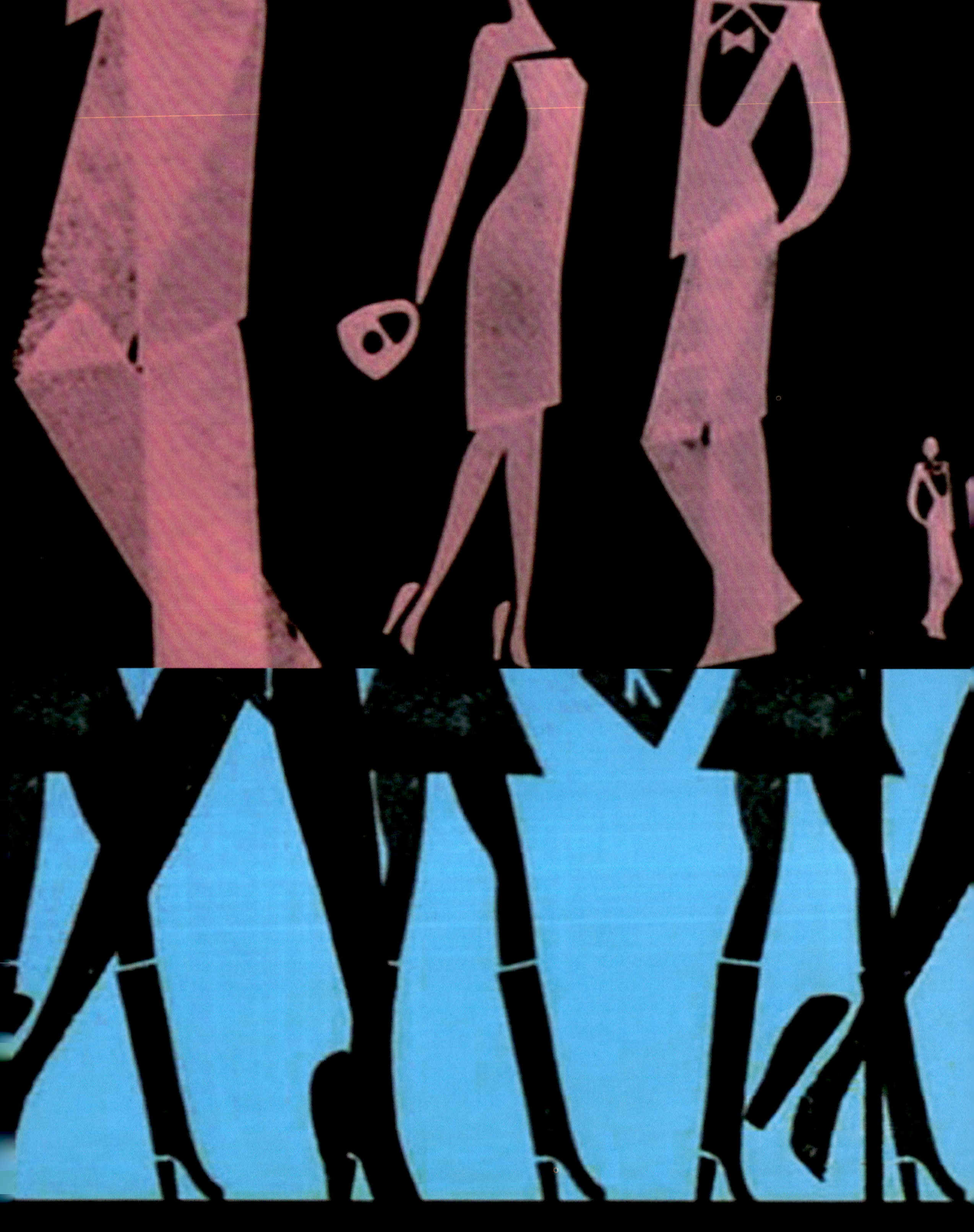

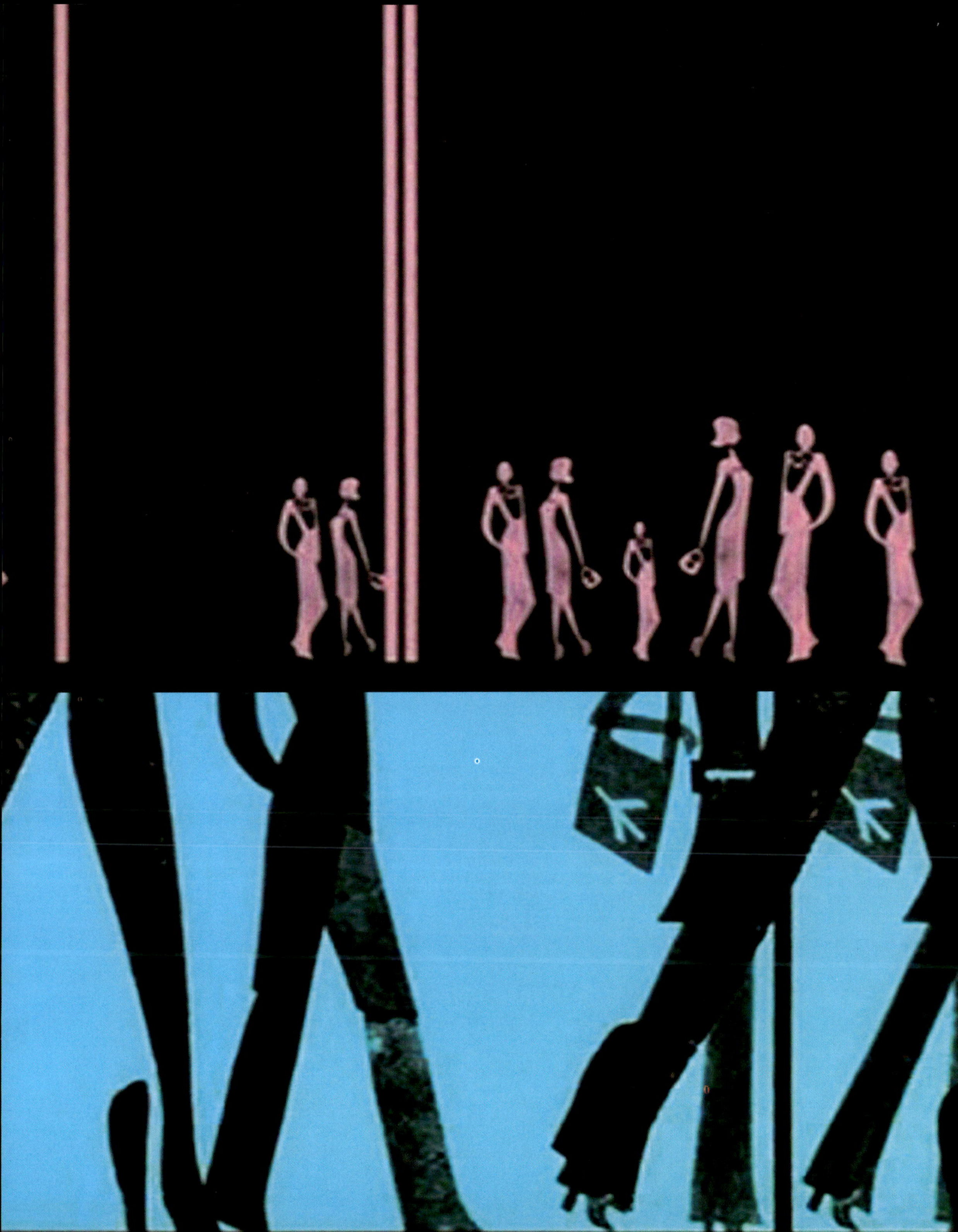

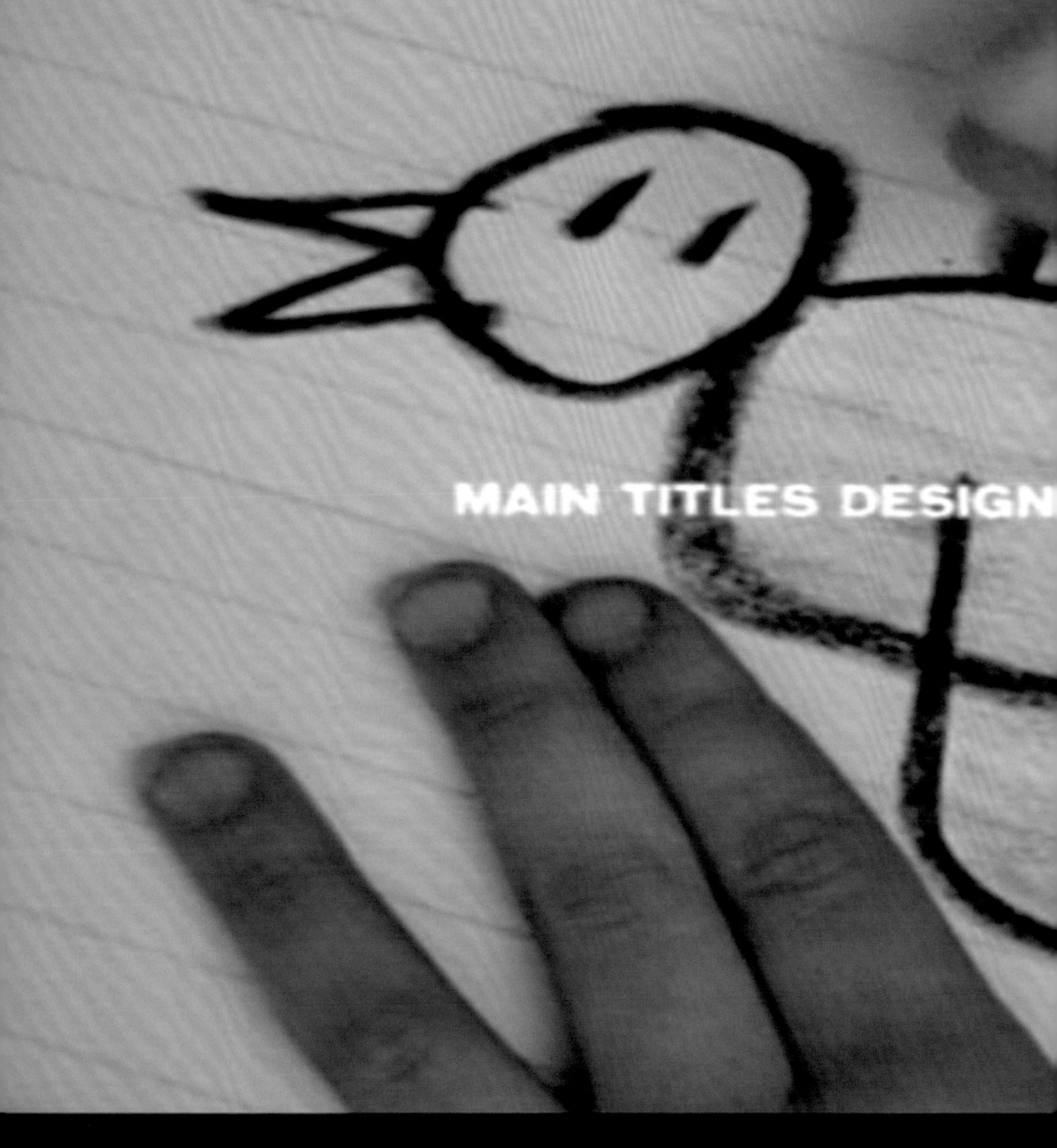
MAIN TITLES DESIGN

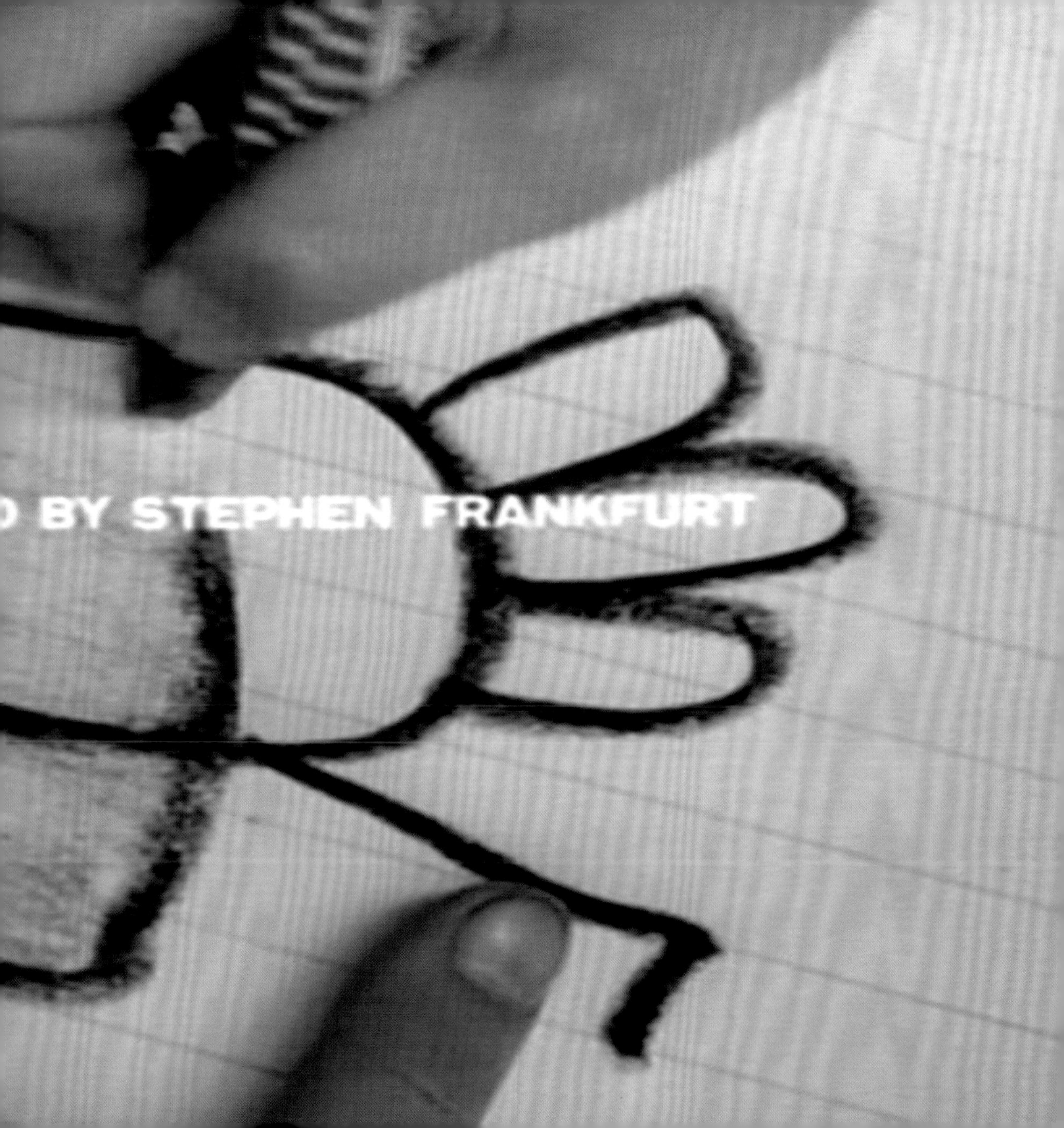
BY STEPHEN FRANKFURT

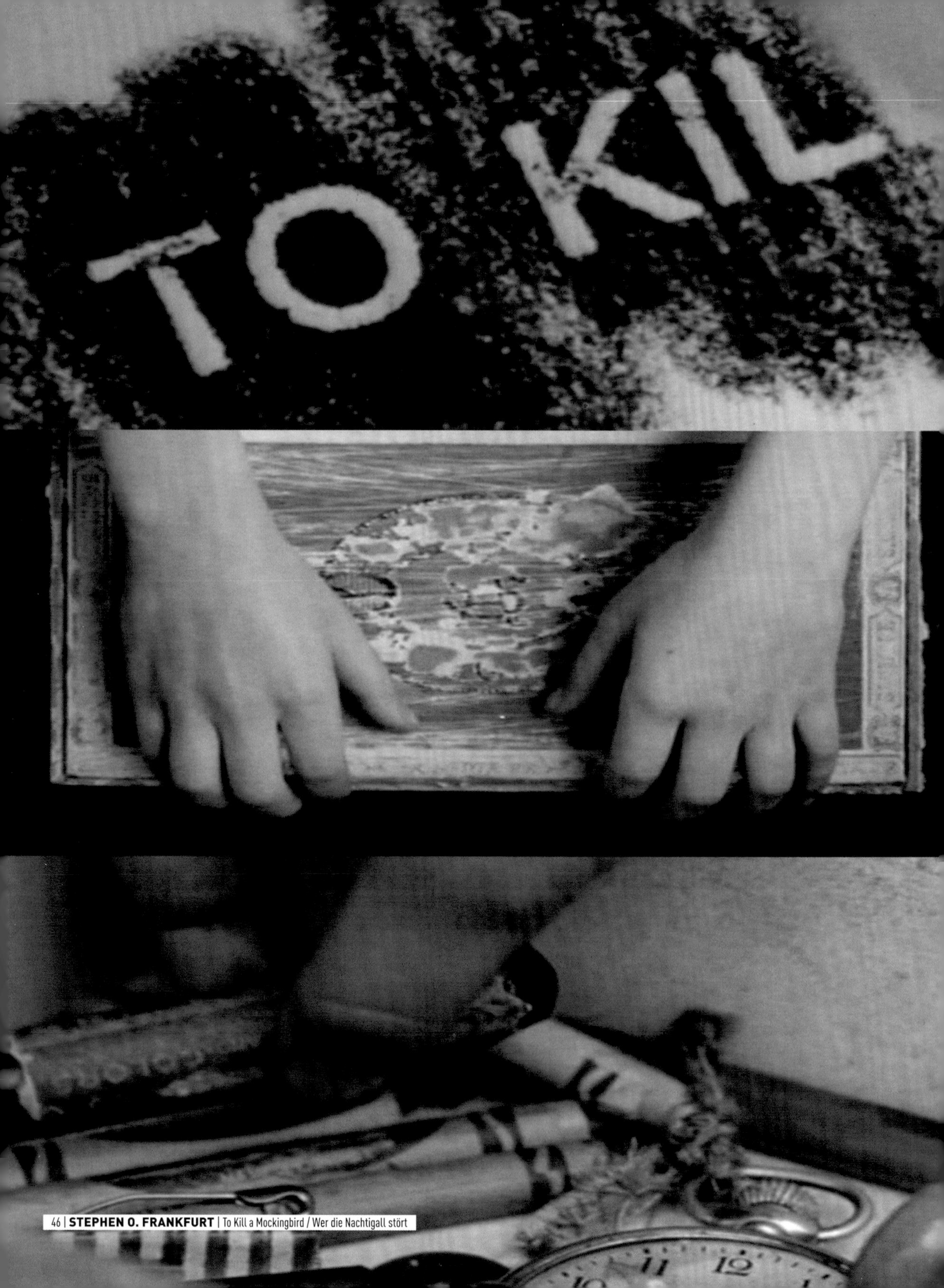

TO KILL

INTRODUCING
TO KILL A MOCKINGBIRD
WITH   JOHN MEGNA   FRANK OVERTON

 | **STEPHEN O. FRANKFURT** | To Kill a Mockingbird / Wer die Nachtigall stört

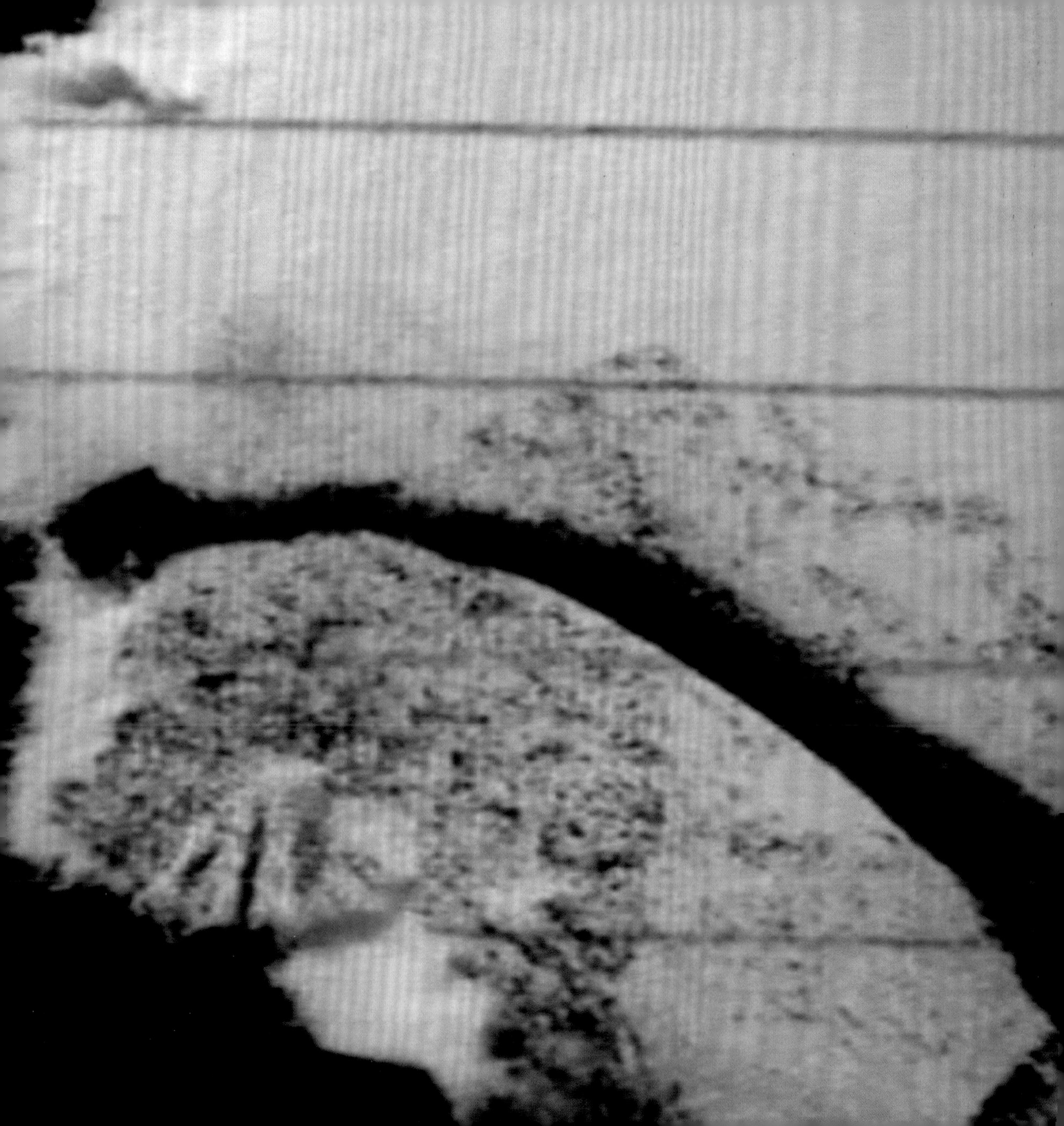

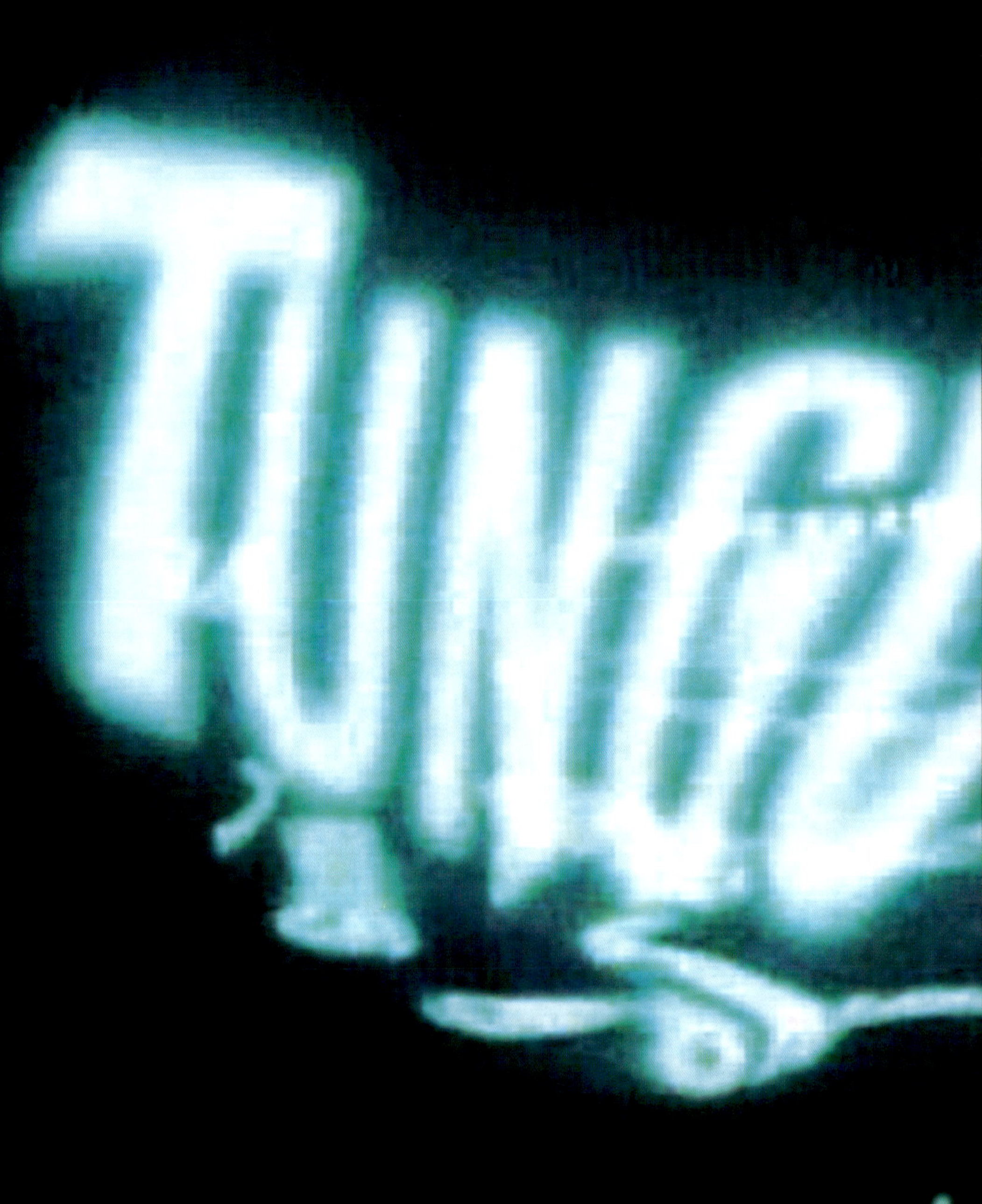

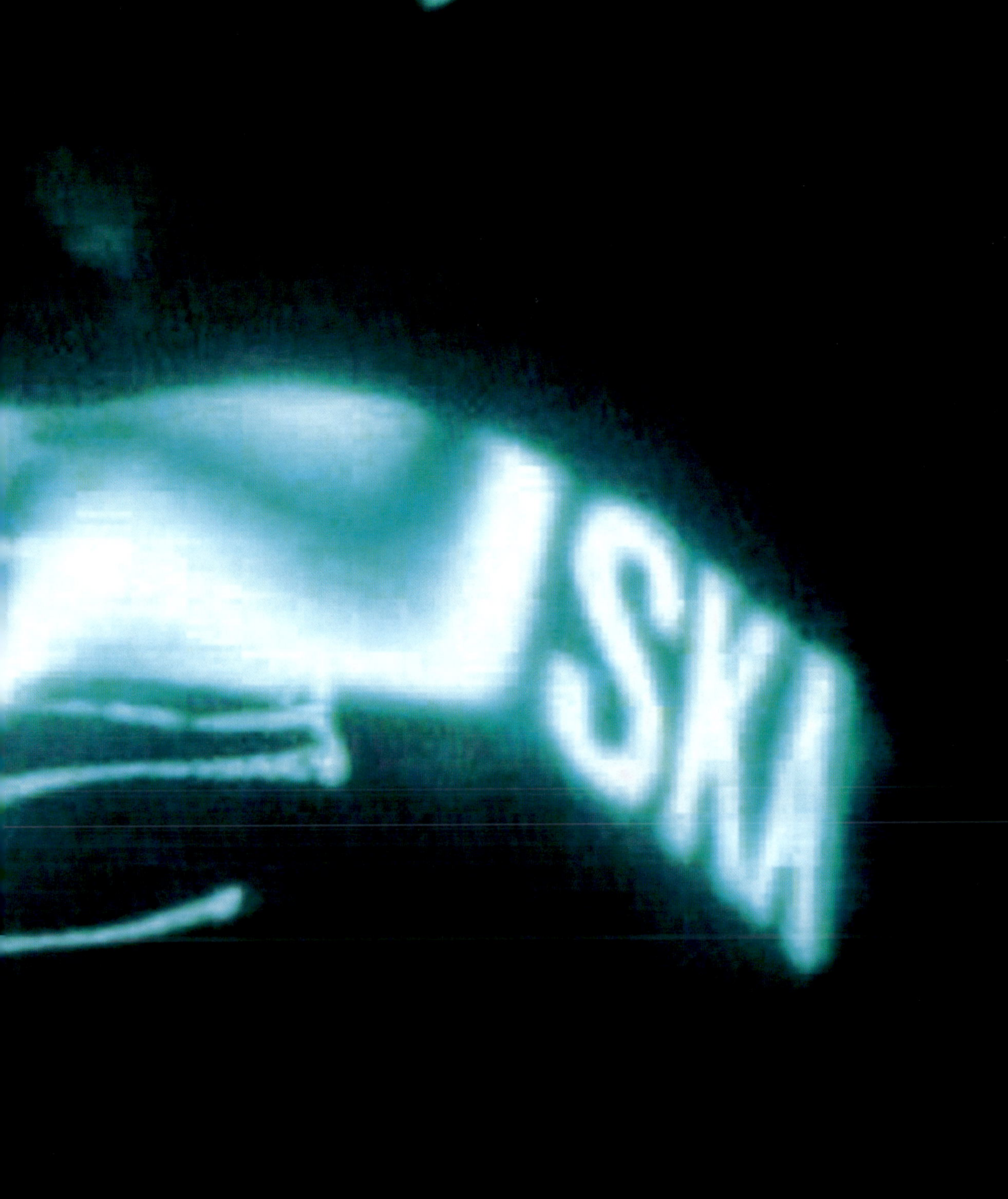
SKA

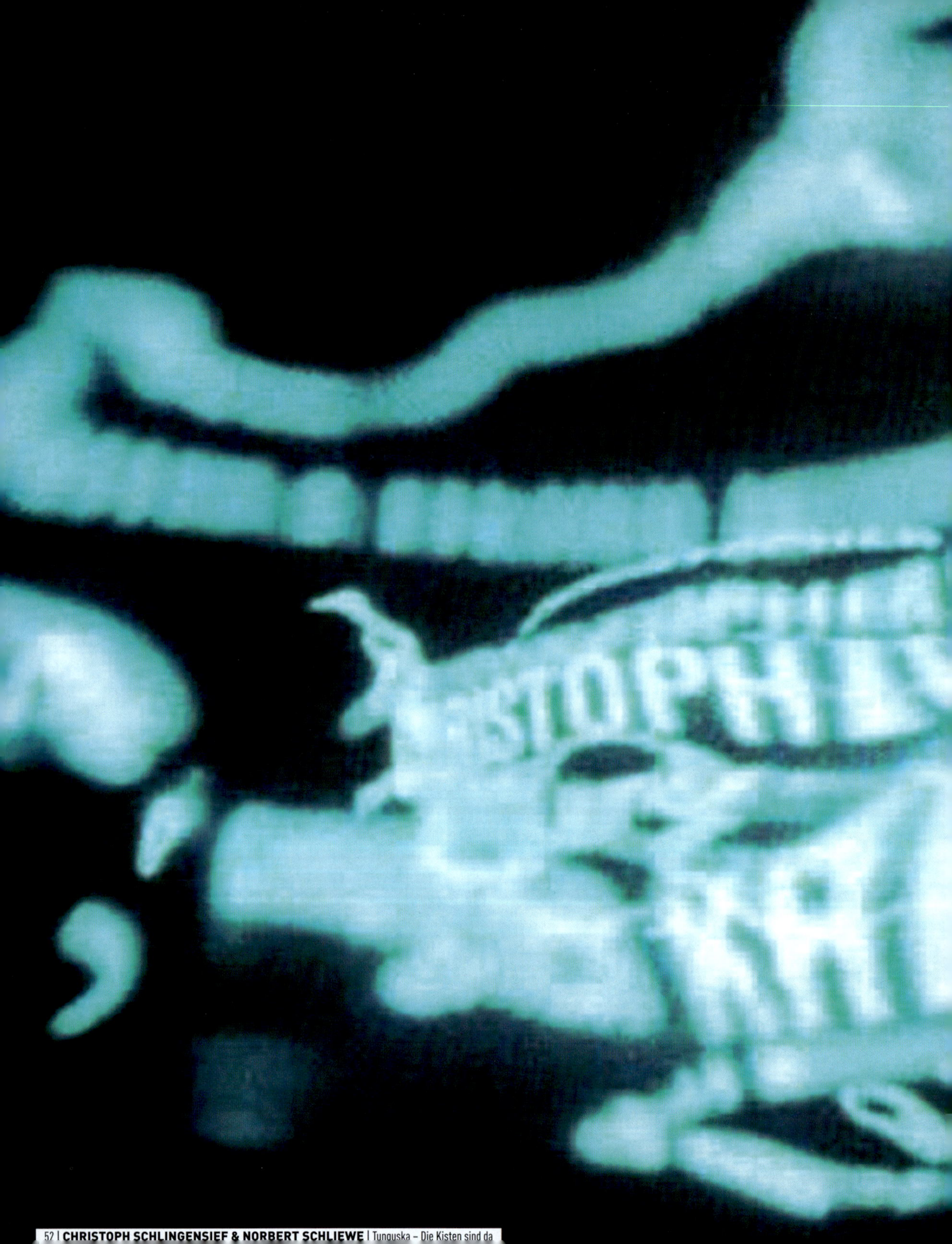

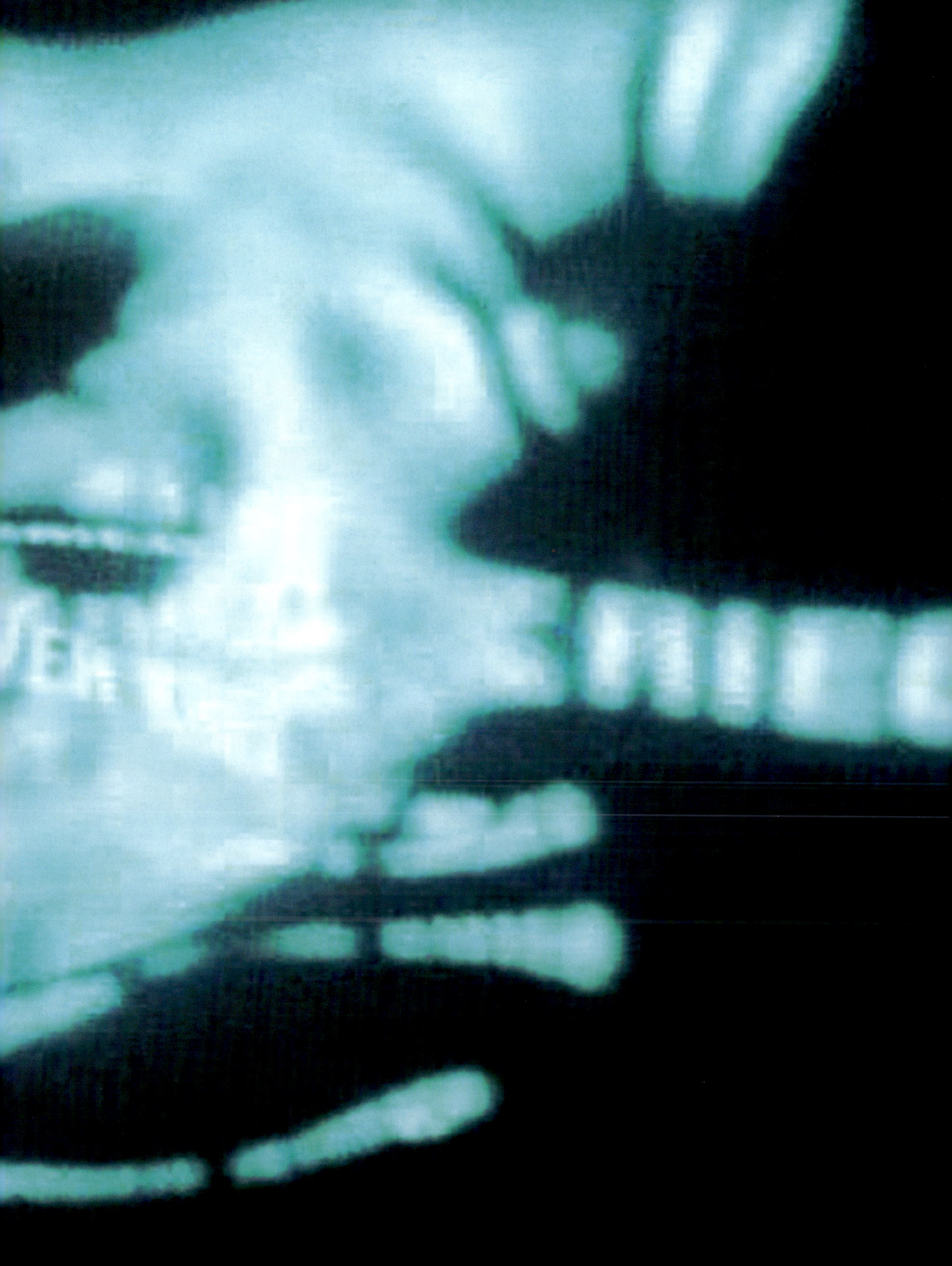

ATTACK
OF THE KI
TO

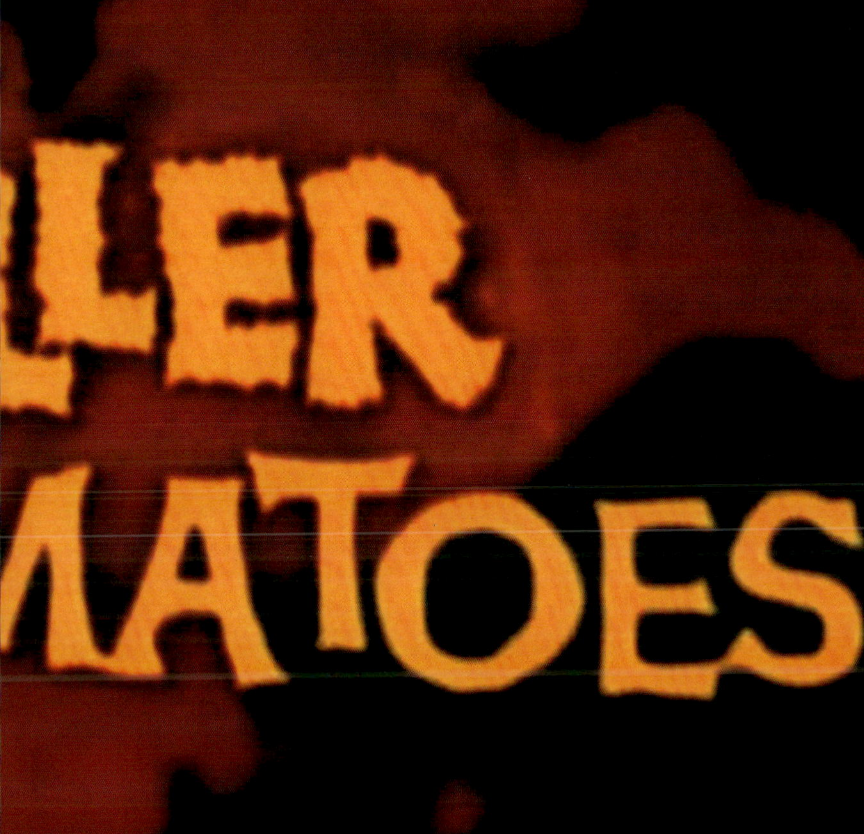
LLER
MATOES

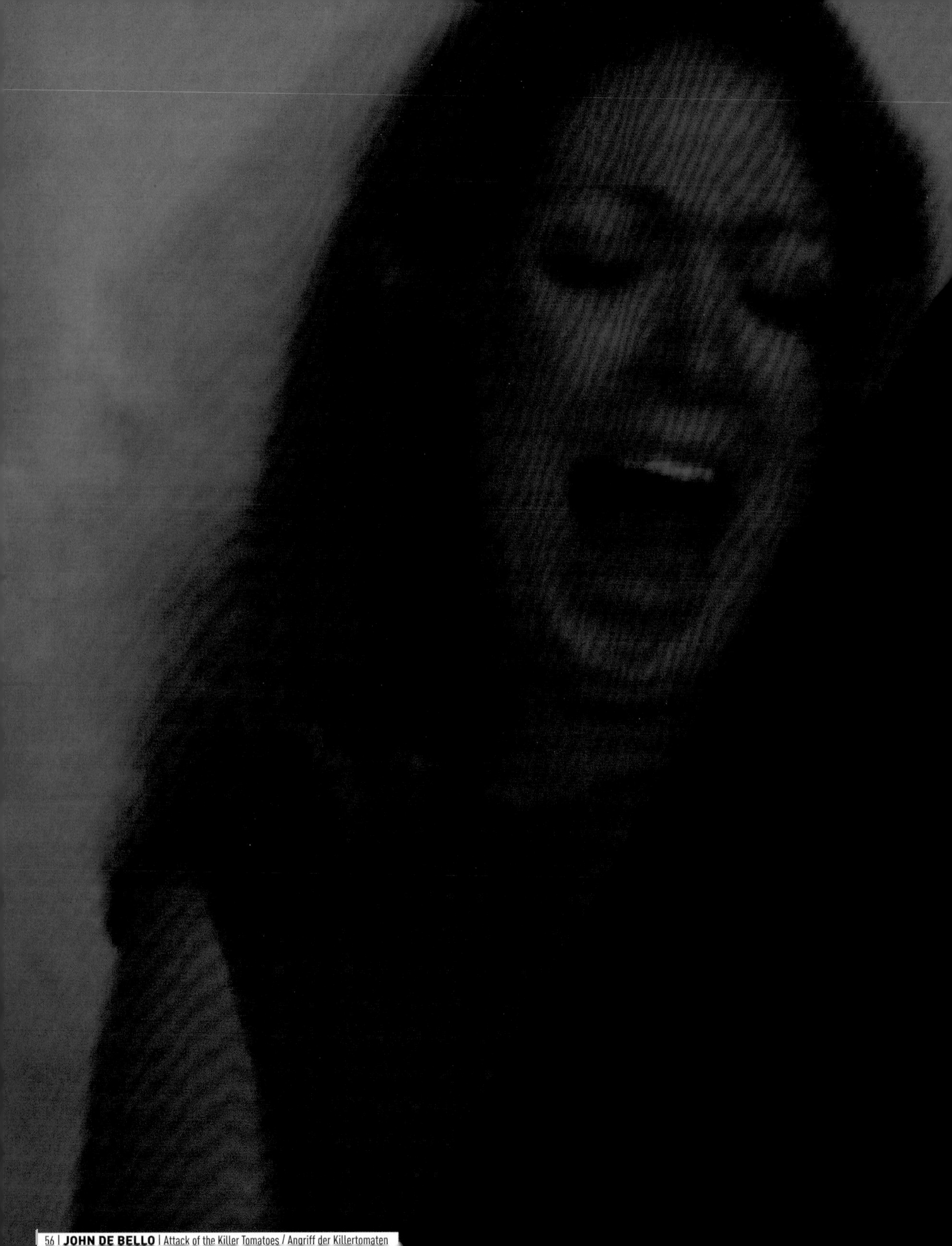

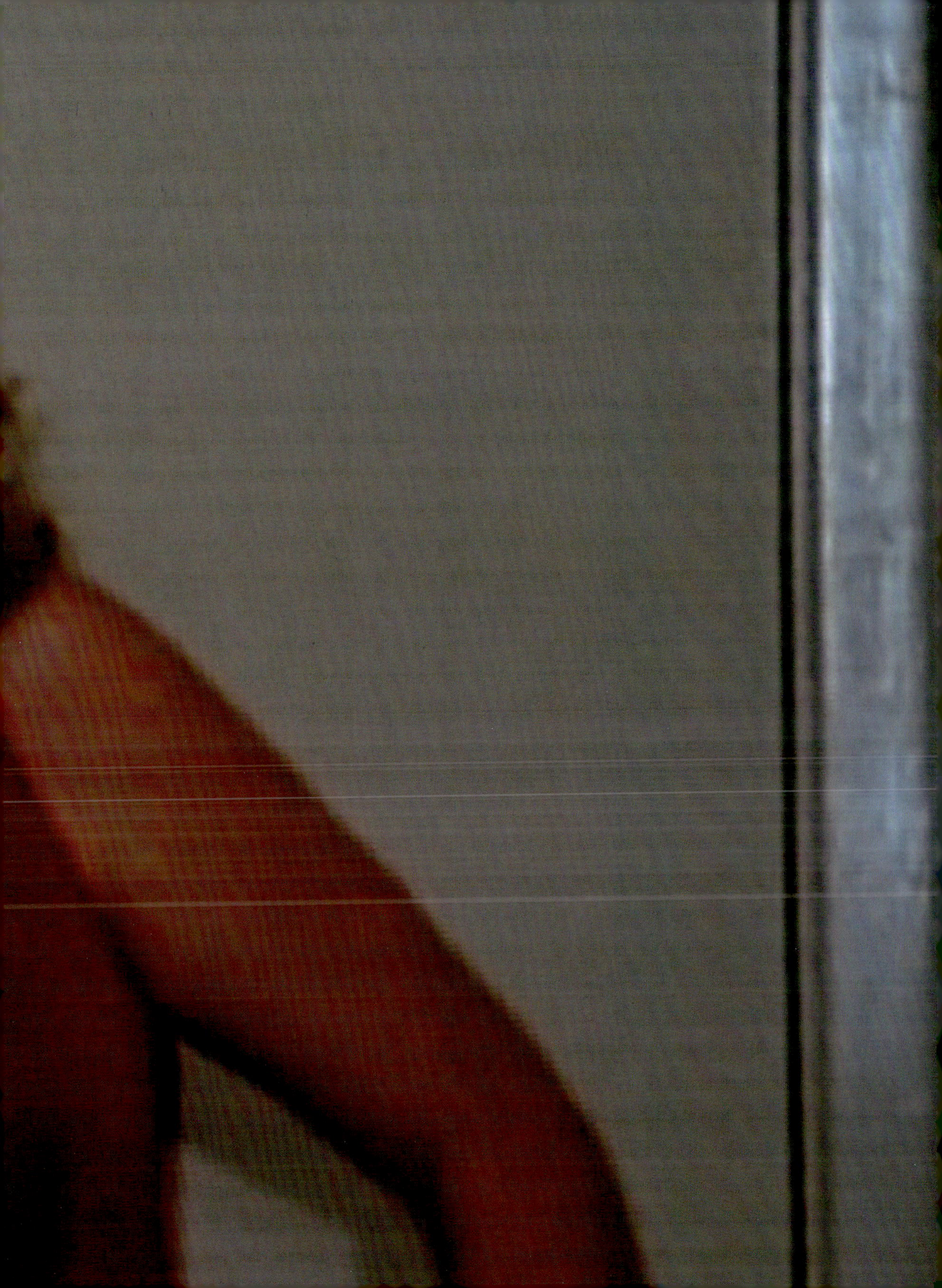

THIS SPACE
CA
714-47

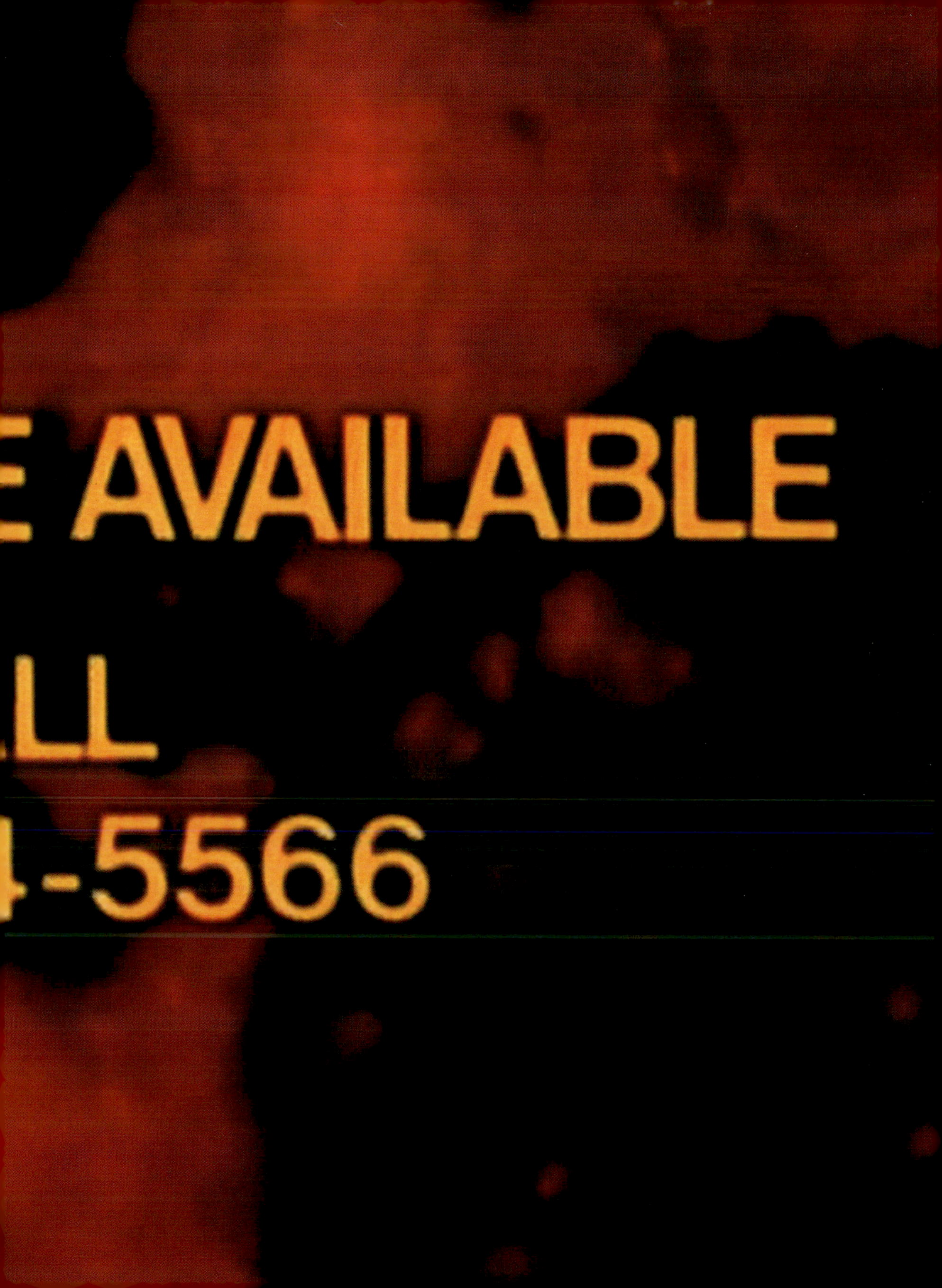

E AVAILABLE

LL

-5566

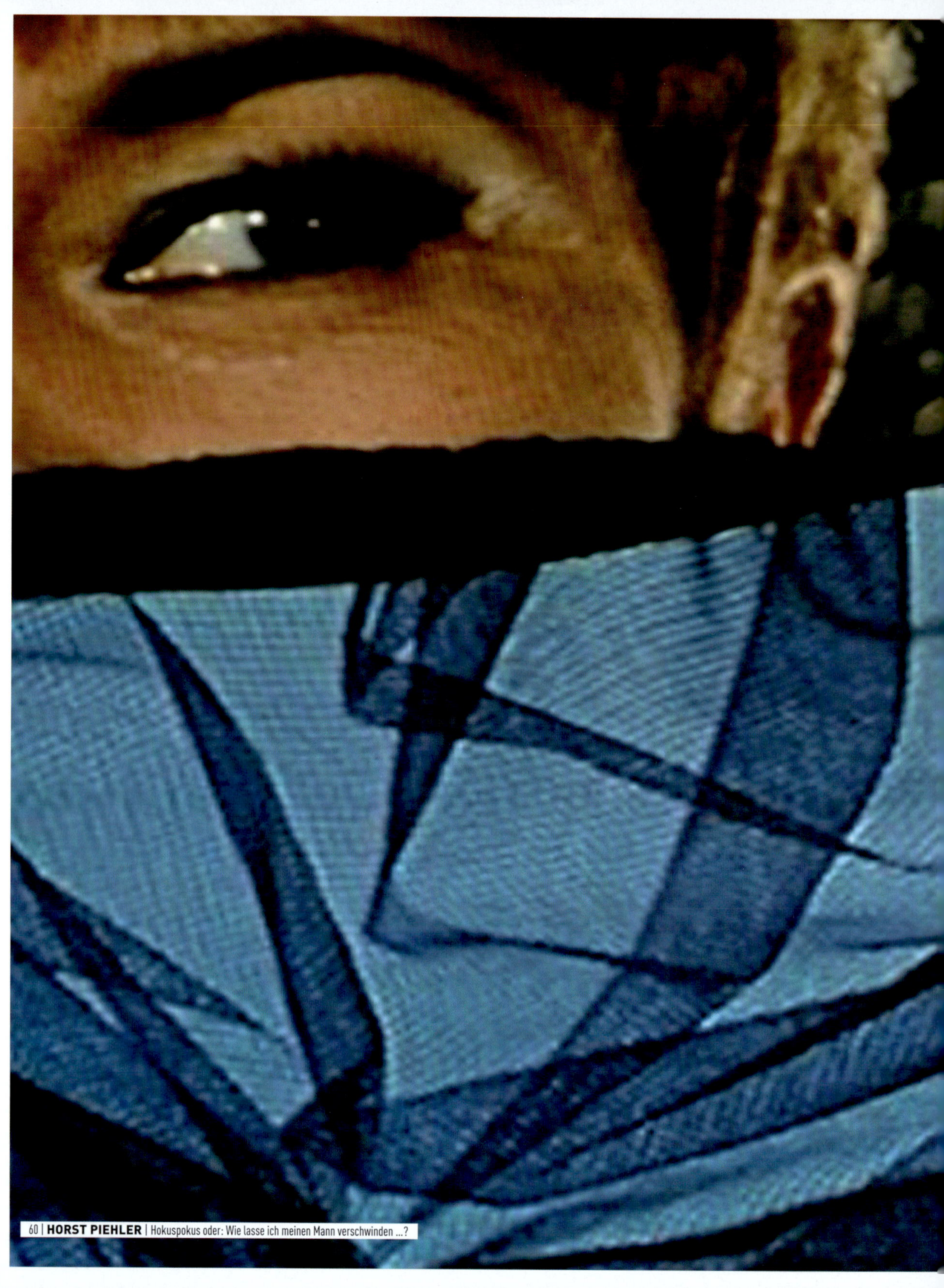

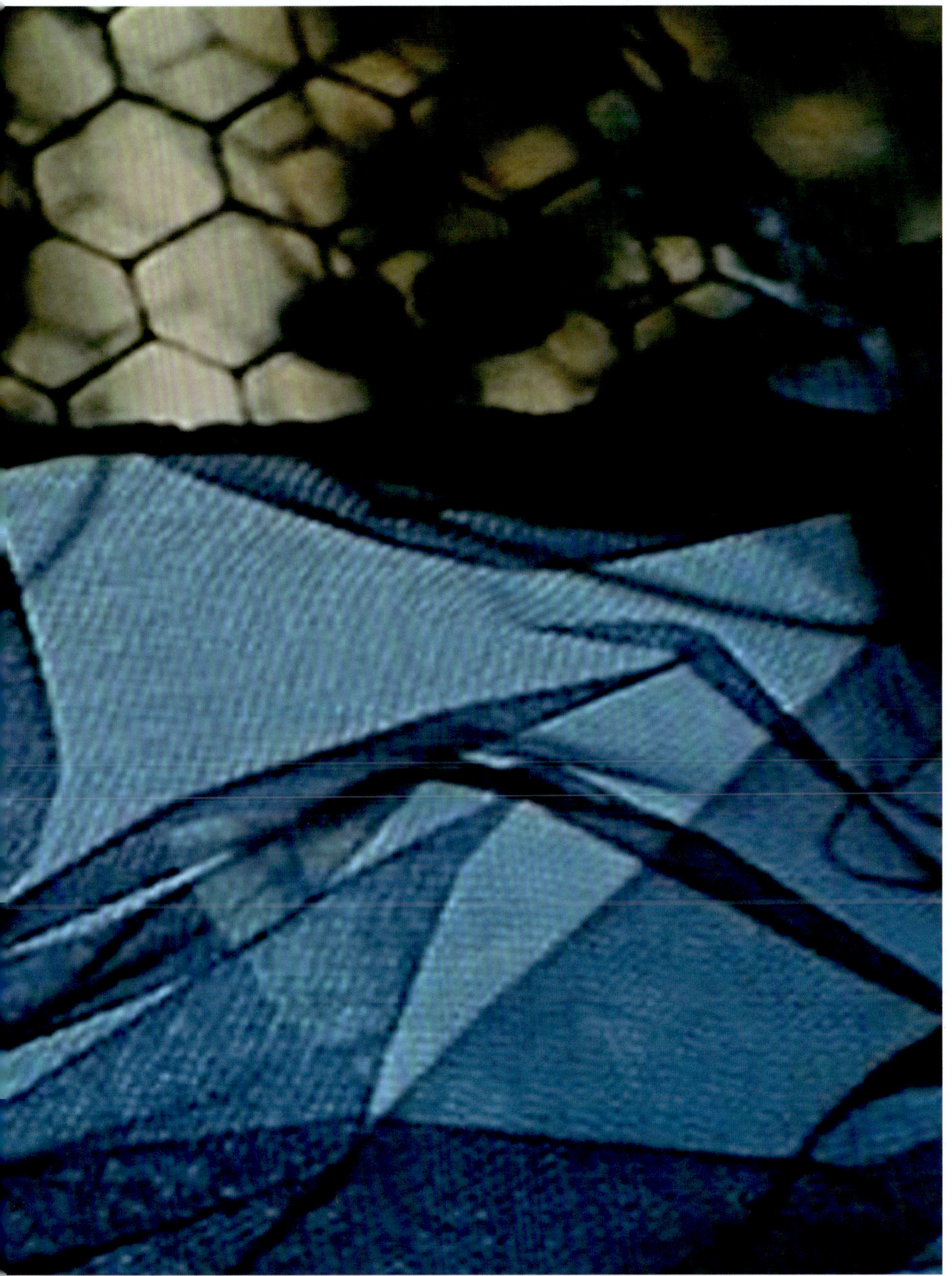

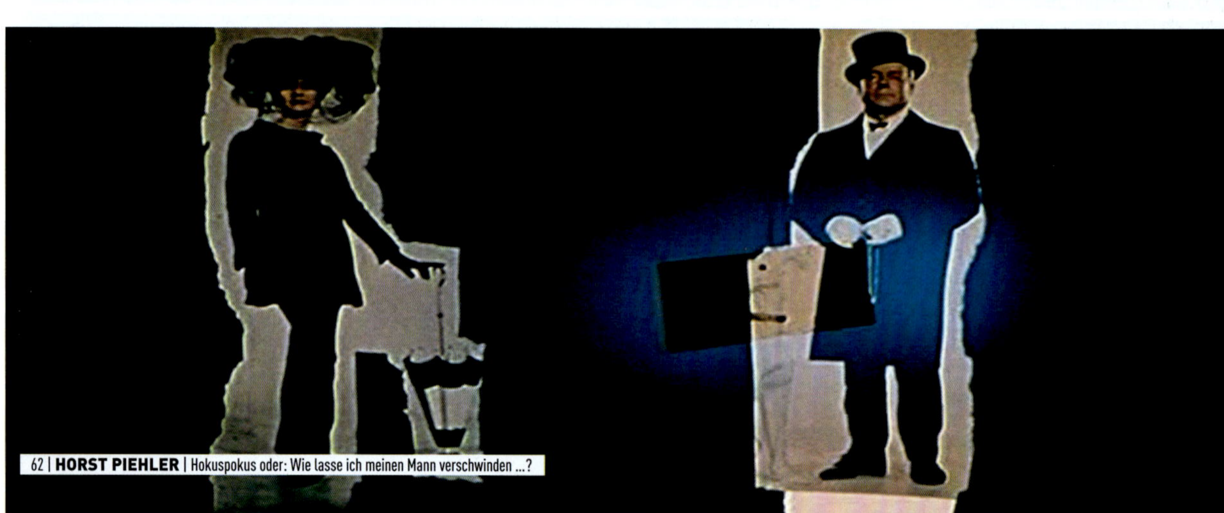

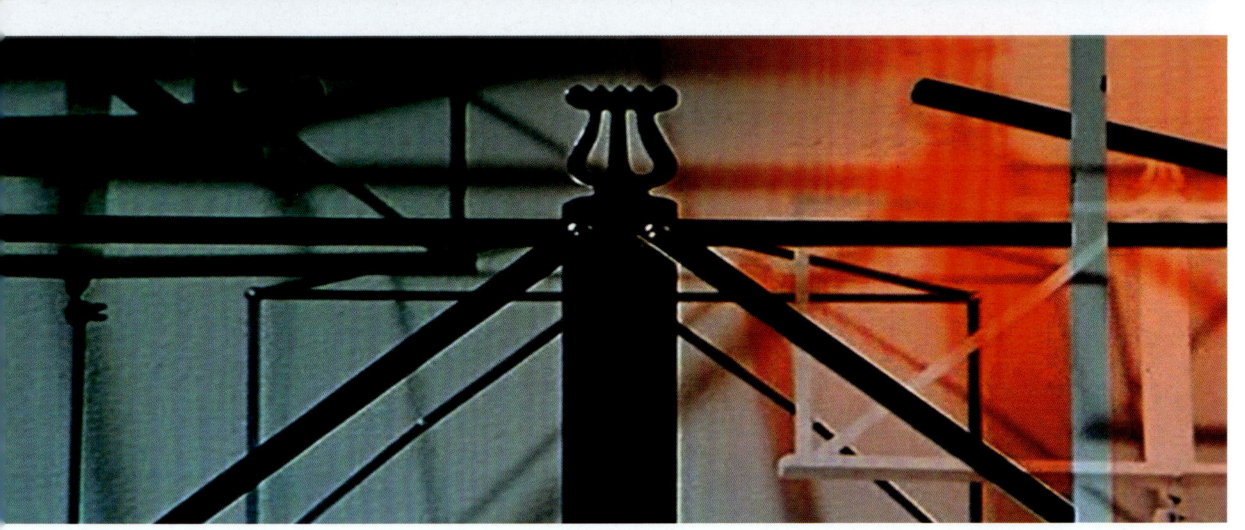

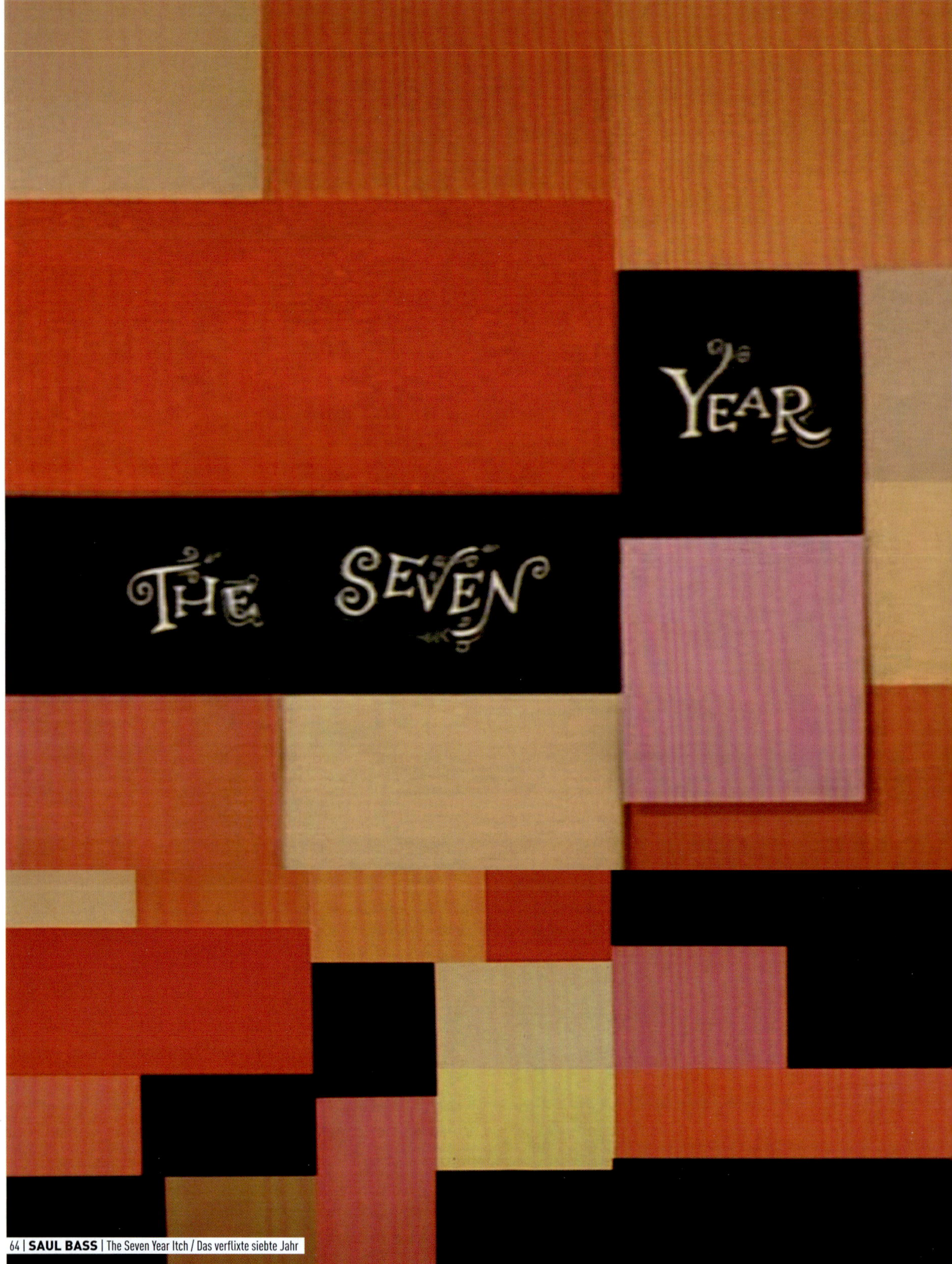
YEAR
THE SEVEN

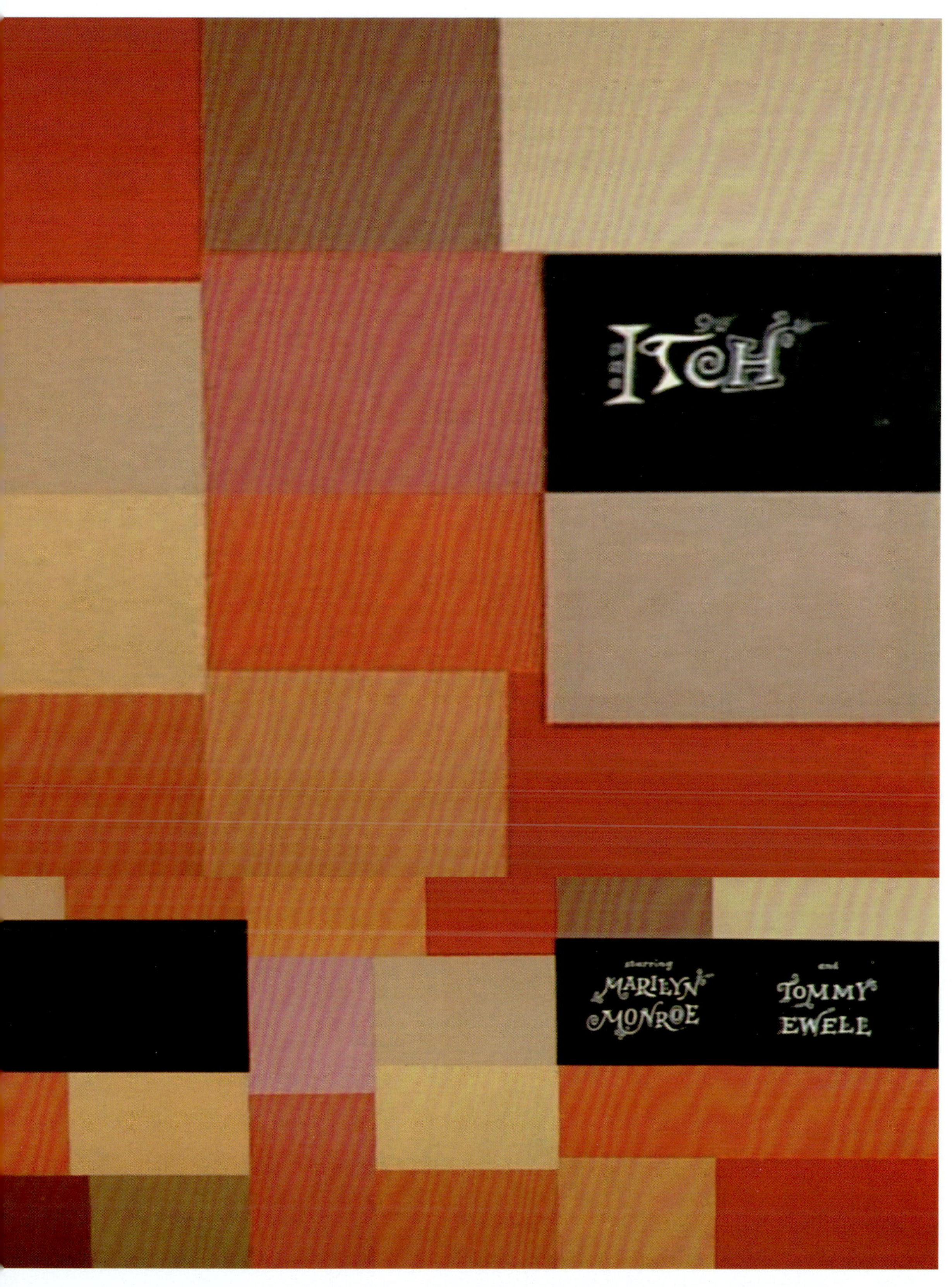

THE ITCH
starring
MARILYN MONROE
and
TOMMY EWELL

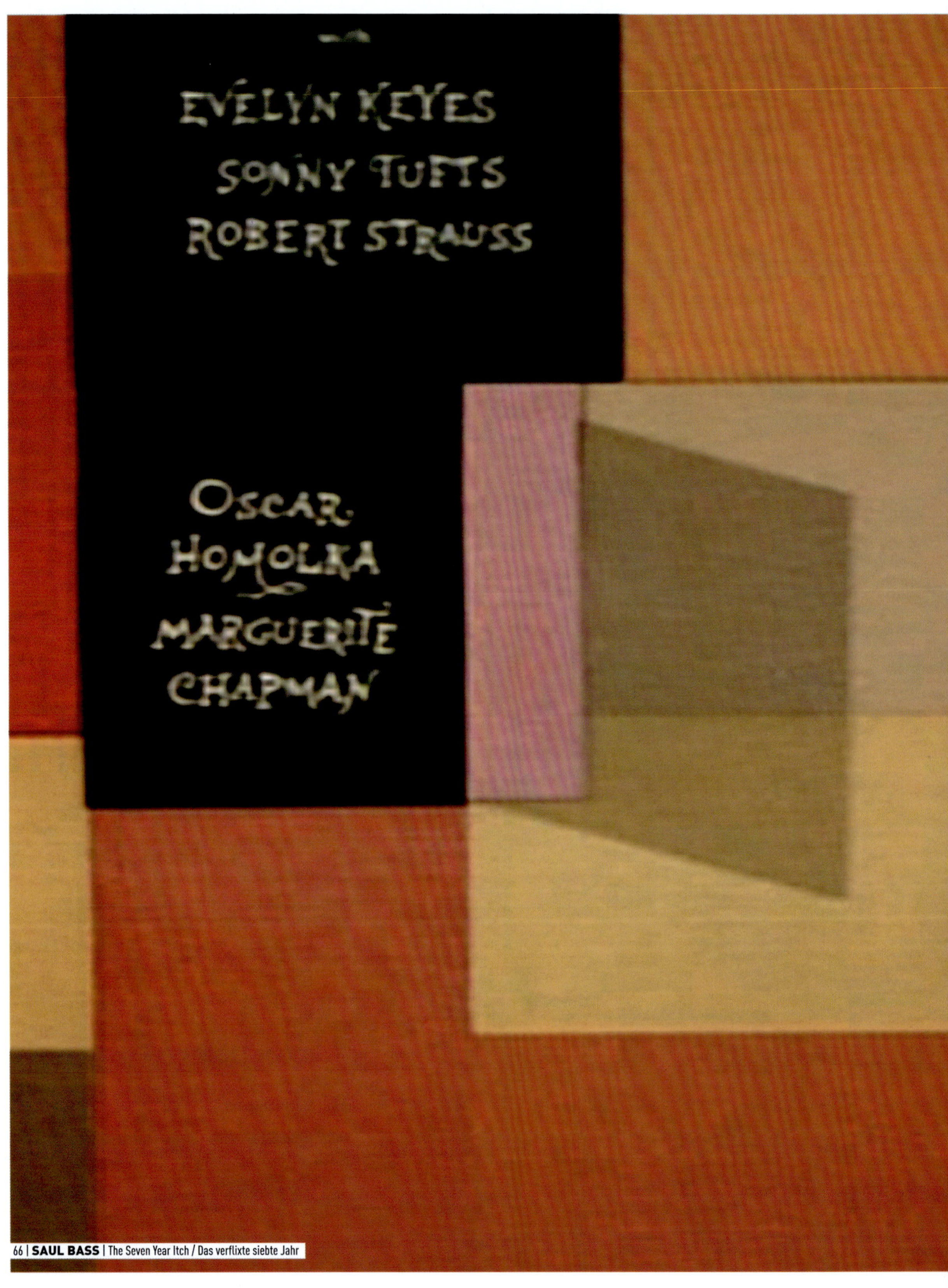

EVELYN KEYES
SONNY TUFTS
ROBERT STRAUSS

OSCAR
HOMOLKA
MARGUERITE
CHAPMAN

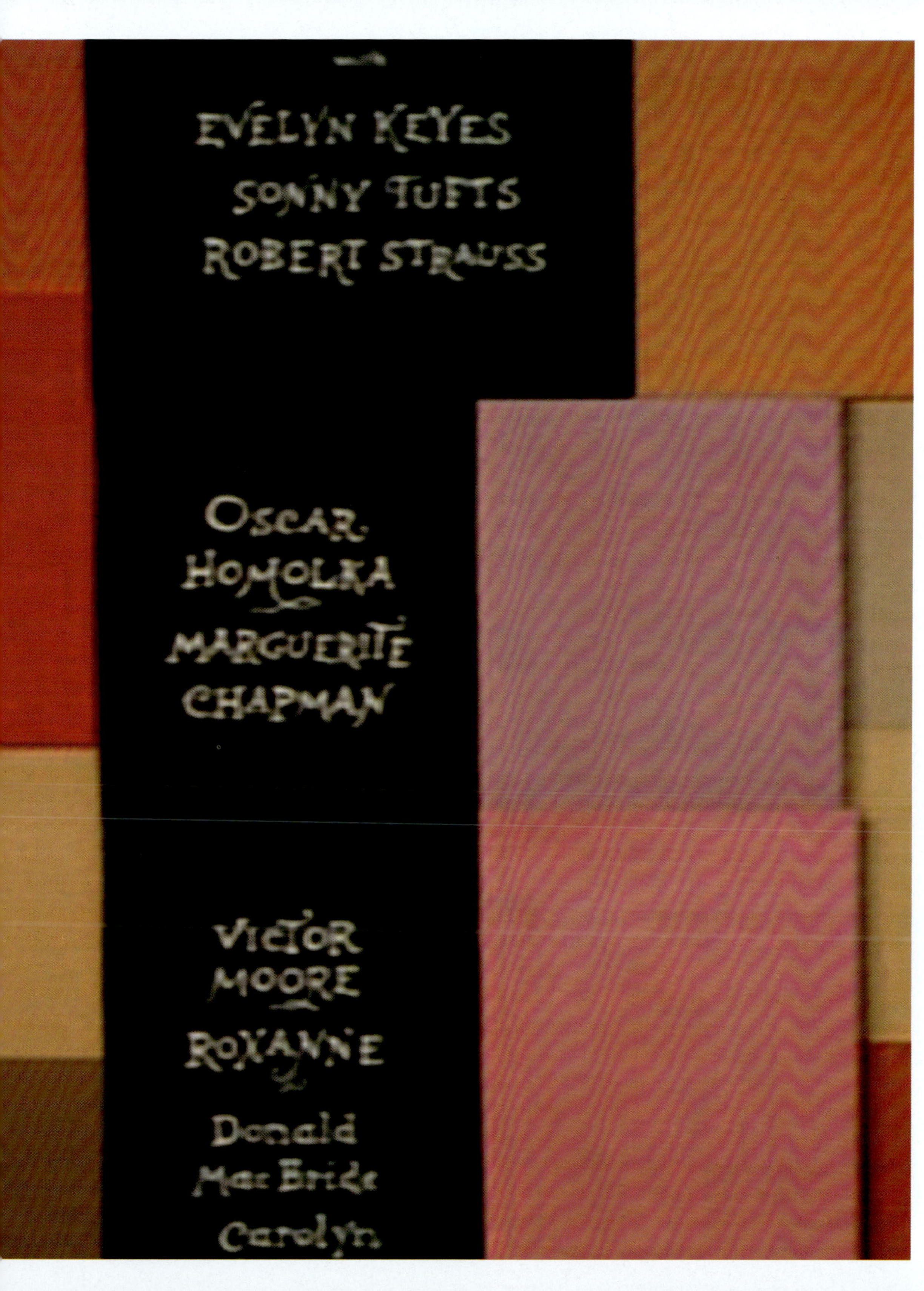

with
EVELYN KEYES
SONNY TUFTS
ROBERT STRAUSS

OSCAR
HOMOLKA
MARGUERITE
CHAPMAN

VICTOR
MOORE
ROXANNE

Donald
MacBride
Carolyn

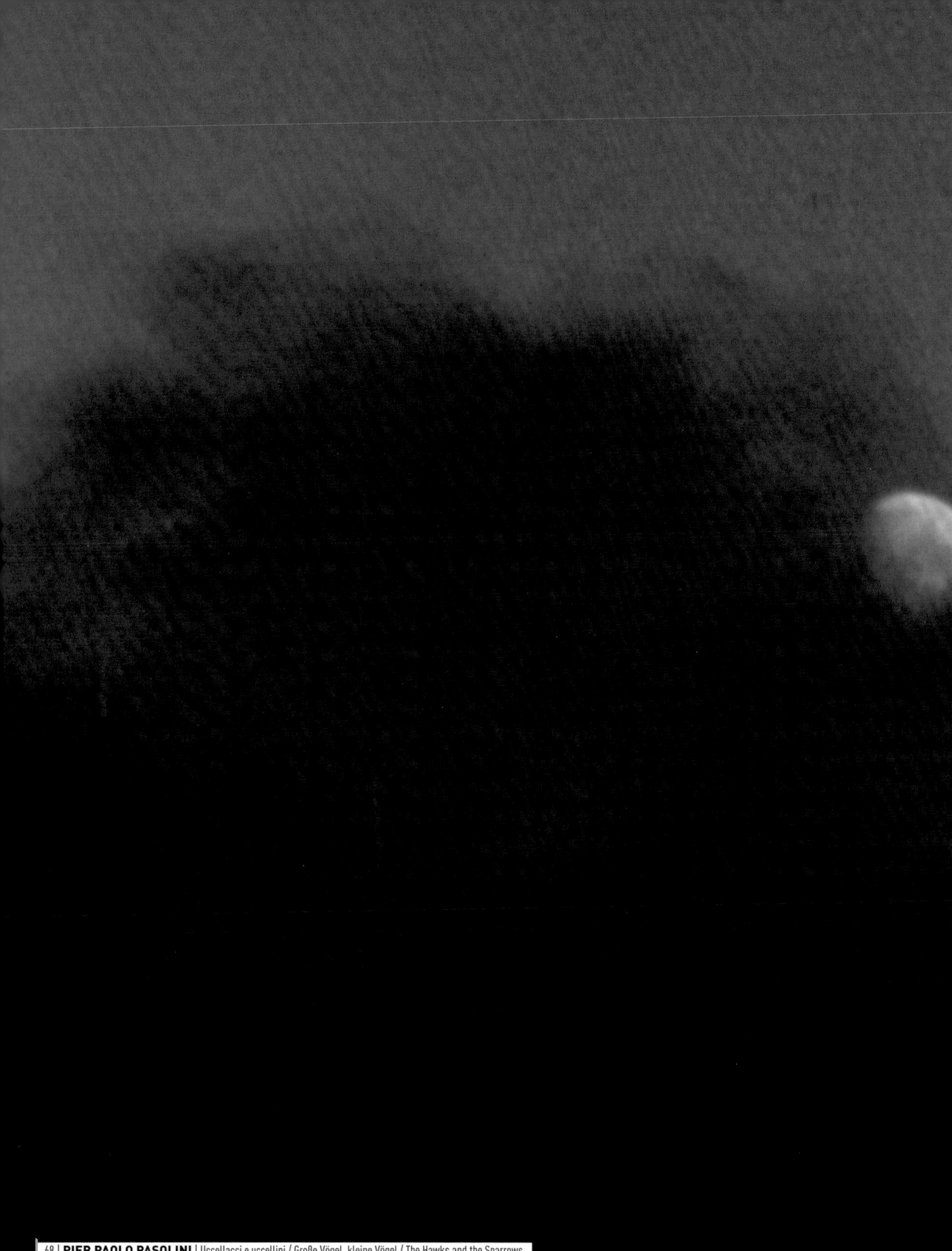

UCCELLACCI

E UCCELLINI

producendo risch

ò la sua posizione

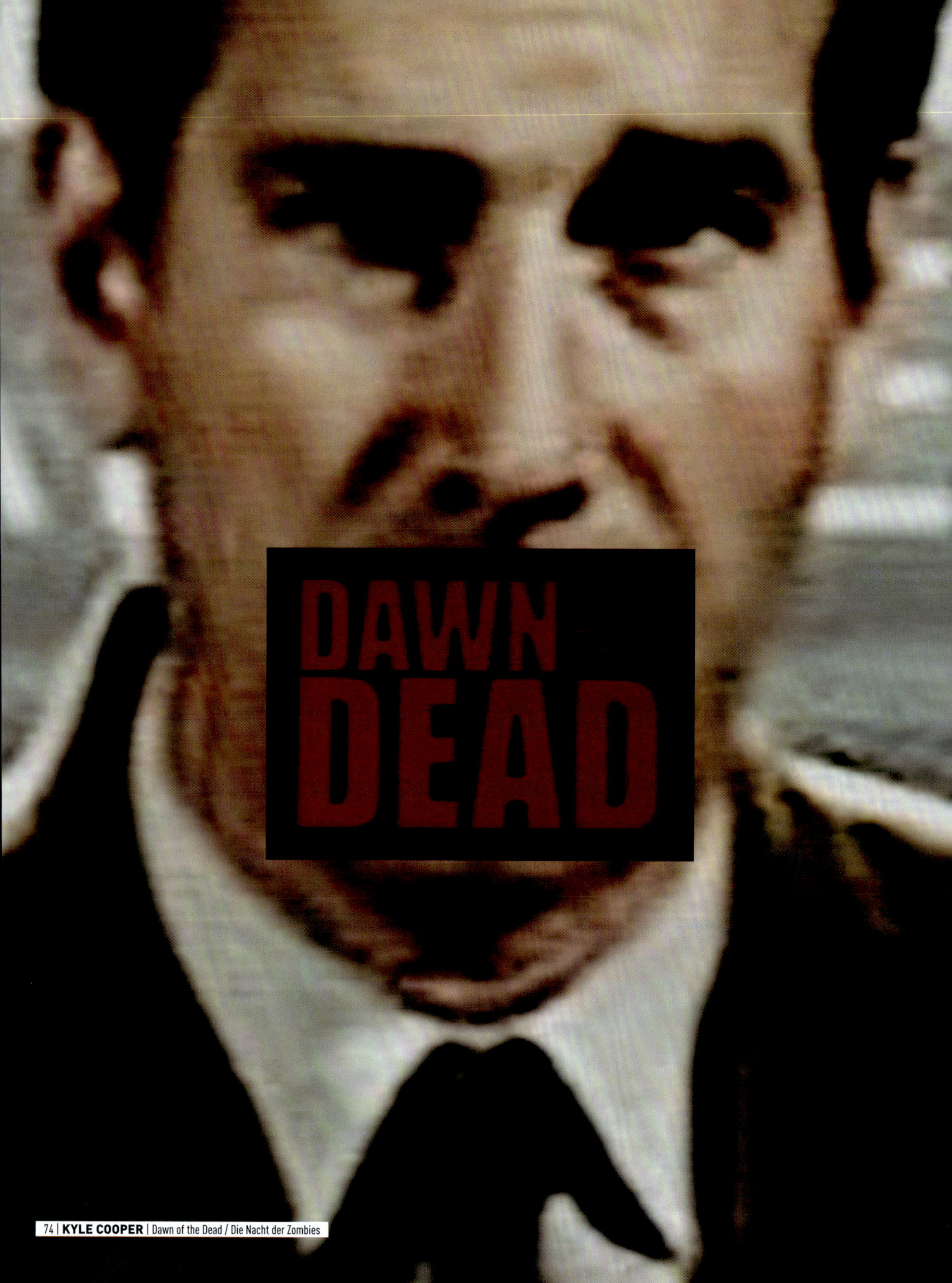
DAWN
DEAD

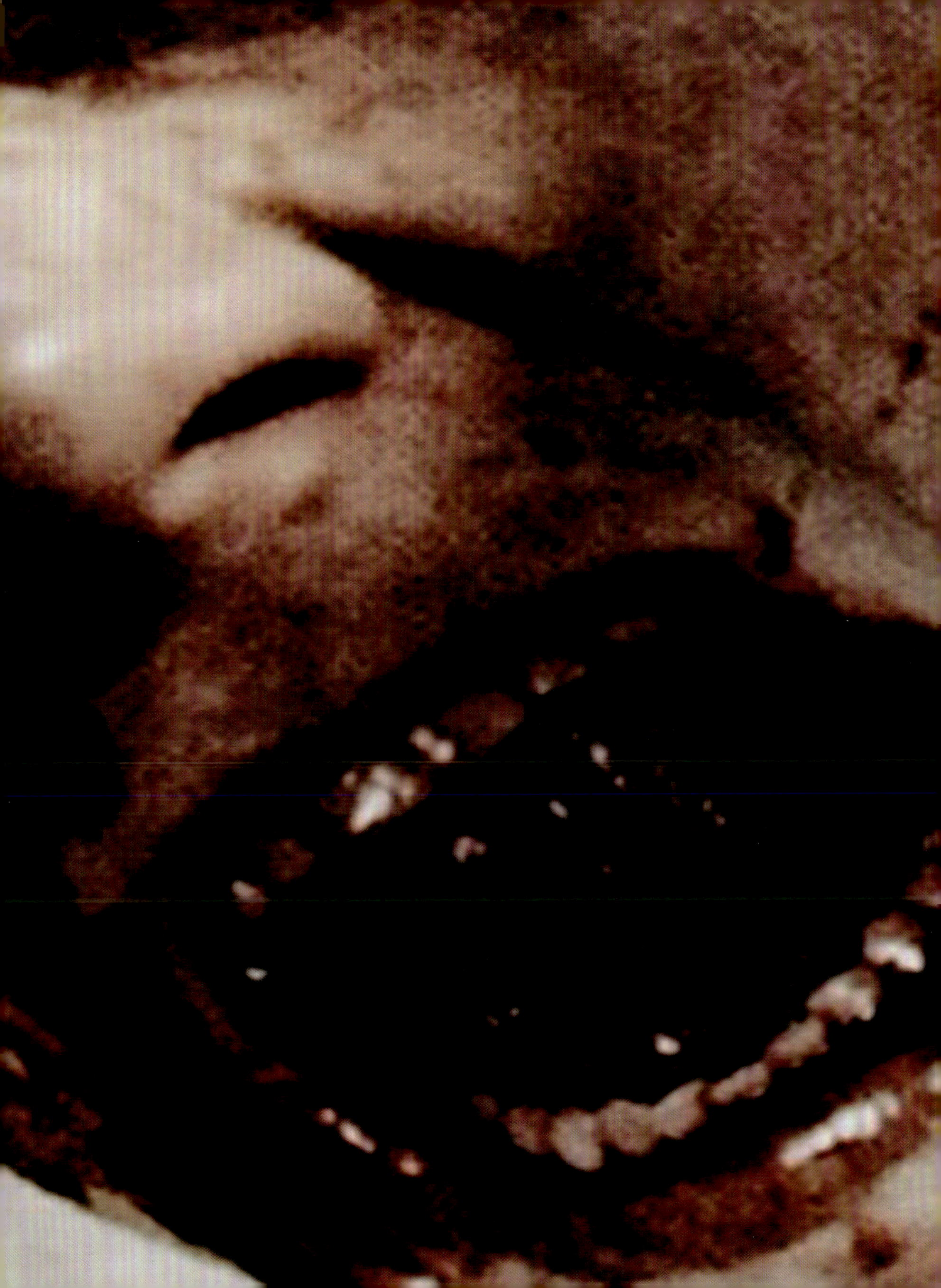

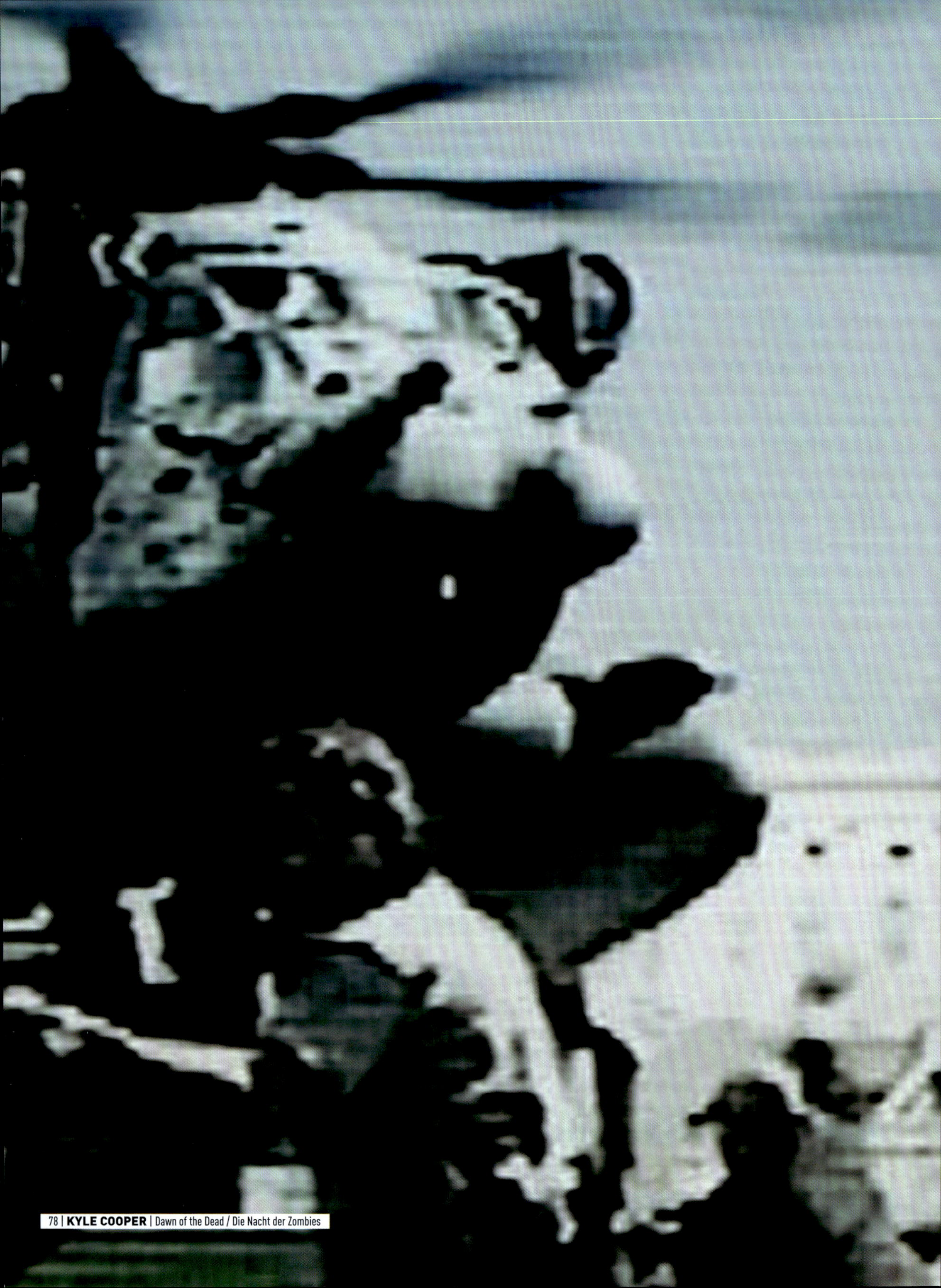

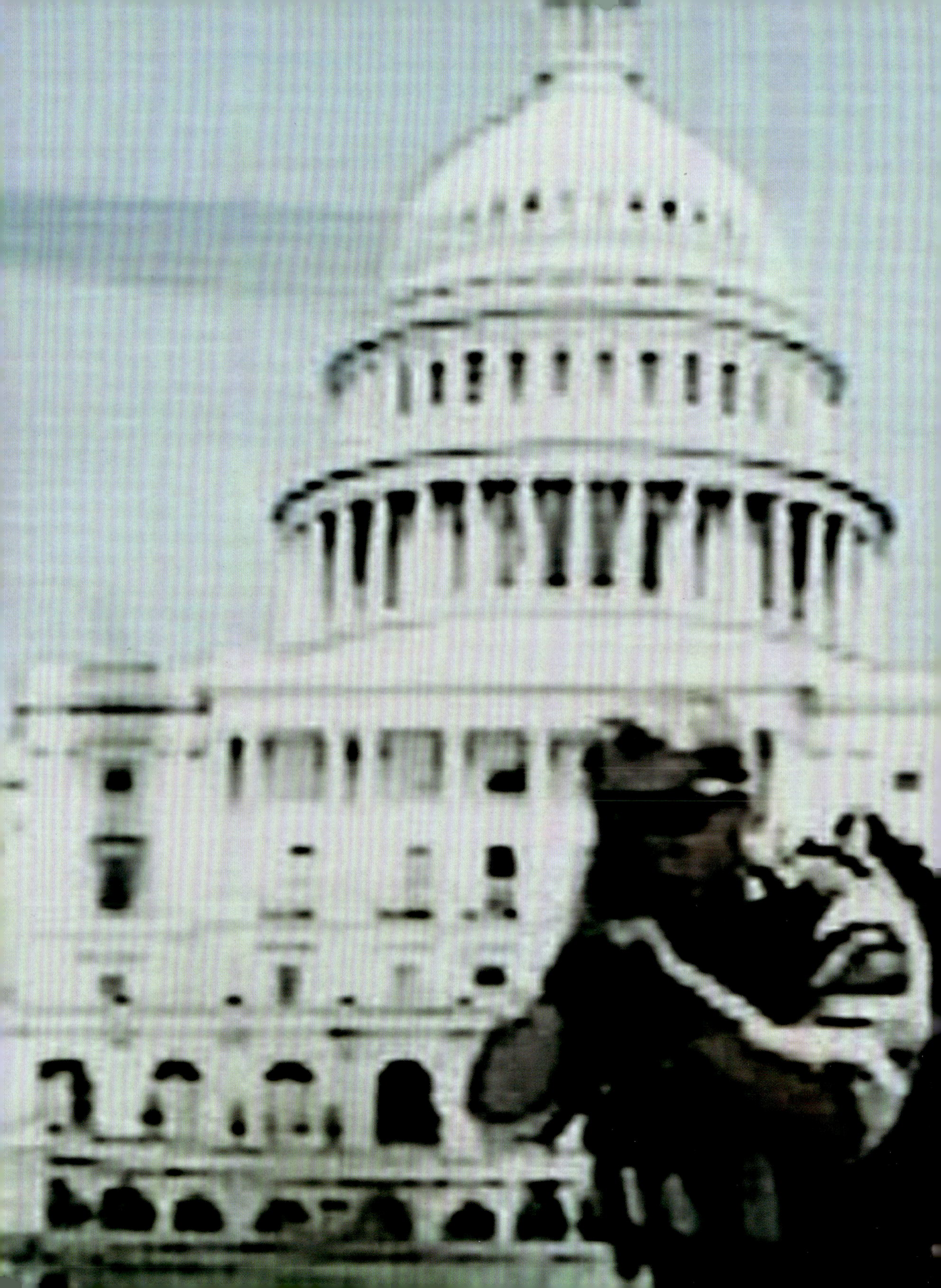

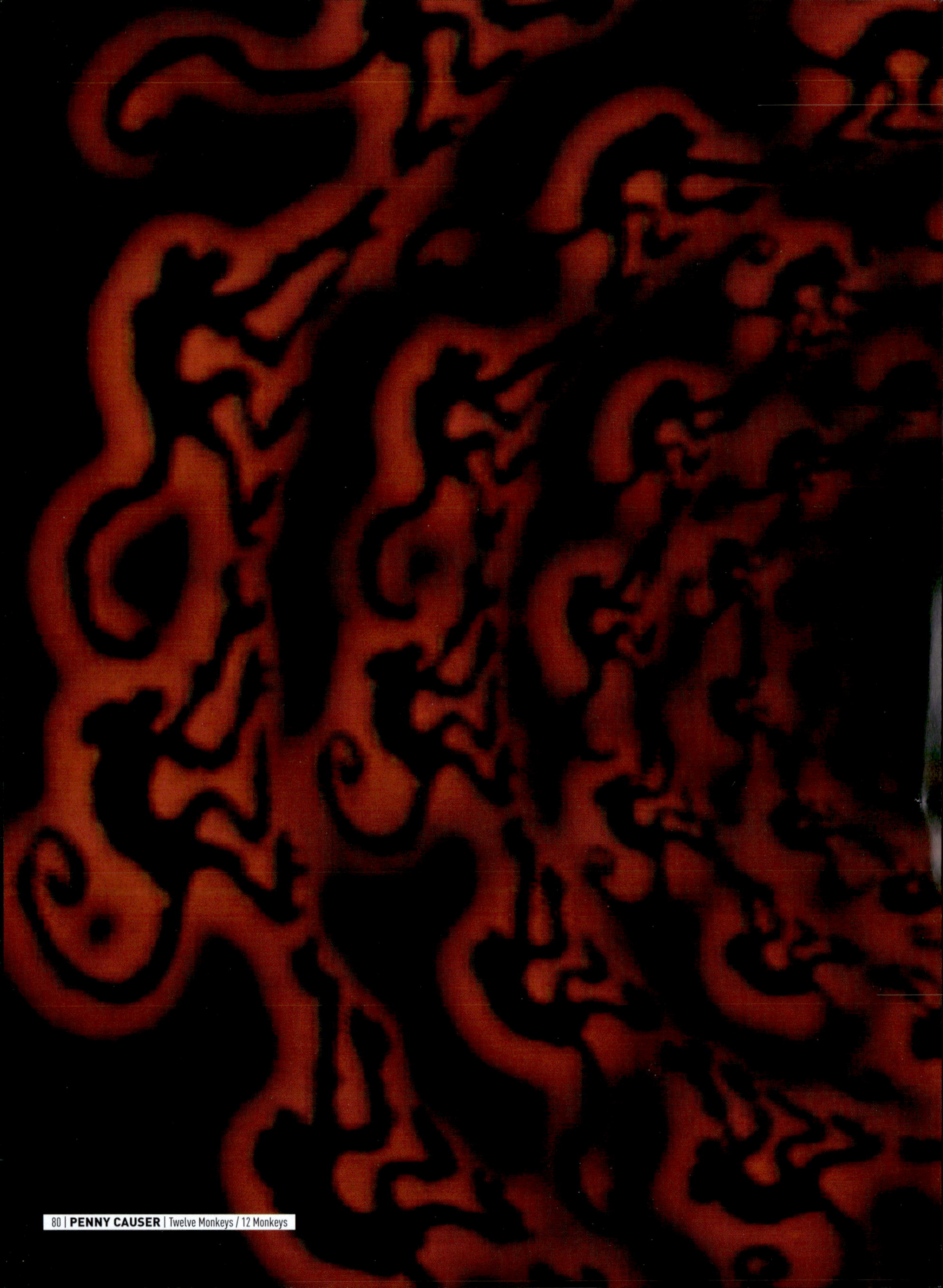

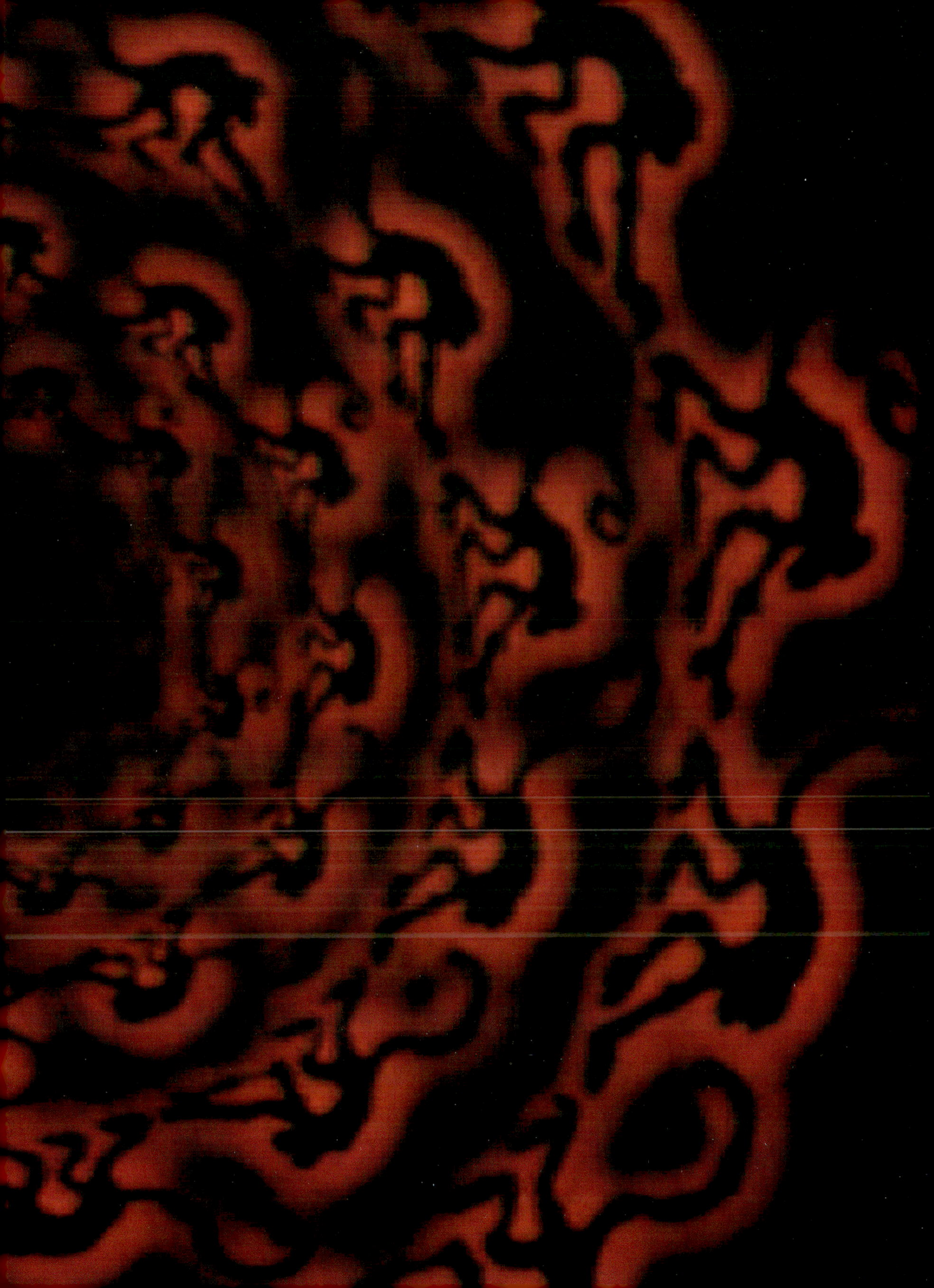

TWELVE M

MONKEYS

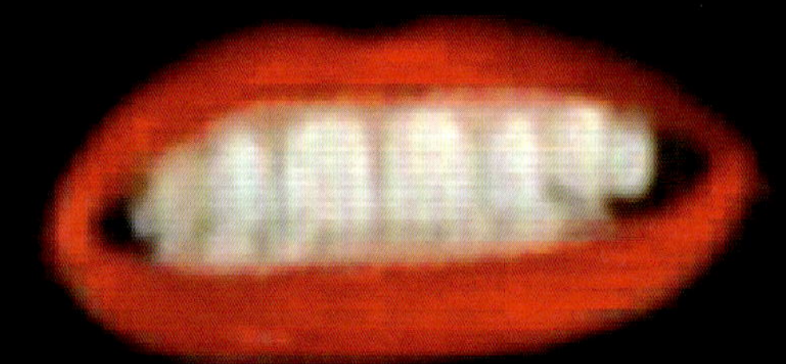

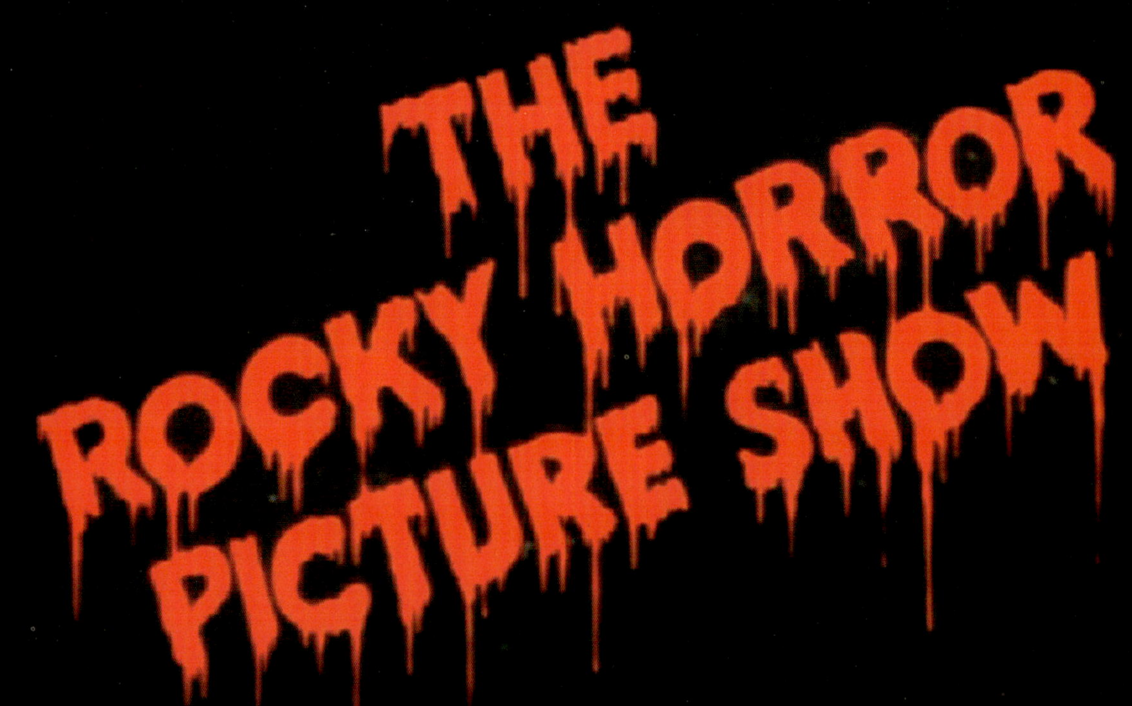
THE ROCKY HORROR PICTURE SHOW
MCMLXXV HOUTSNEDE MAATSCHAPPIJ N.V. All Rights Reserved

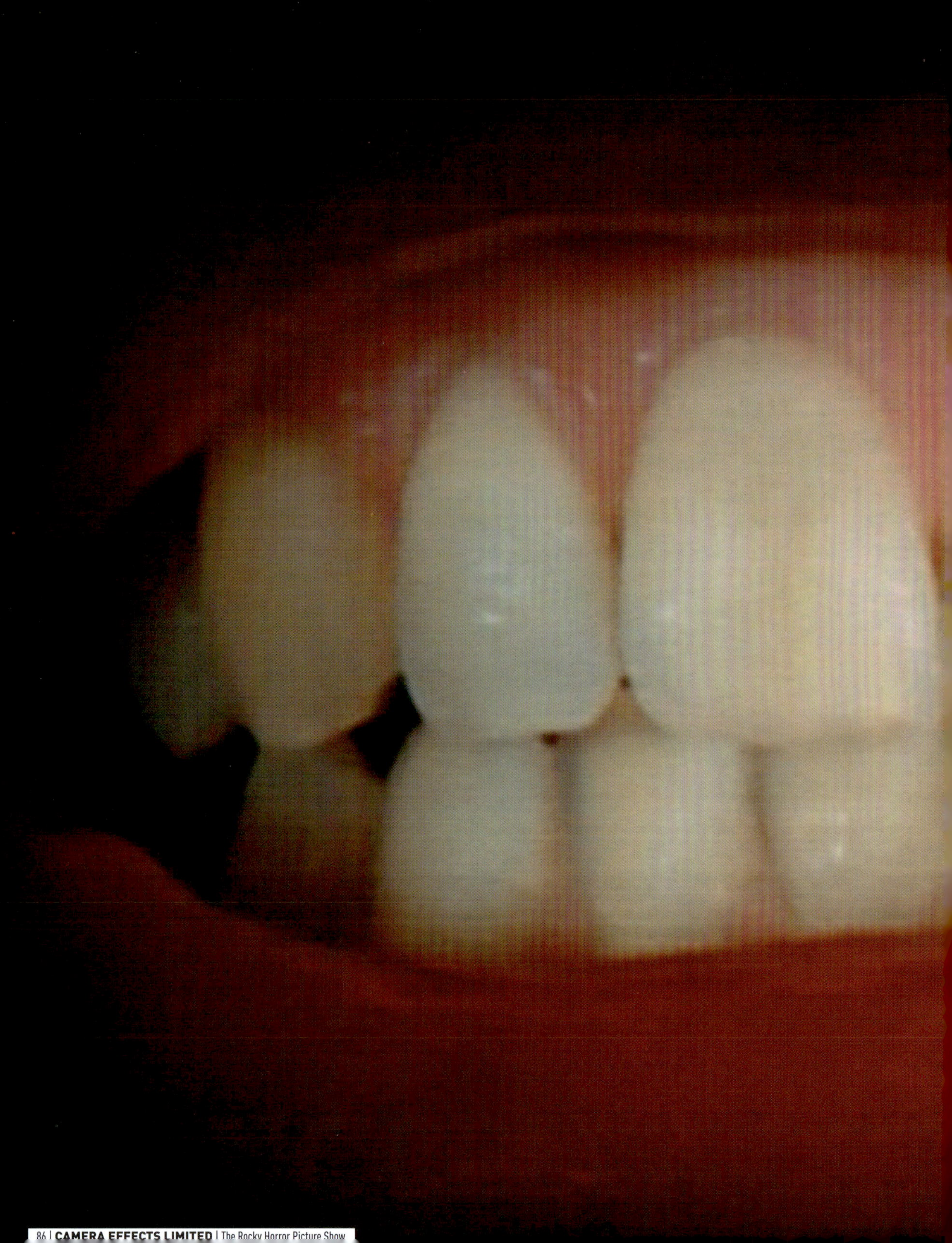

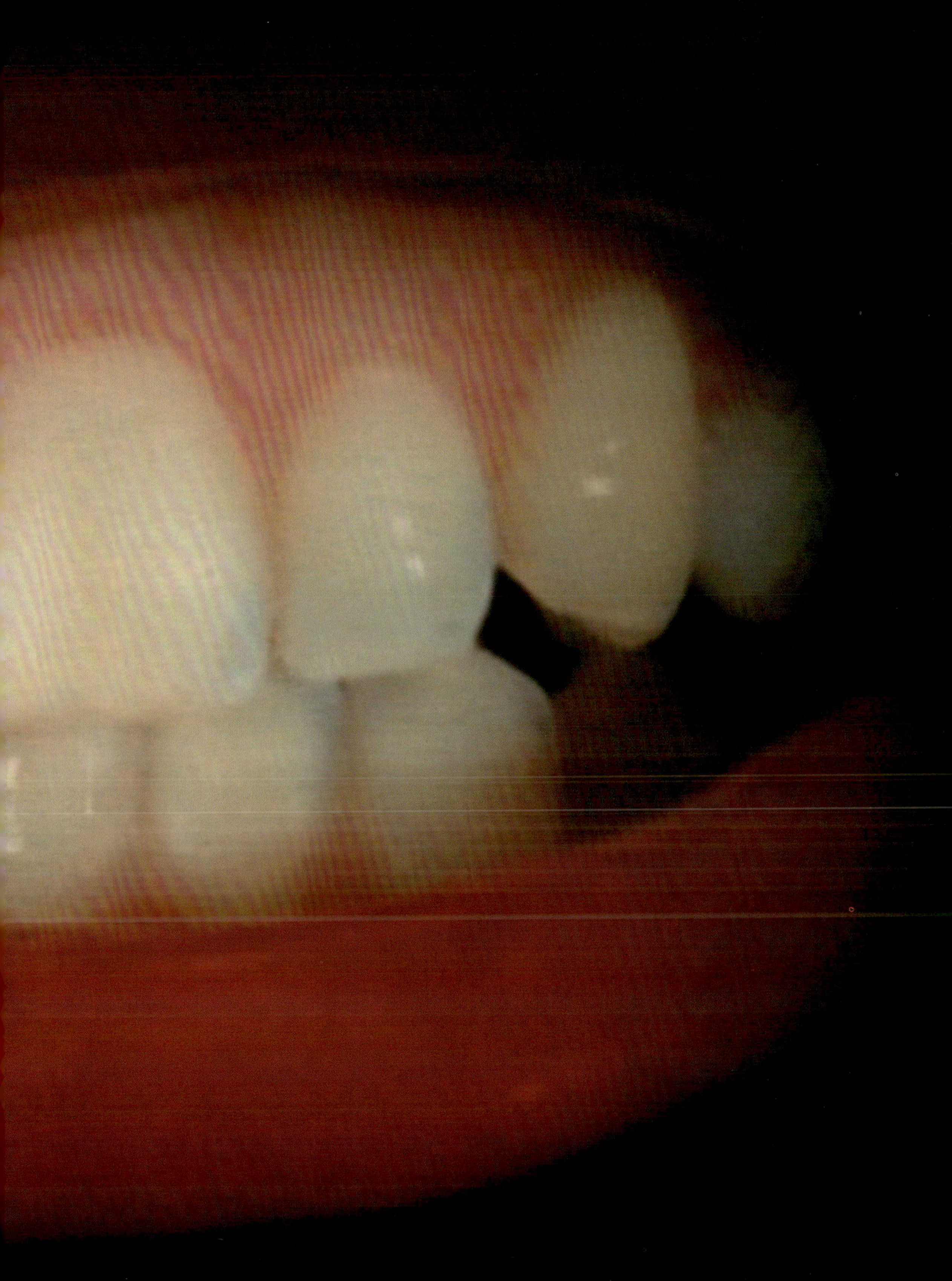

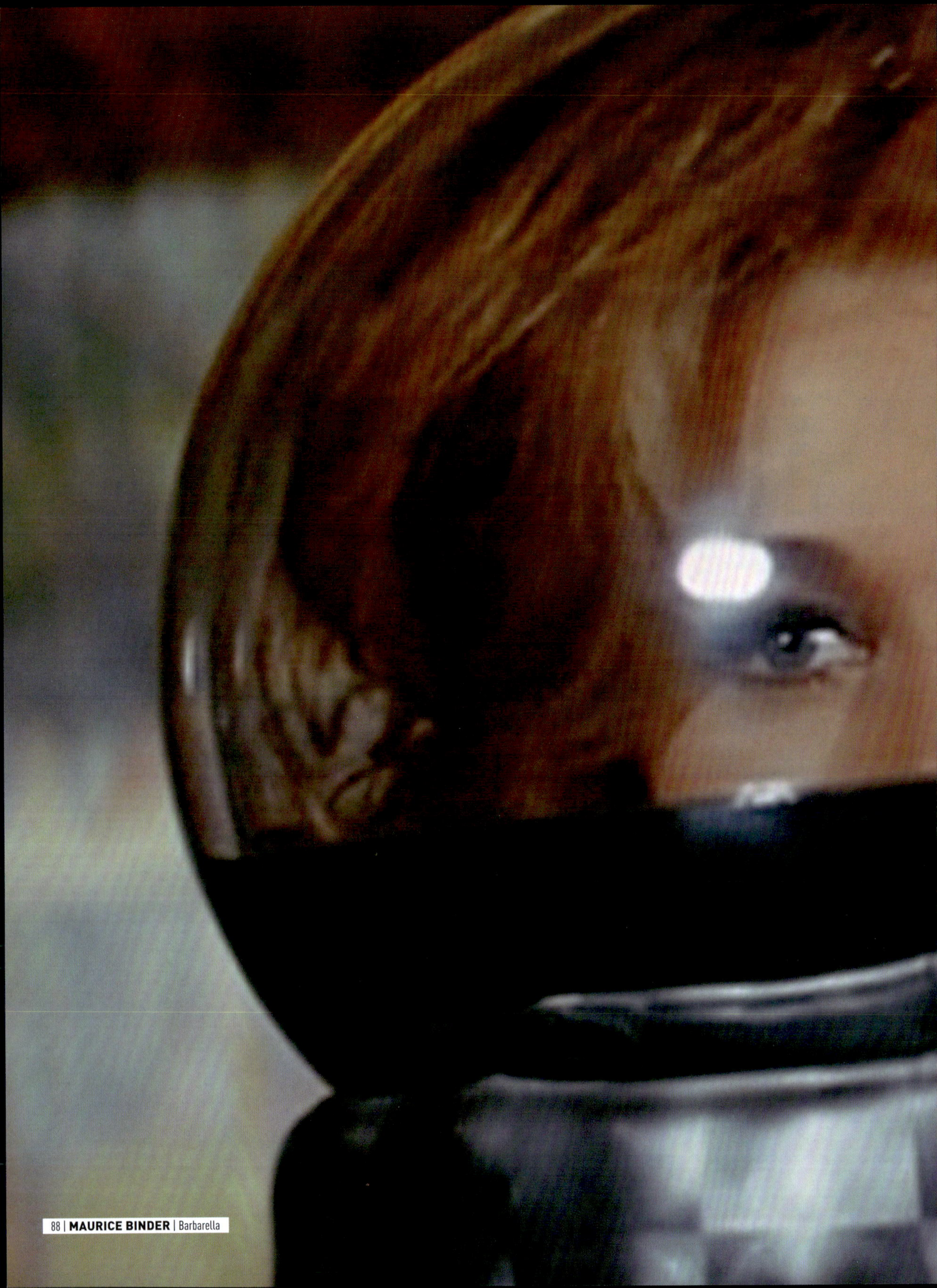

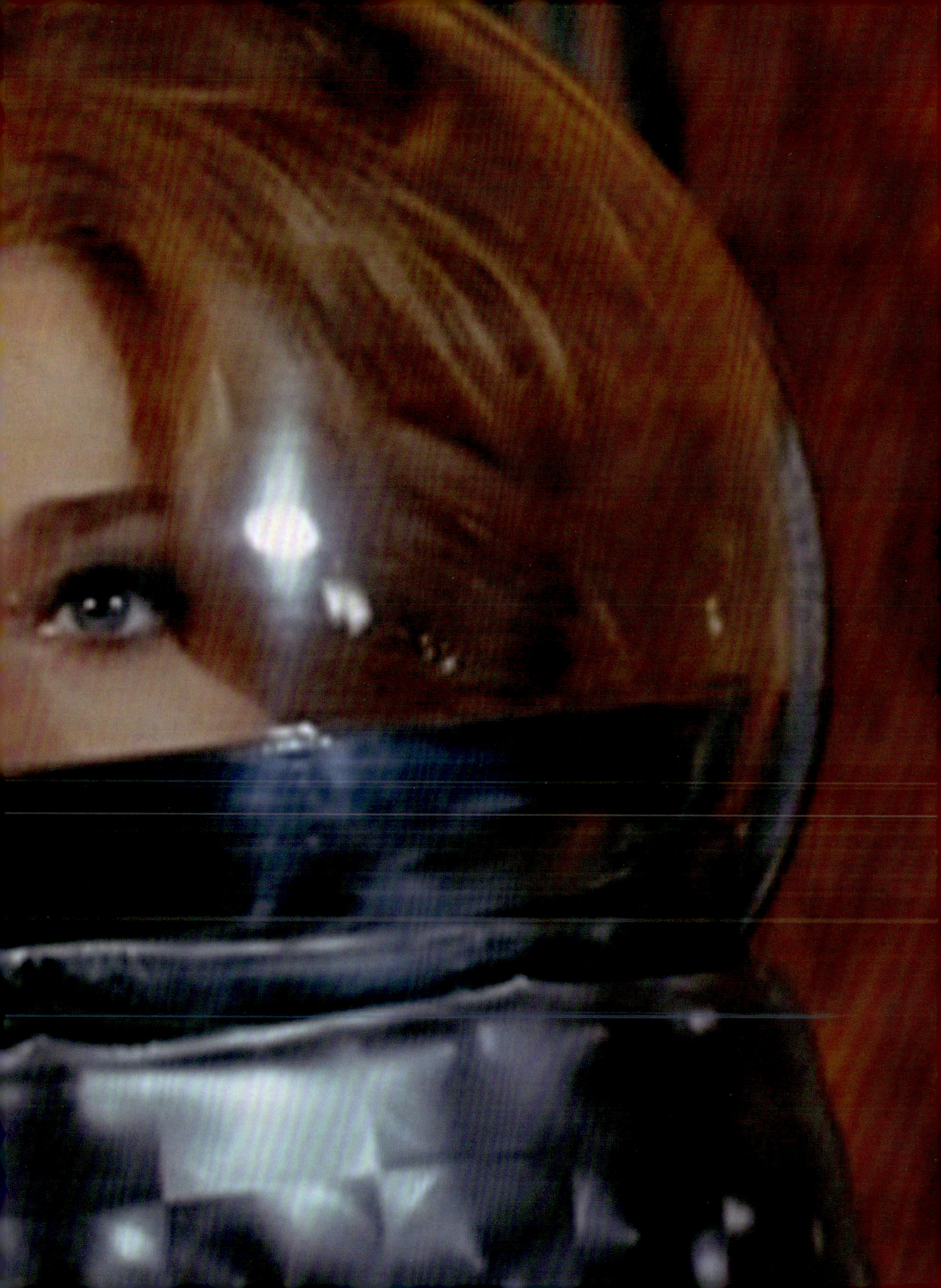

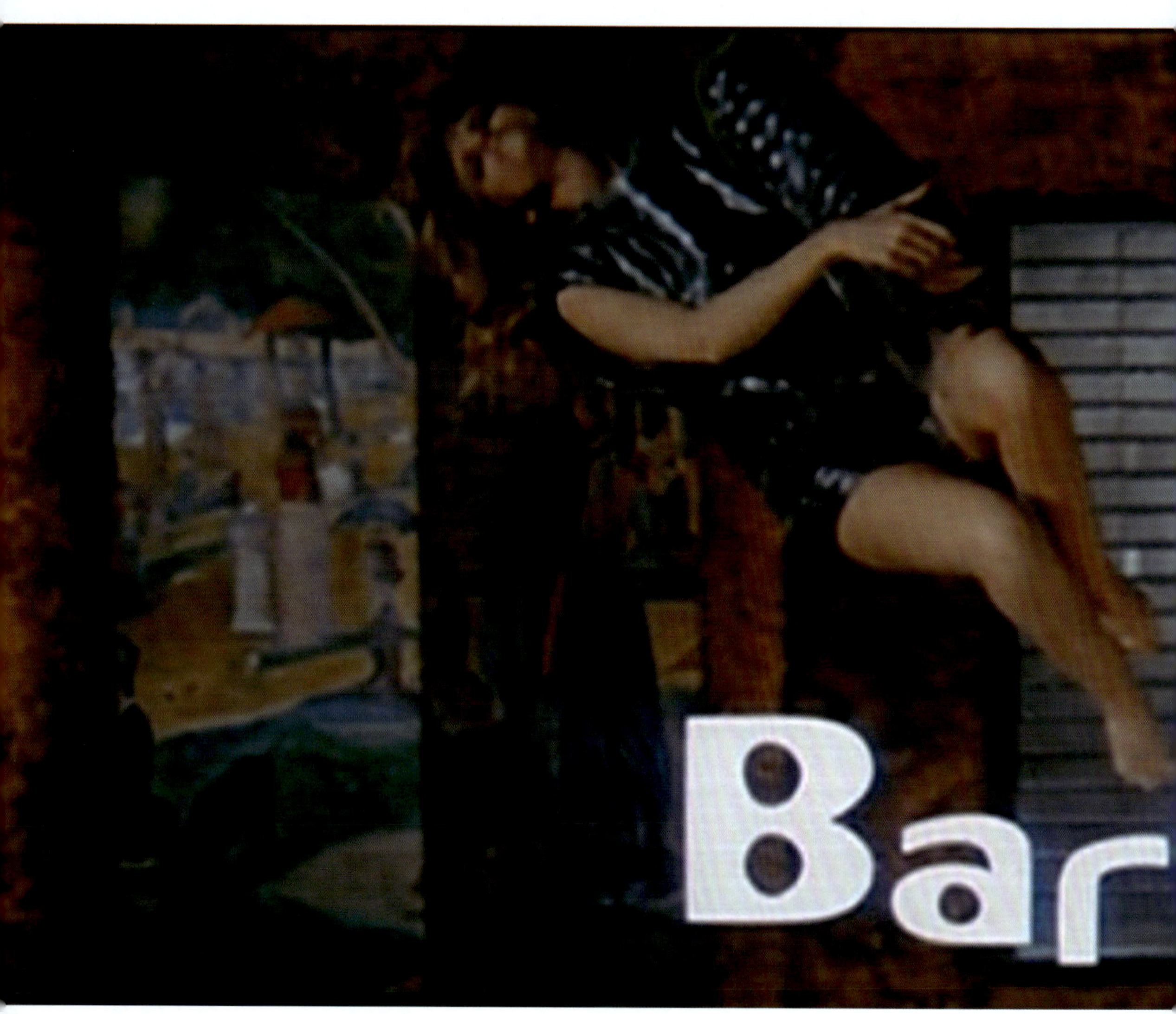
Bar

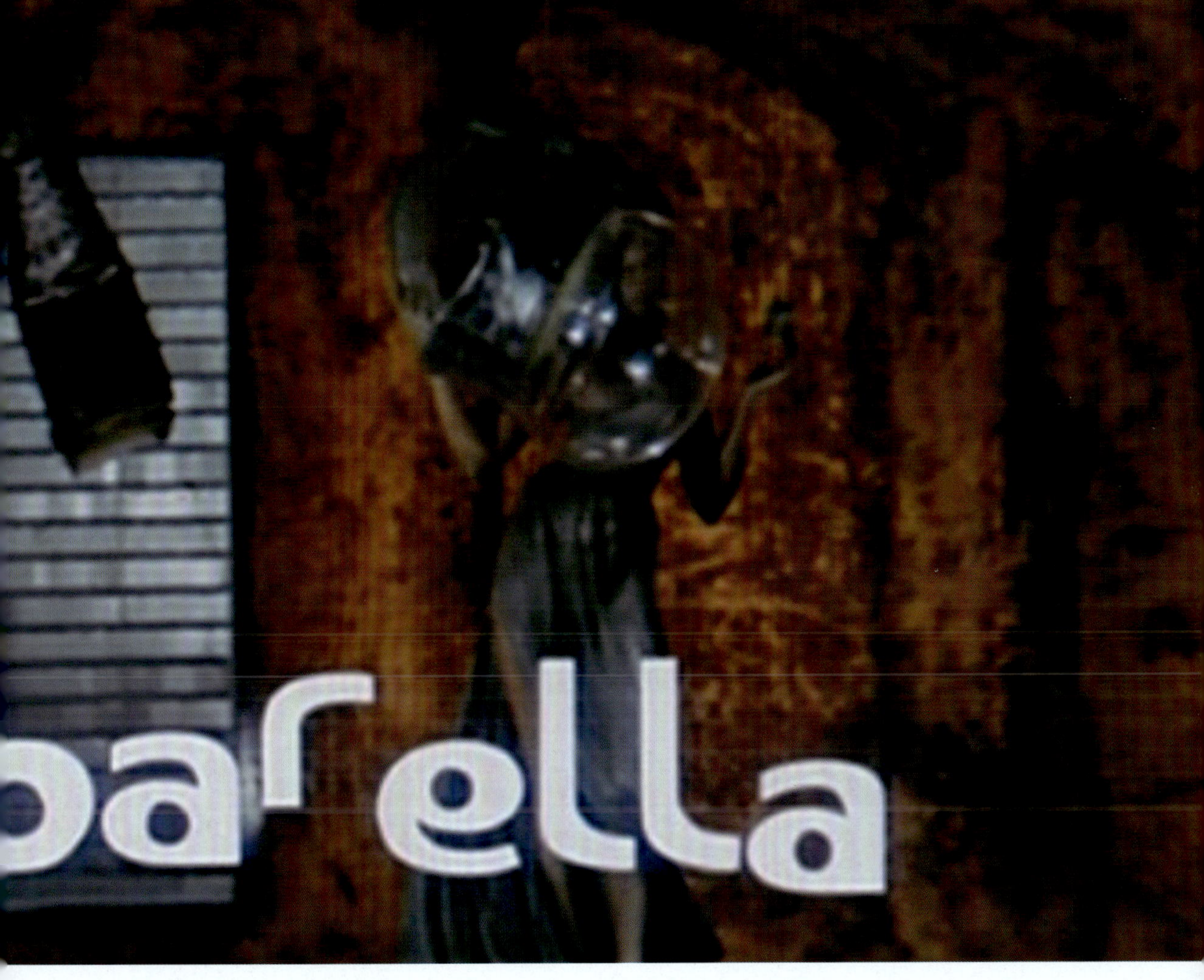
parella

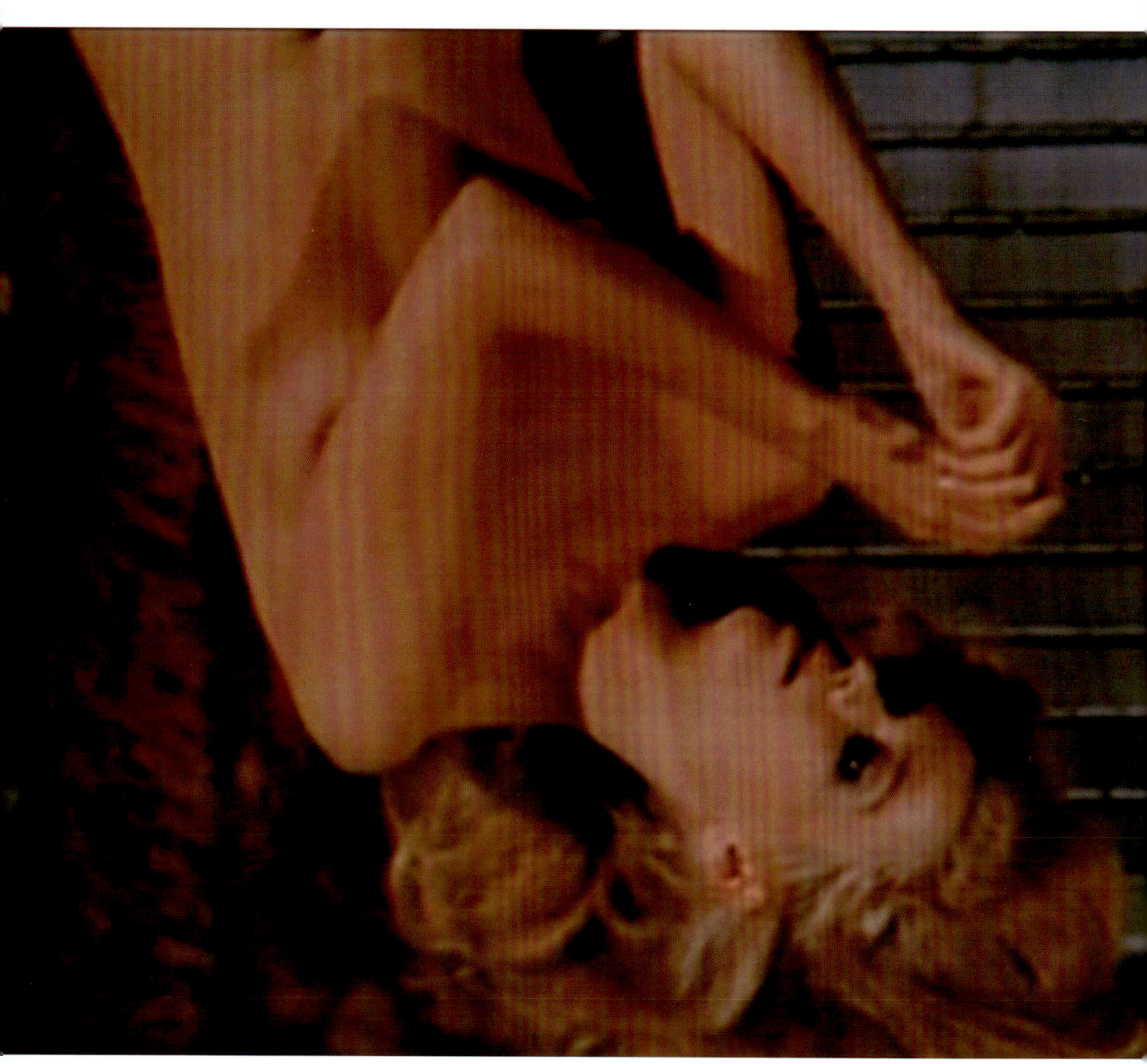

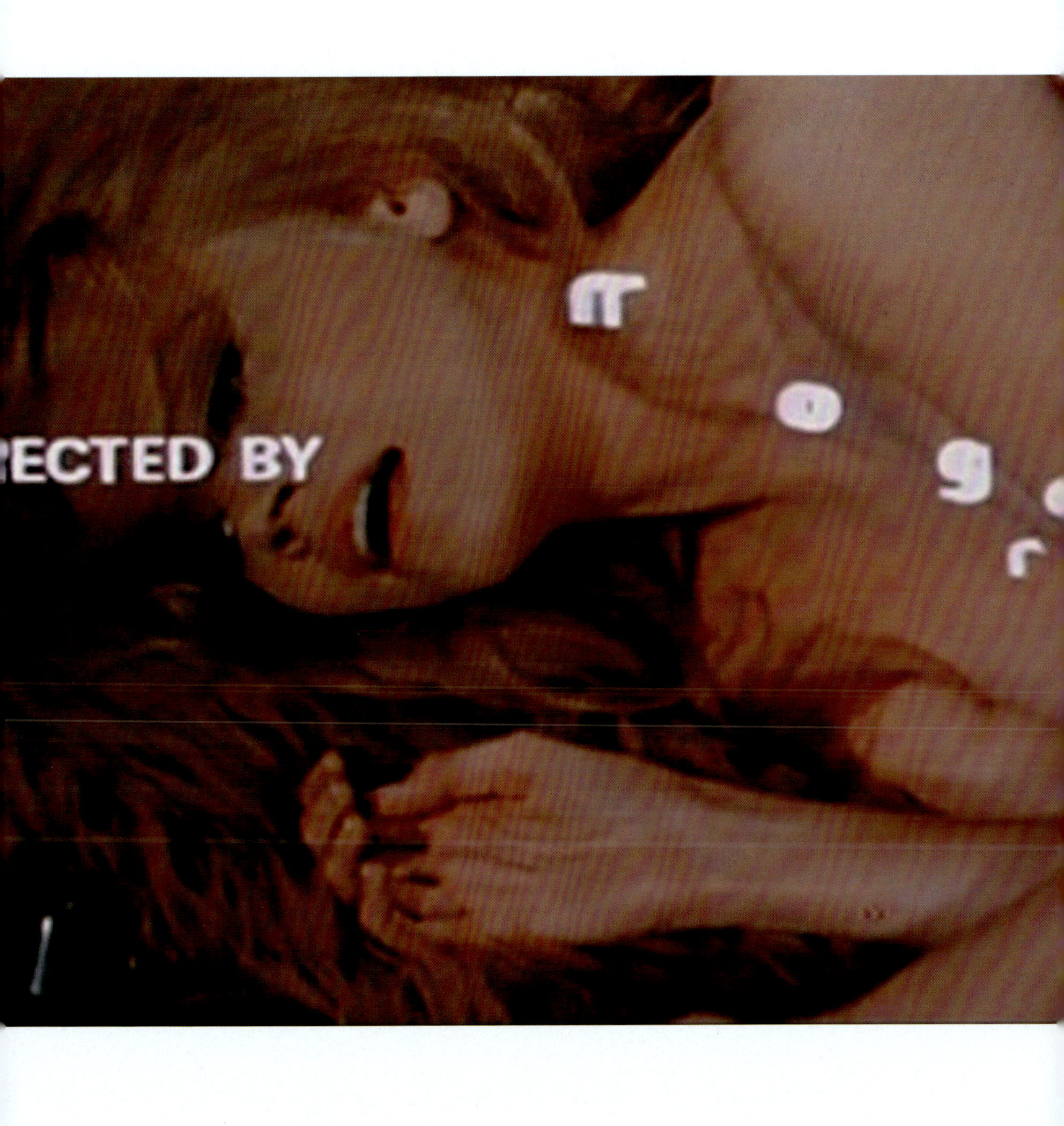
RECTED BY

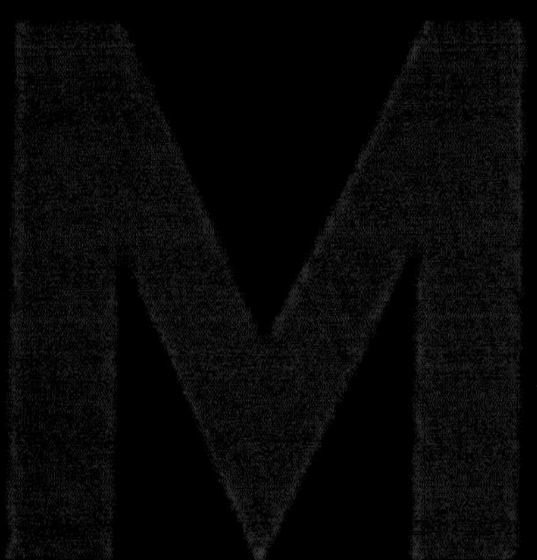

ÉPRIS

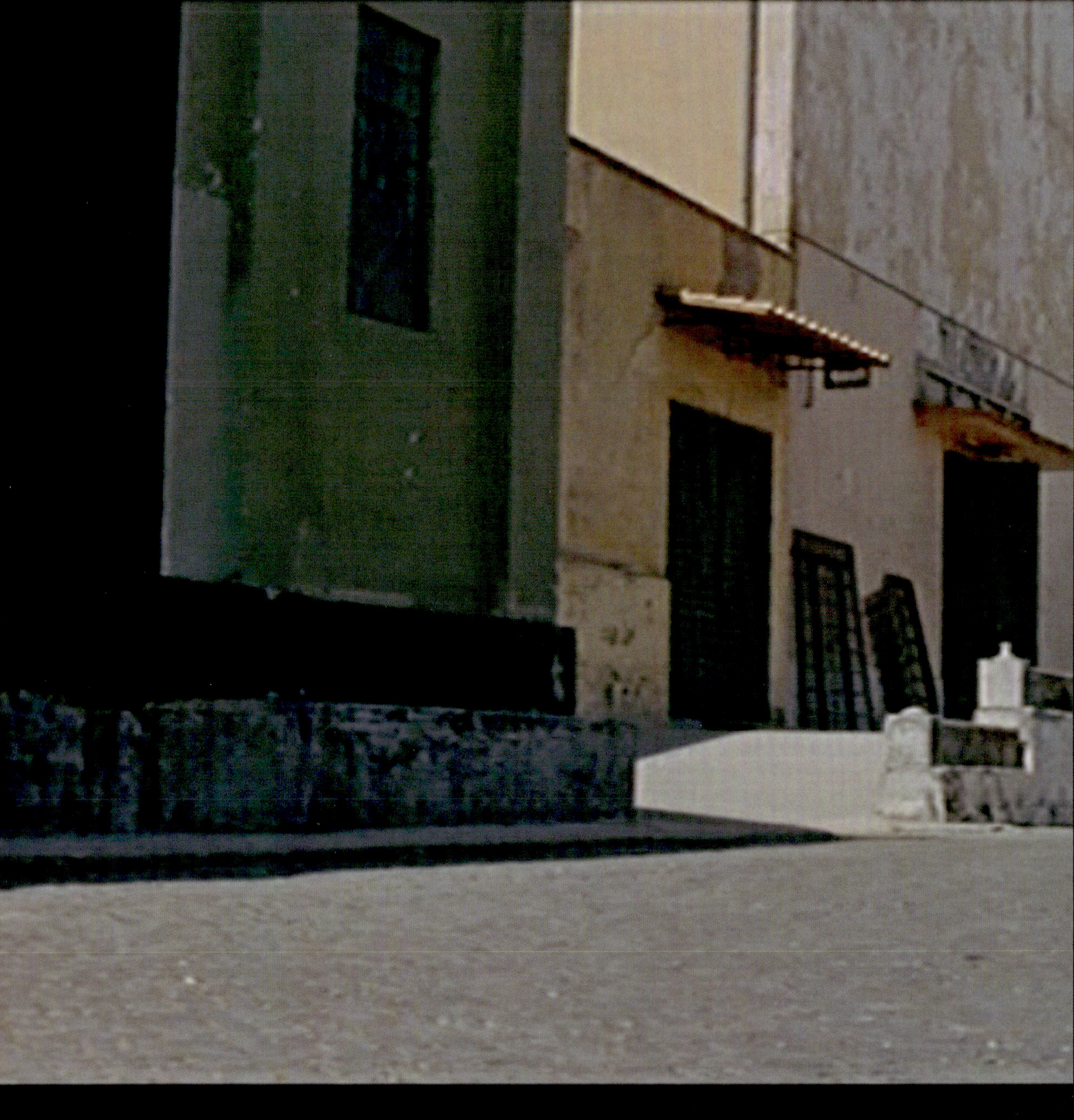

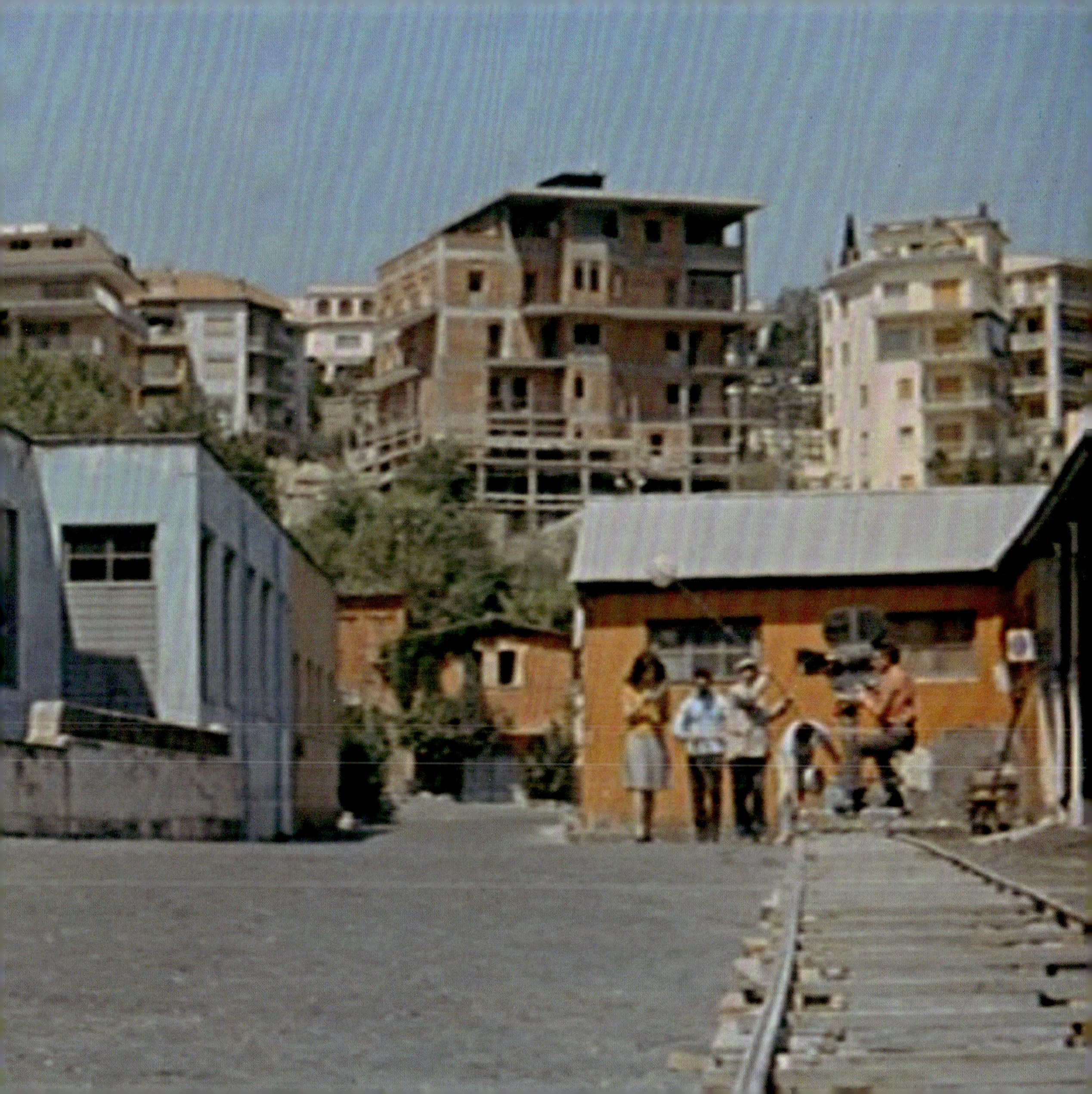

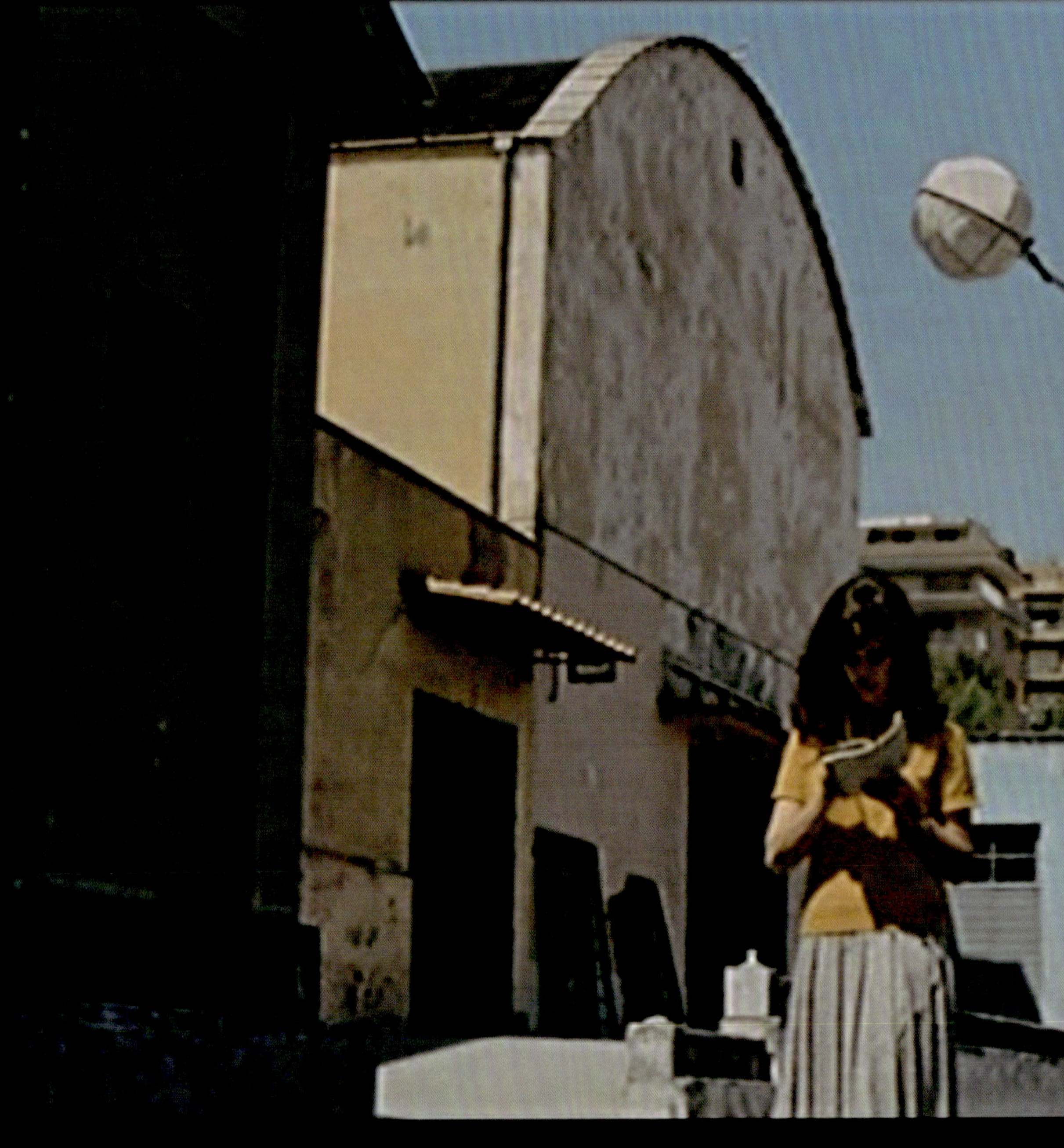

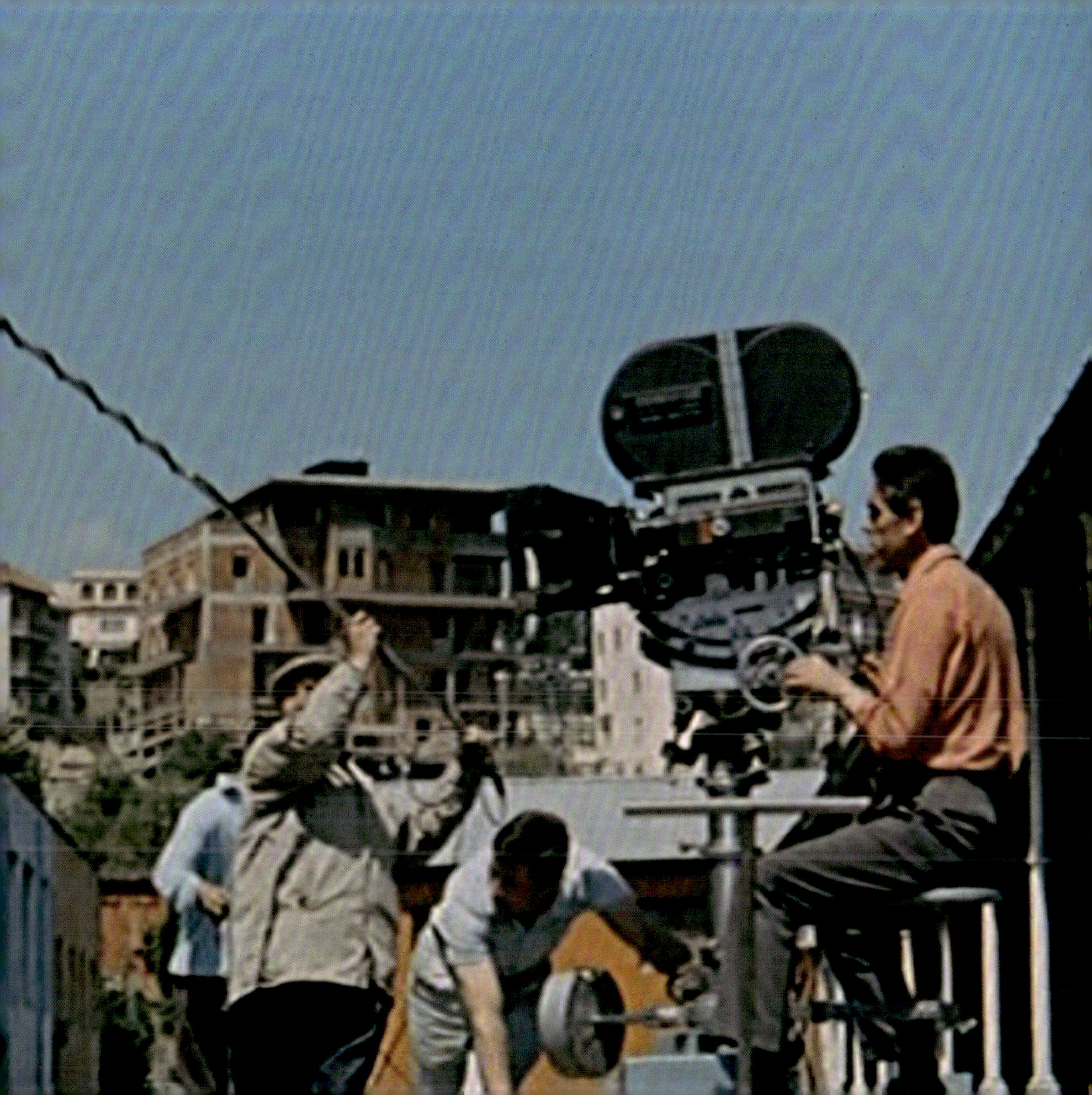

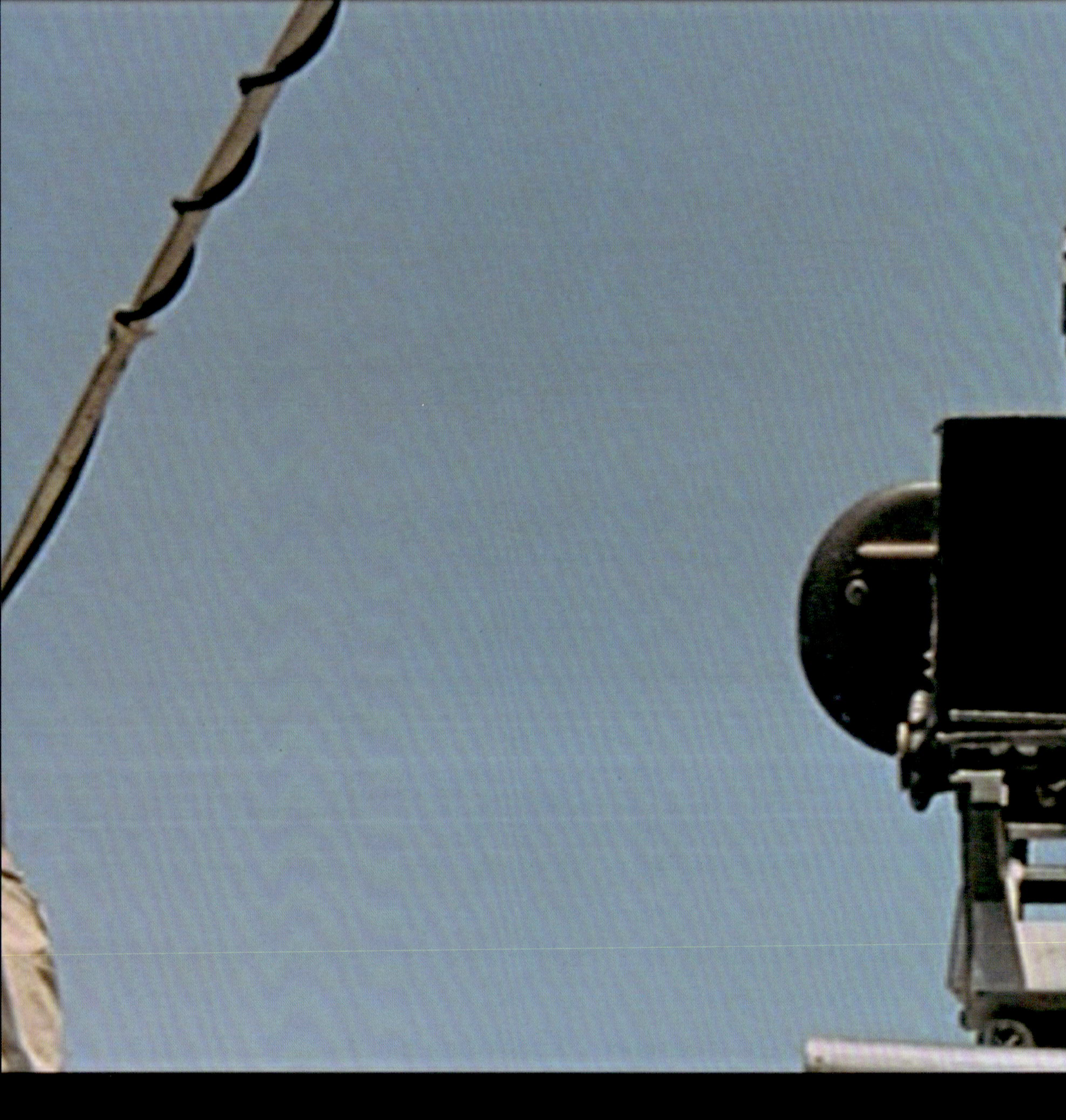

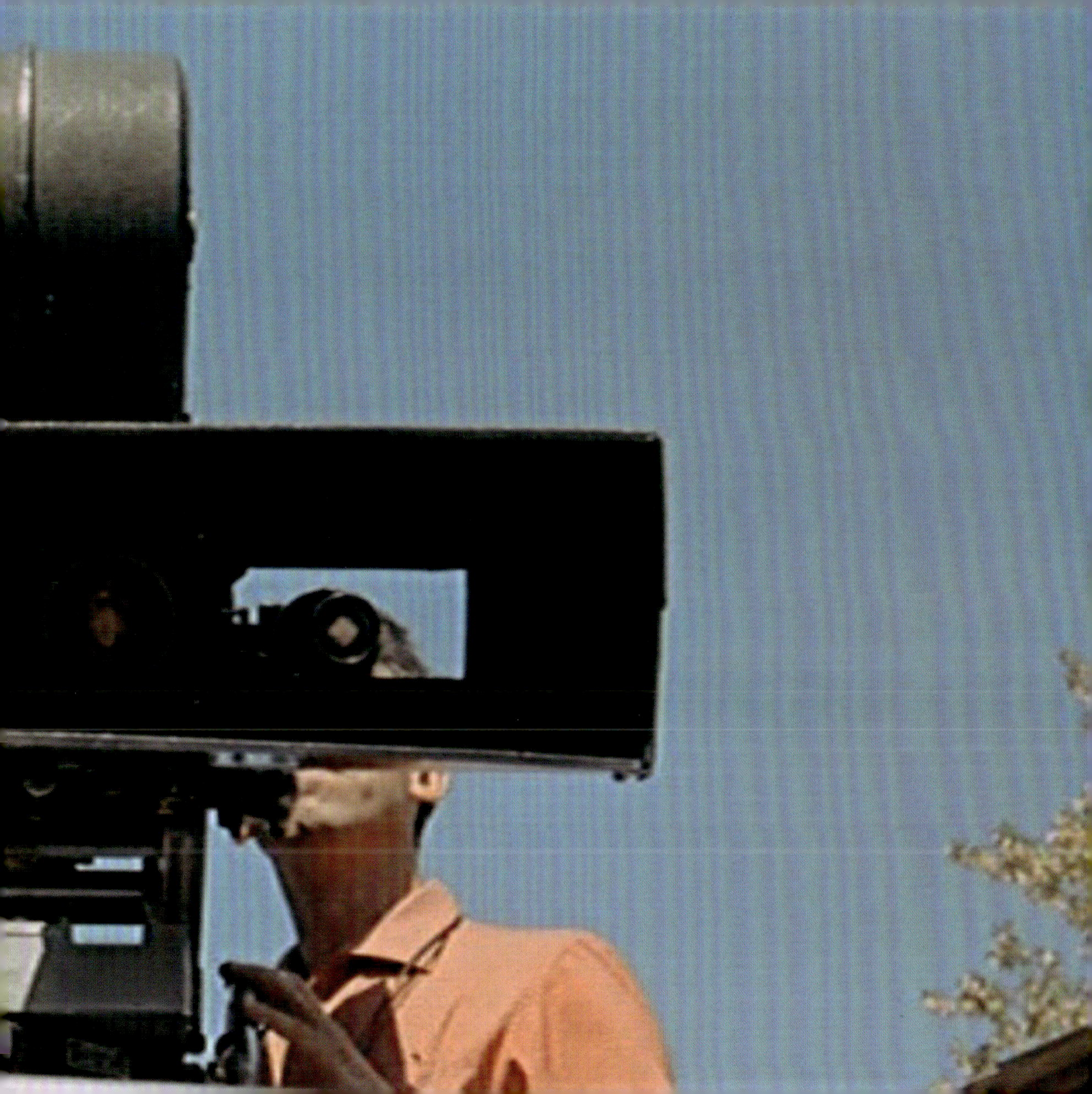

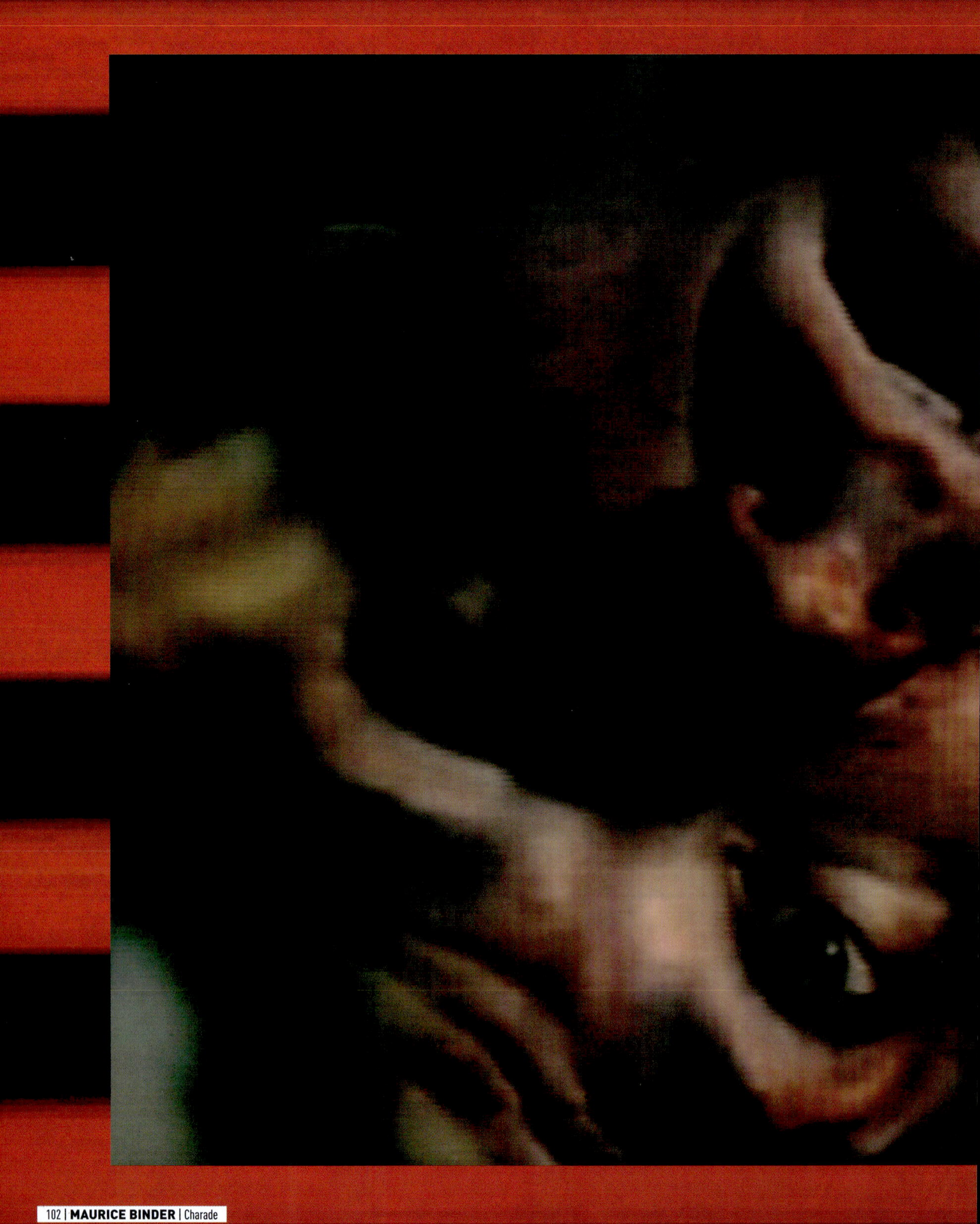

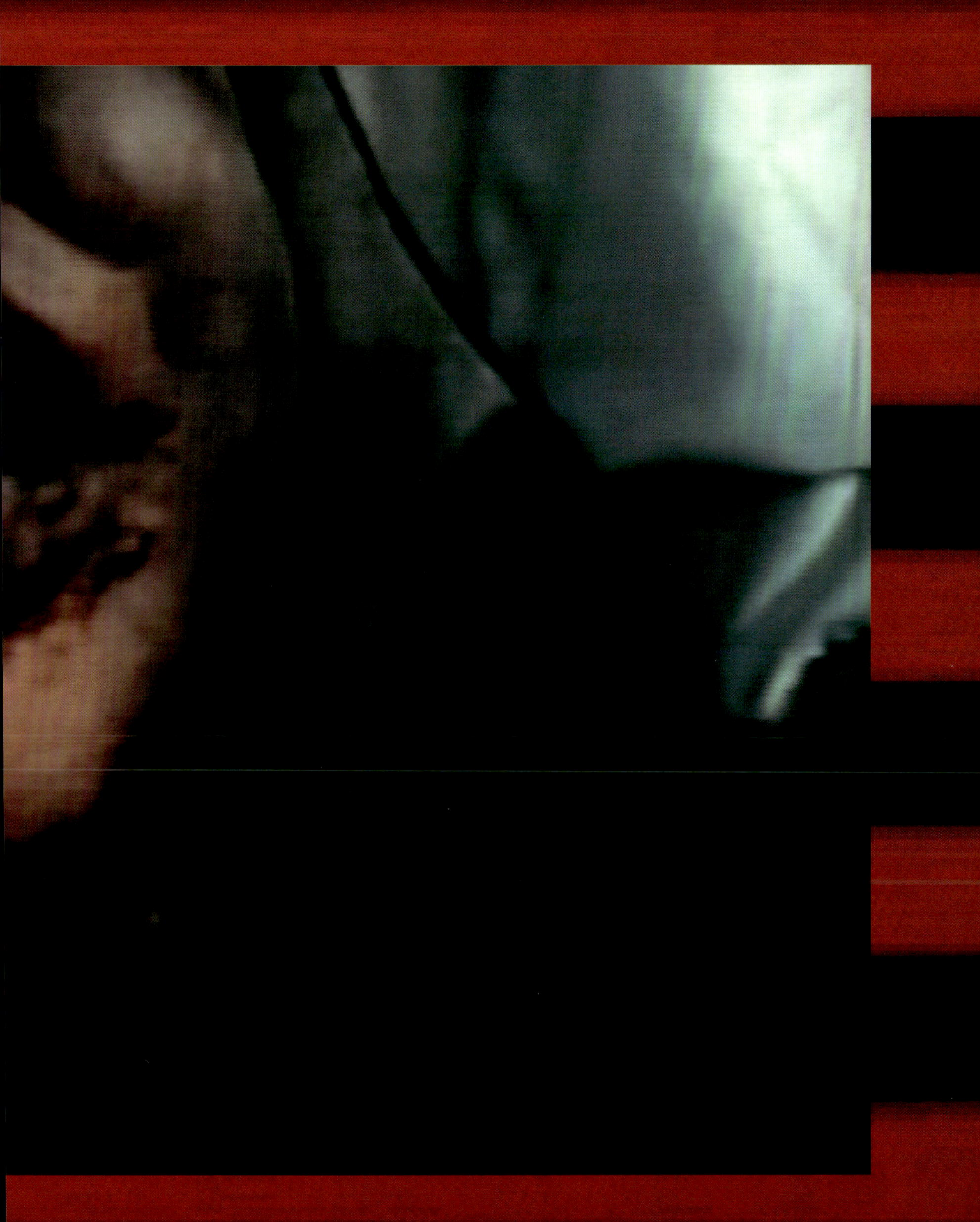

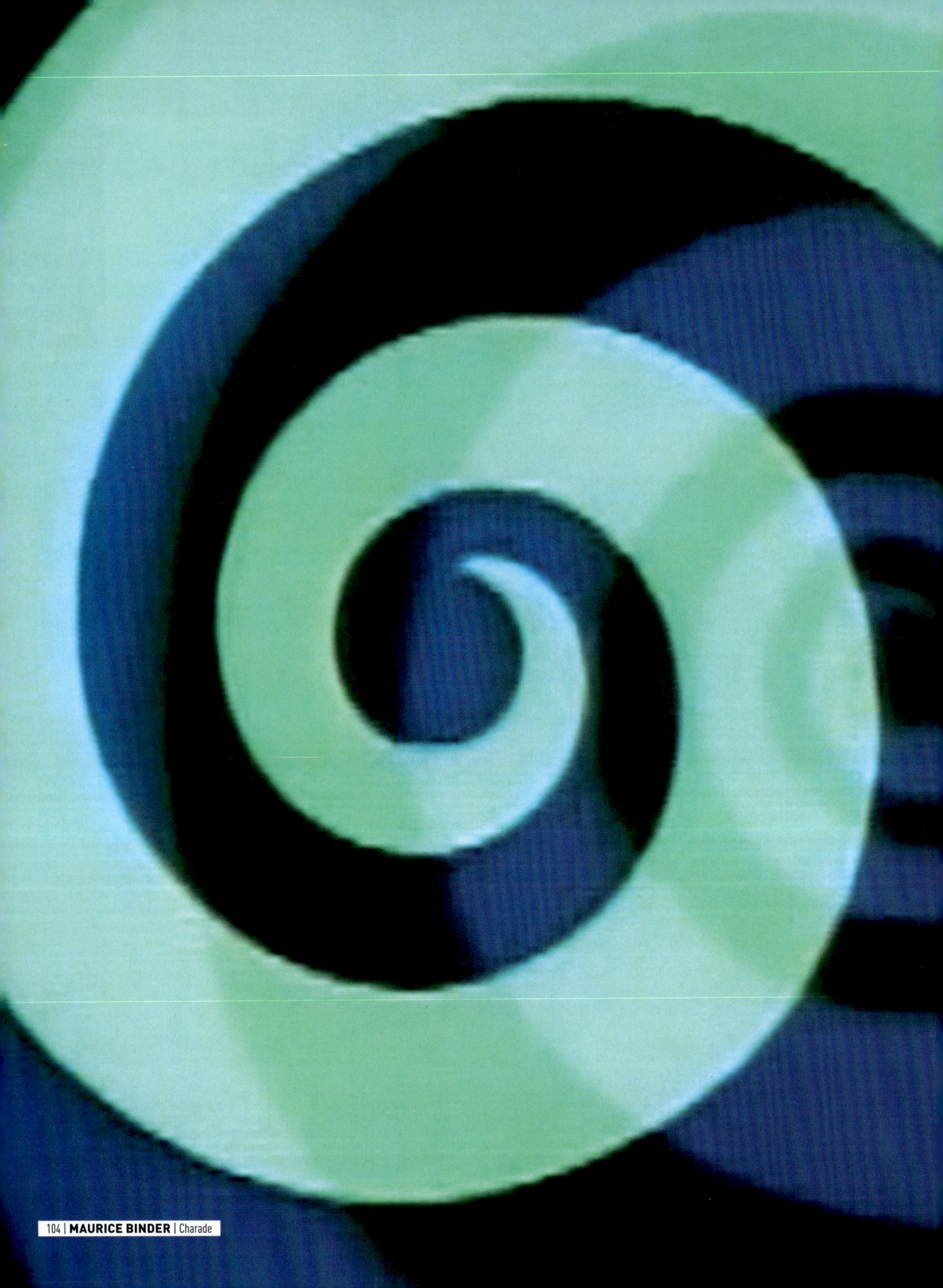

CHARADE

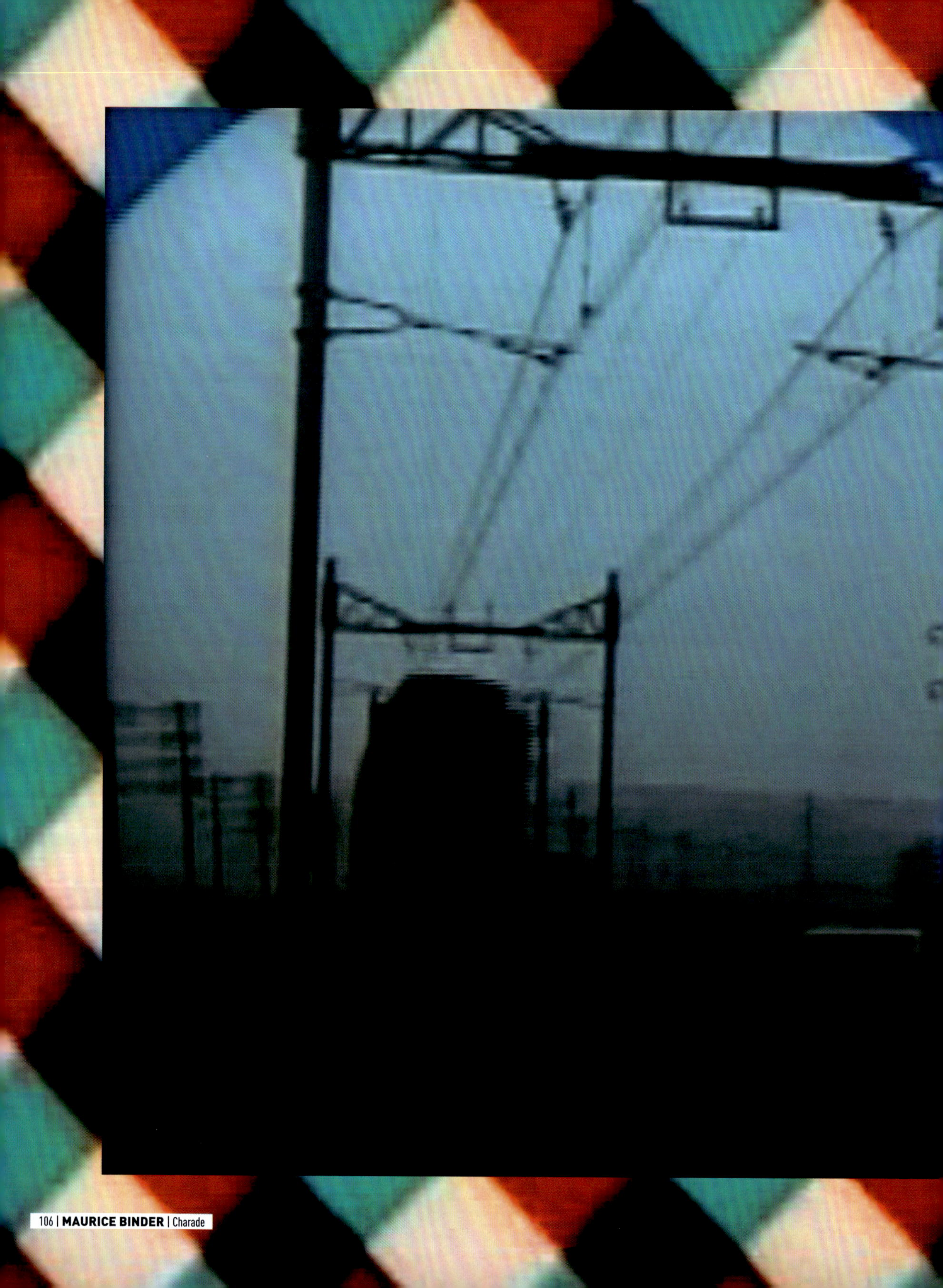

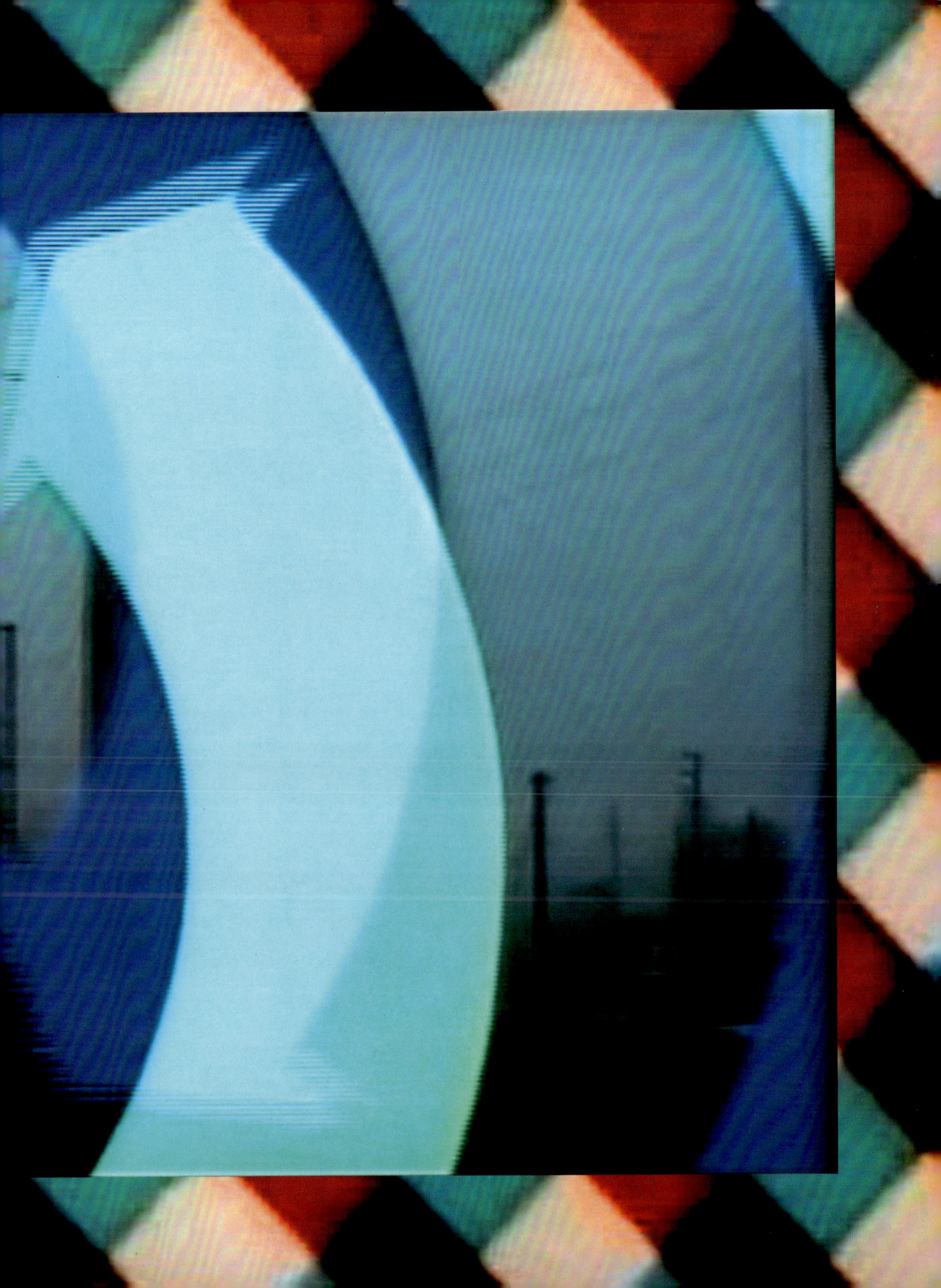

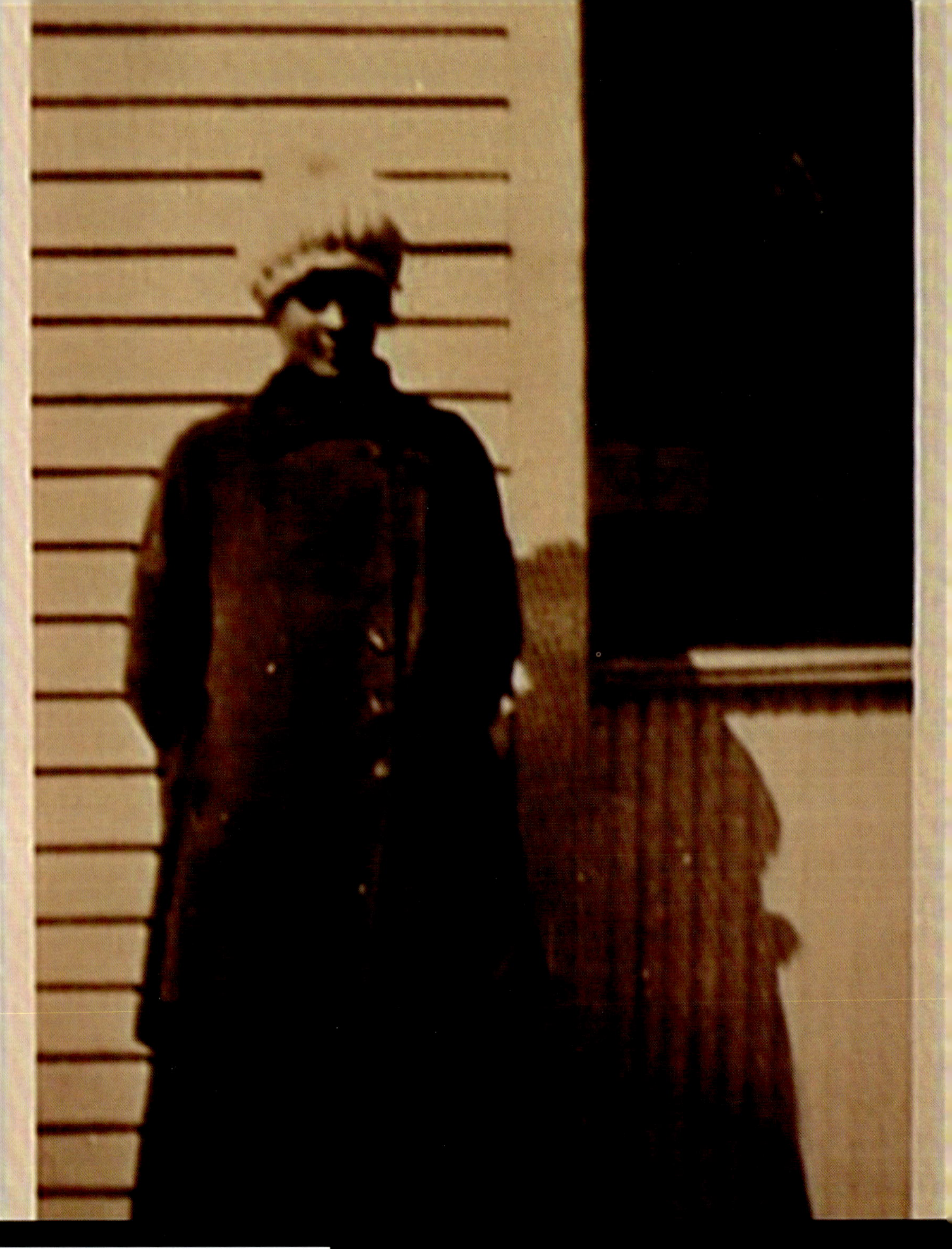

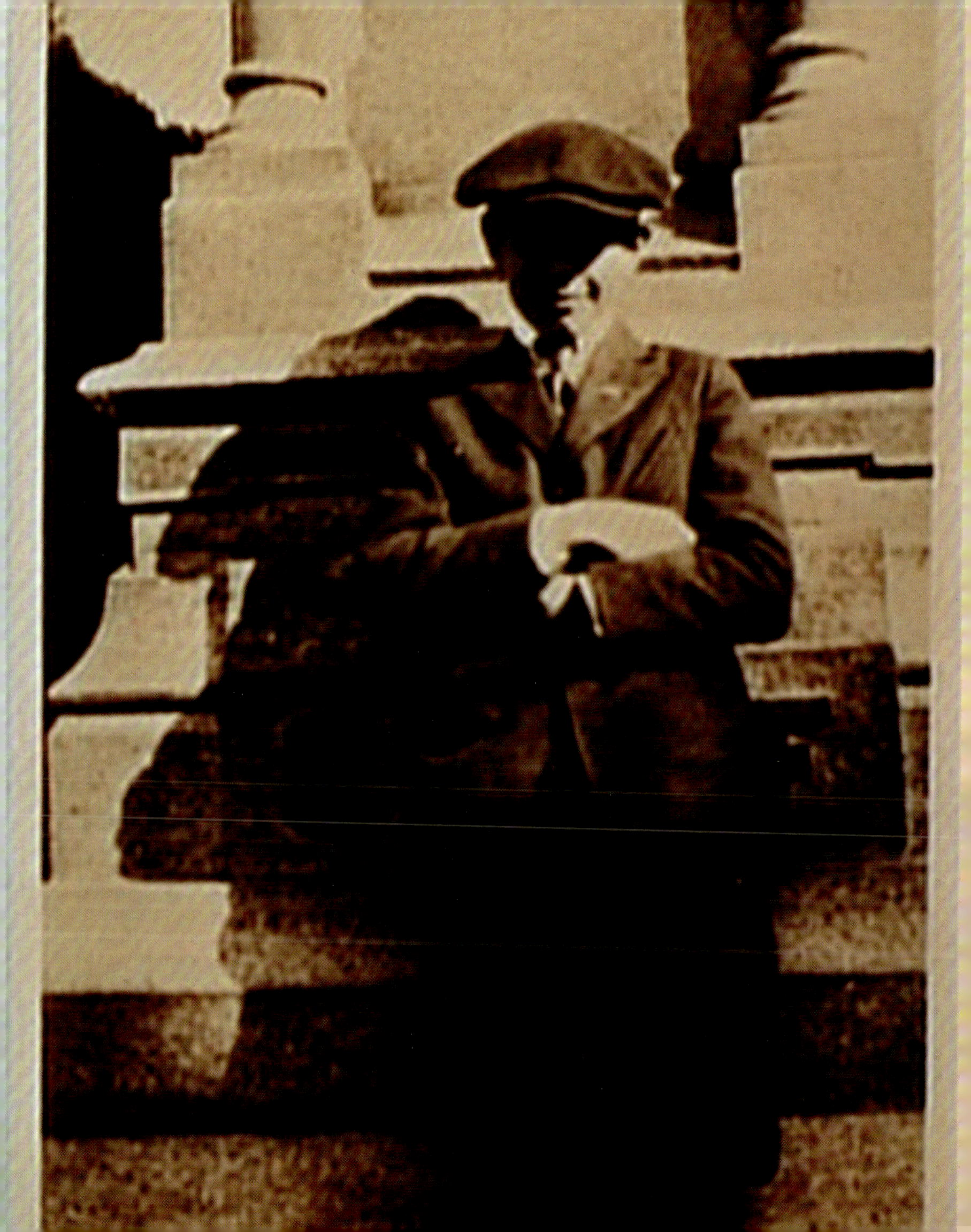

# BONNIE AND CLYDE

BONNIE PARKER,
was born in Rowena,
Texas, 1910 and then
moved to West Dallas.
In 1931 she worked in
a cafe before beginning
her career in crime.

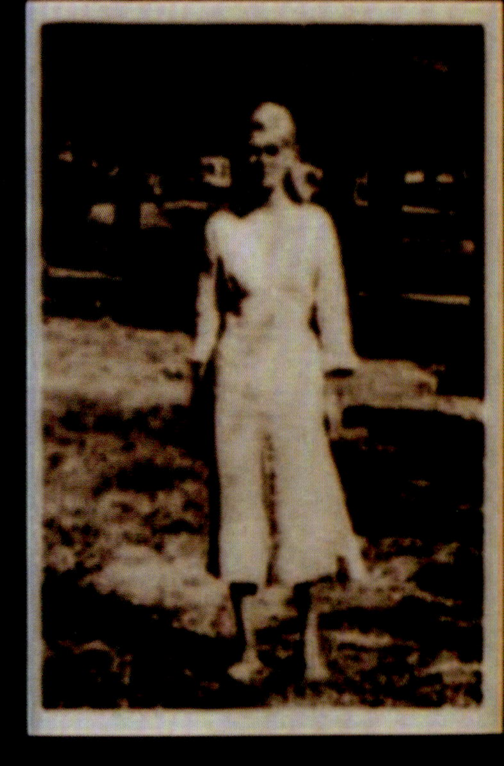

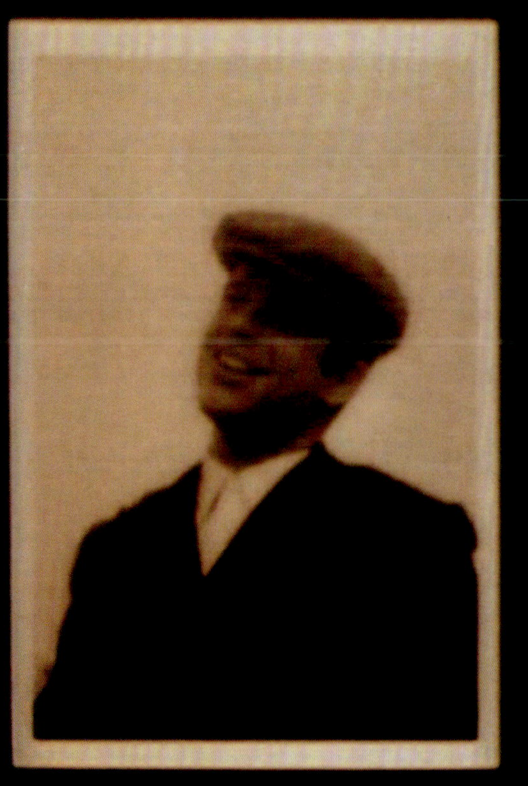

CLYDE BARROW,
was born to a family
of sharecroppers. As a
young man he became
a small-time thief and
robbed a gas station.
He served two years
for armed robbery and
was released on good
behavior in 1931.

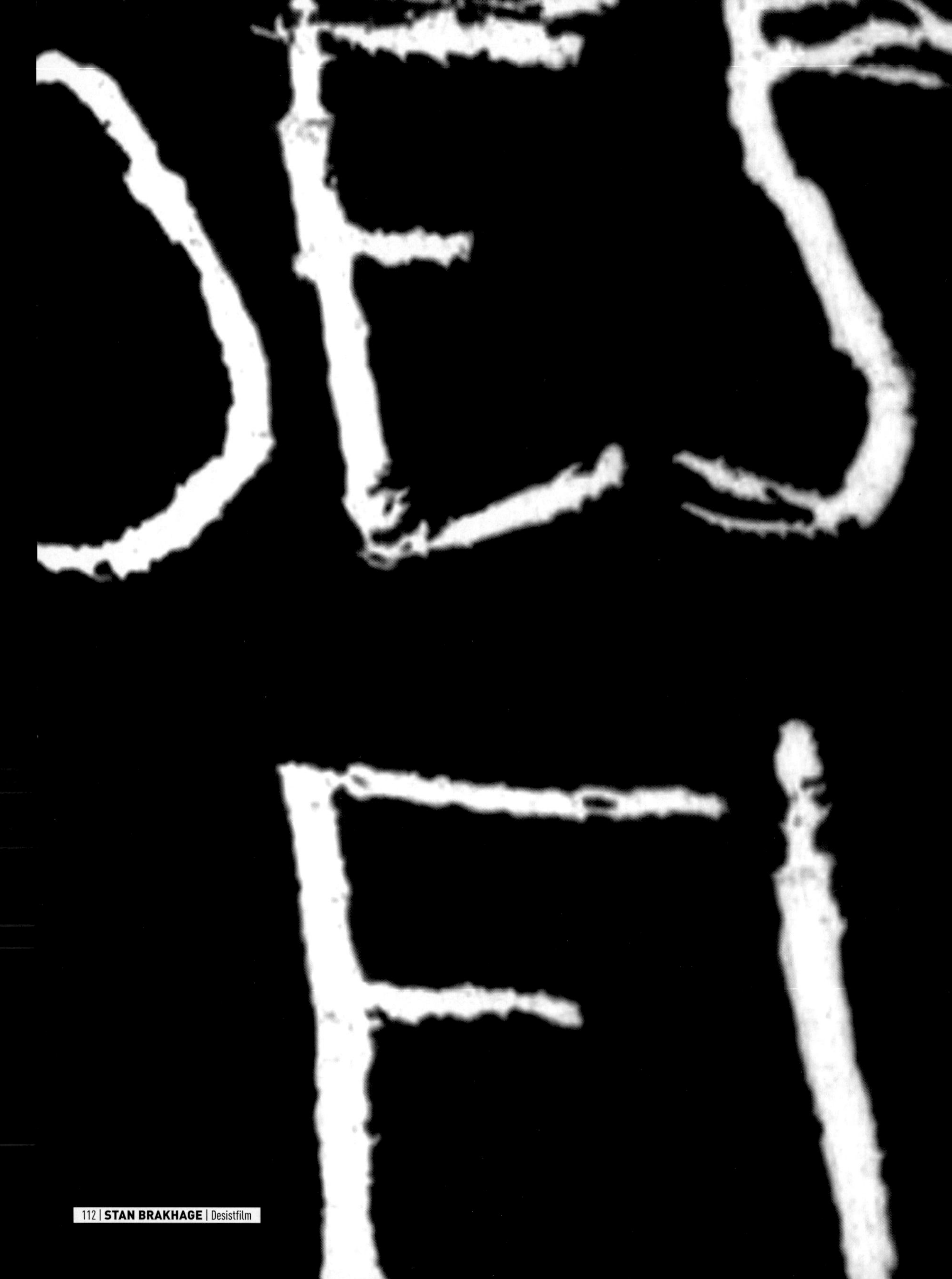

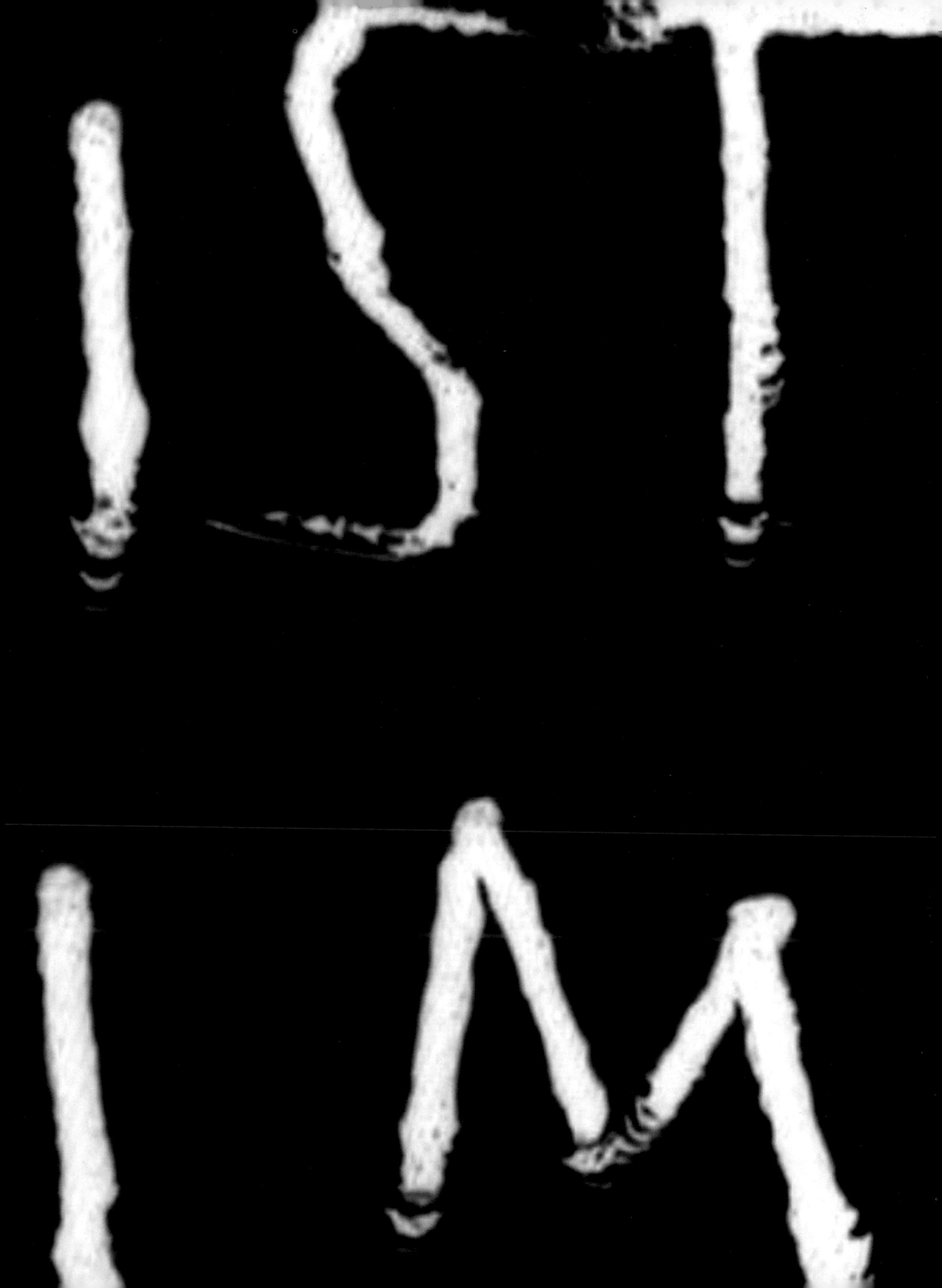

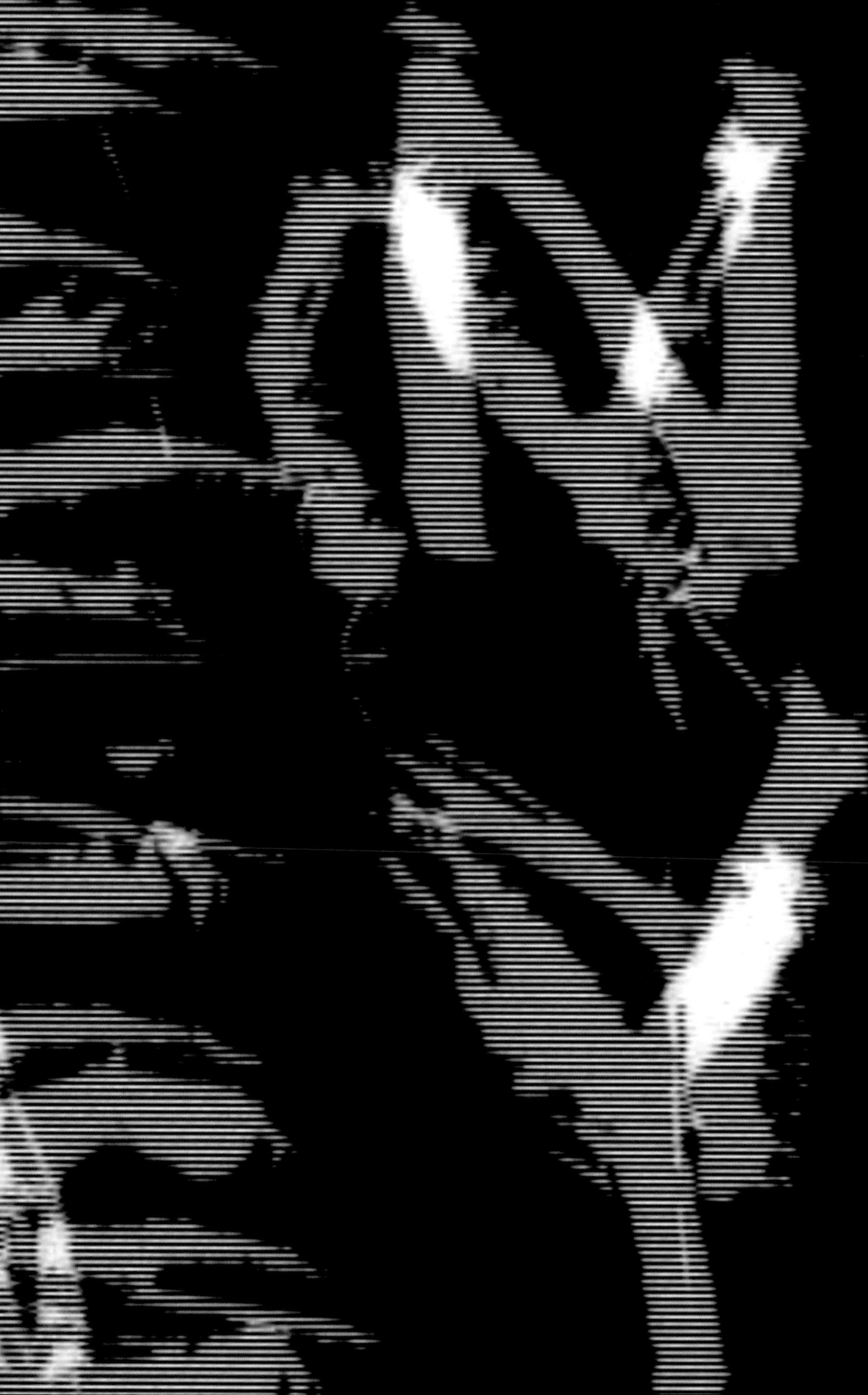

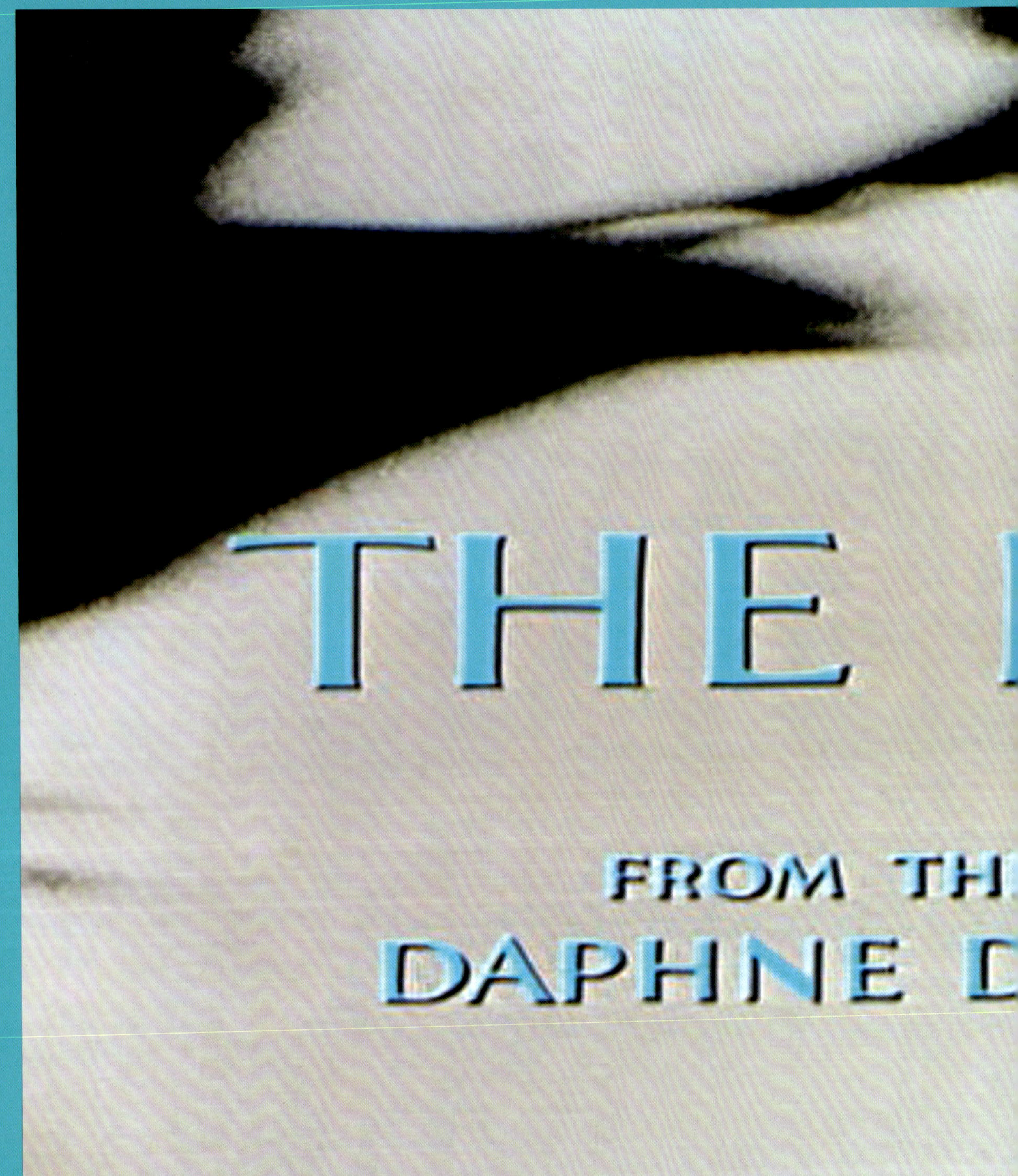
THE
FROM THE
DAPHNE D

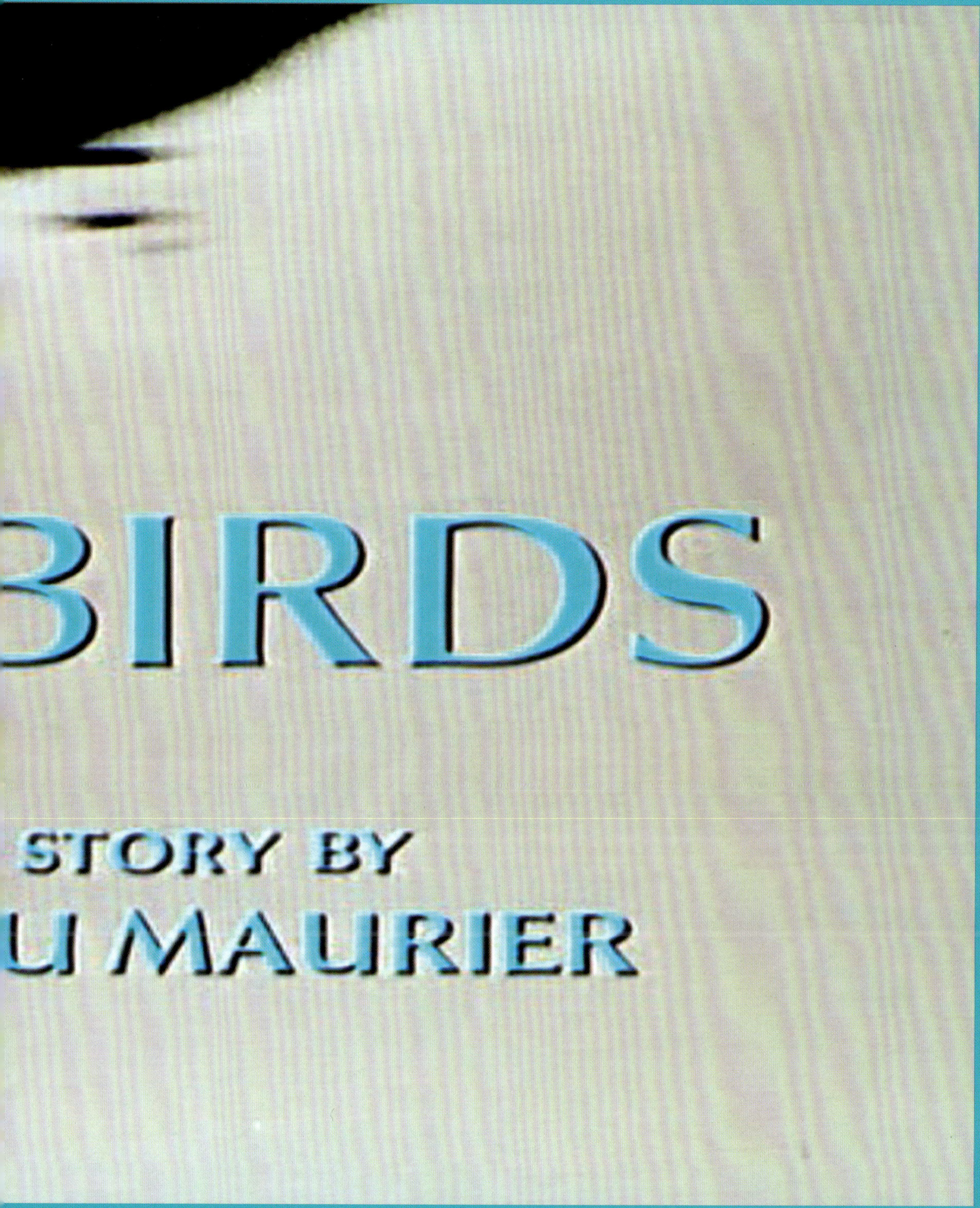

BIRDS

STORY BY

U MAURIER

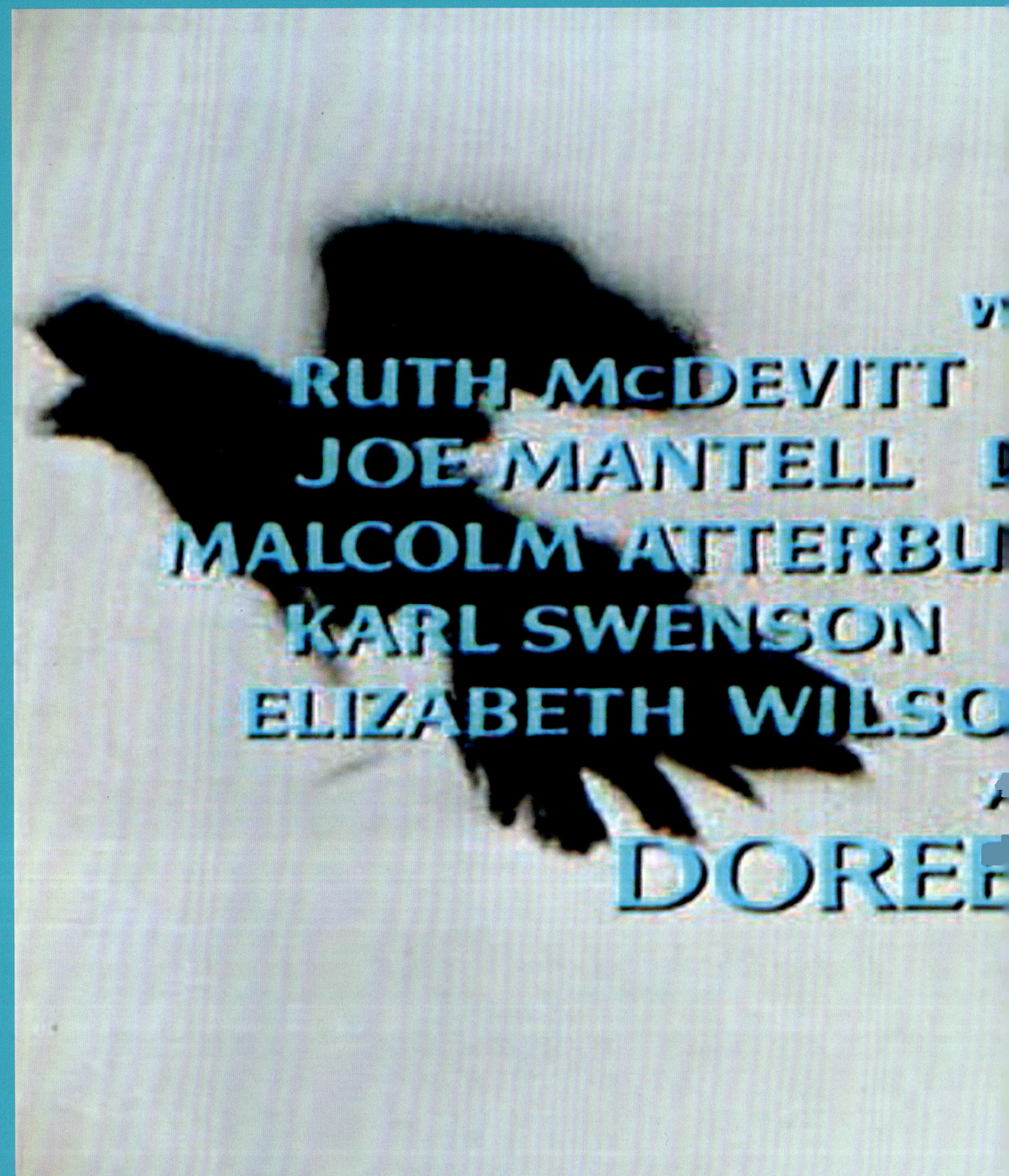
RUTH McDEVITT
JOE MANTELL
MALCOLM ATTERBU
KARL SWENSON
ELIZABETH WILSO
DOREE

TRO
AN LSTANT TO MR. HITCHCO

EMI G ...GY ROBERTSON
OSK ...n GEORGE M
AND ...R. LOIS THU
DRONE S... VISOR RITA R
OUND
...BIRDS RAY BE
...S BY JAMES S. POLL

OR BY J

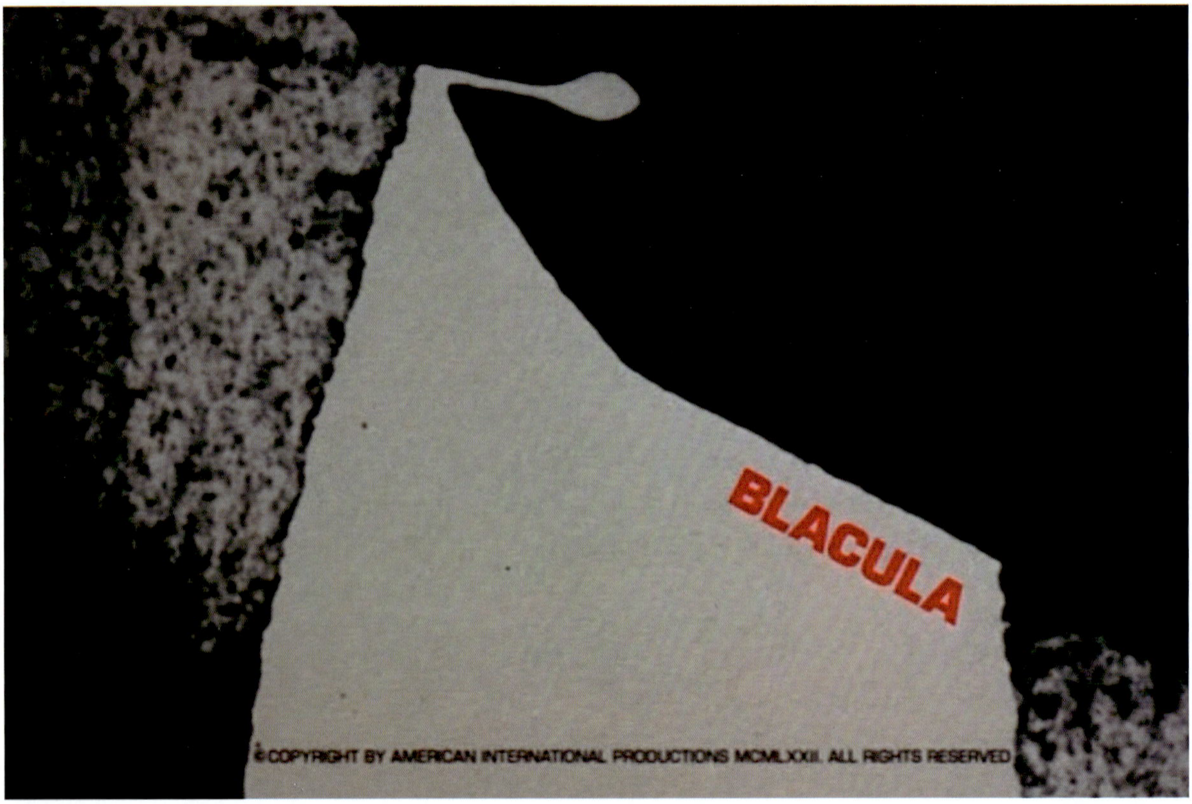

BLACULA

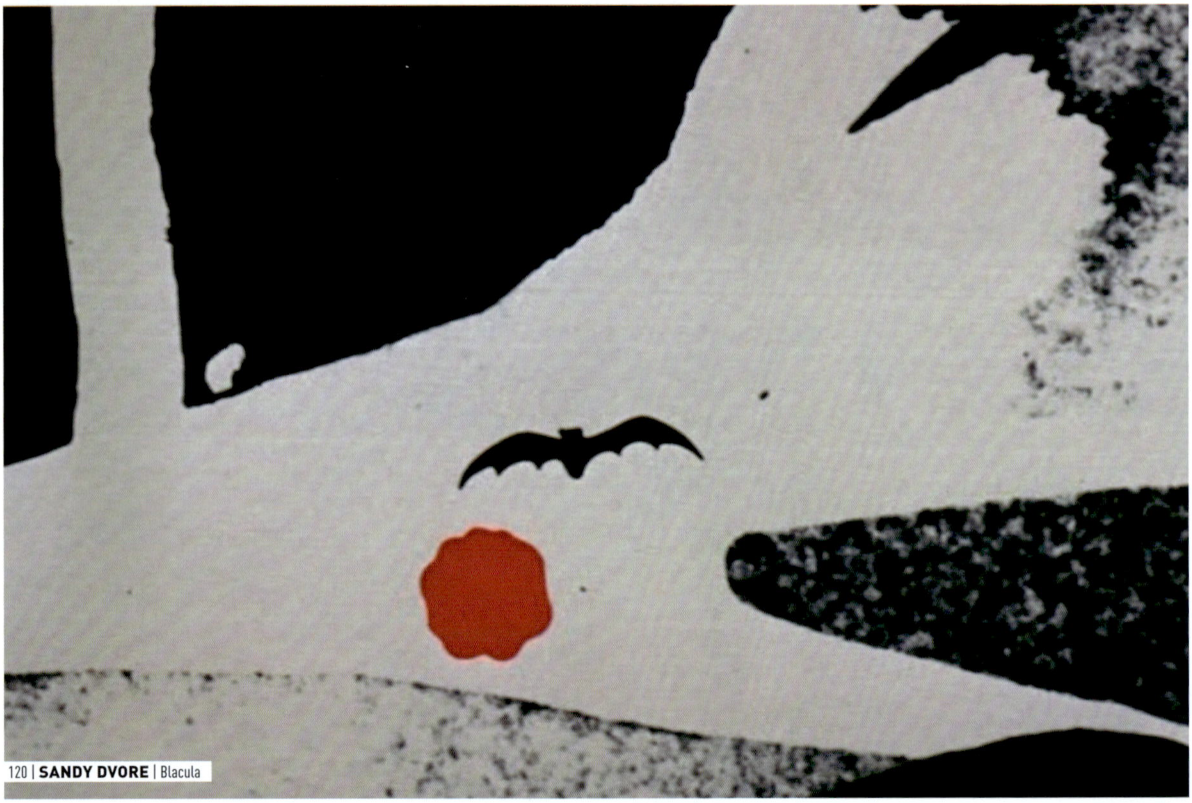

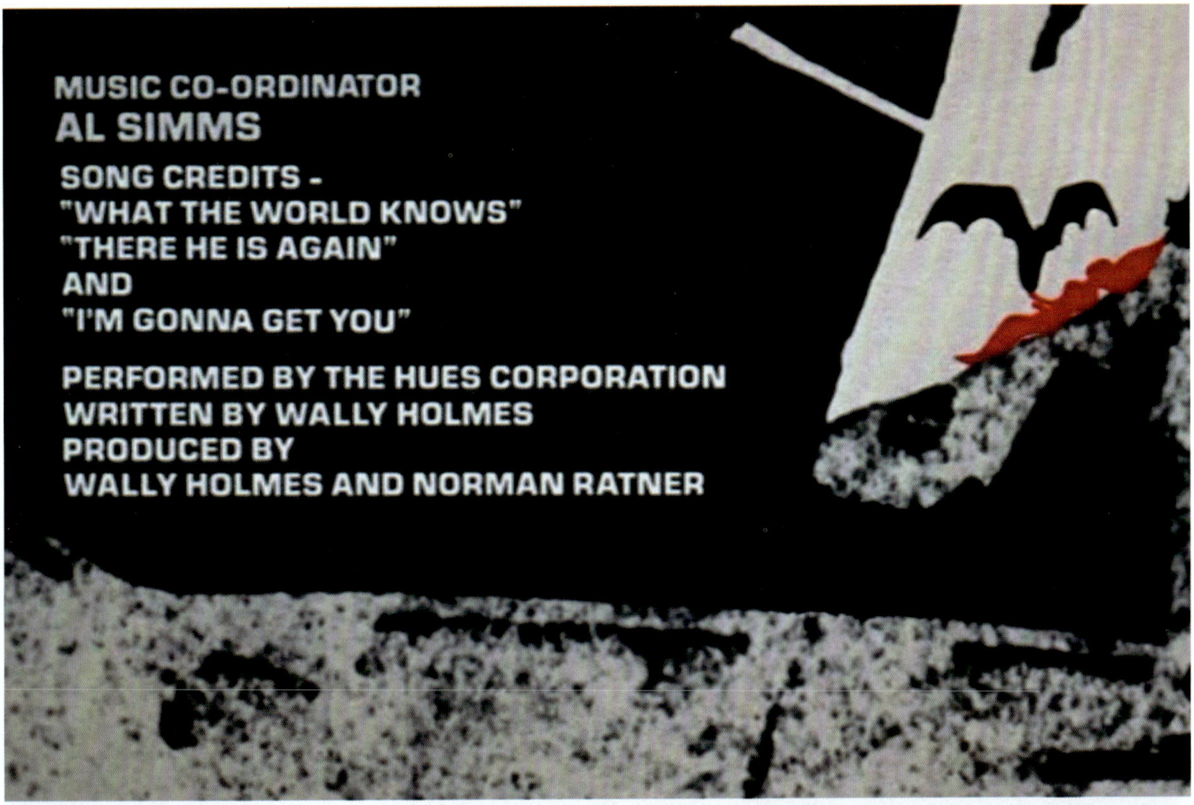

MUSIC CO-ORDINATOR
AL SIMMS

SONG CREDITS -
"WHAT THE WORLD KNOWS"
"THERE HE IS AGAIN"
AND
"I'M GONNA GET YOU"

PERFORMED BY THE HUES CORPORATION
WRITTEN BY WALLY HOLMES
PRODUCED BY
WALLY HOLMES AND NORMAN RATNER

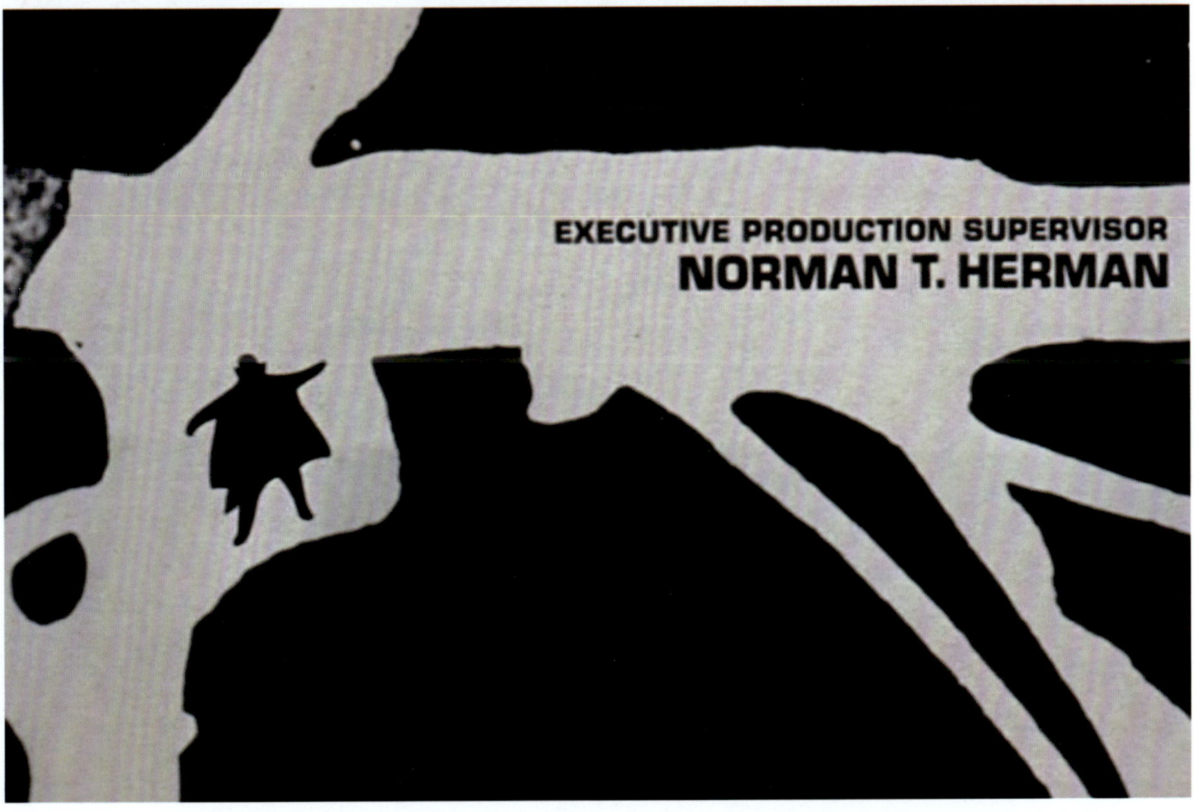

EXECUTIVE PRODUCTION SUPERVISOR
NORMAN T. HERMAN

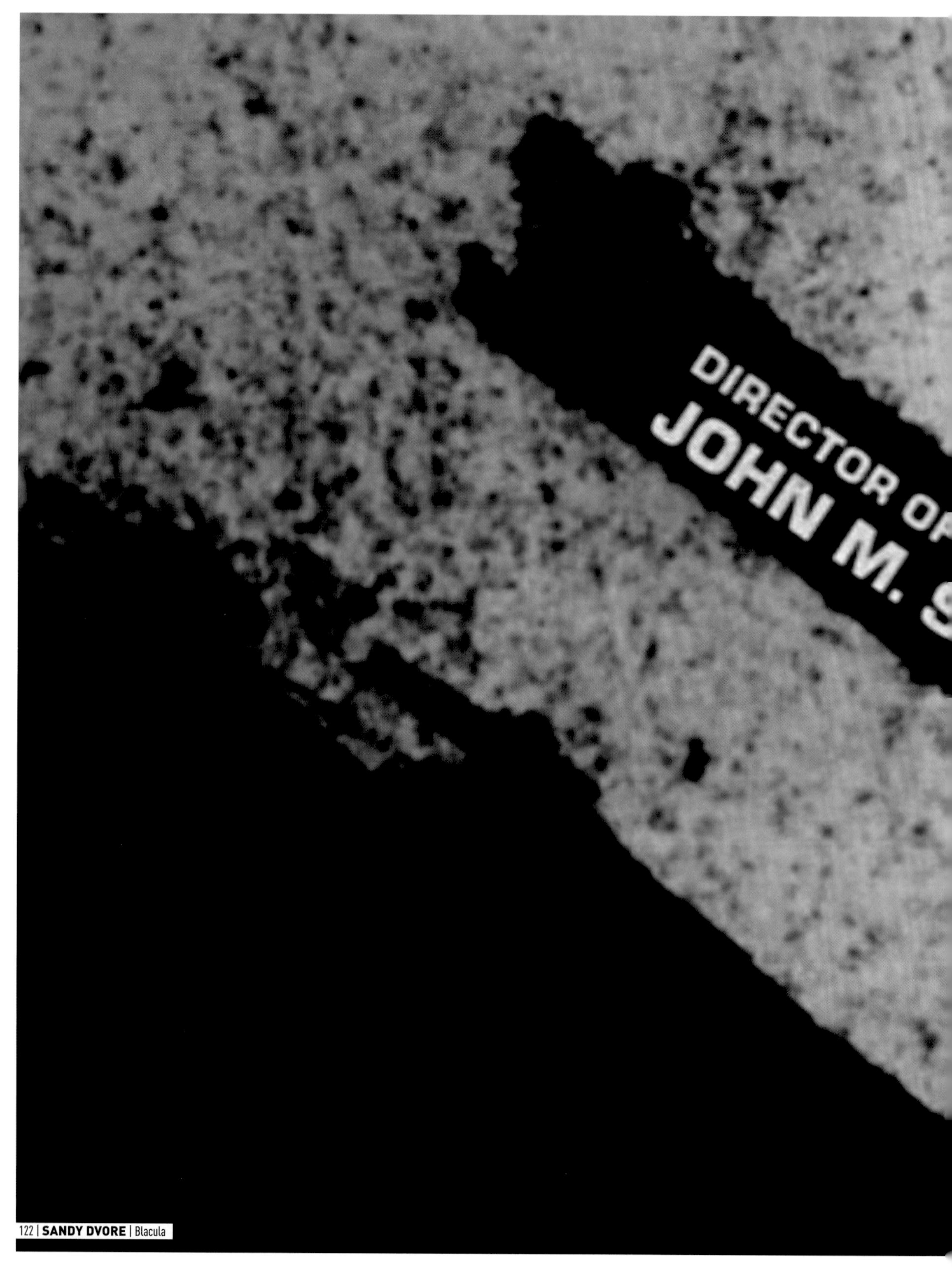
DIRECTOR OF
JOHN M. S

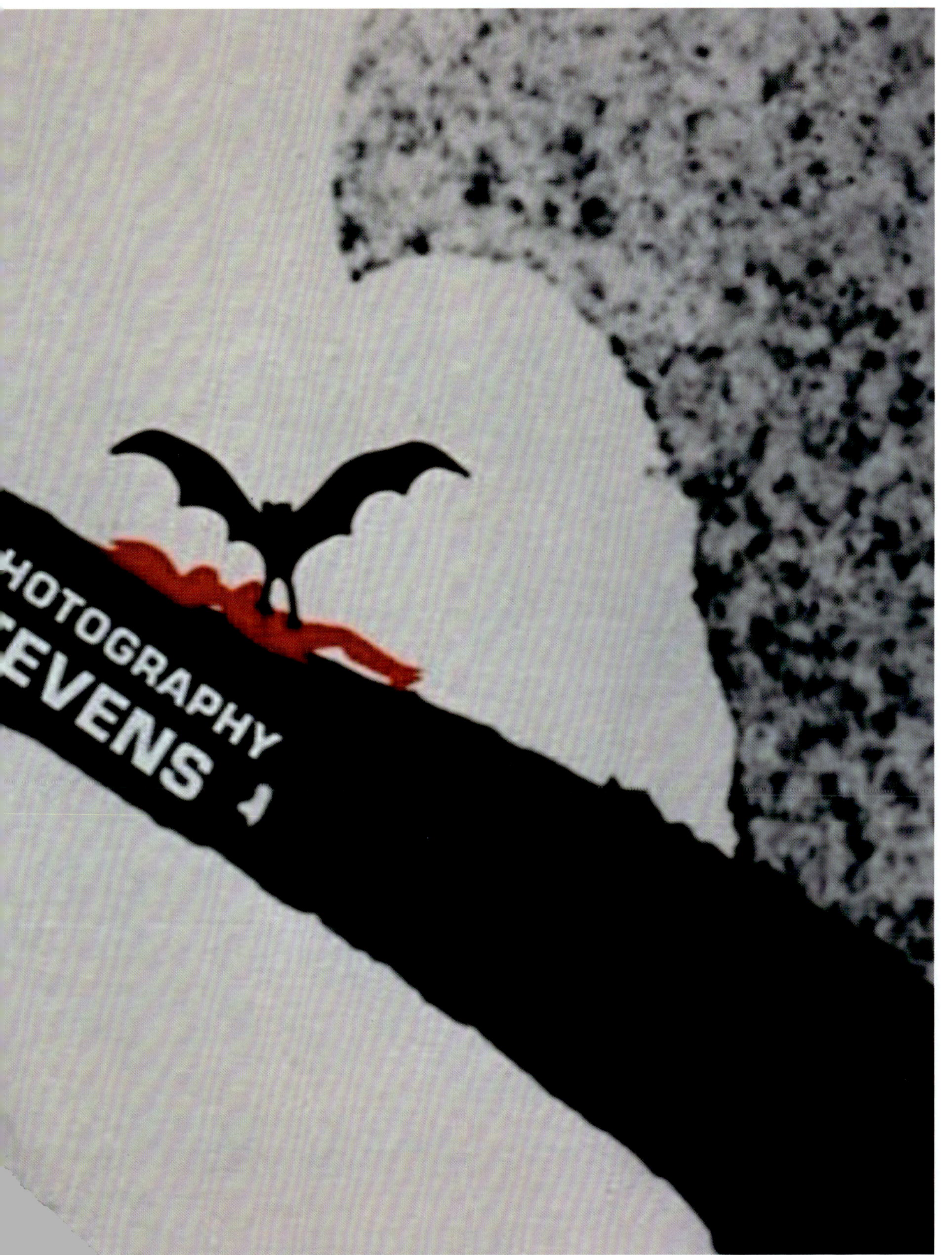
HOTOGRAPHY
EVENS

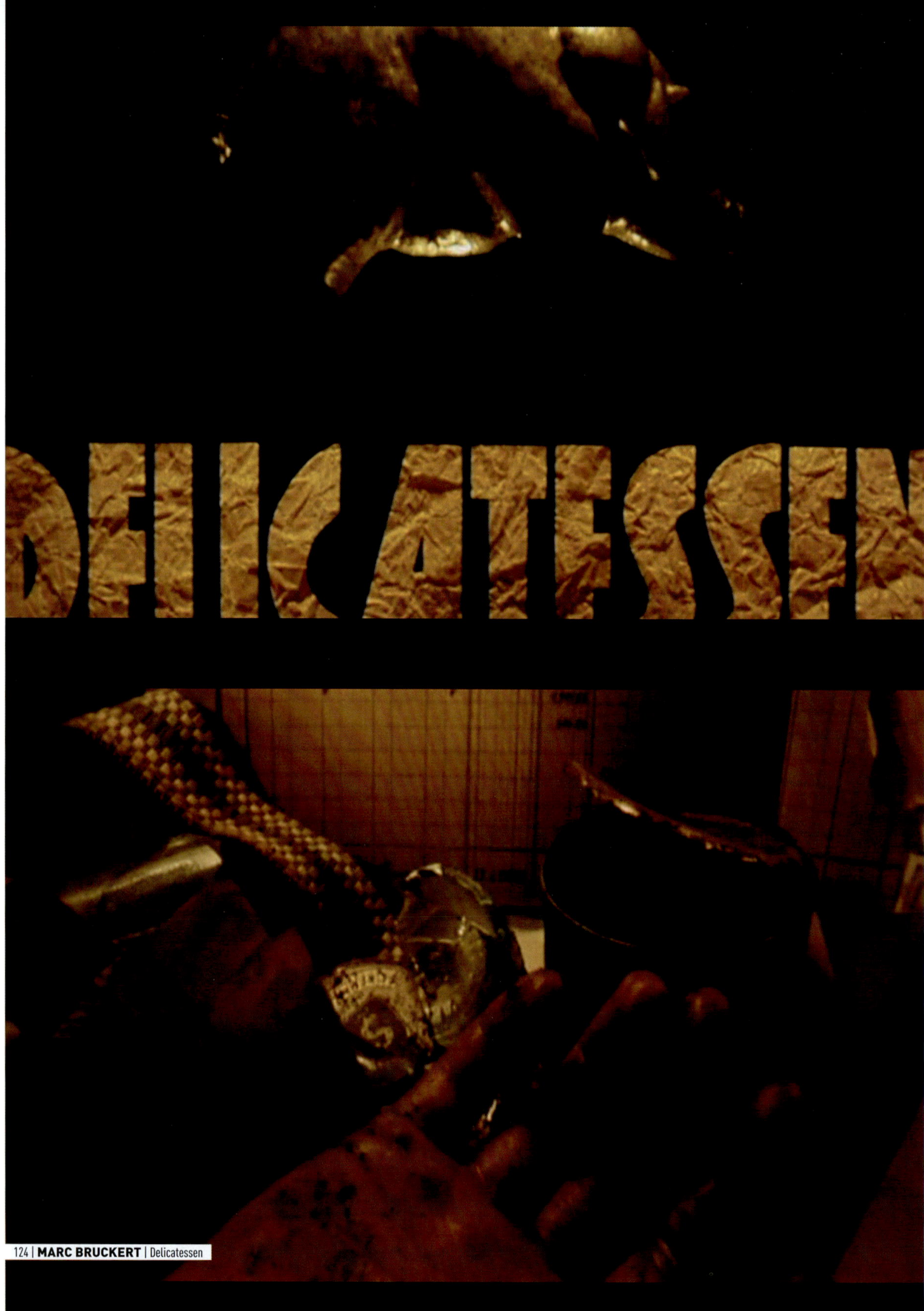

DELICATESSEN

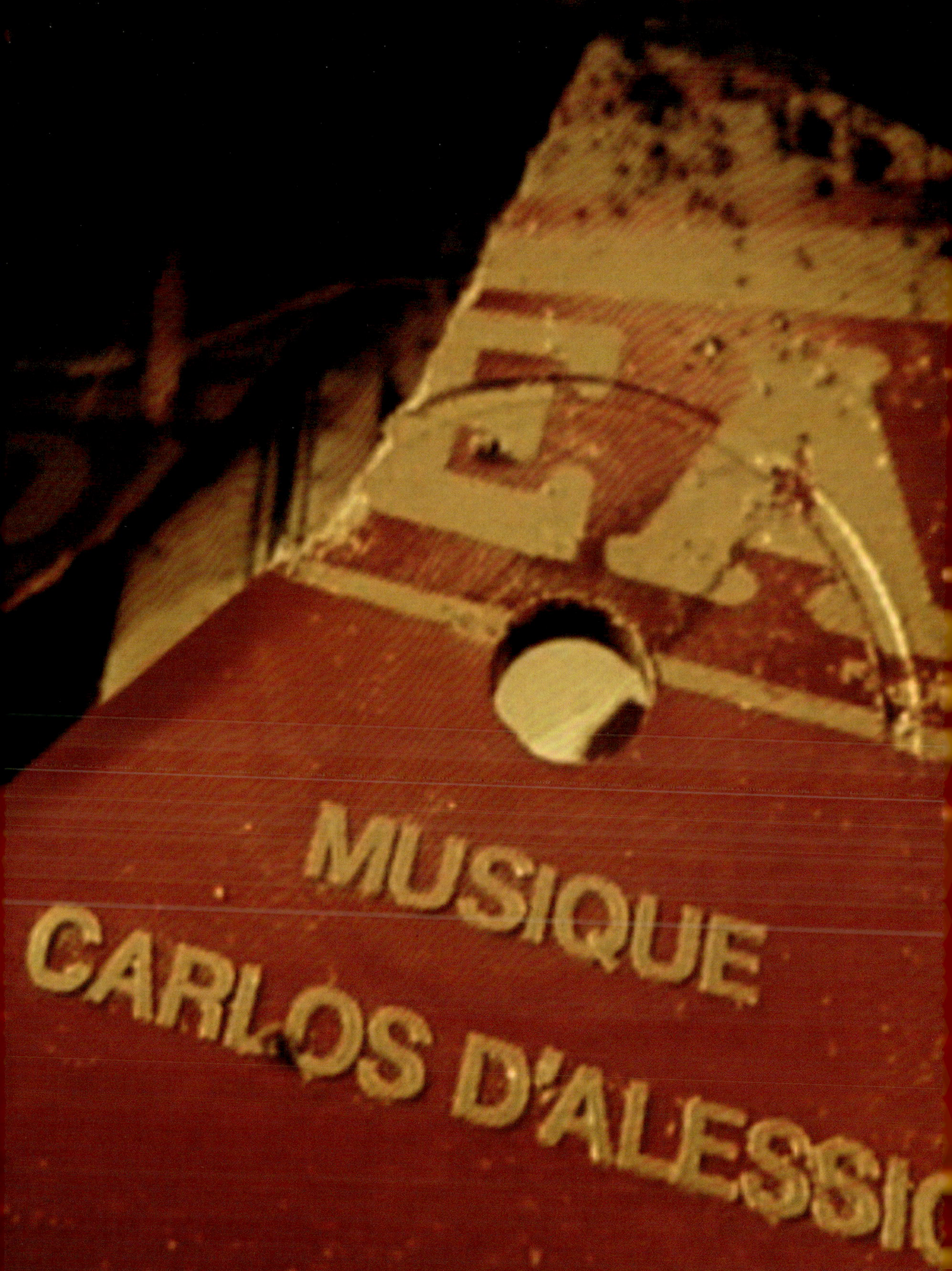

MUSIQUE
CARLOS D'ALESSIO

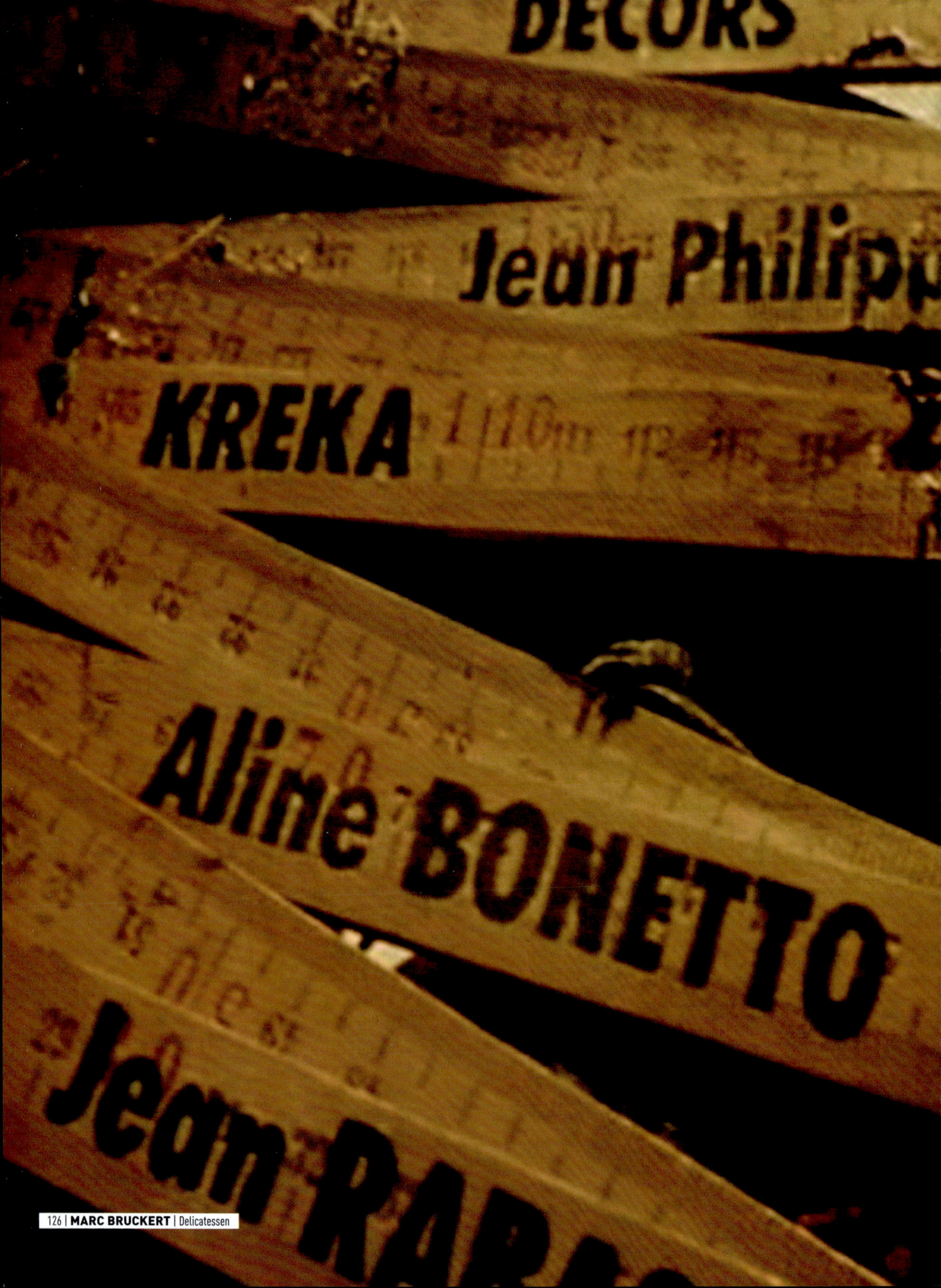
DÉCORS
Jean Philipp
KREKA
Aline BONETTO
Jean RABB

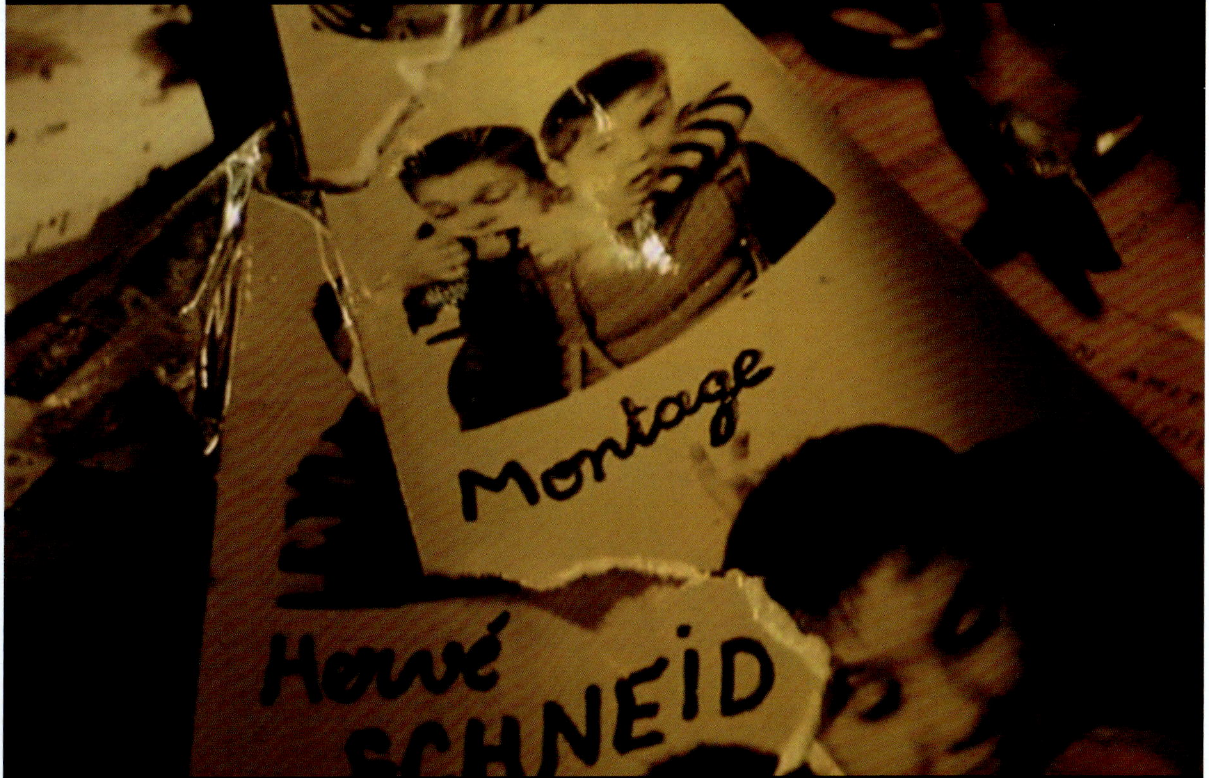

Montage
Hervé
SCHNEID

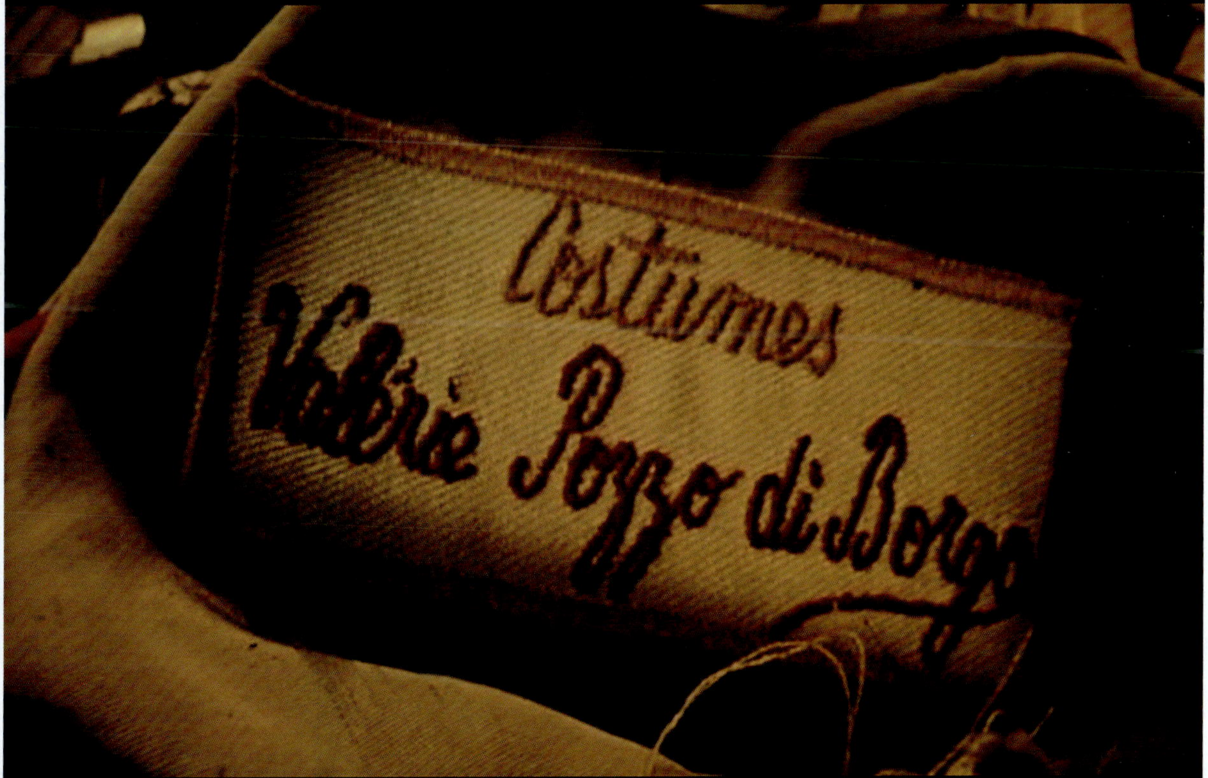

Costumes
Valérie Pozzo di Borgo

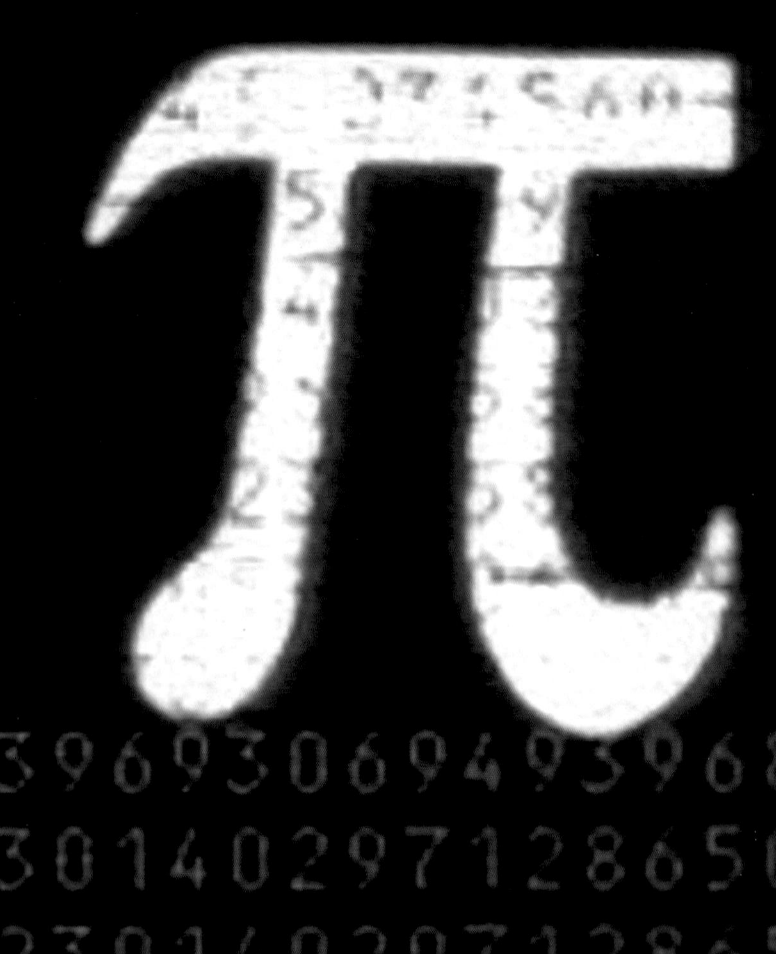

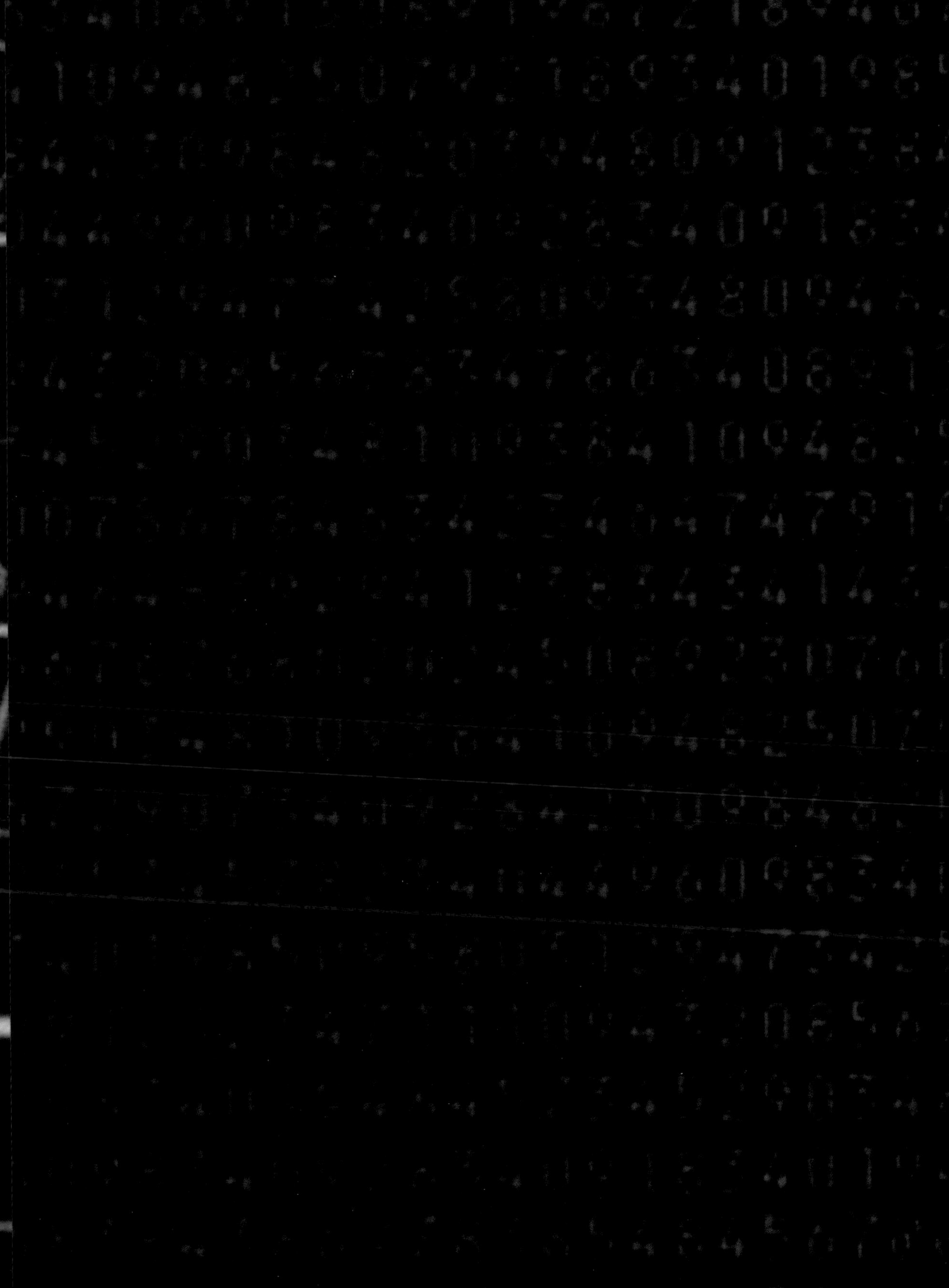

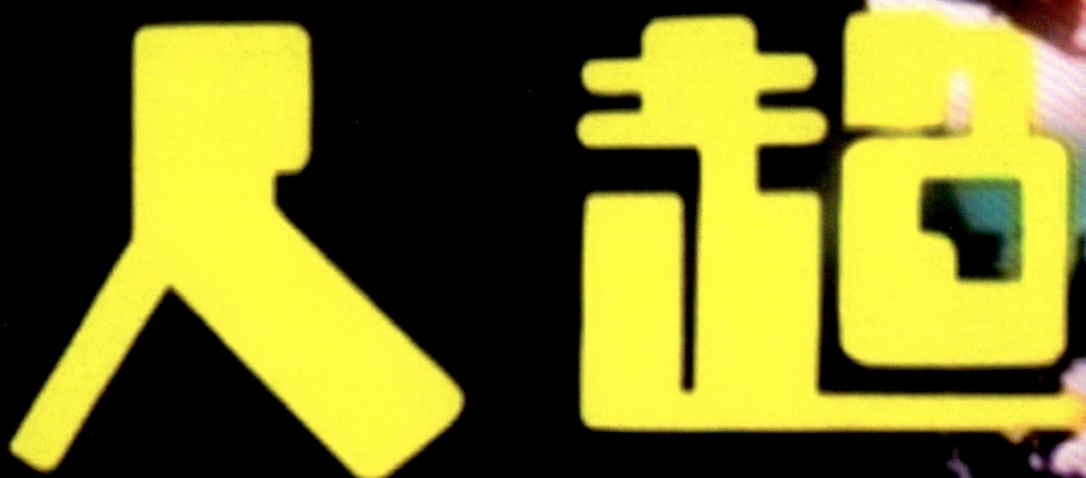

人超
THE SUPER


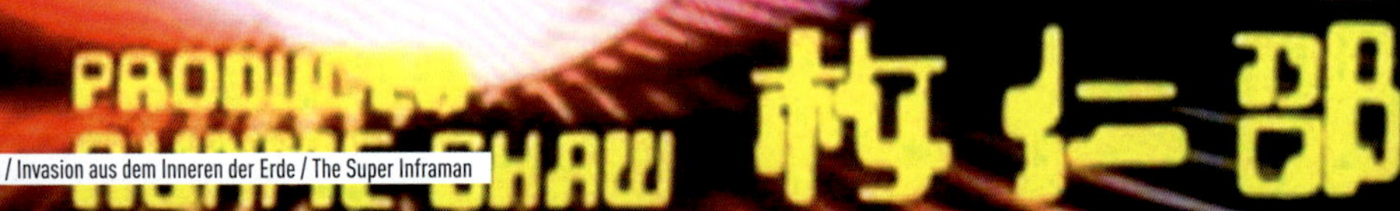

製監
楚仁部
PRODUCED
RUNME SHAW

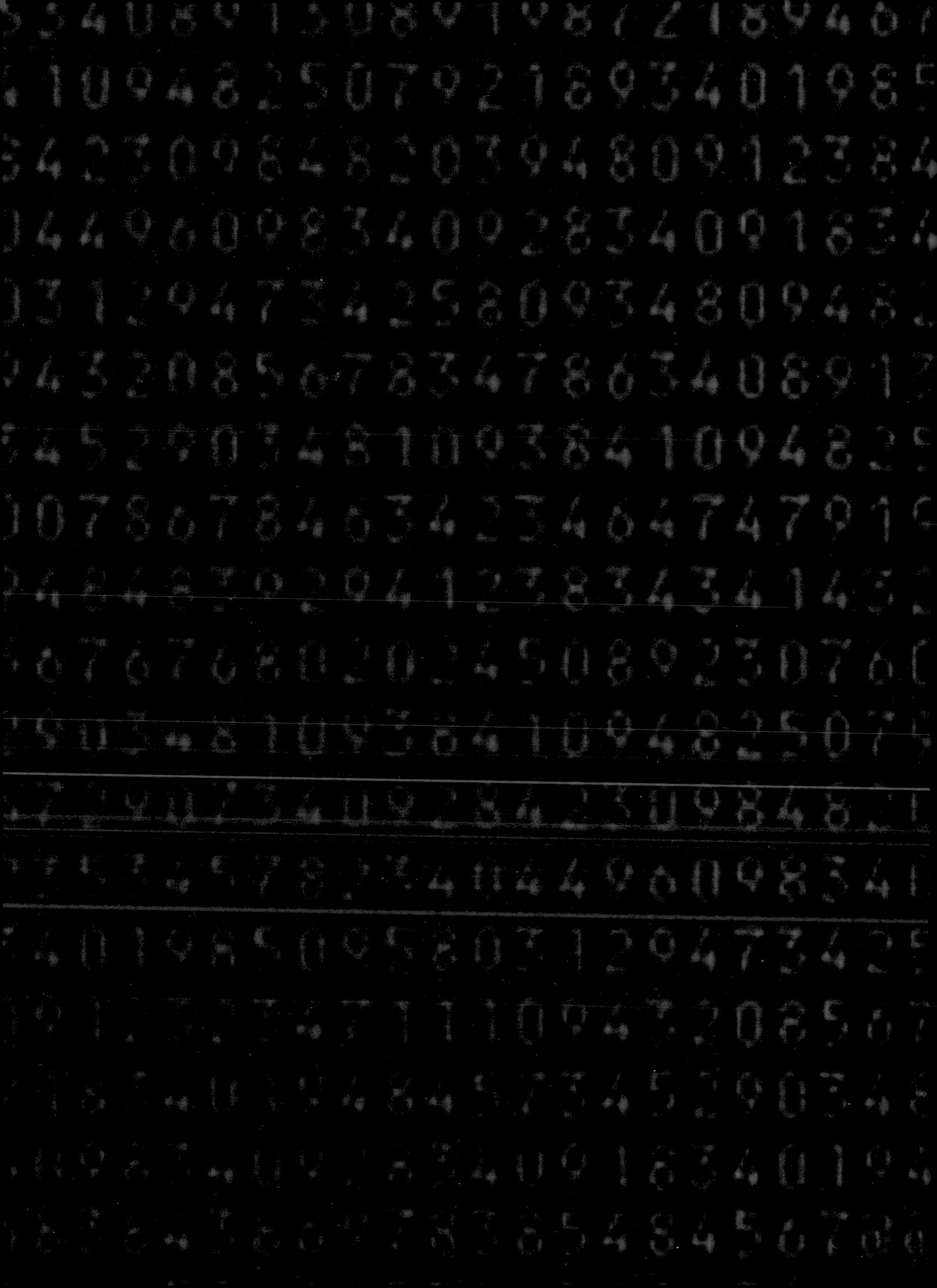

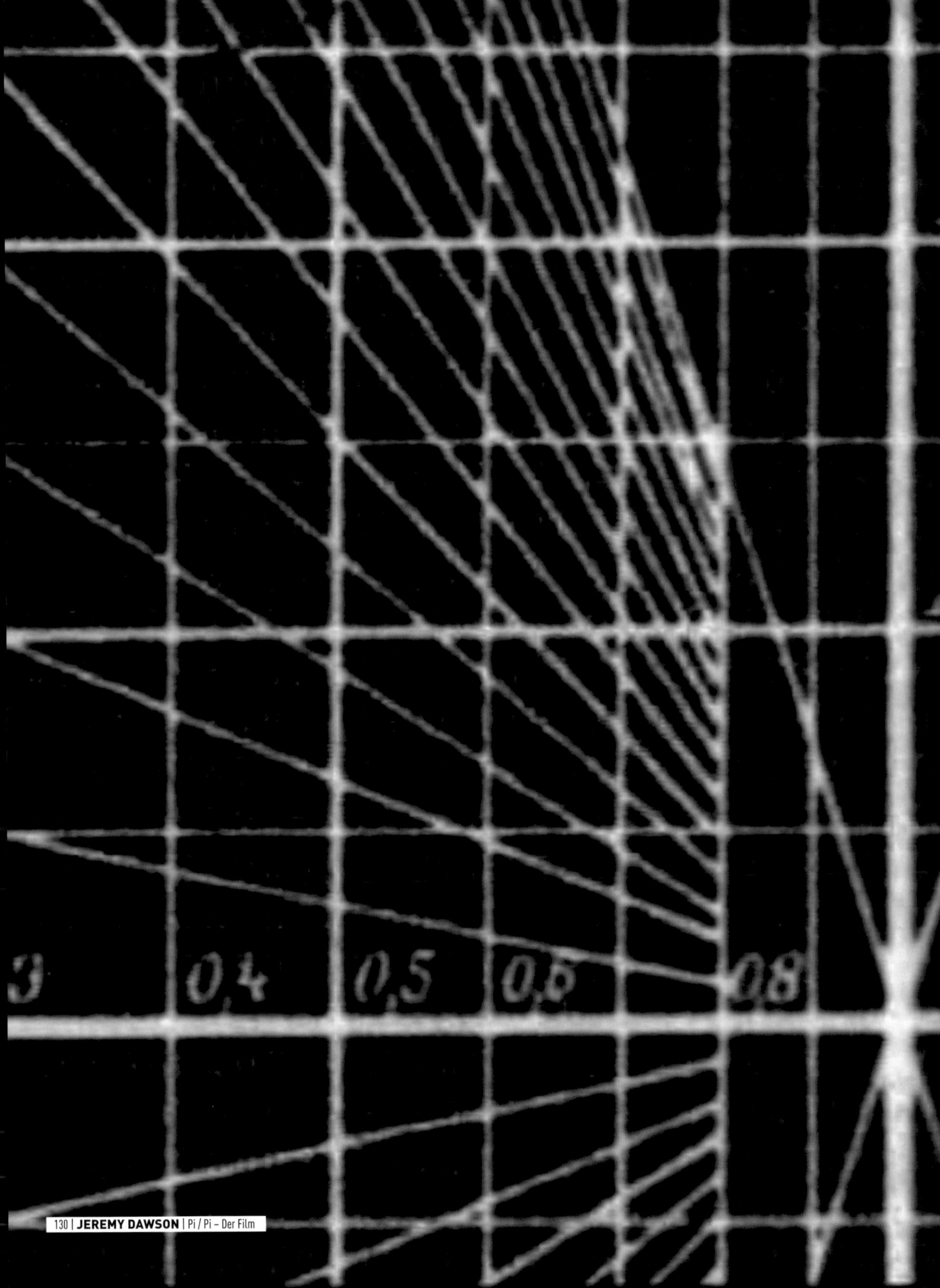

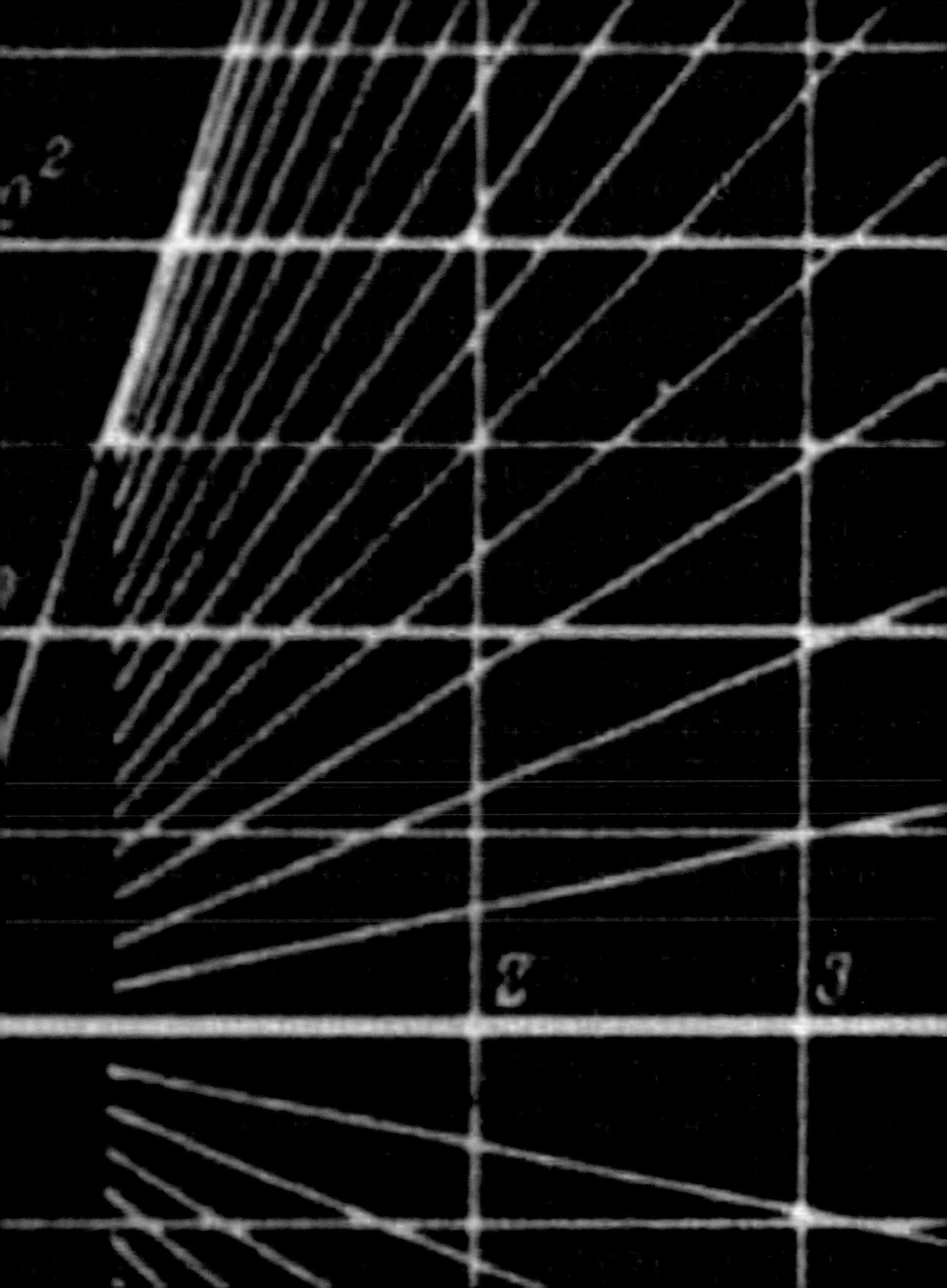

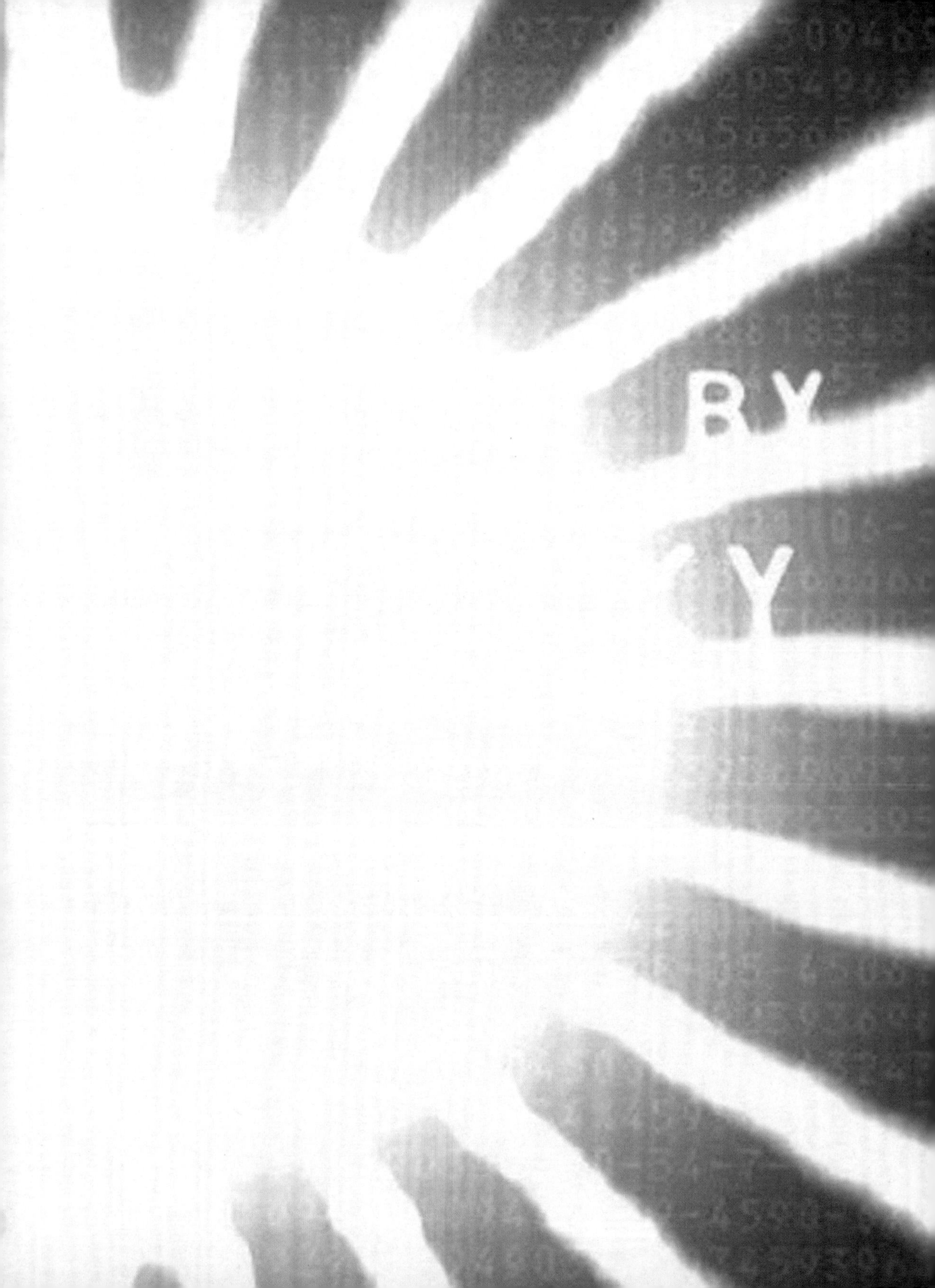

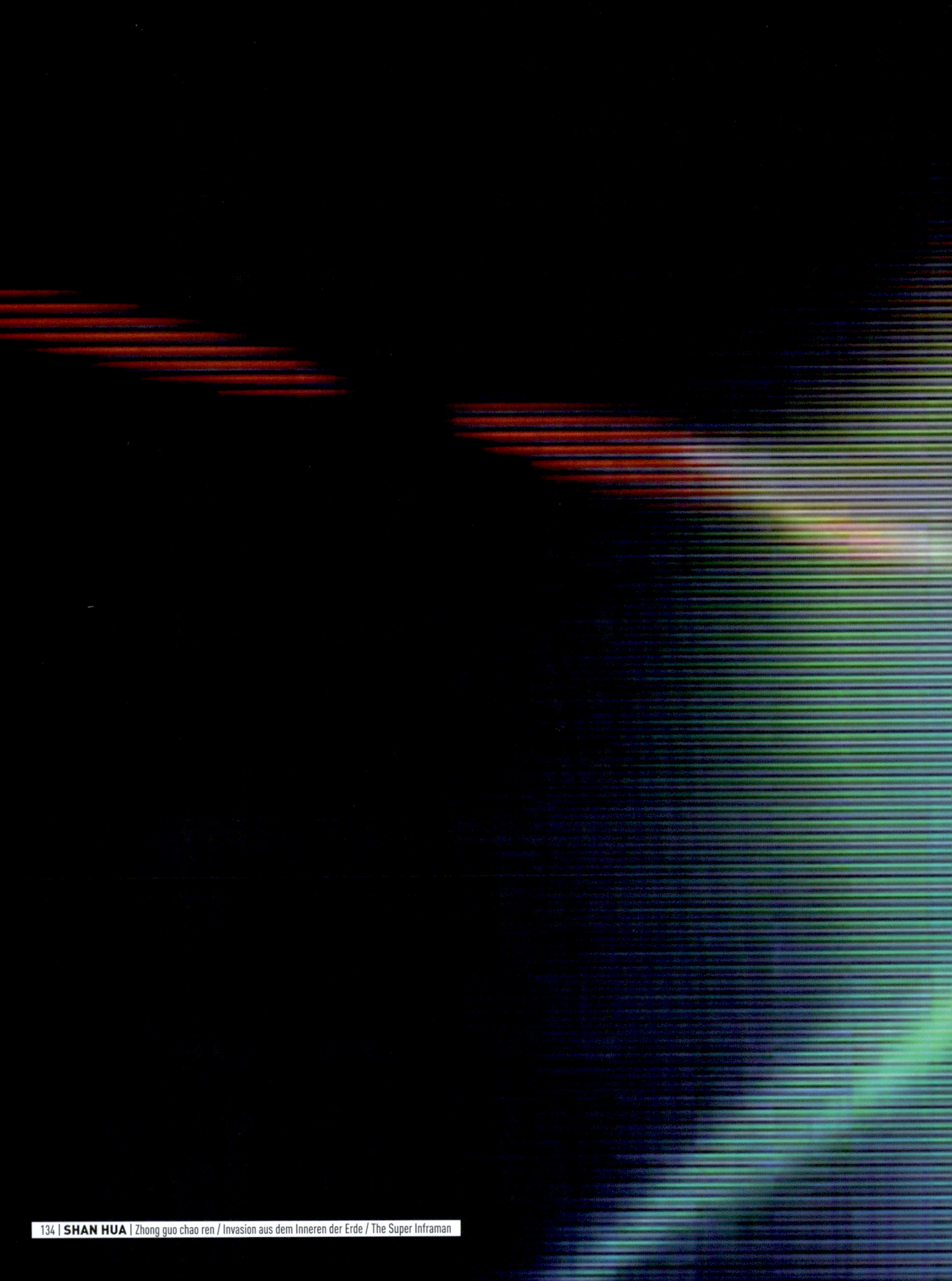

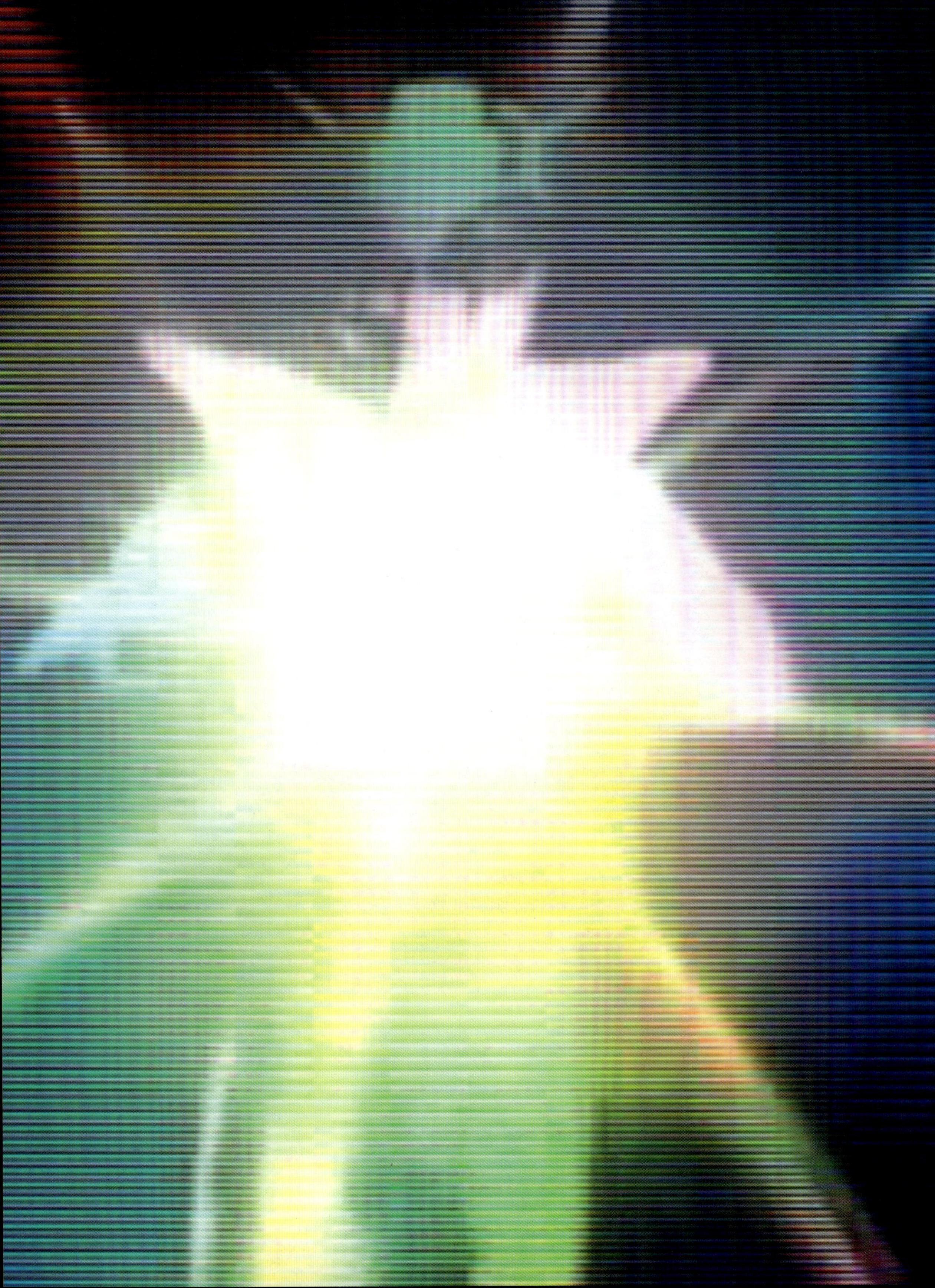

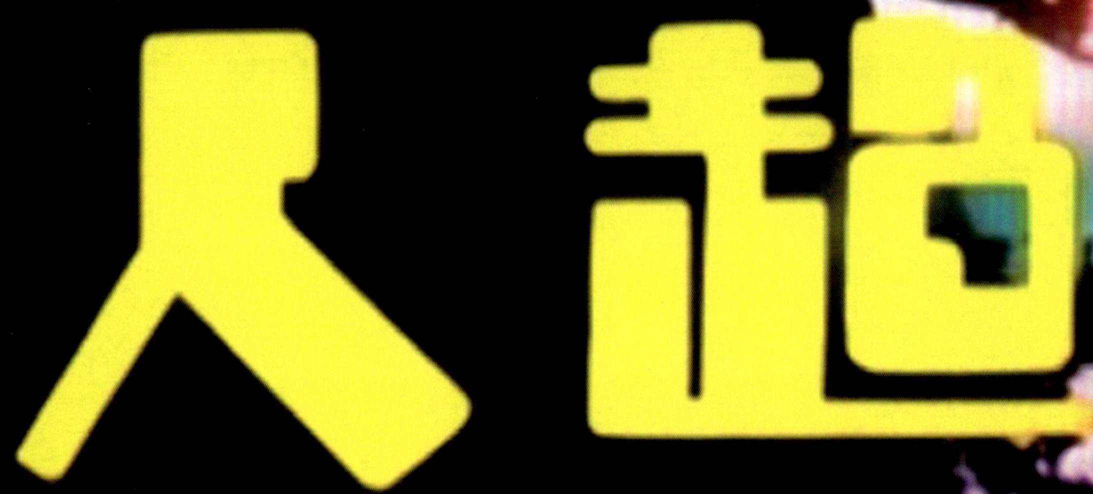
人超
THE SUPER

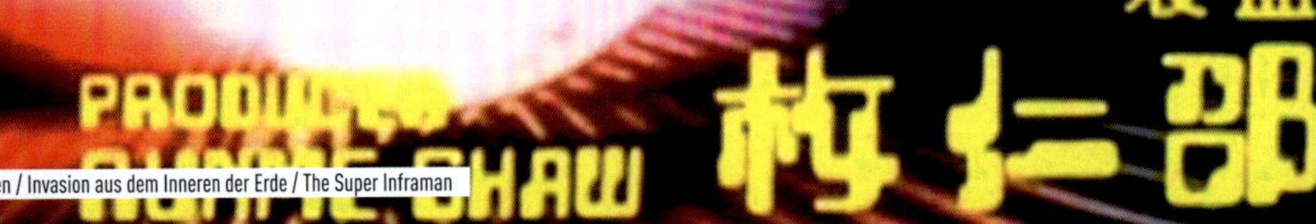
監製
邵仁枚
PRODUCED
RUNME SHAW

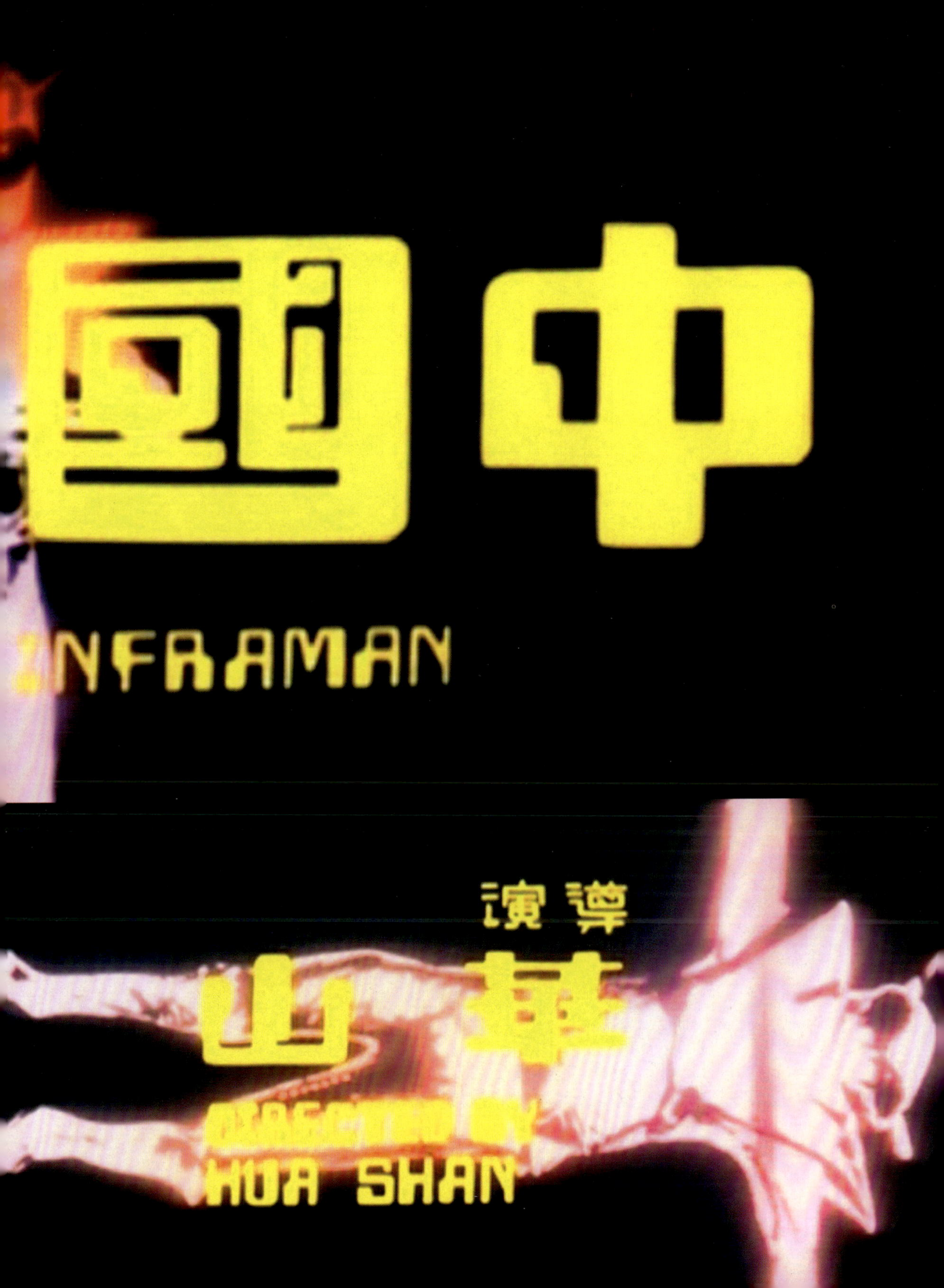

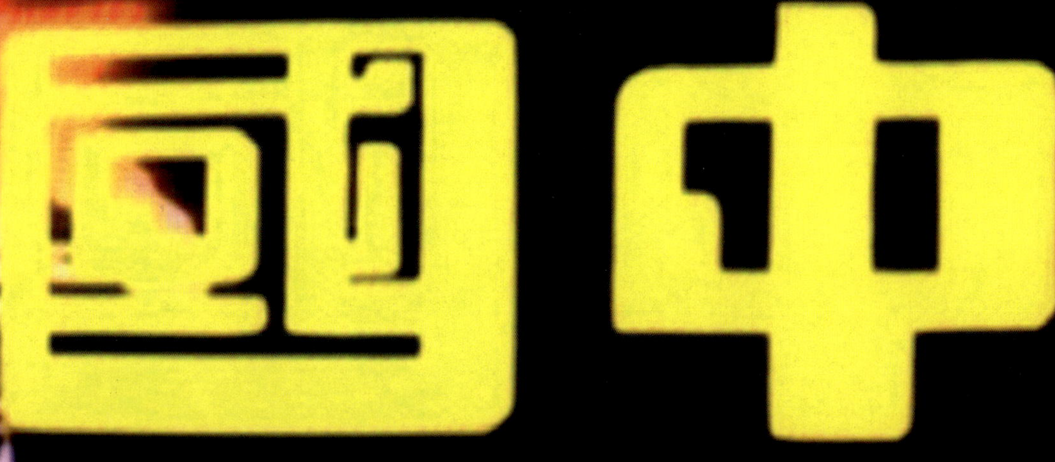

中國
INFRAMAN
演導
華山
DIRECTED BY
HUA SHAN

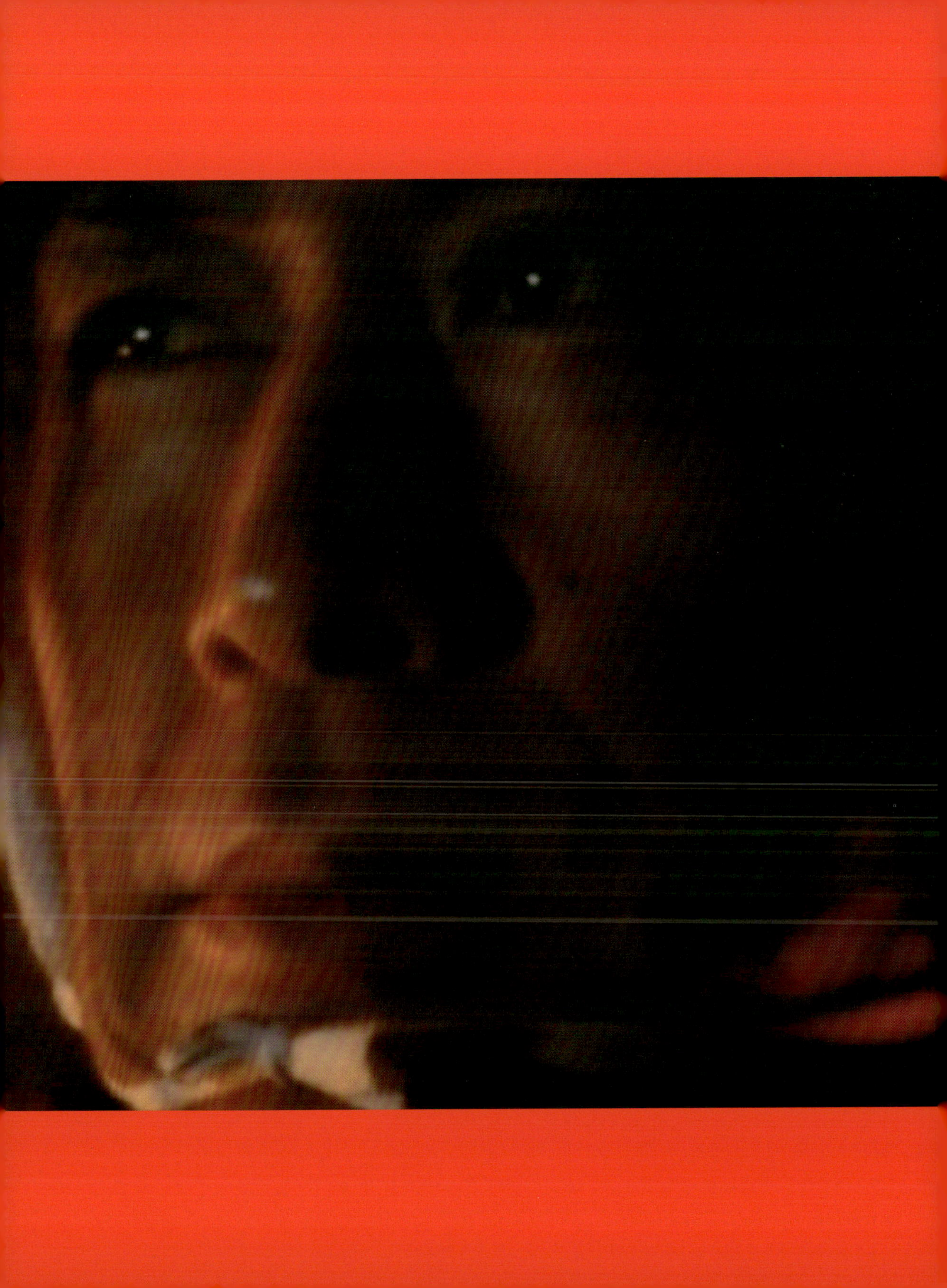

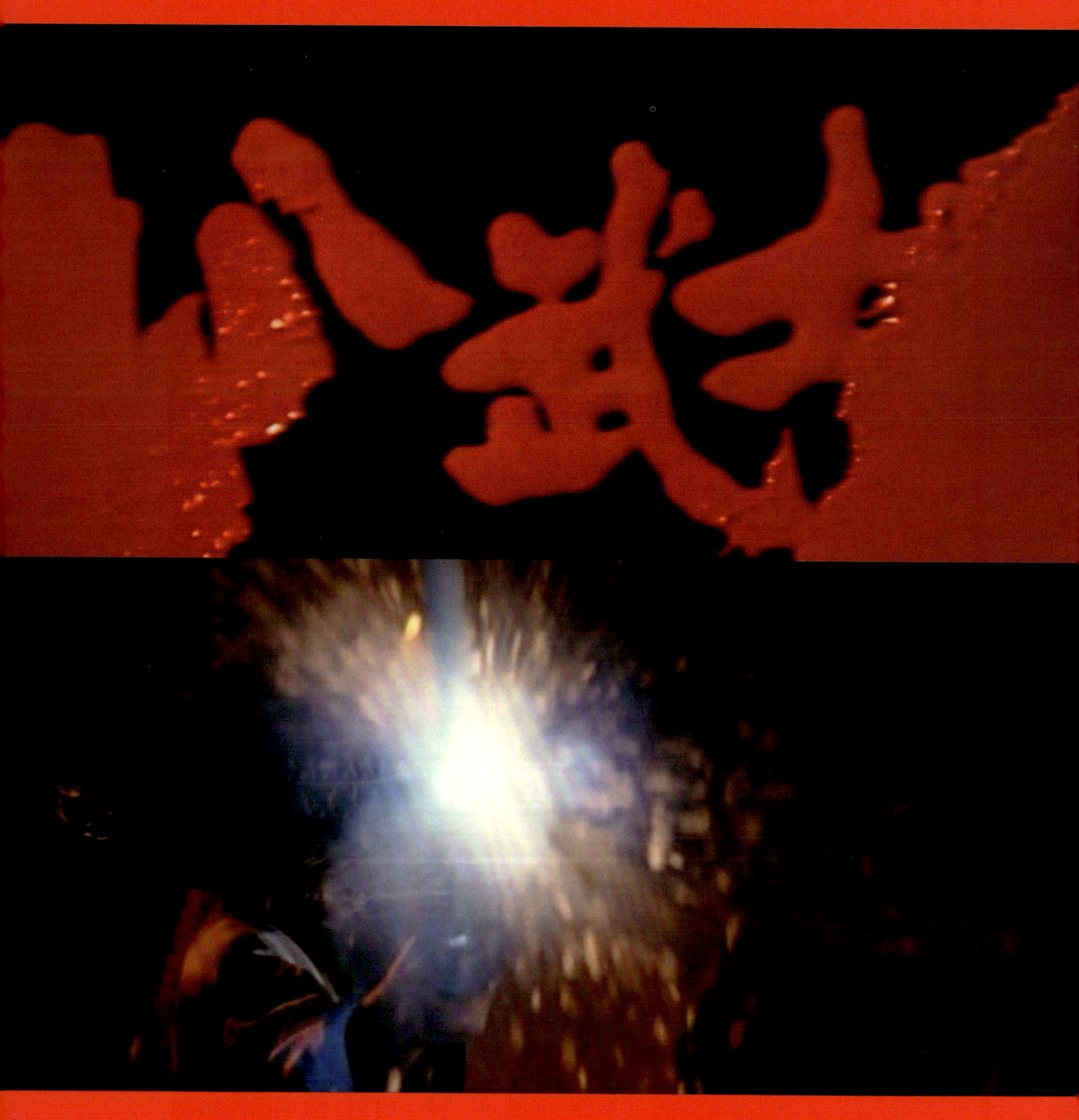

企画　俊藤浩滋　橋本慶　三村敬二
原作　小池一雄　小島剛夕
報知新聞連載
（日本文芸社刊/講談社）
脚本　佐治乾

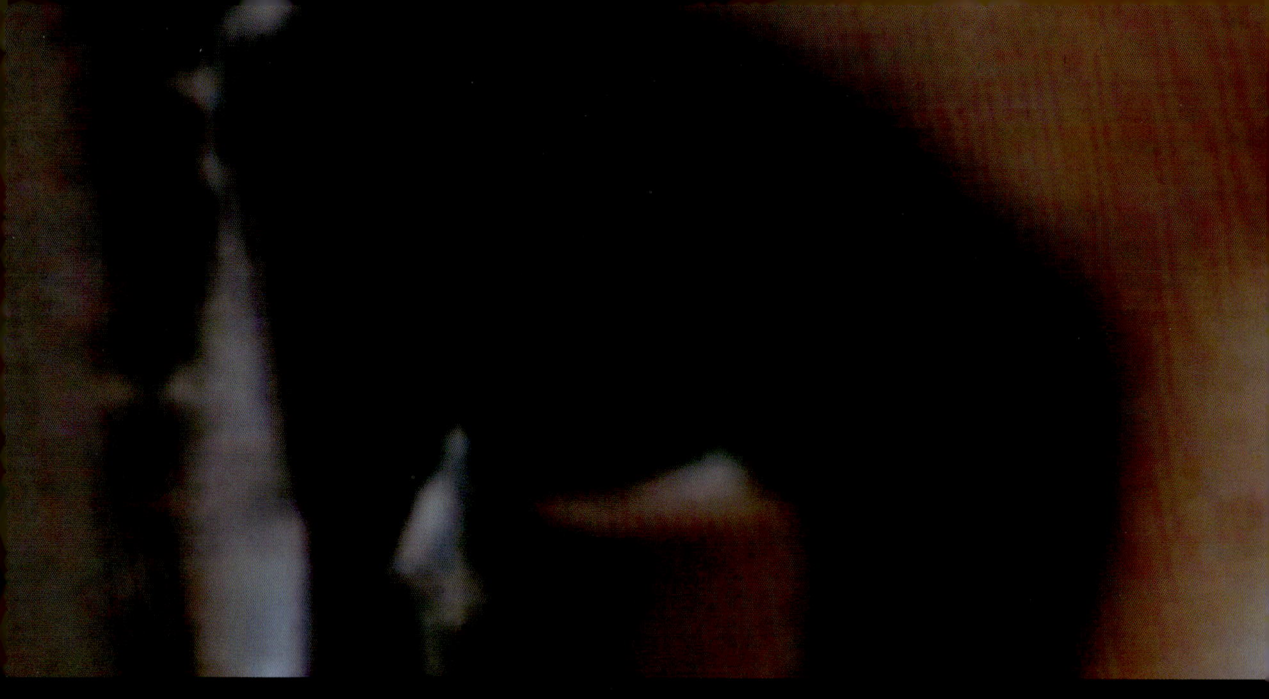

IN
BULLITT
A SOLAR PRODUCTION

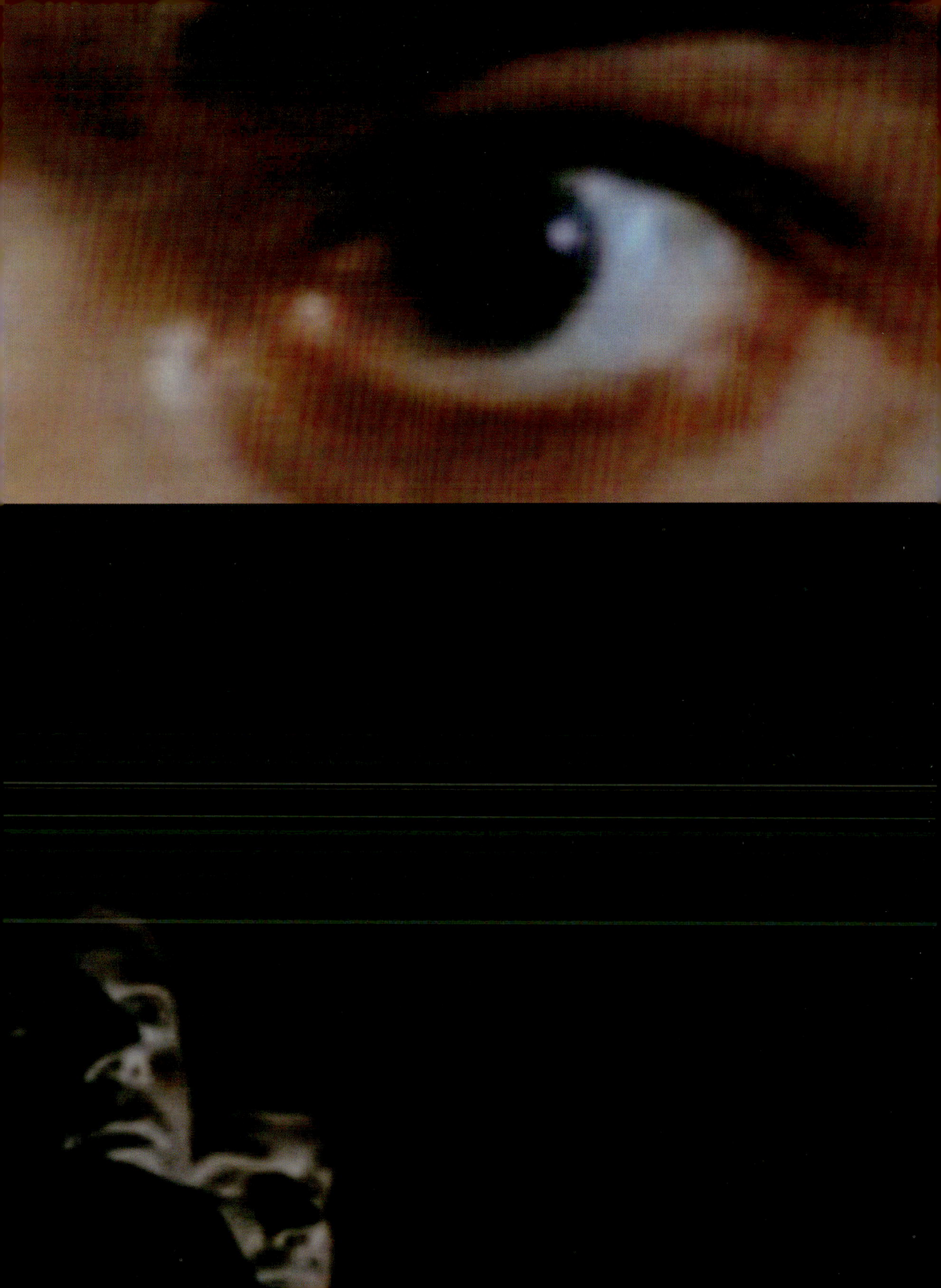

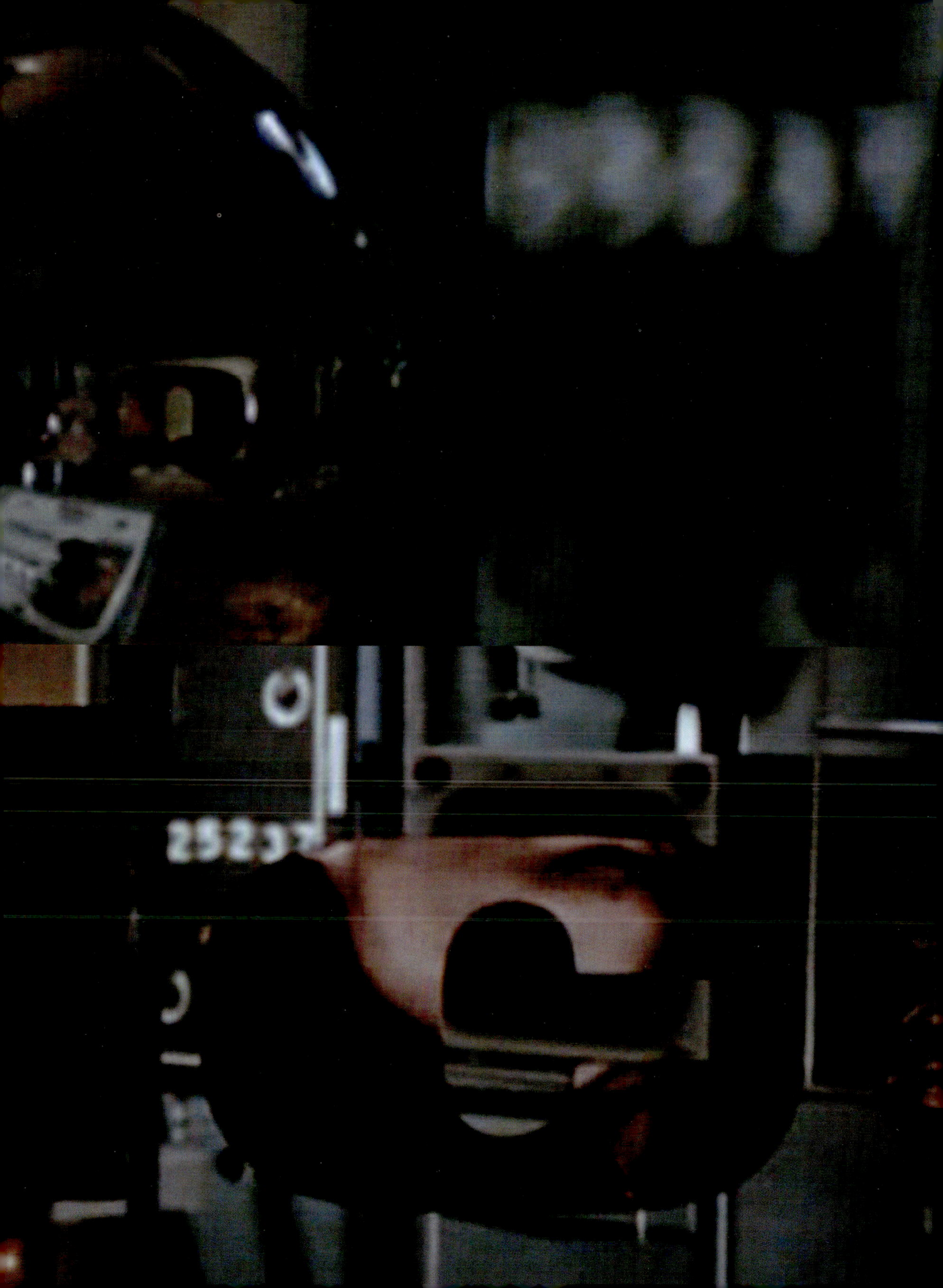

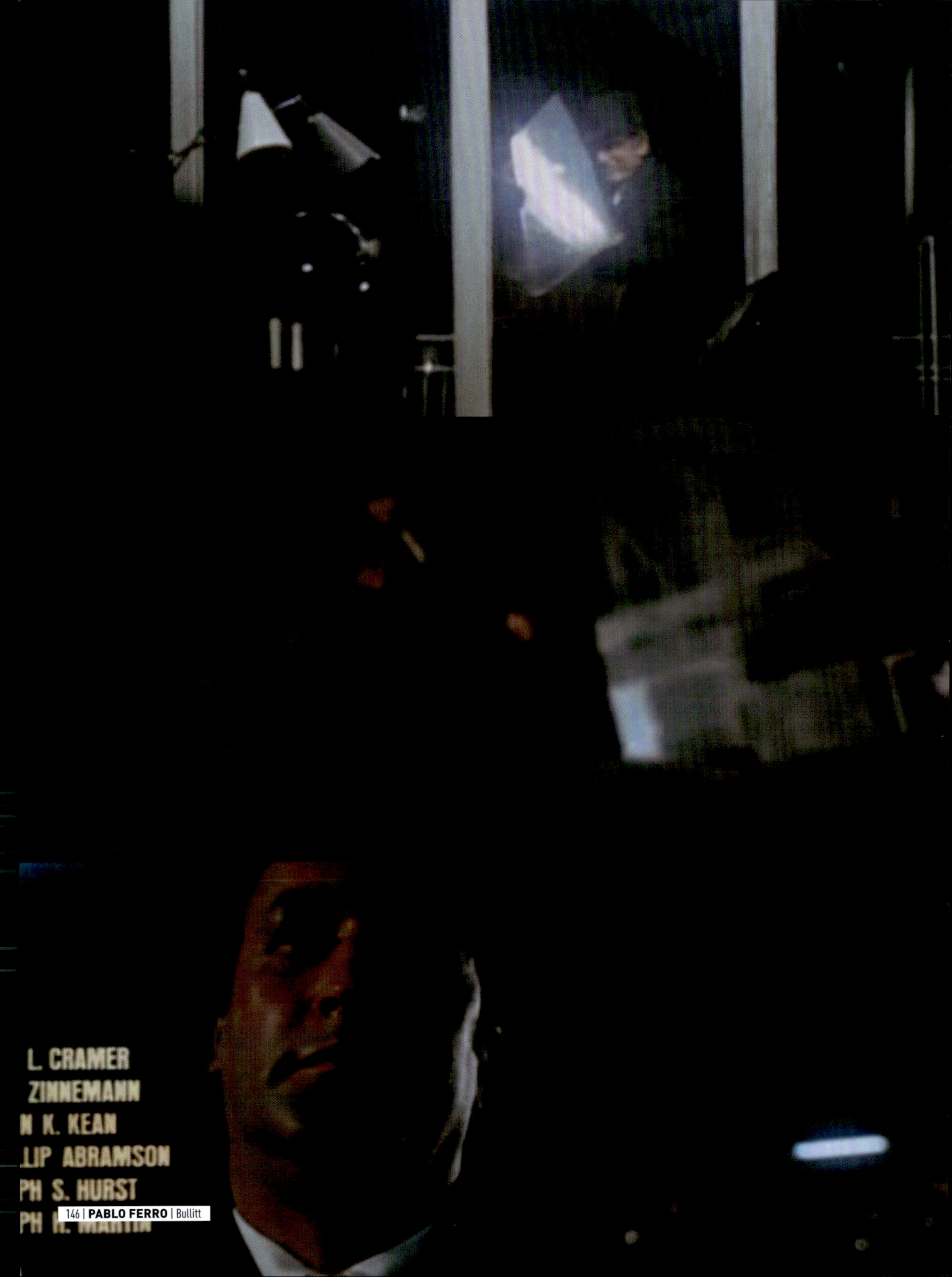

L. CRAMER
ZINNEMANN
N K. KEAN
LIP ABRAMSON
PH S. HURST
PH H. MARTIN

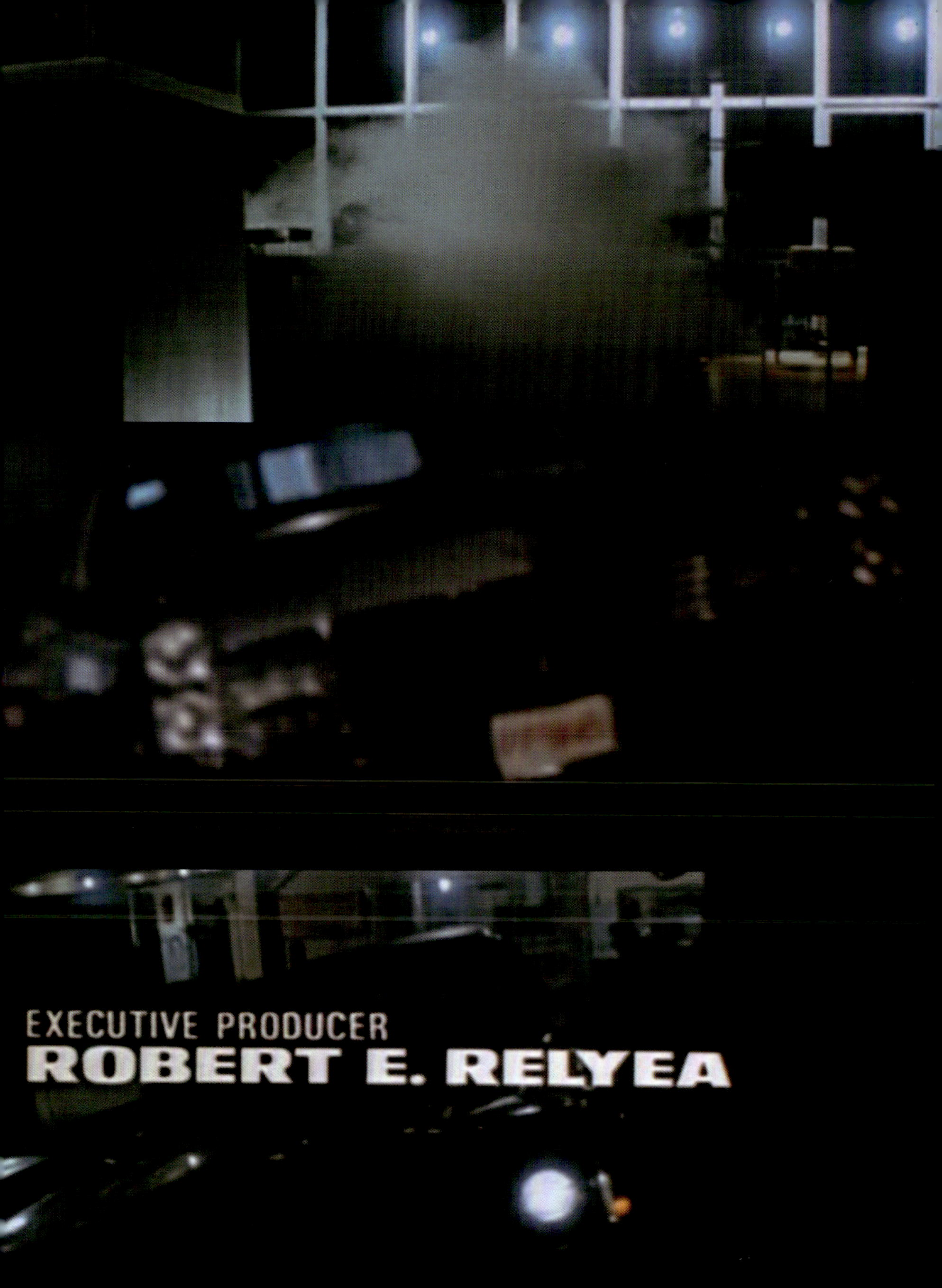

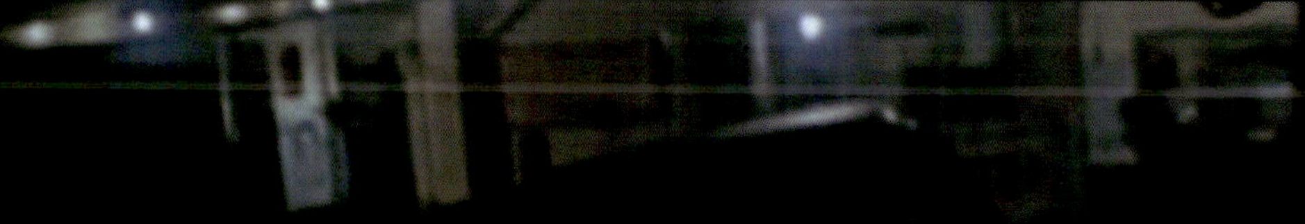

EXECUTIVE PRODUCER
ROBERT E. RELYEA

IAN FLEMING'S
"FROM RUSSIA

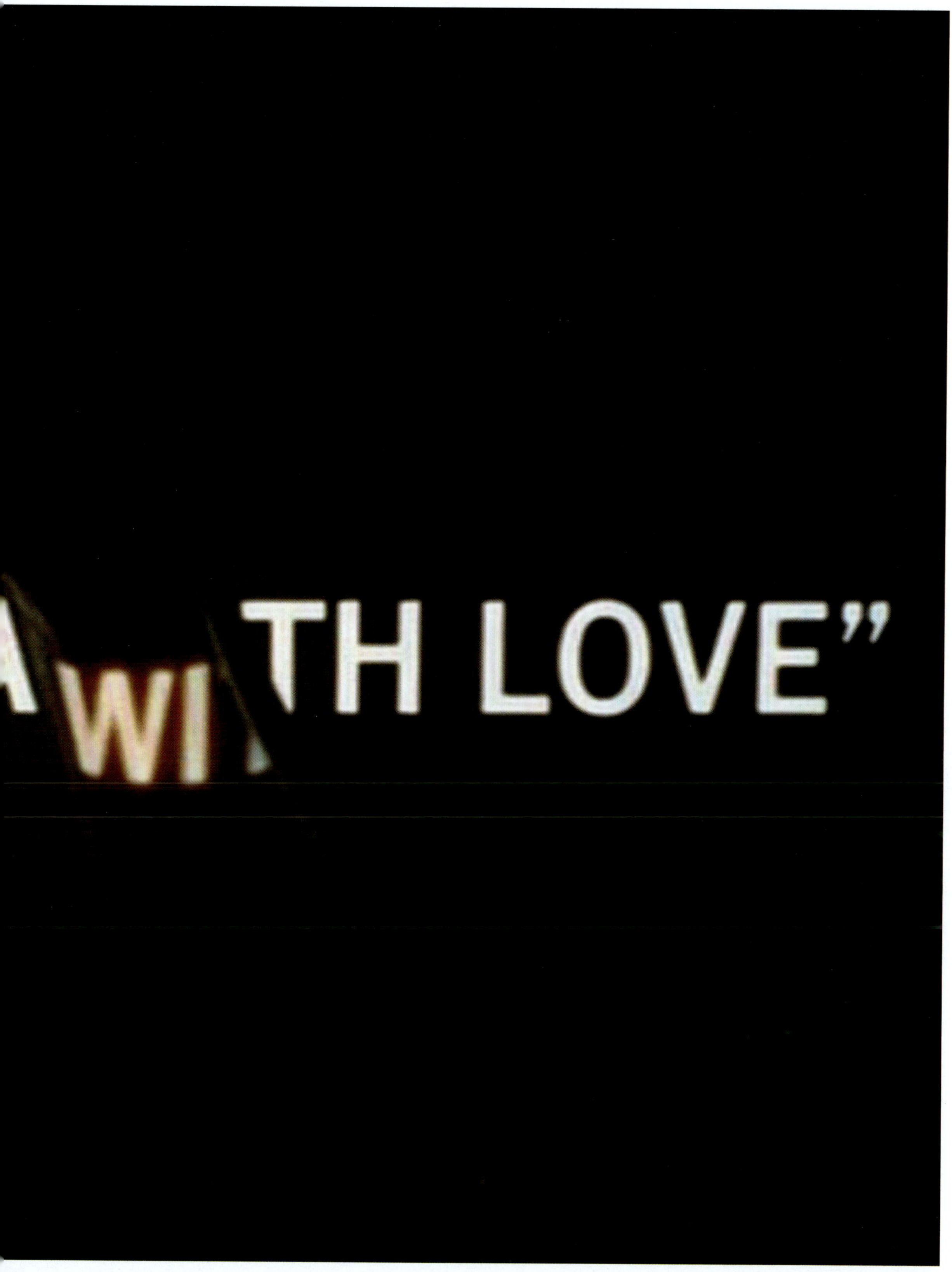

WITH LOVE"

starring
SEAN CO

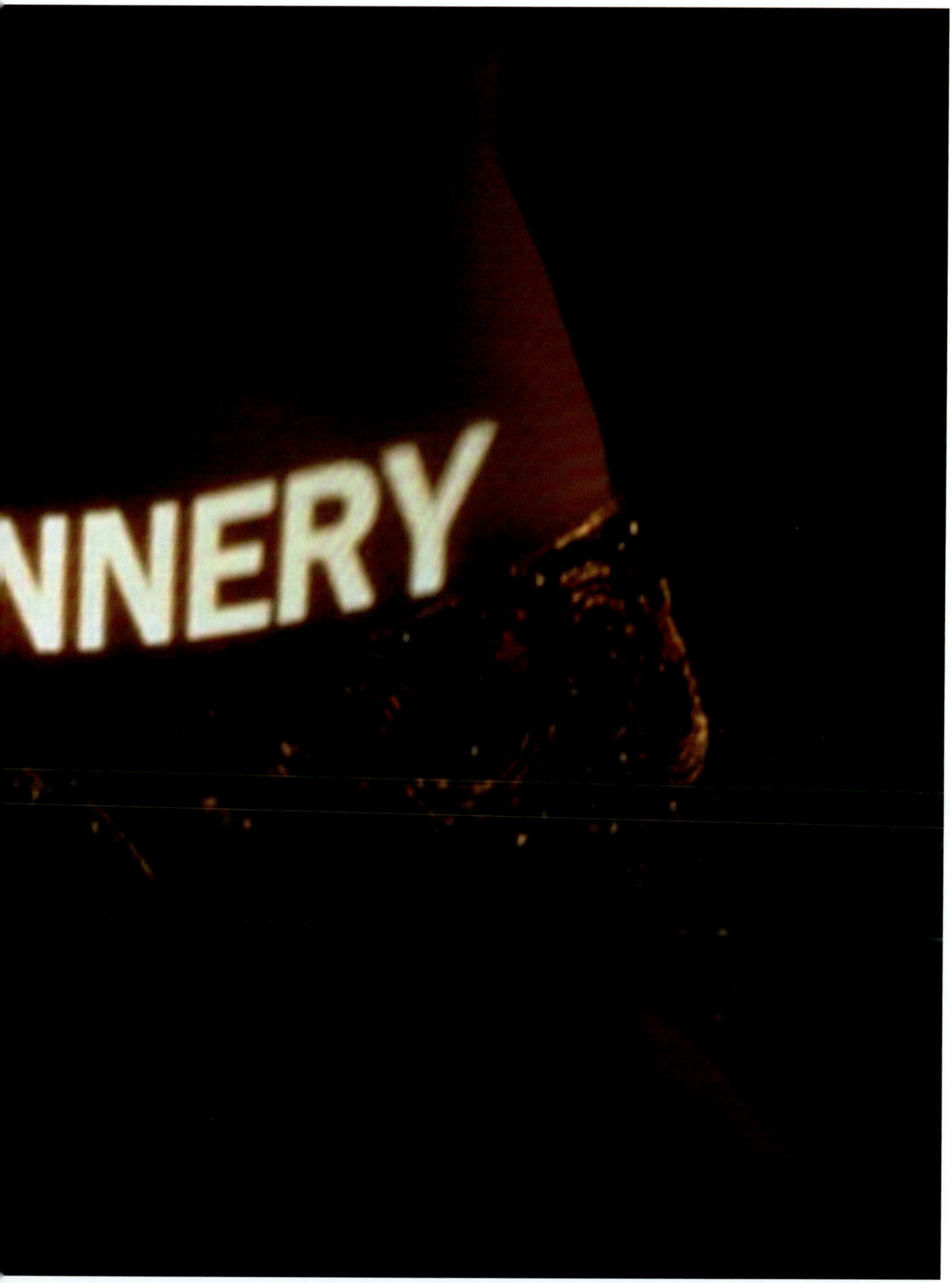

NNERY

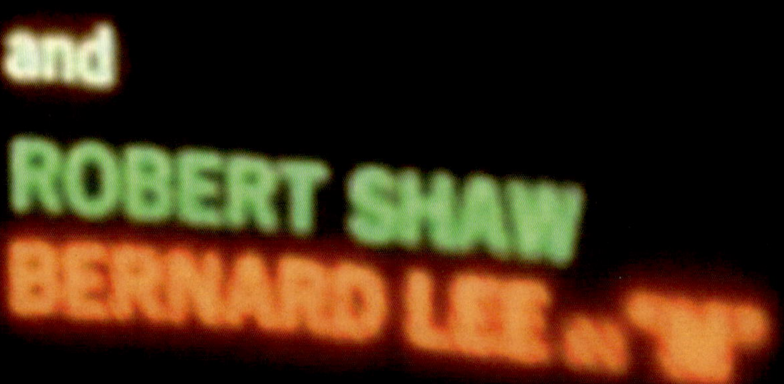

and
ROBERT SHAW
BERNARD LEE as "M"

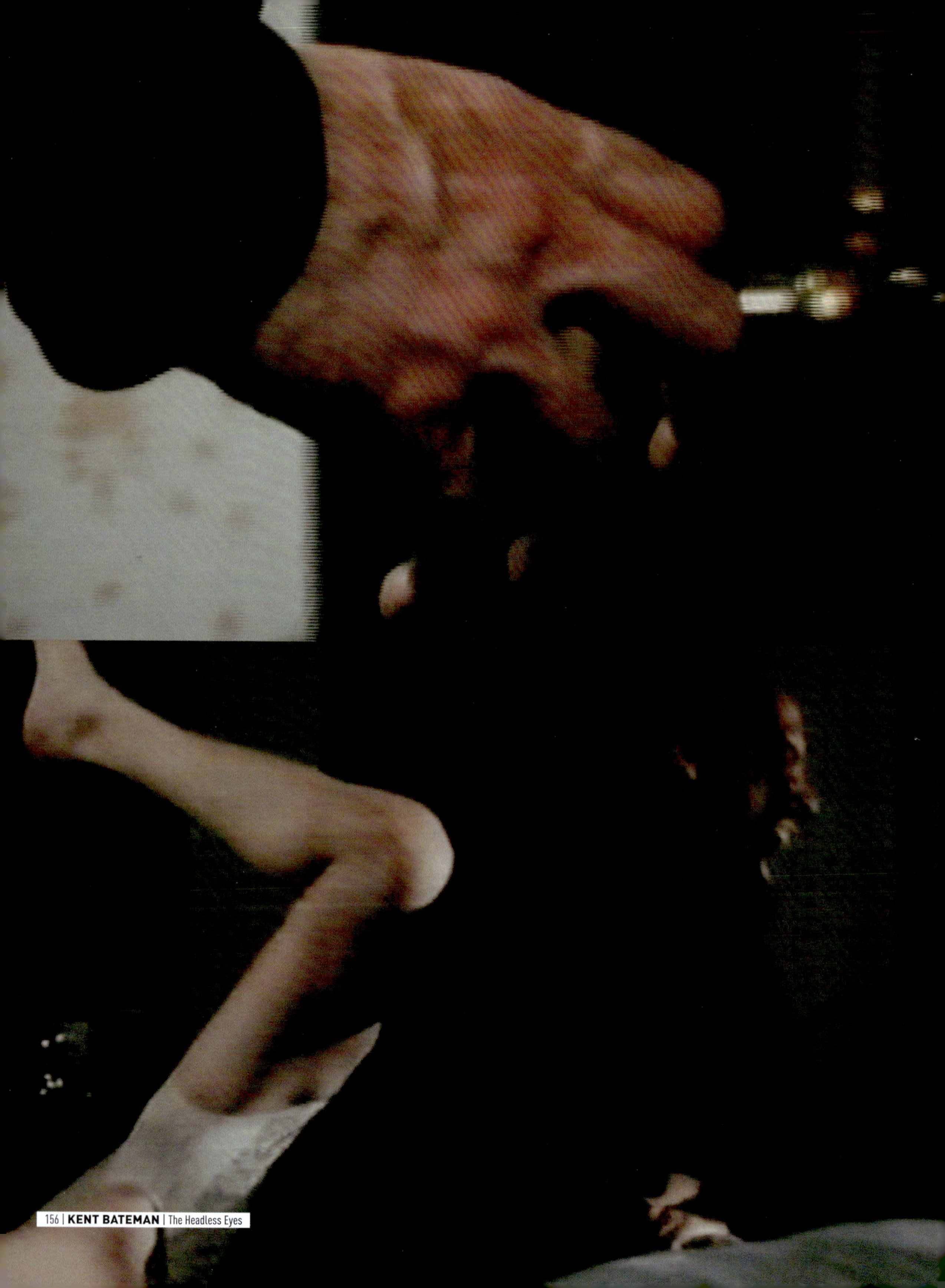

Executive Producers
CHANDLER WARREN
and
DAVID BOWMAN

Associate Producer
BAYARD STEVENS

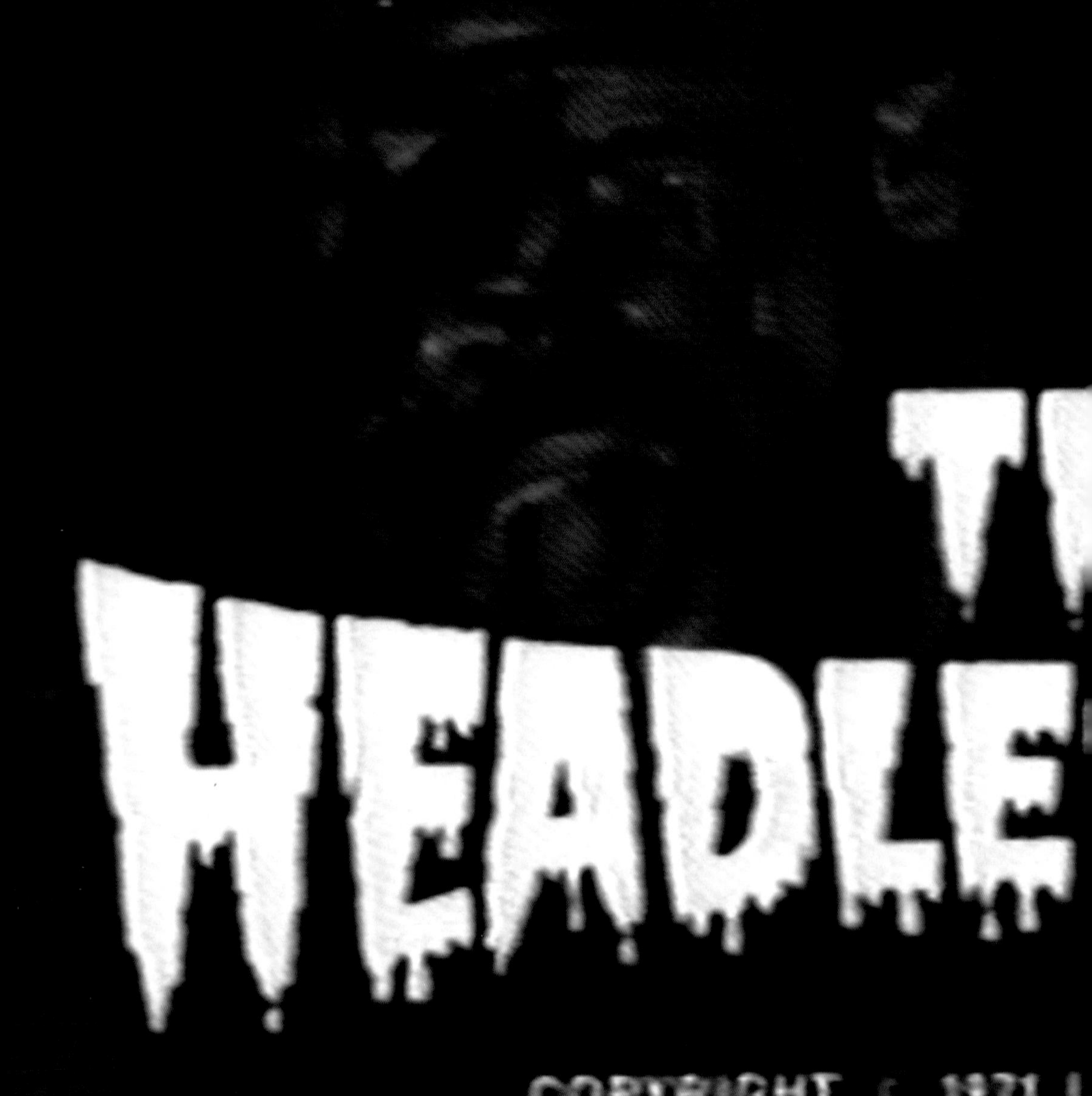
THE HEADLE
COPYRIGHT © 1971 L

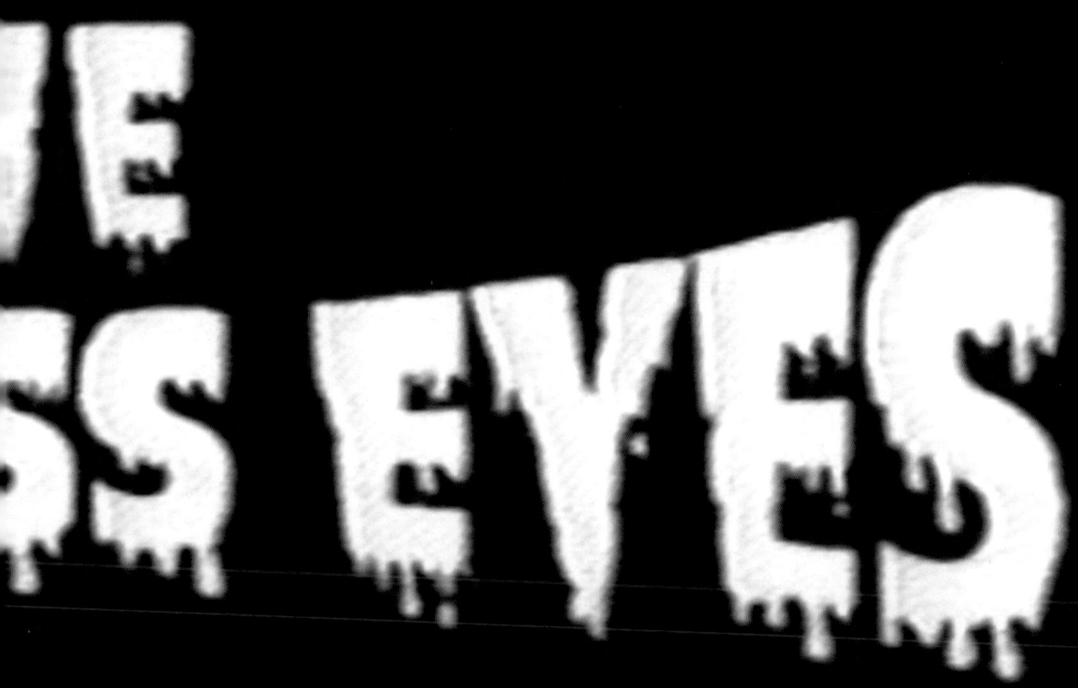
EYES
TECHNIQUE FILMS, INC.

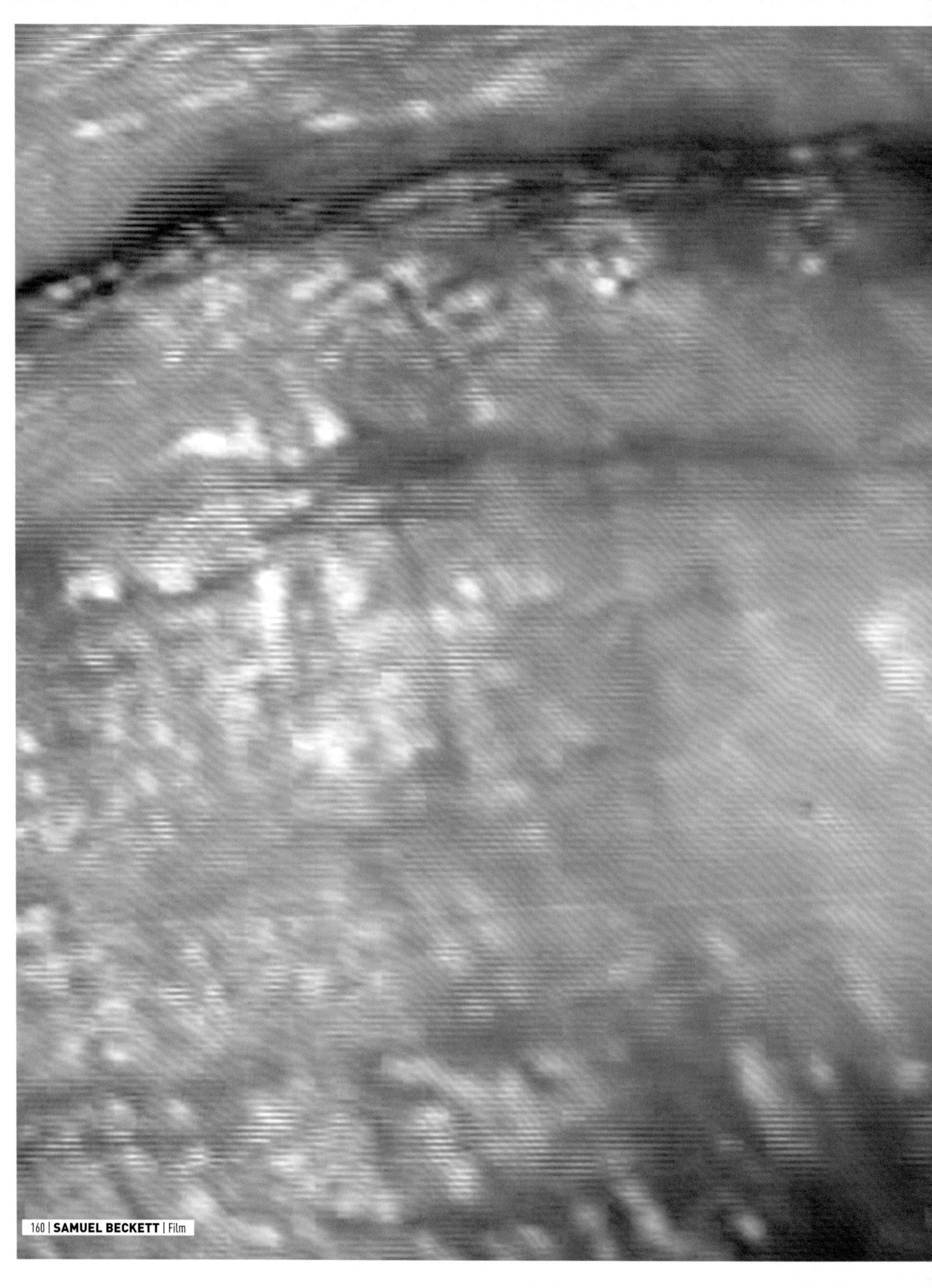

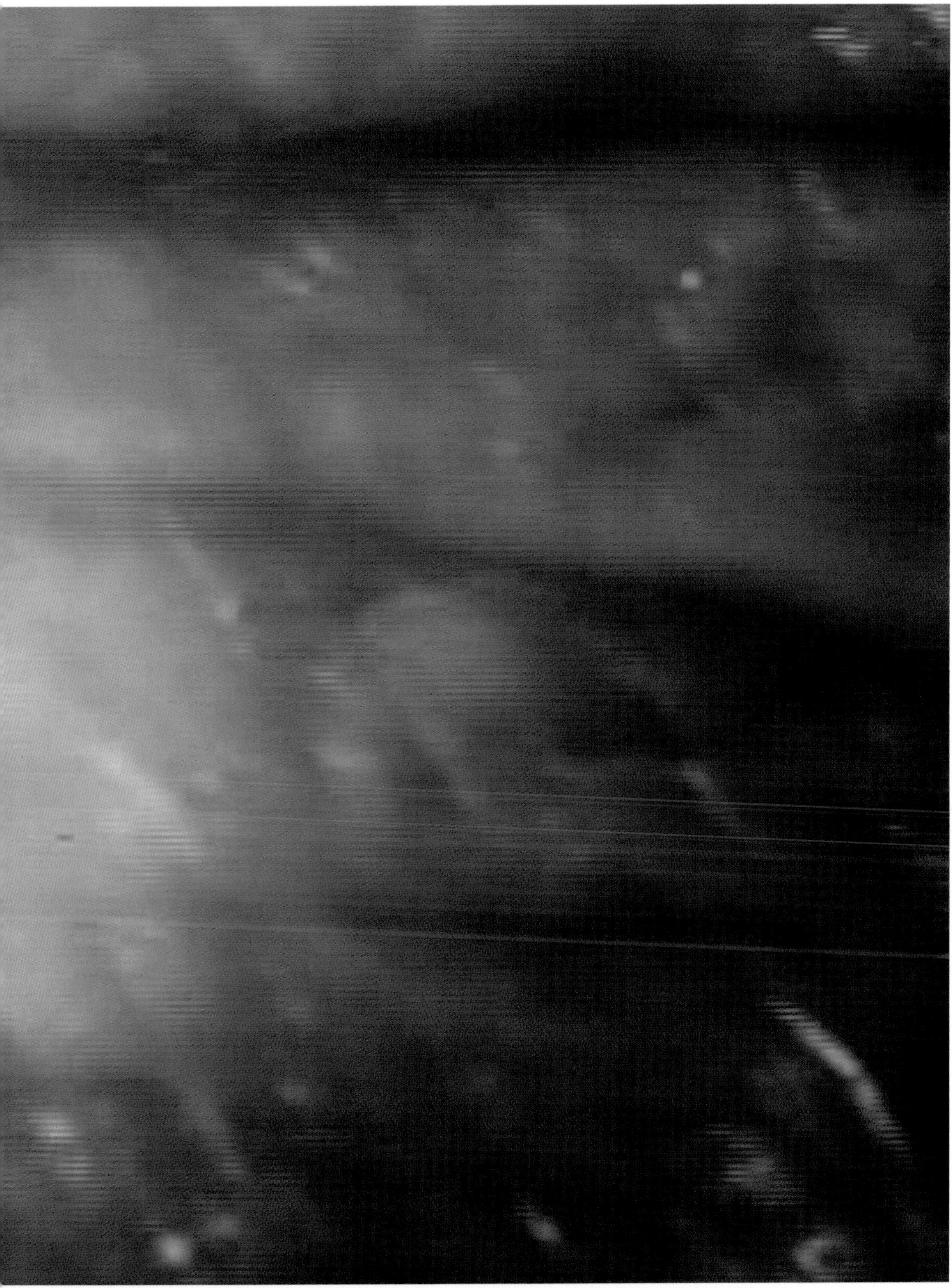

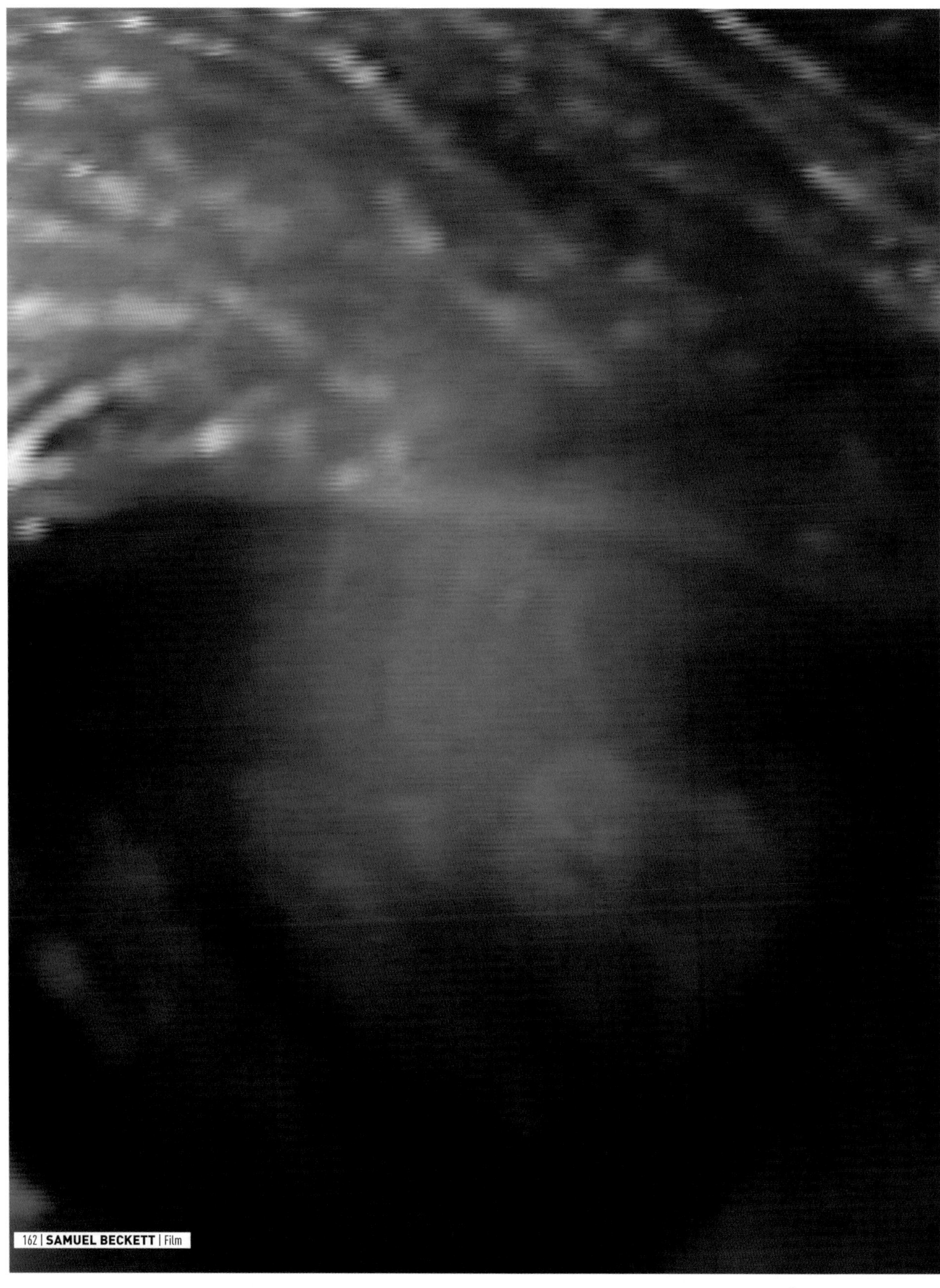

FILM
by Samuel Beckett

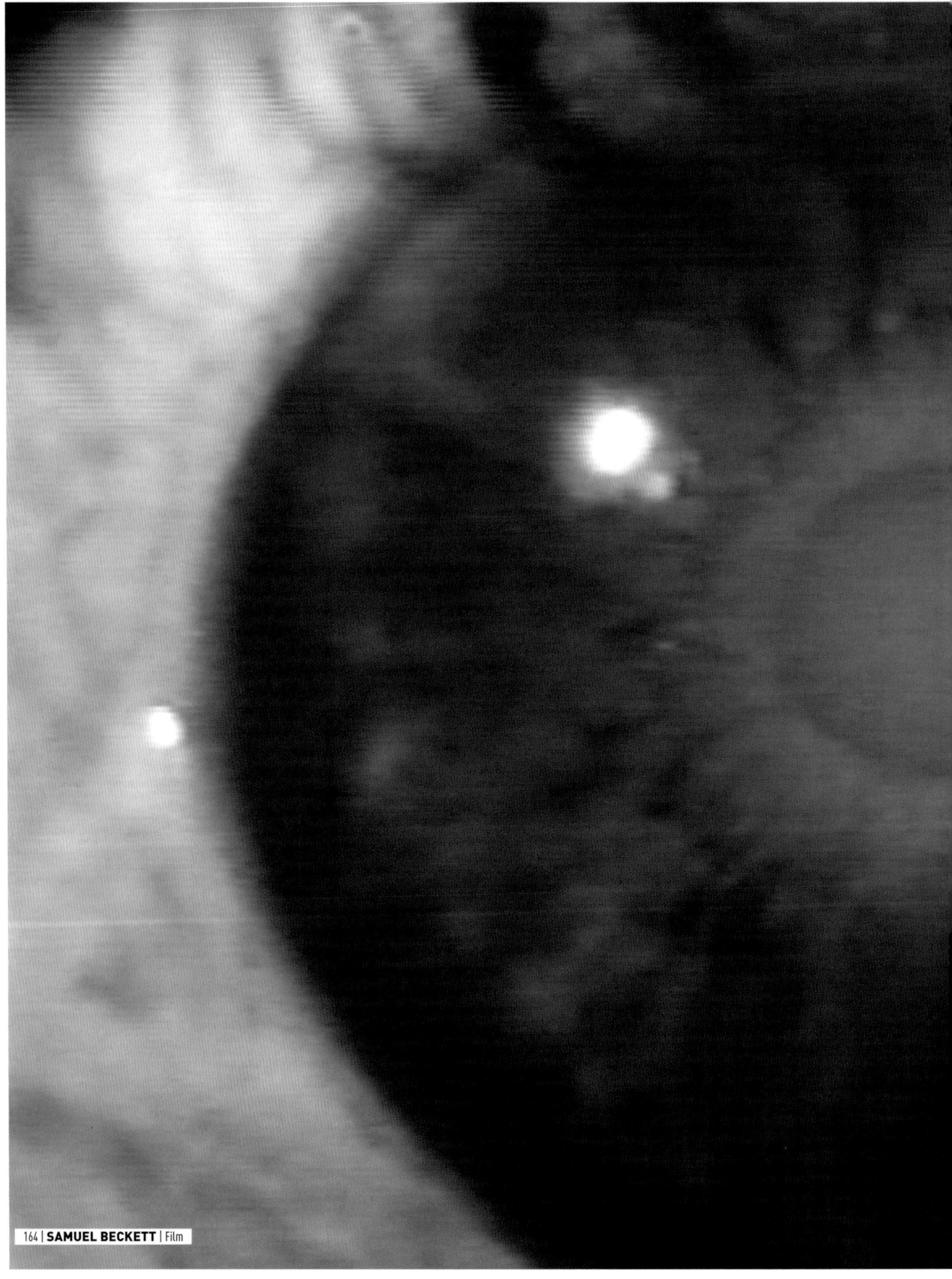

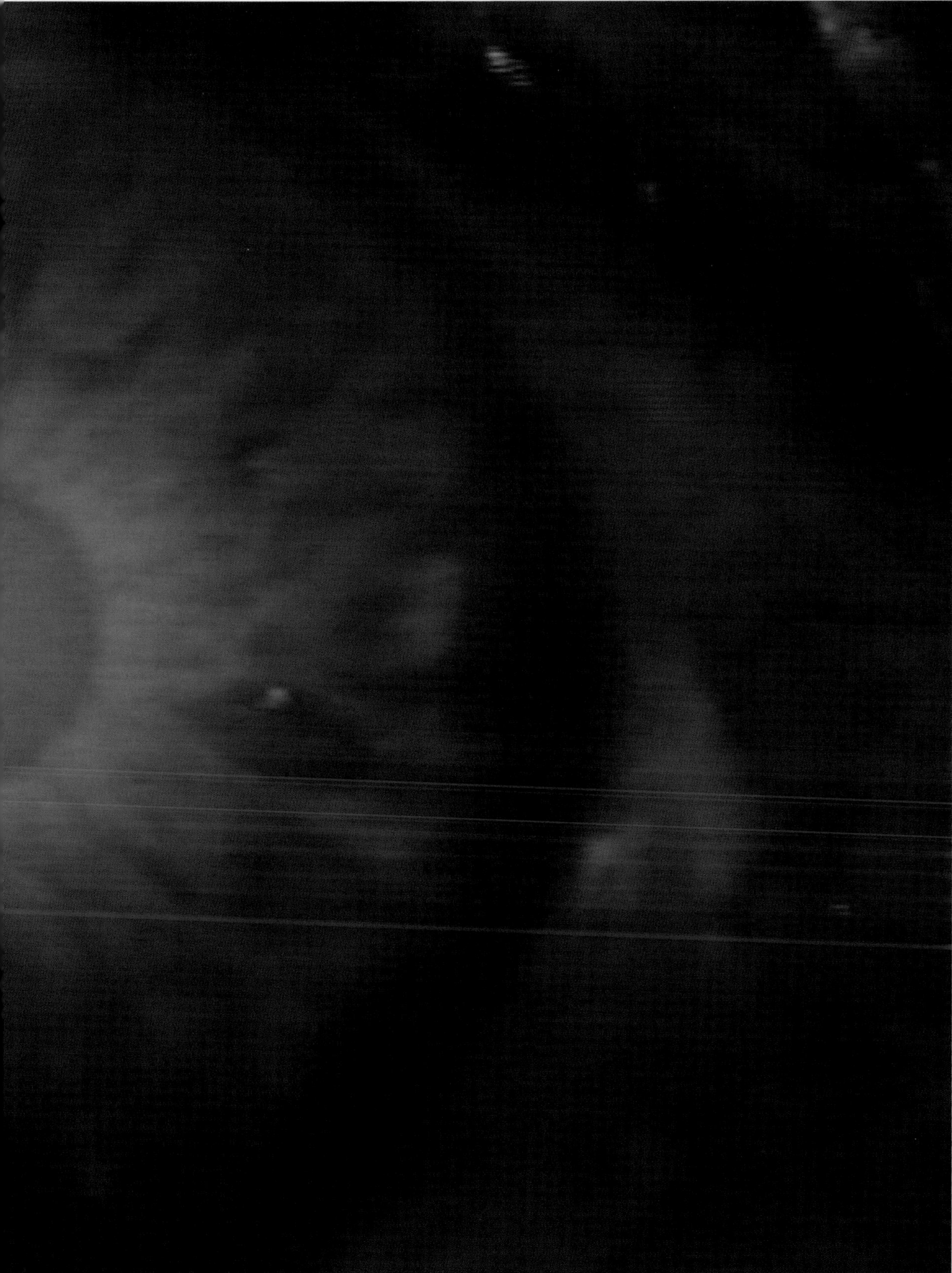

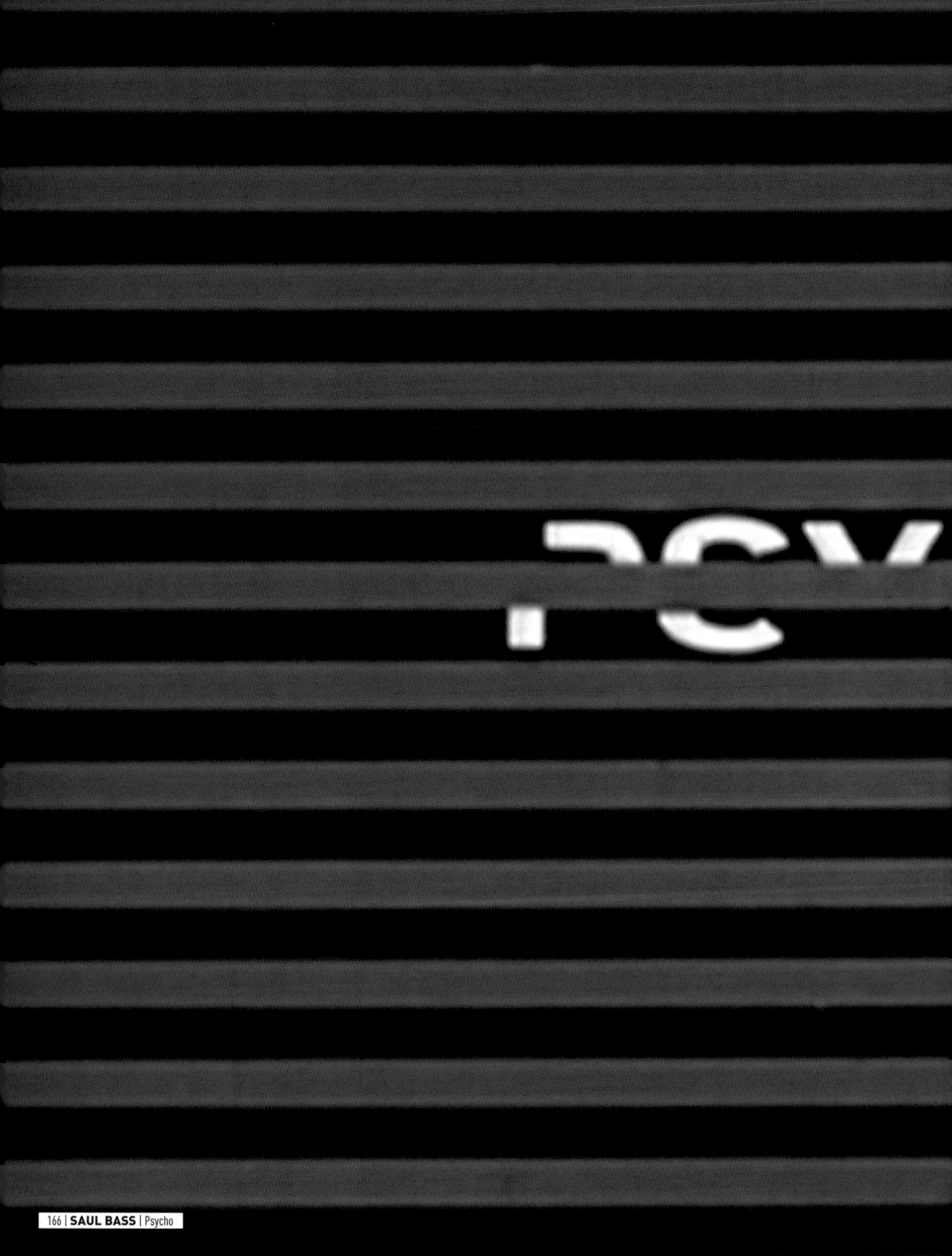

PSY

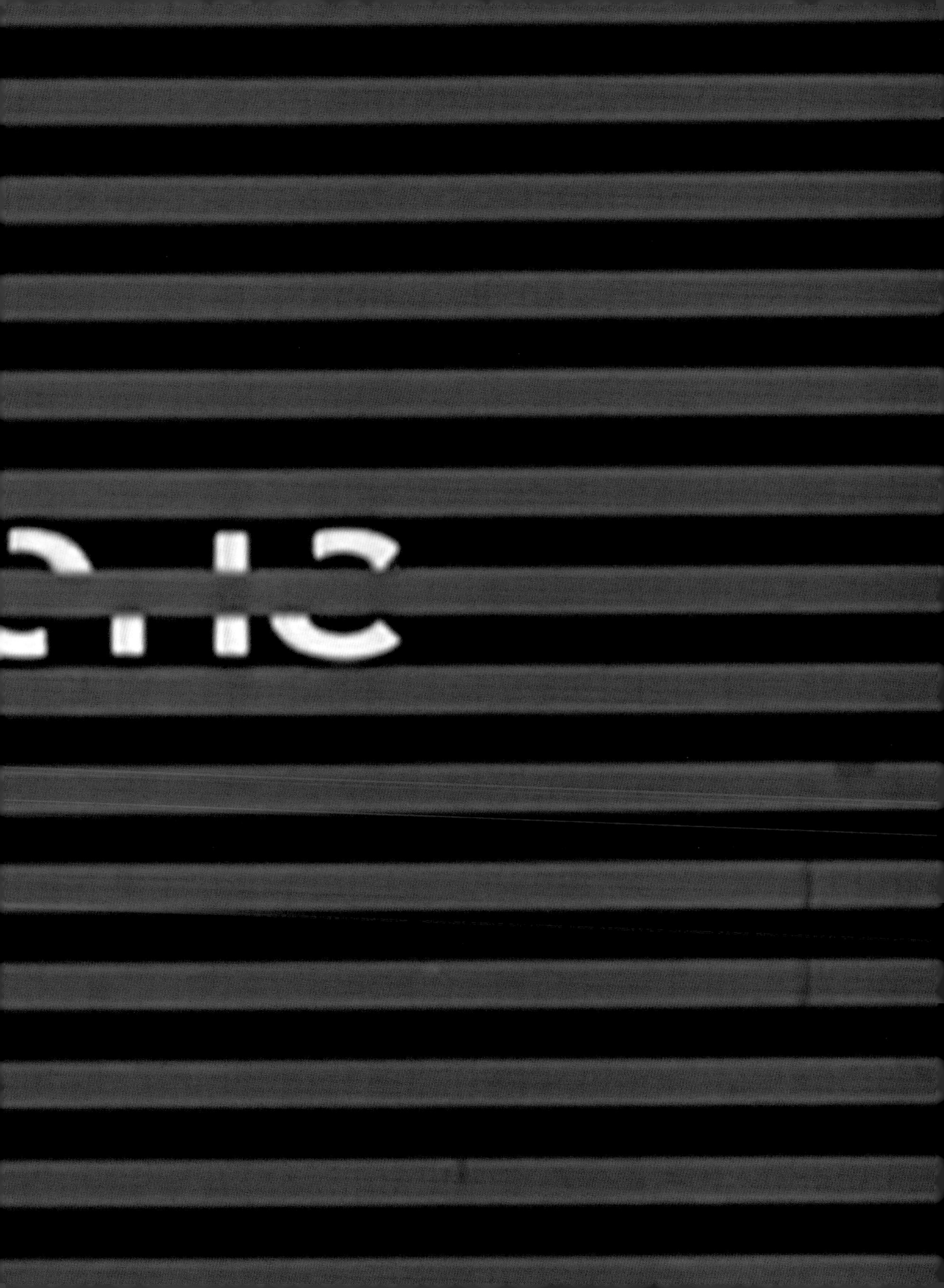

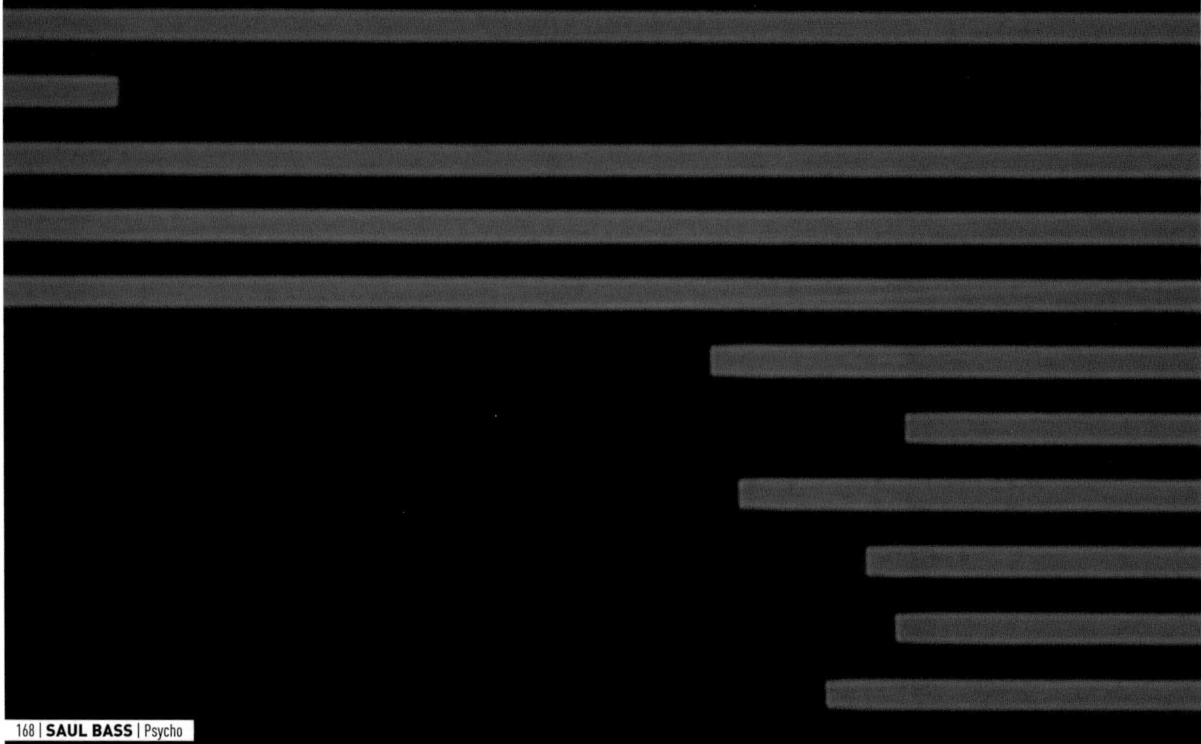

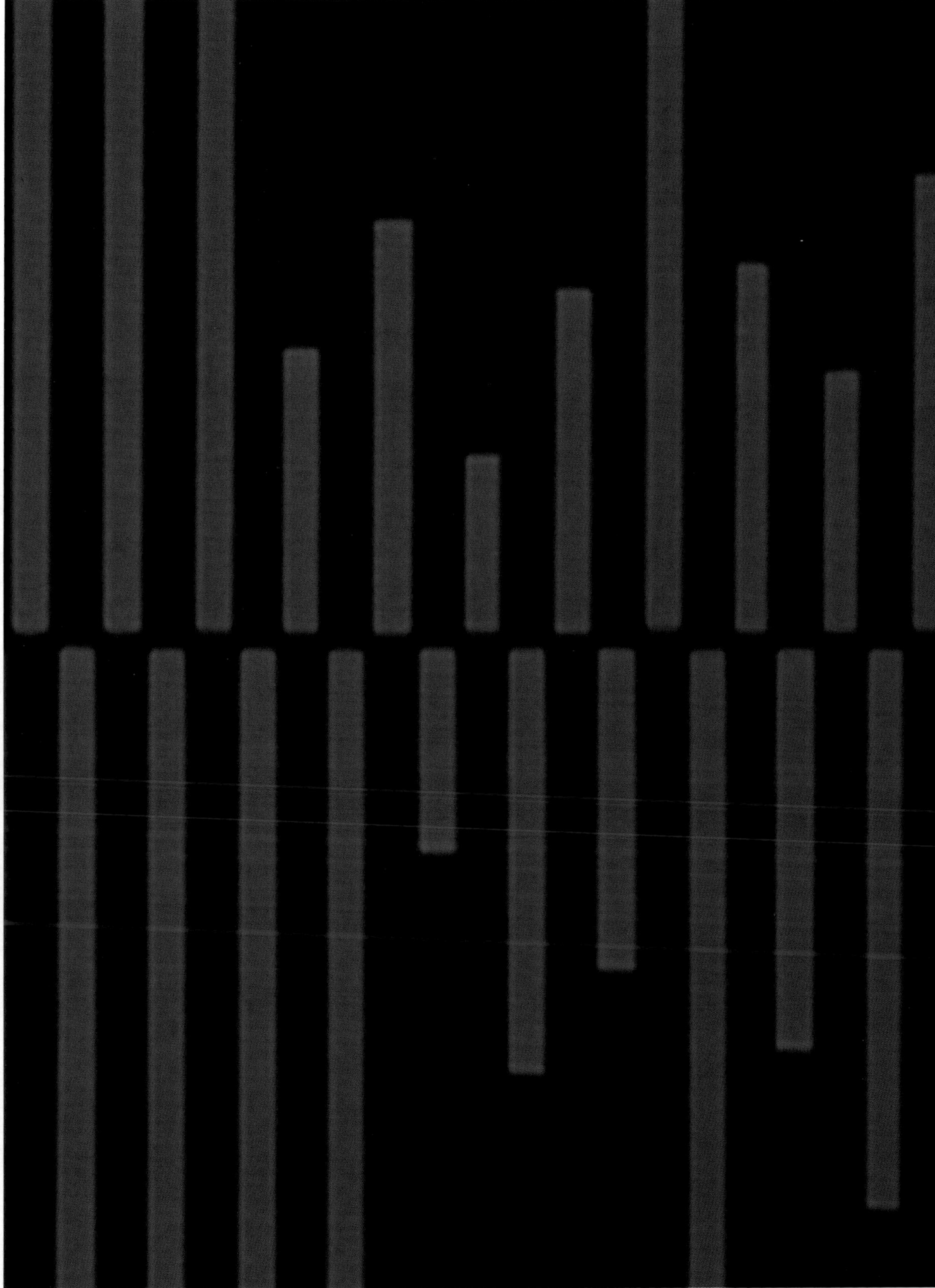

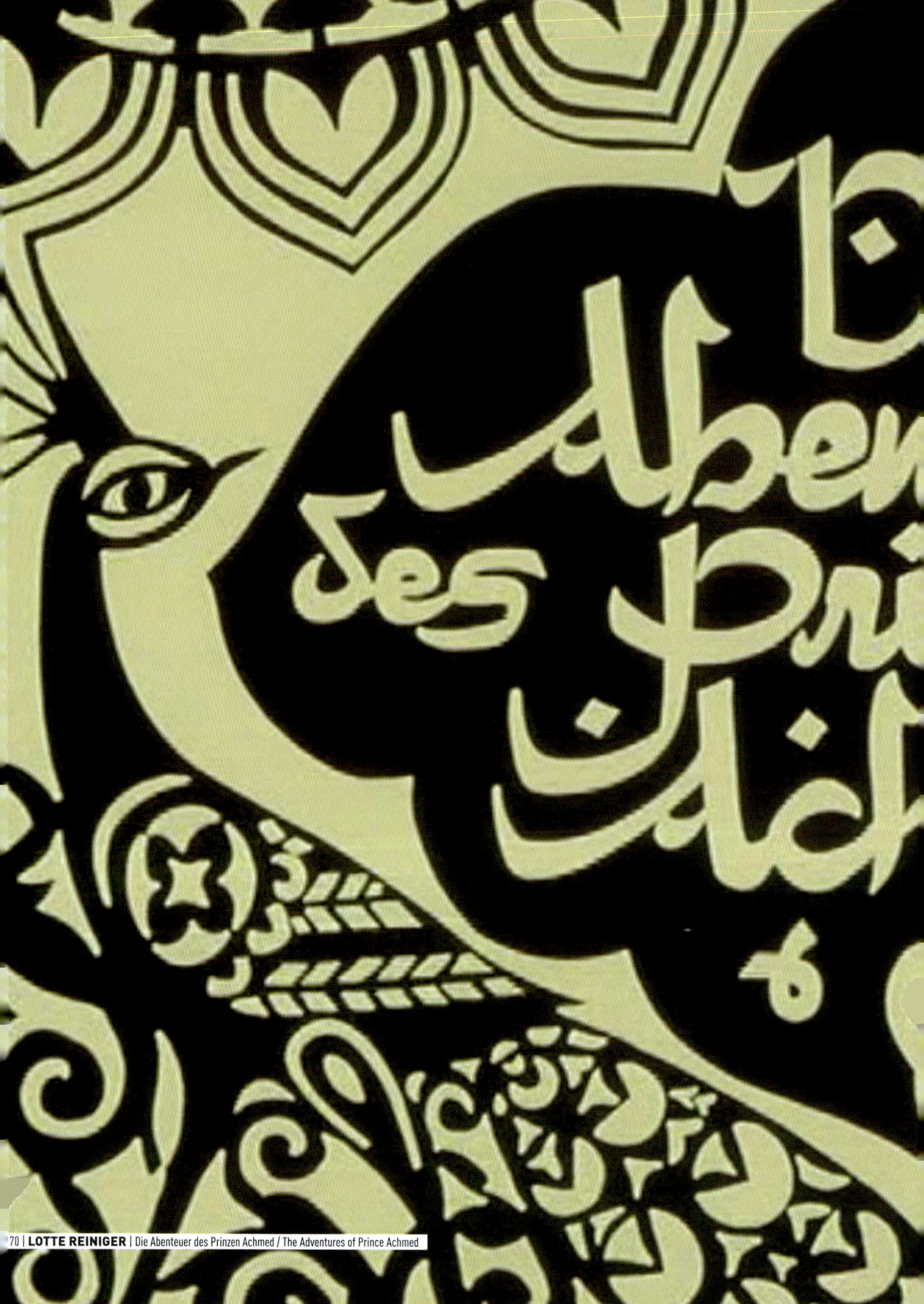
Abenteuer
des
Prinzen
Achmed

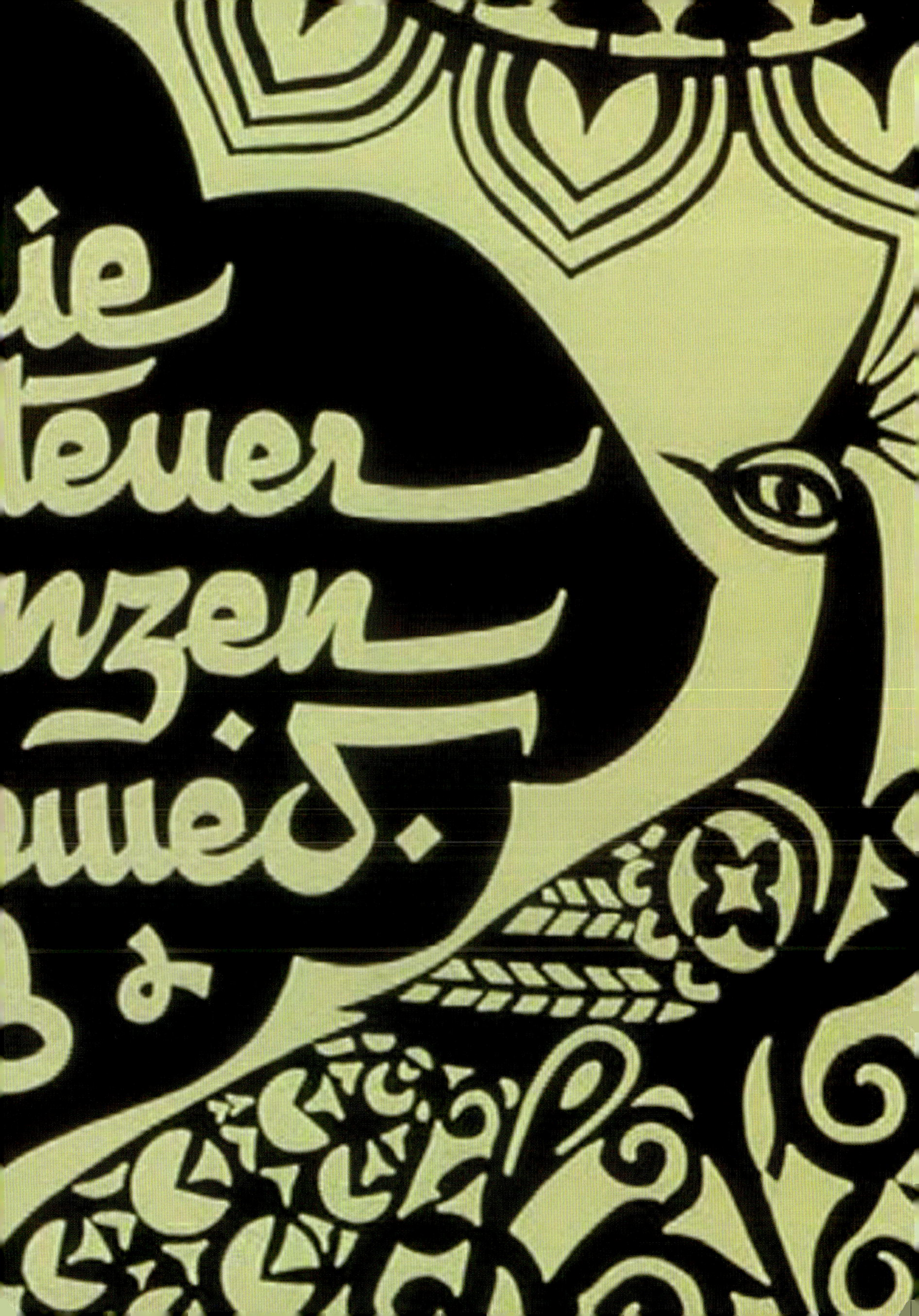

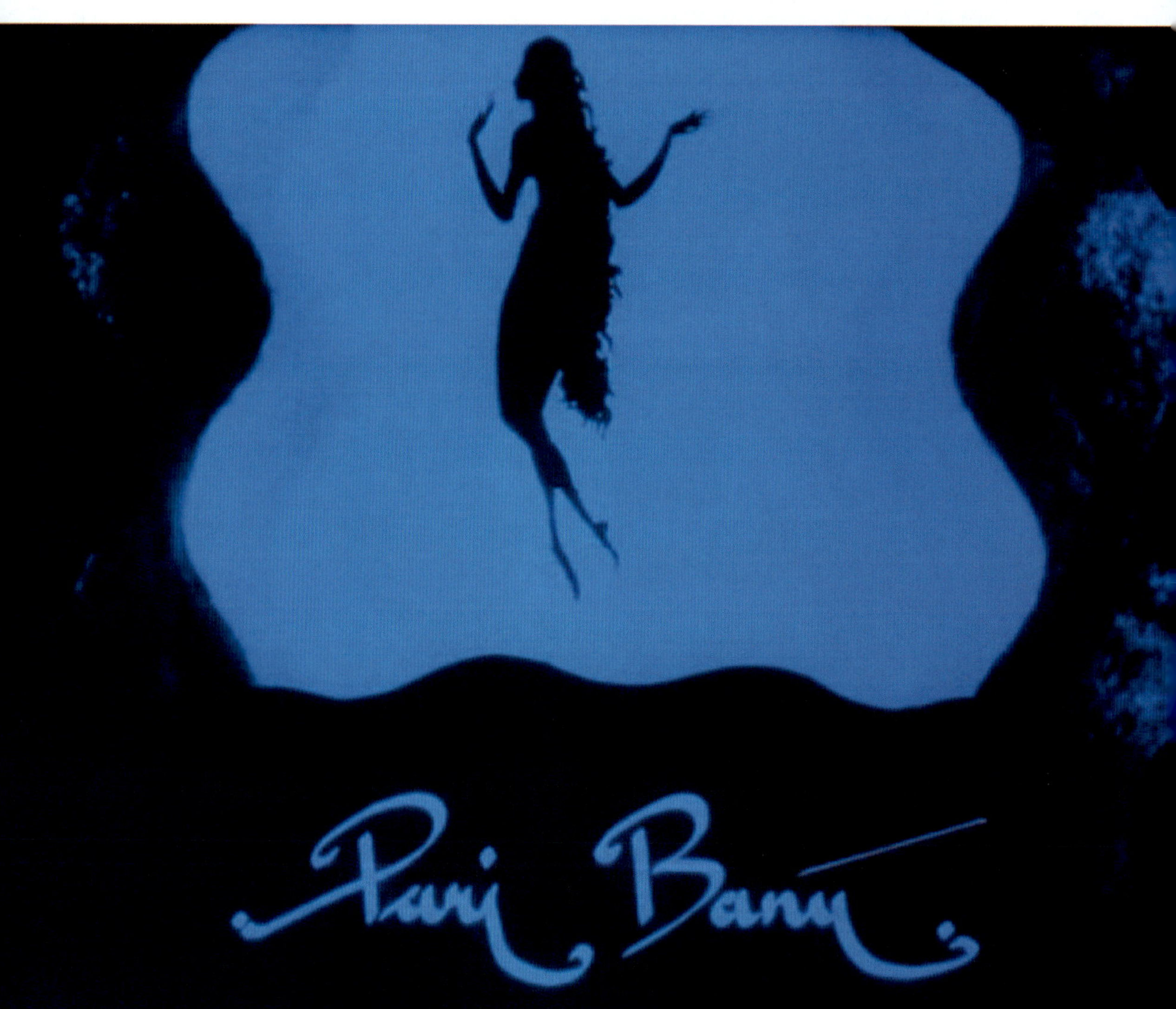


Pari Banu

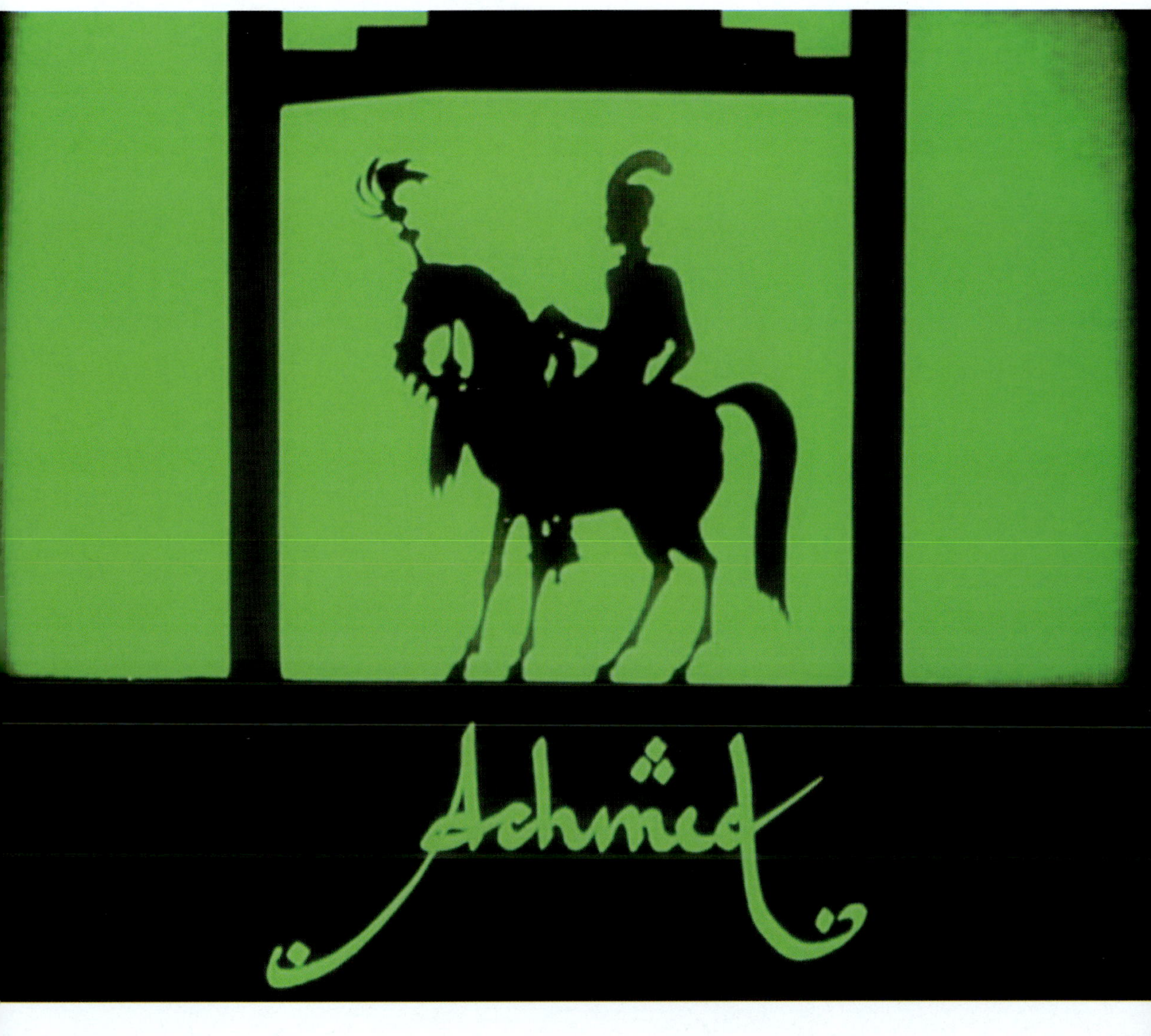

Achmed

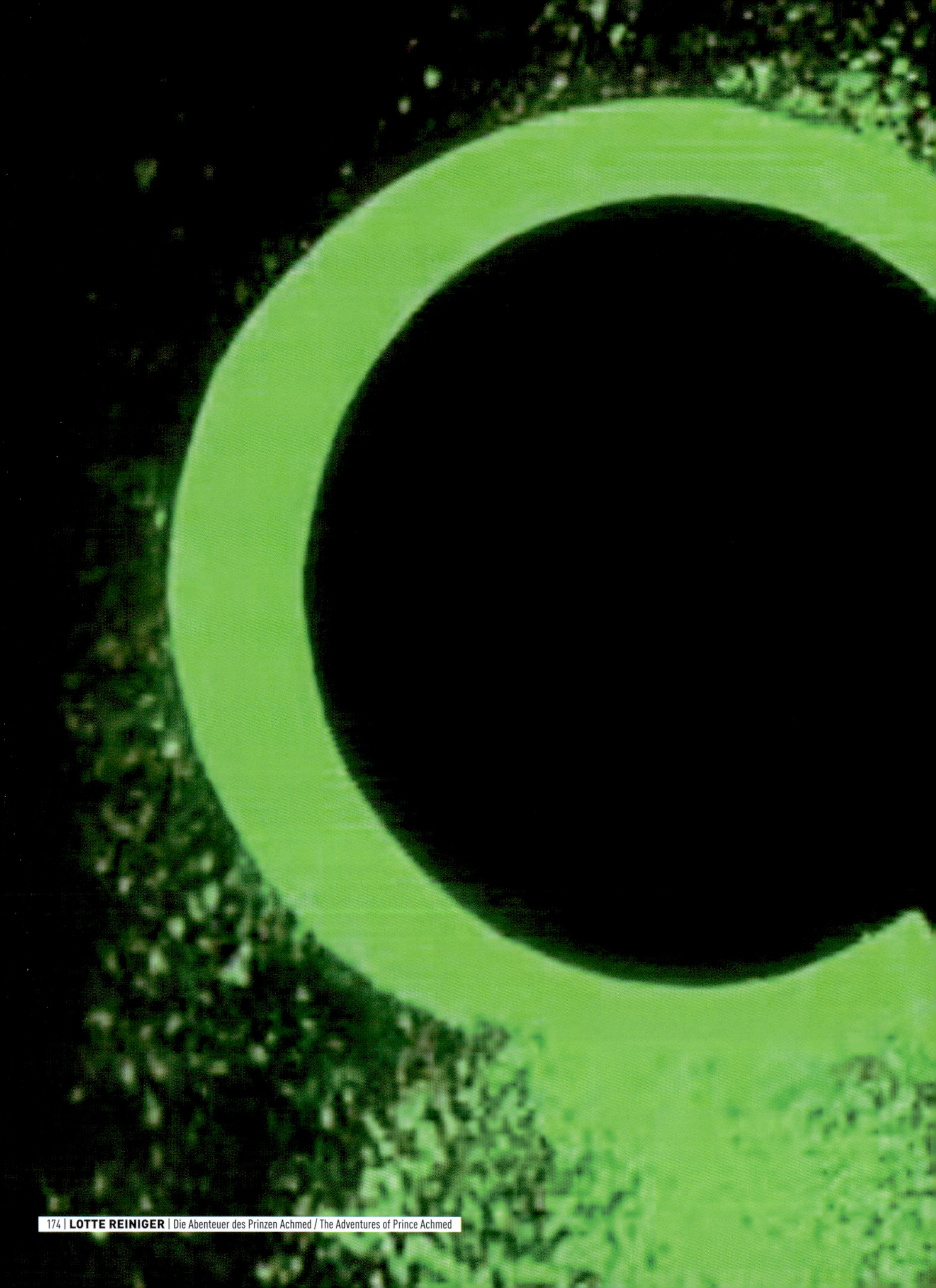

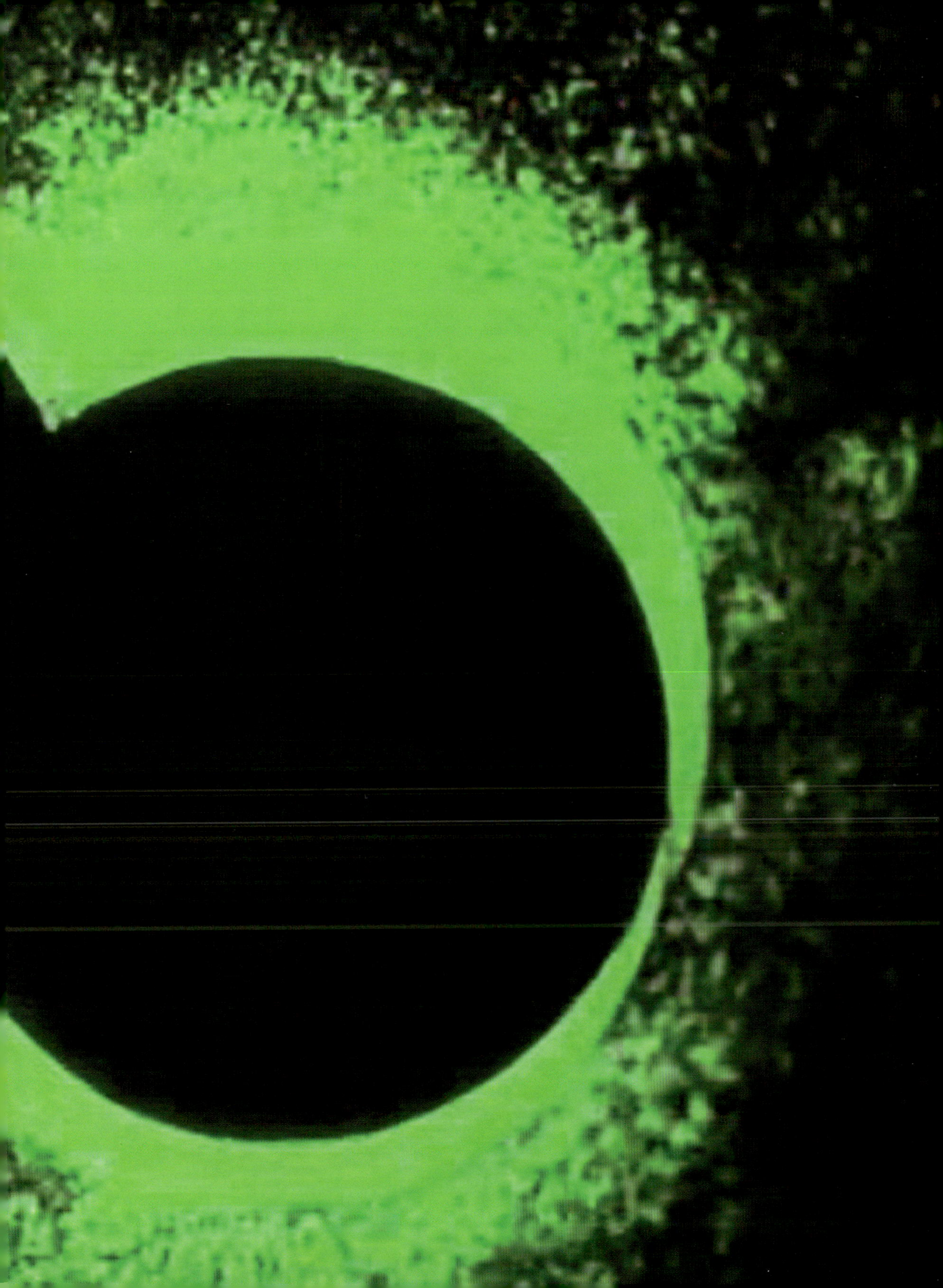

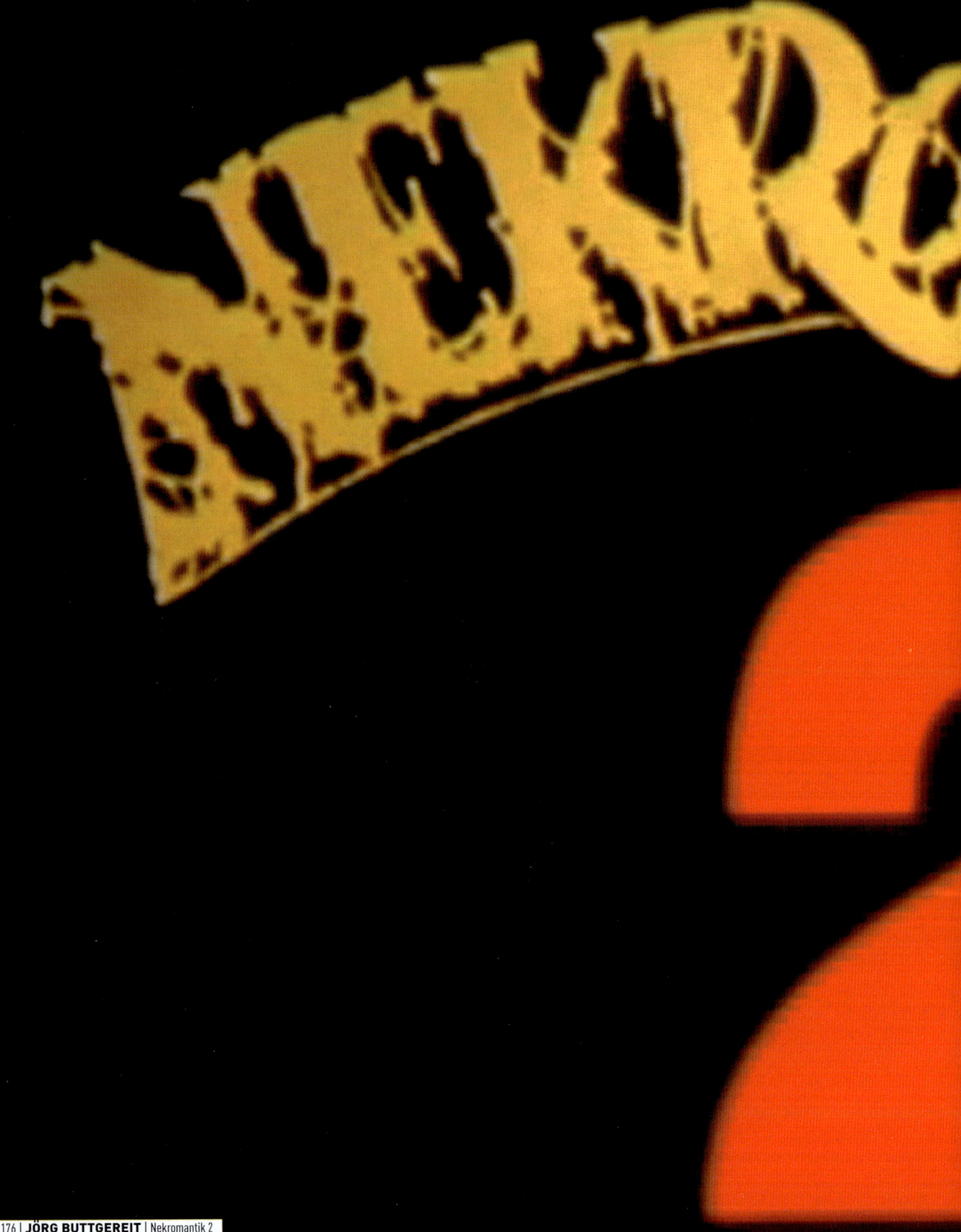

NEKRO
2

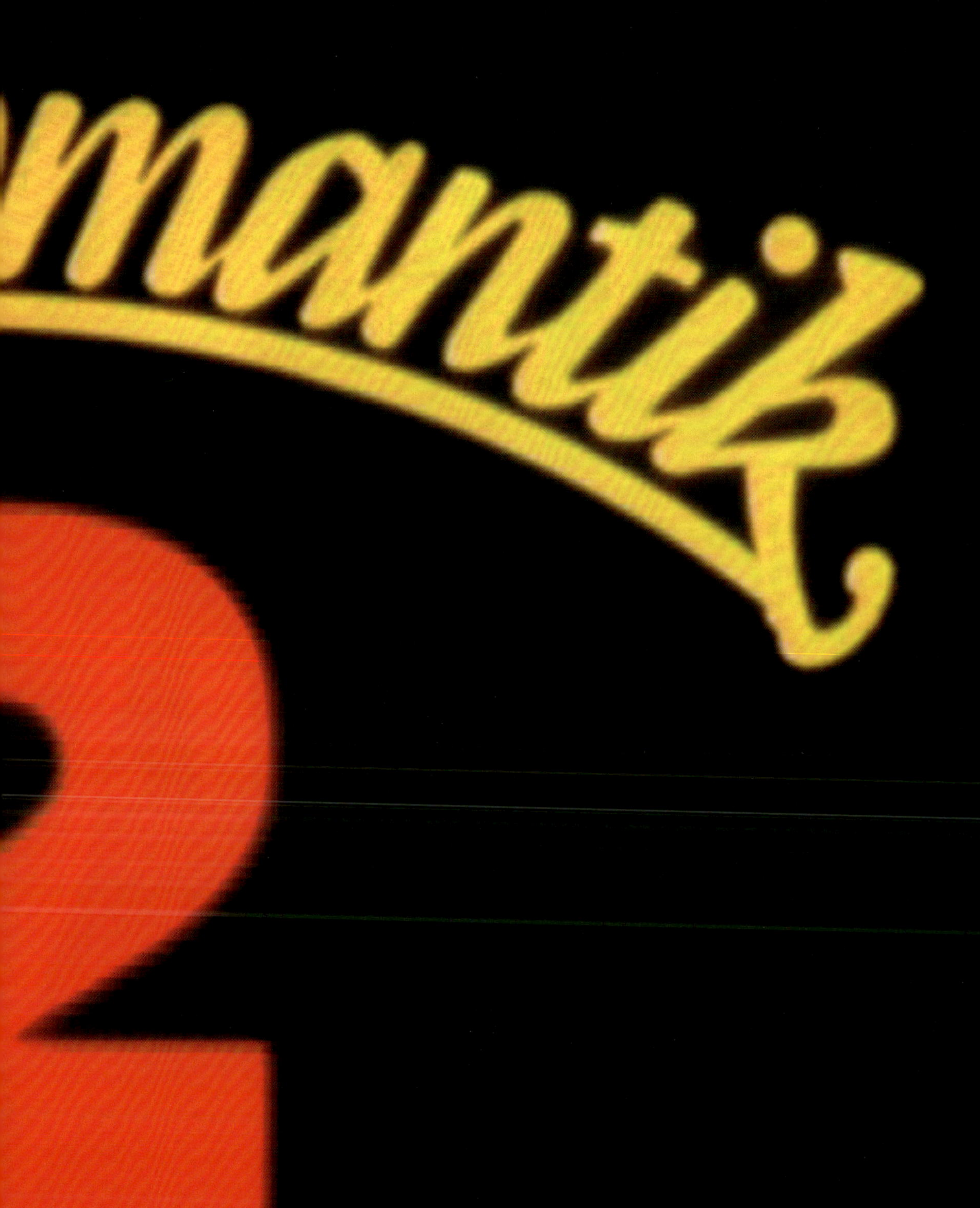
mantiz
2

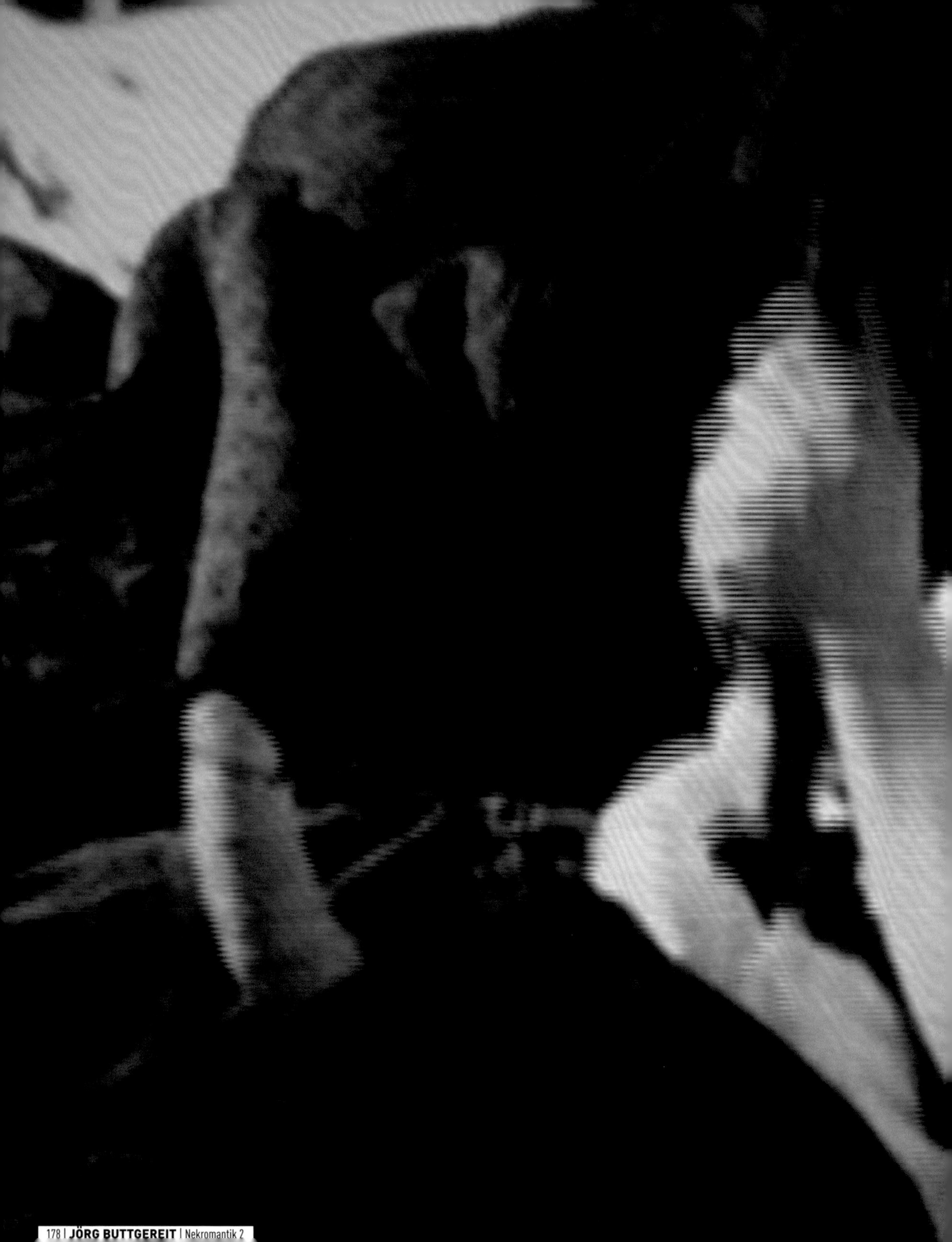

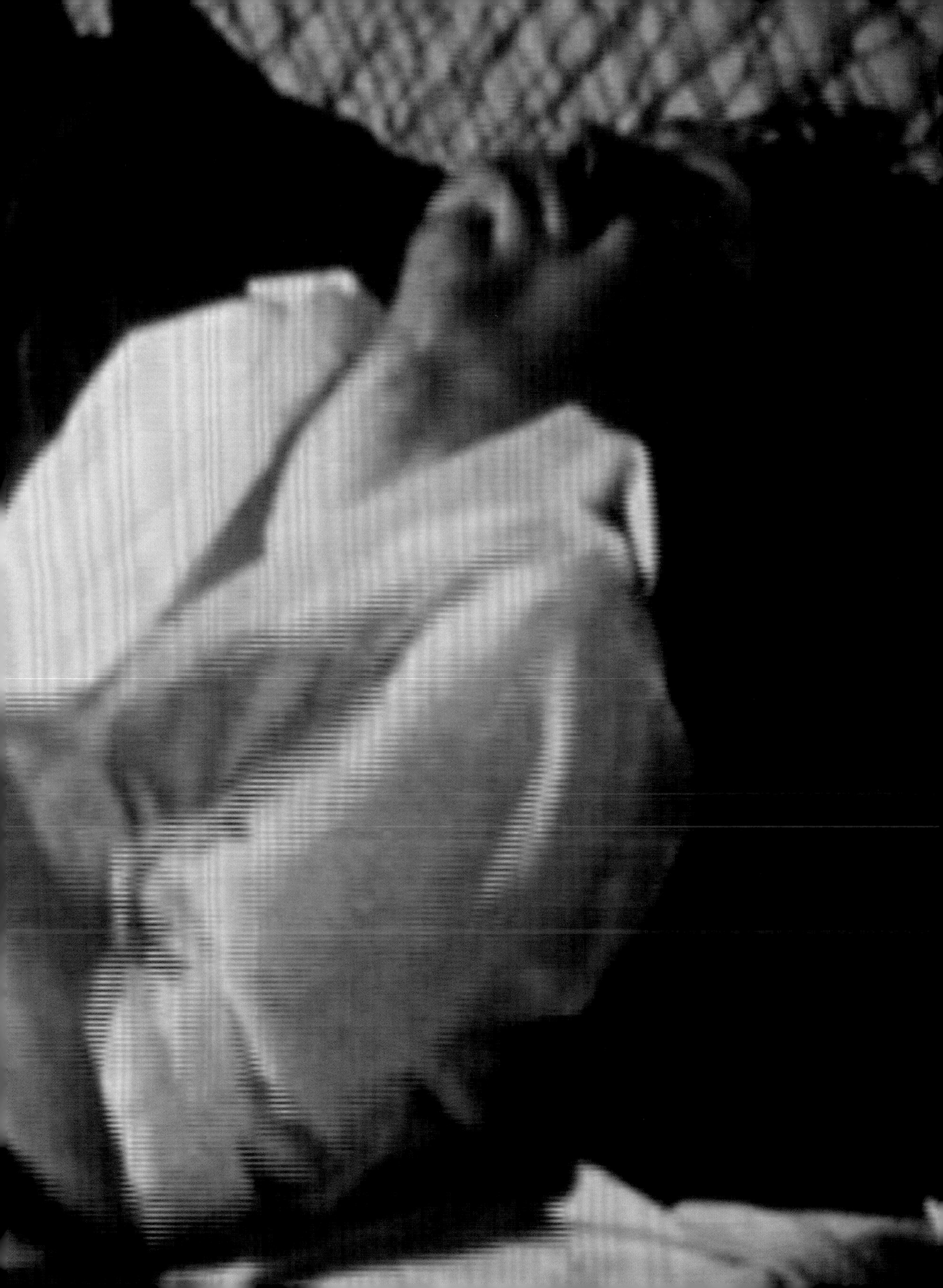

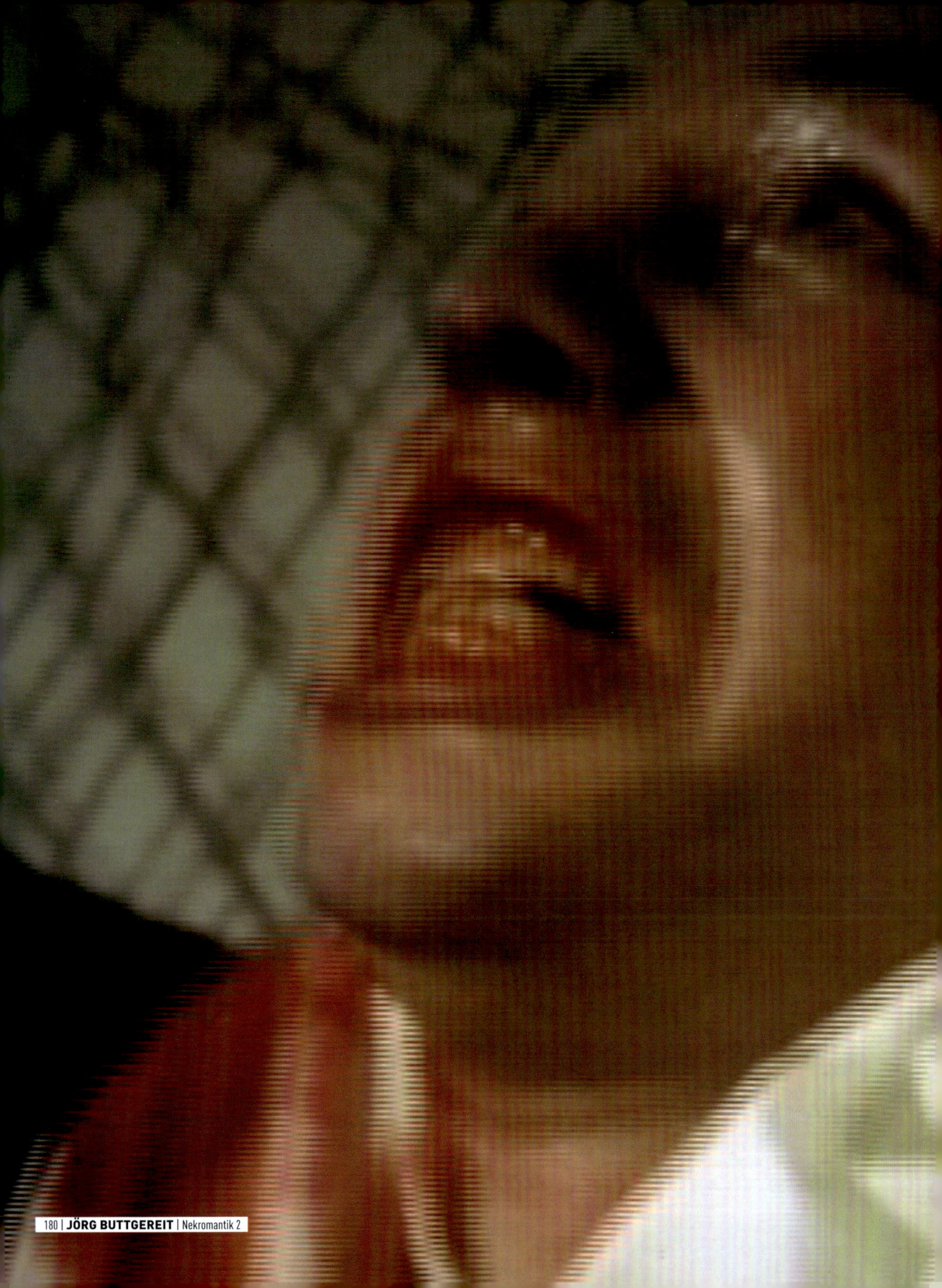

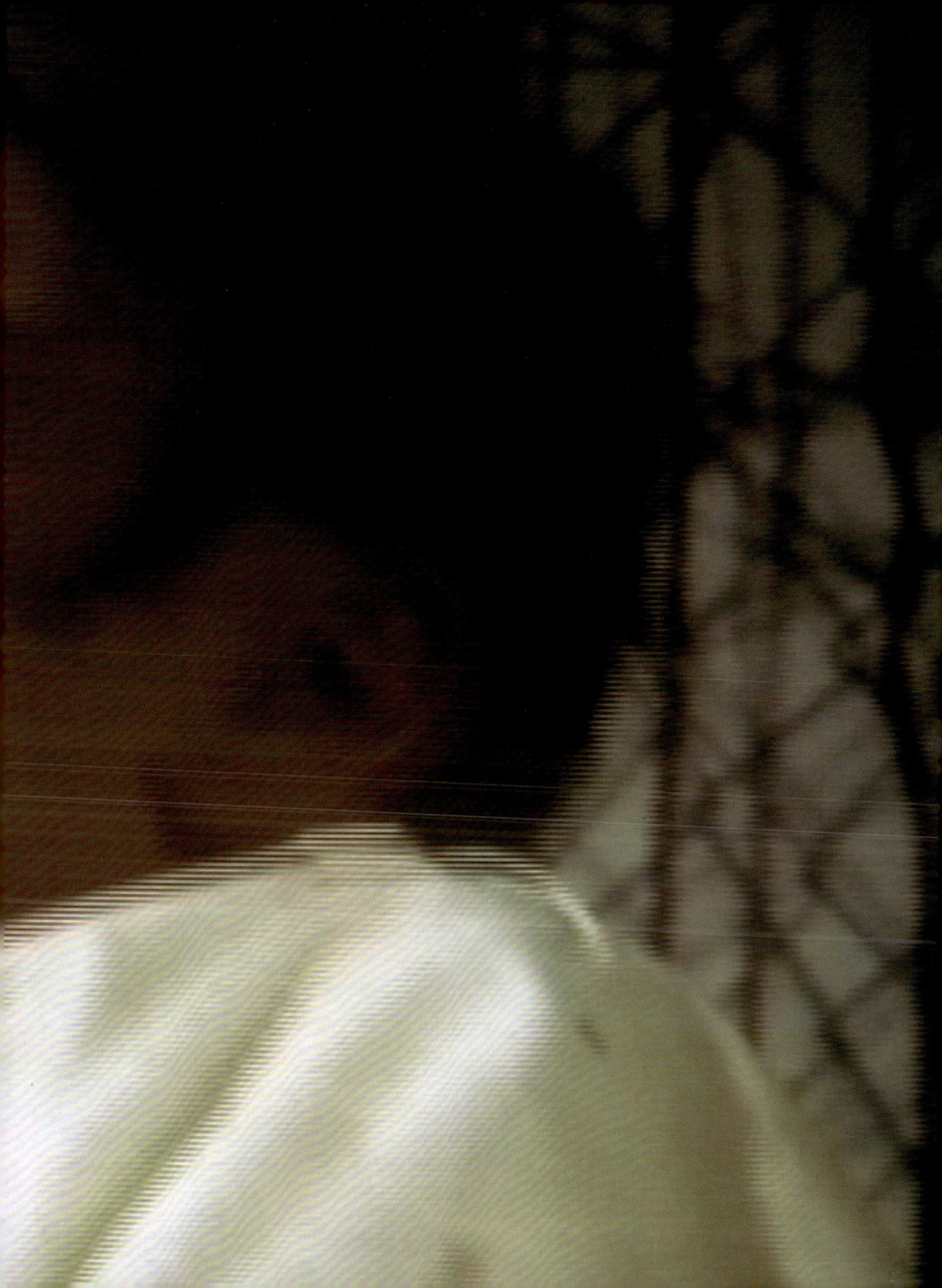

# VIVRE

## FILM EN DOU

# SA VIE

ZE TABLEAUX

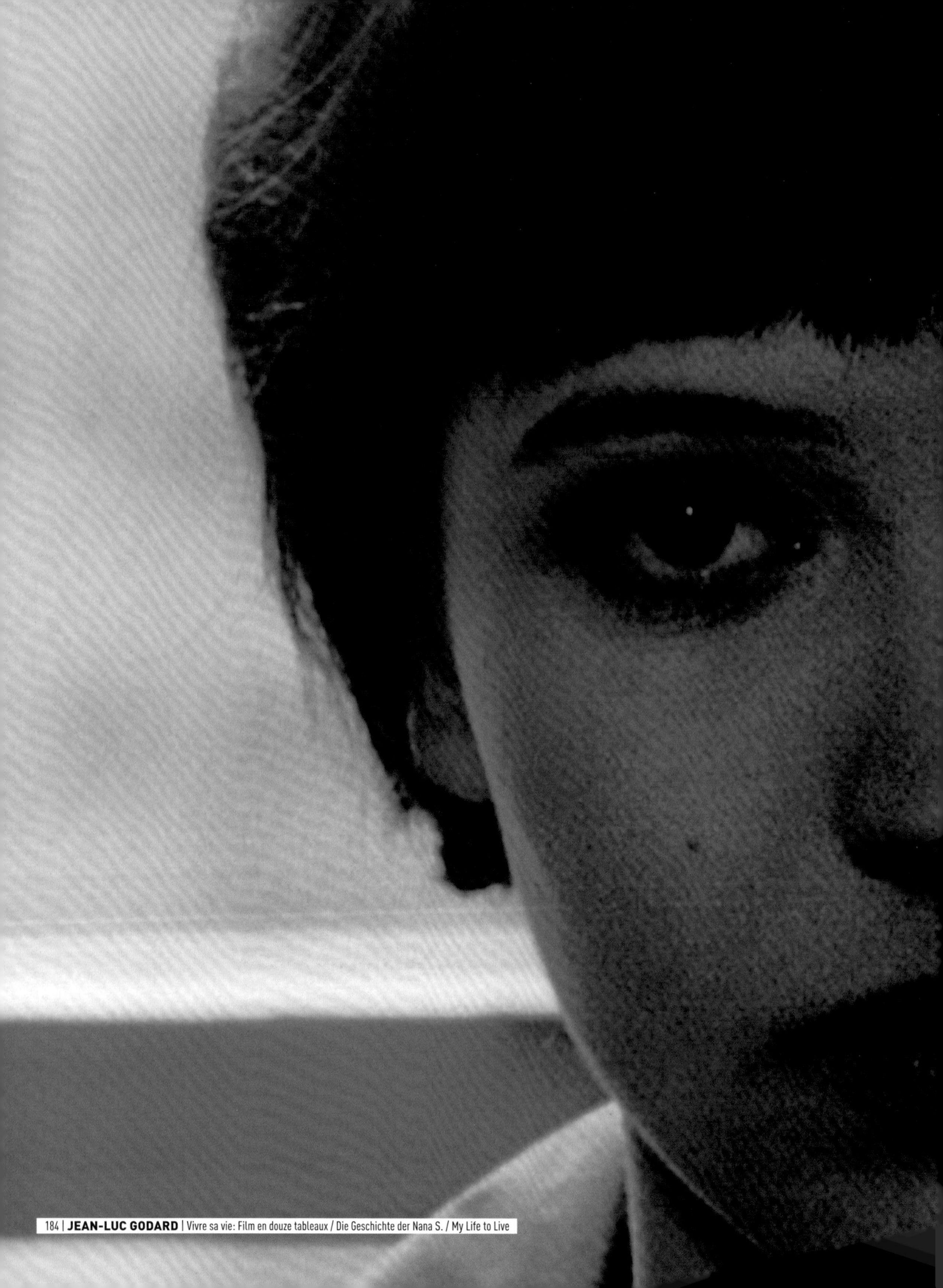

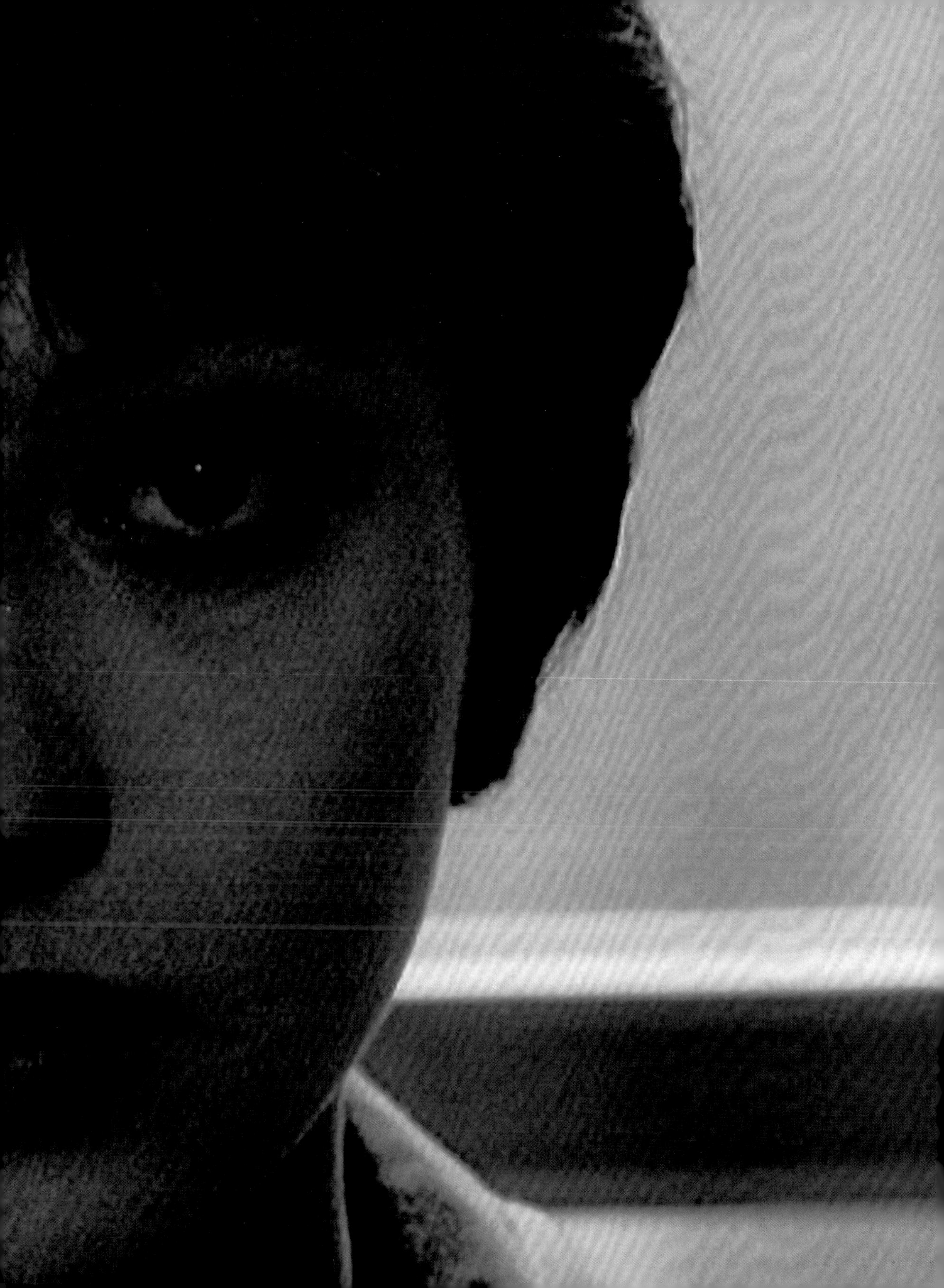

CAMÉRA . . . . . .
ENREGISTREUR .
NÉGATIF . . . . . . .
LABORATOIRE .

. . . MITCHELL
. . . PERFECTONE
. . . KODAK XX
. . . . Sté ECLAIR

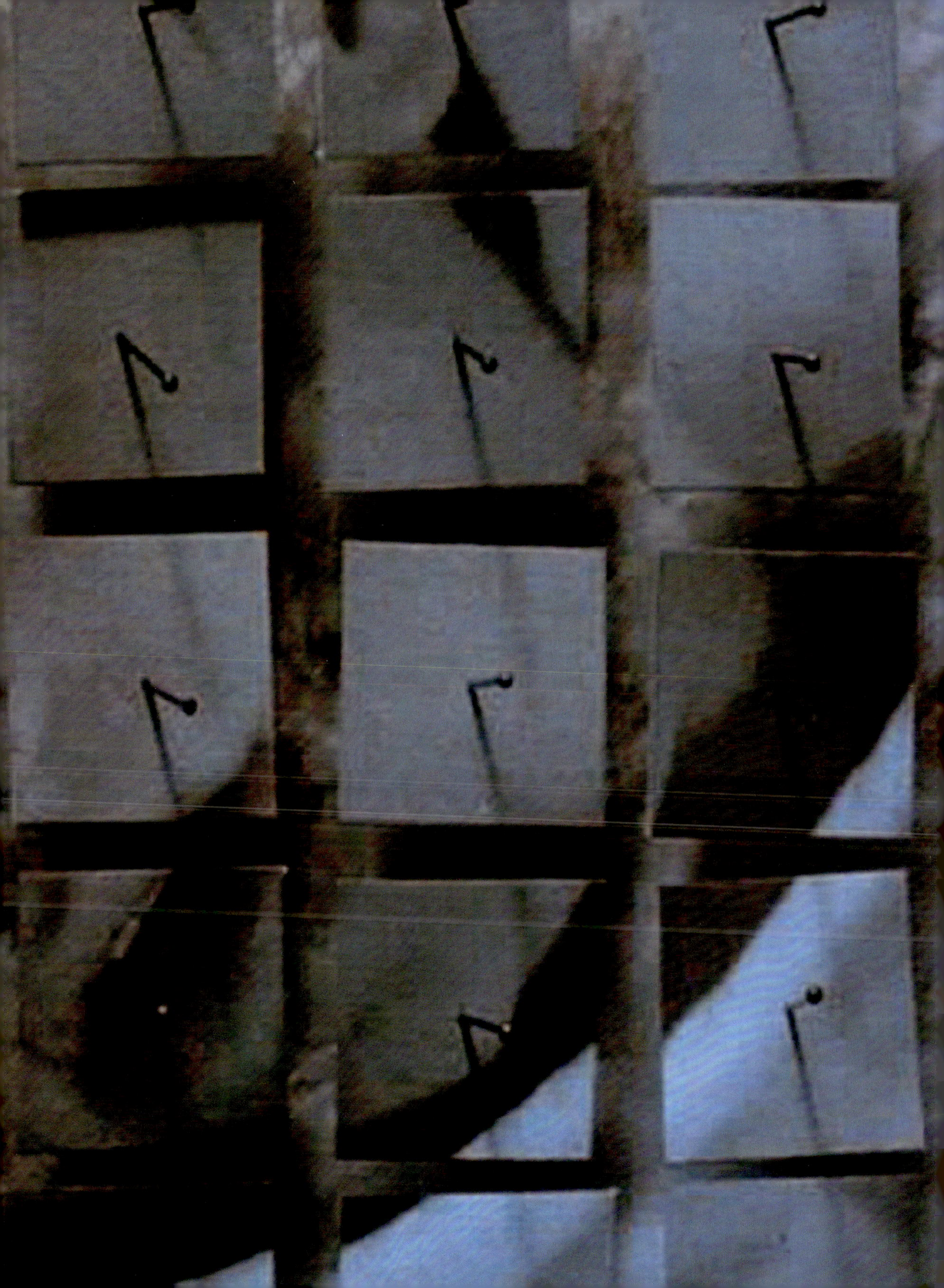

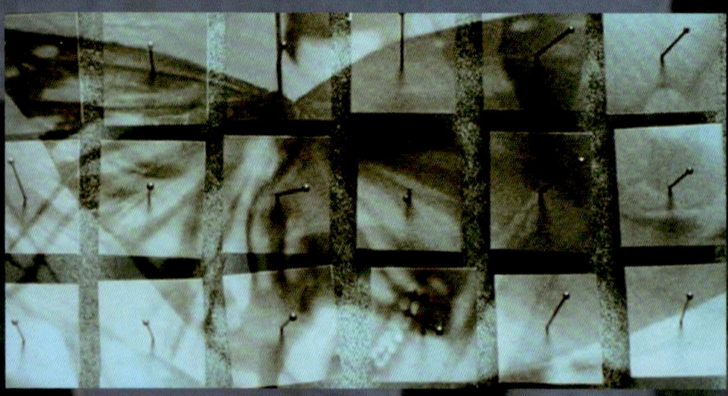

a film by
guillermo del toro

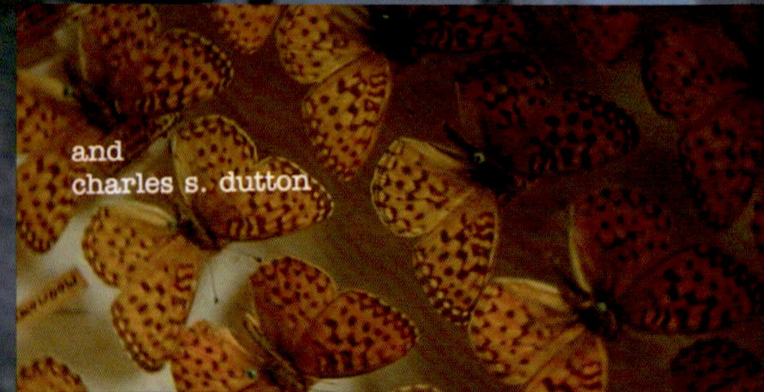


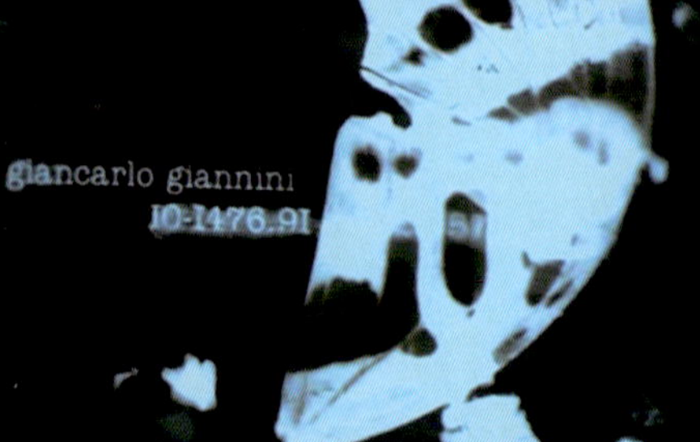


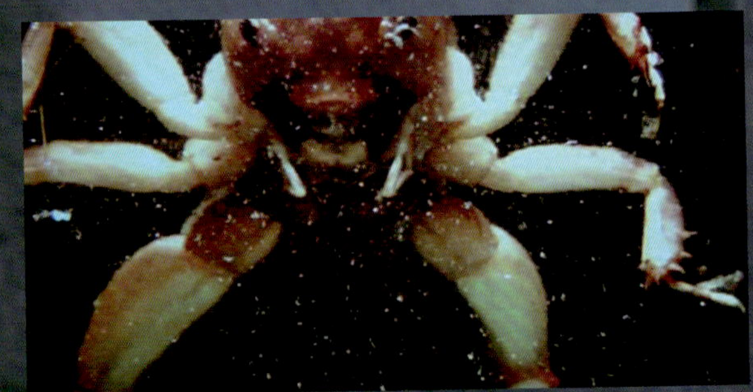

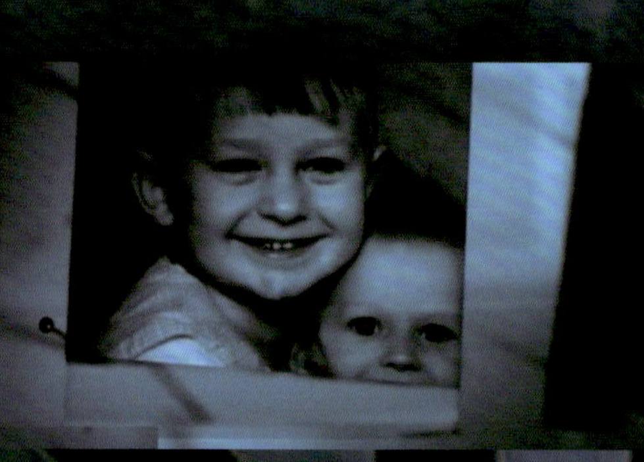

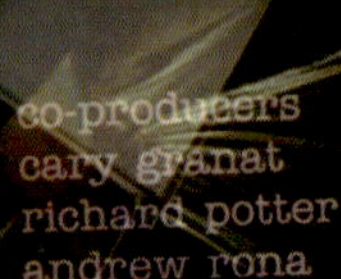

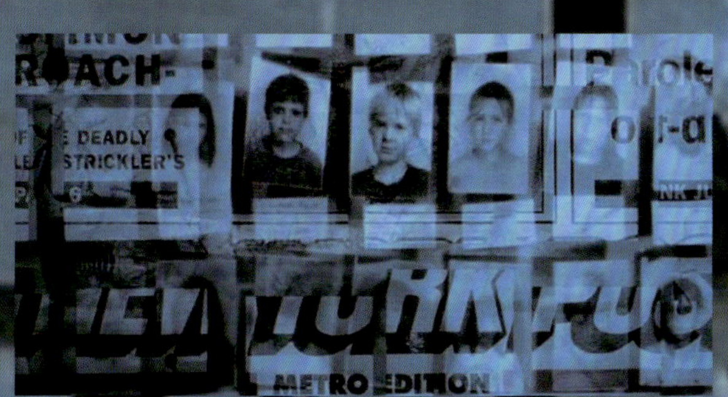
ROACH-
DEADLY
STRICKLER'S
Parole
METRO EDITION
SPAPER

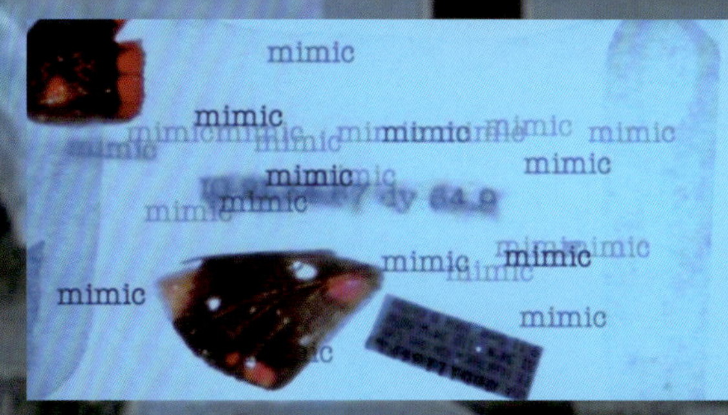
mimic
mimic
mimic mimic mimic mimic mimic
mimic
mimic
mimic
mimic
mimic
mimic
mimic
mimic
mimic
mimic

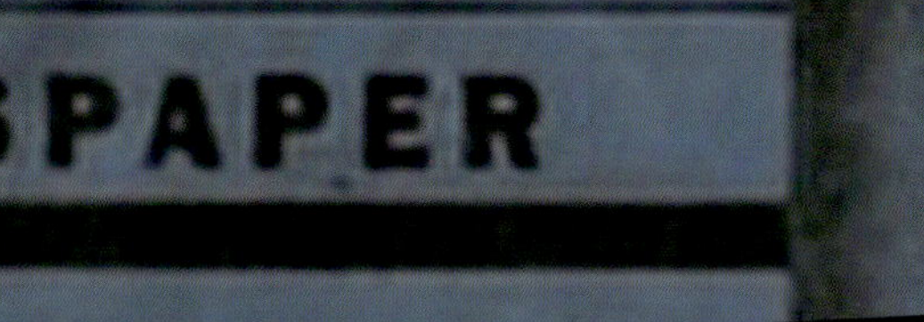

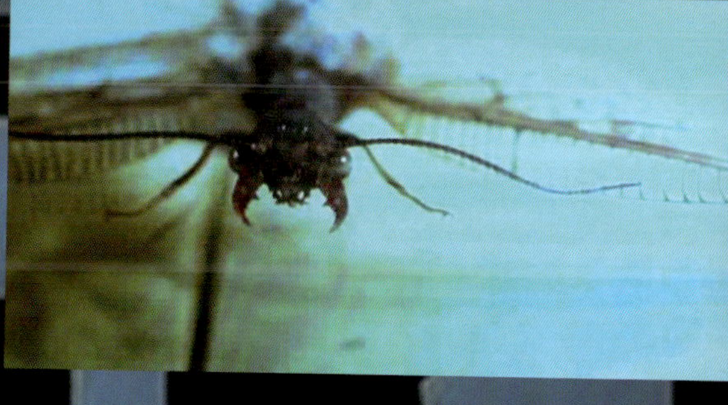

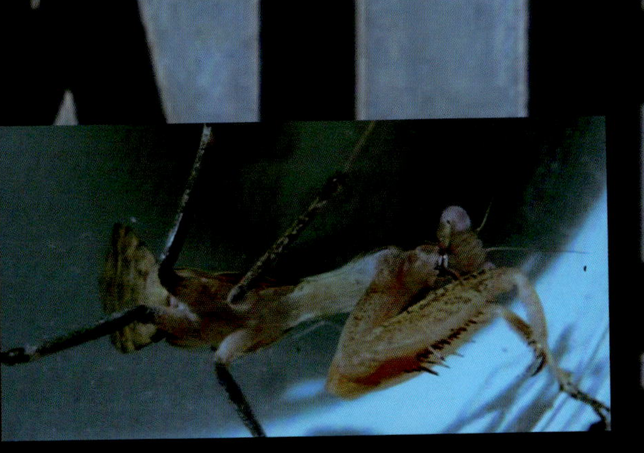

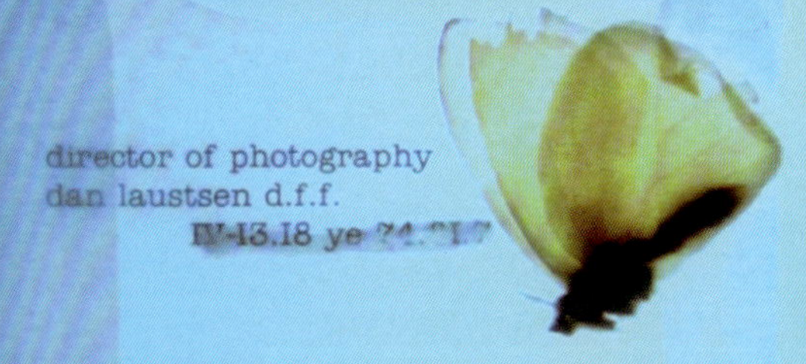
director of photography
dan laustsen d.f.f.

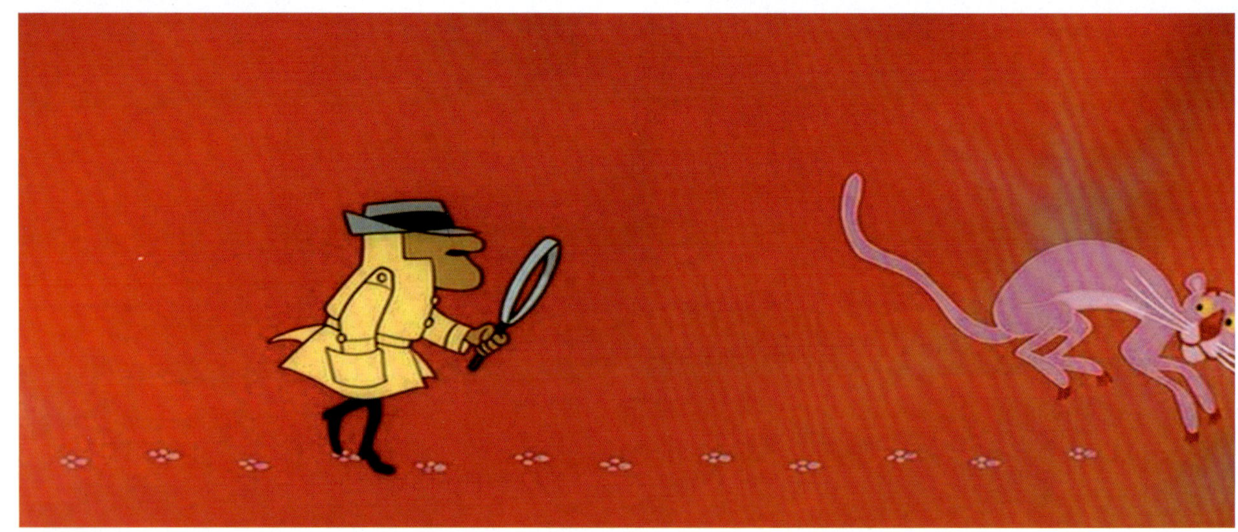
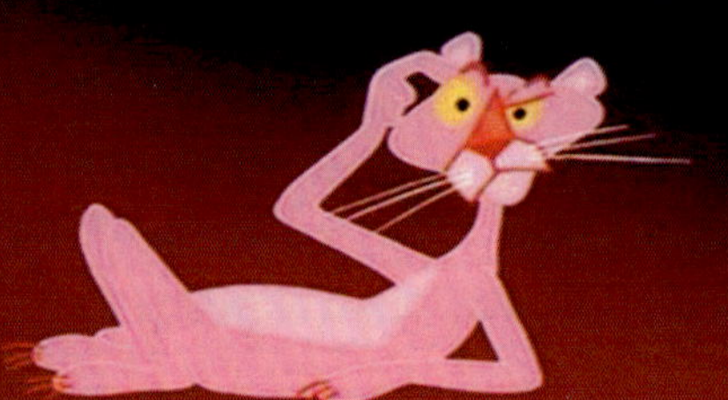

the
INK
the
ANT
the
PINK PANTHER

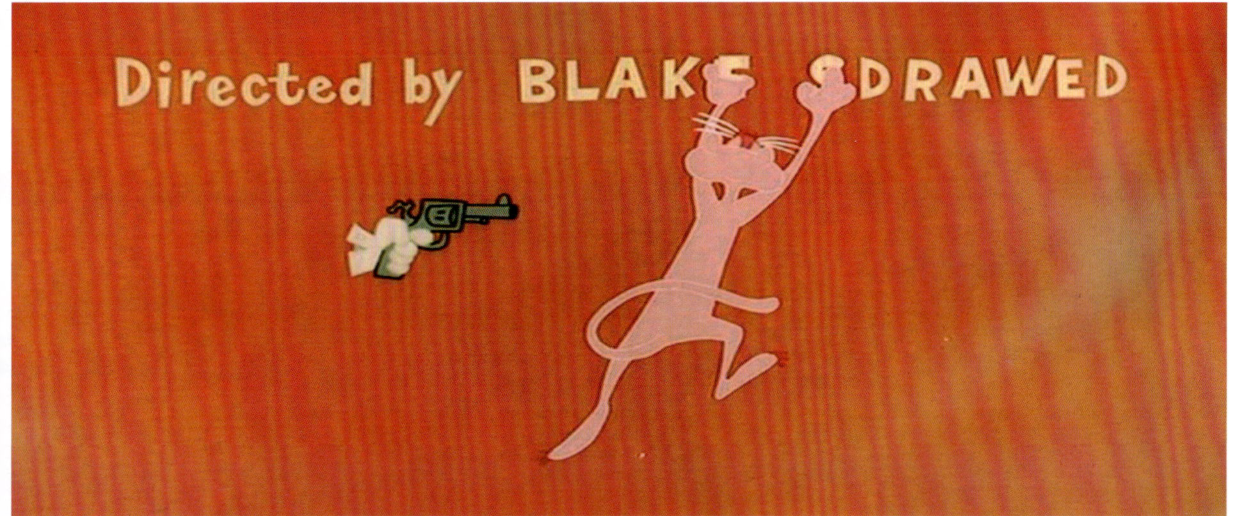
Directed by BLAKE SDRAWED

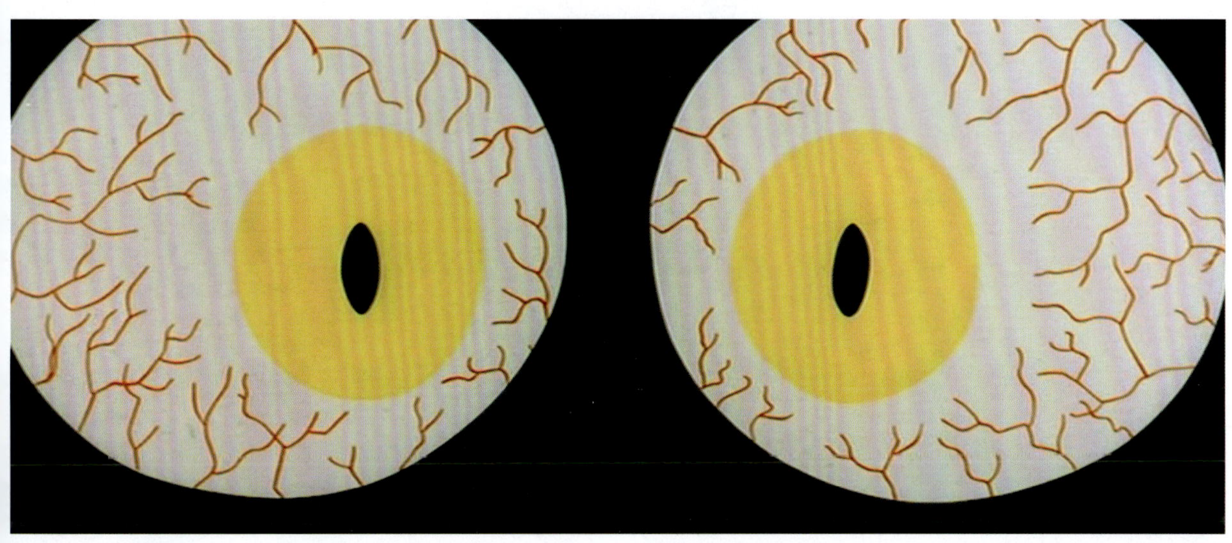

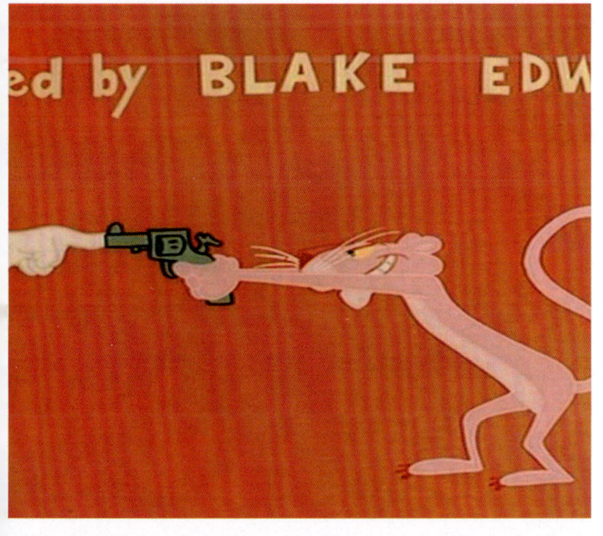
ed by BLAKE EDW

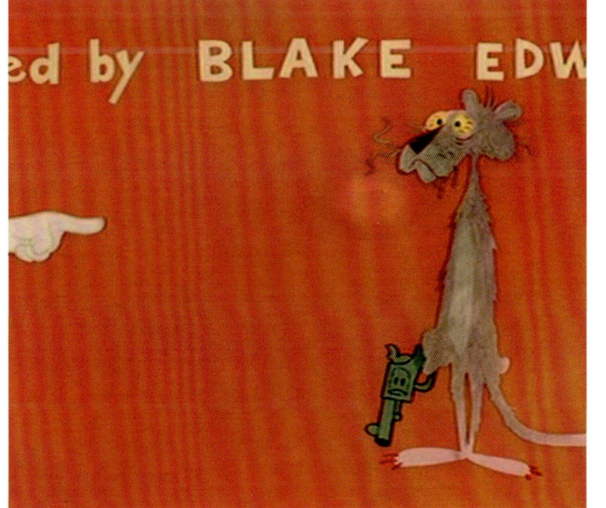
ed by BLAKE EDW

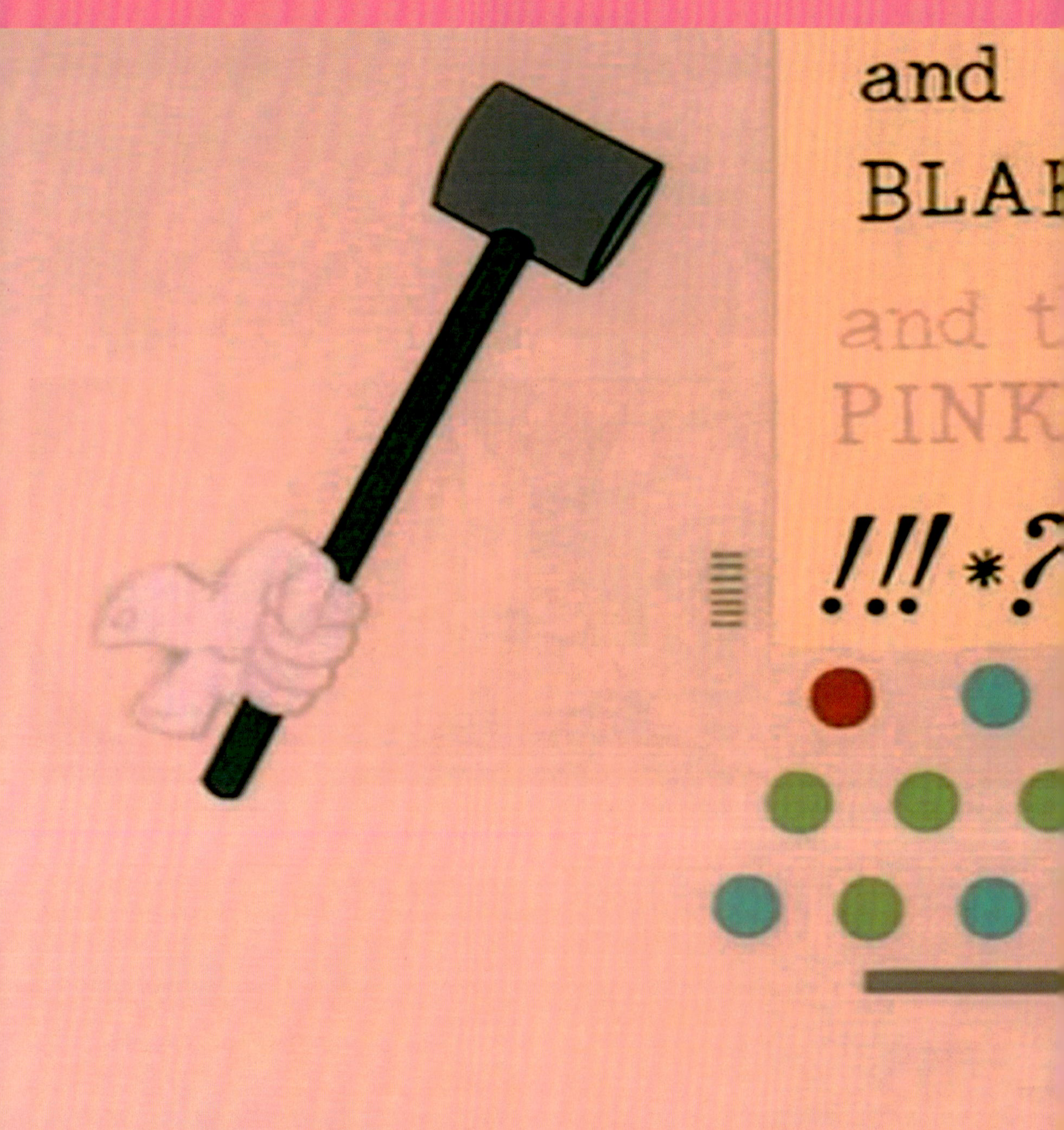

and
BLAK
and t
PINK
!!!*?

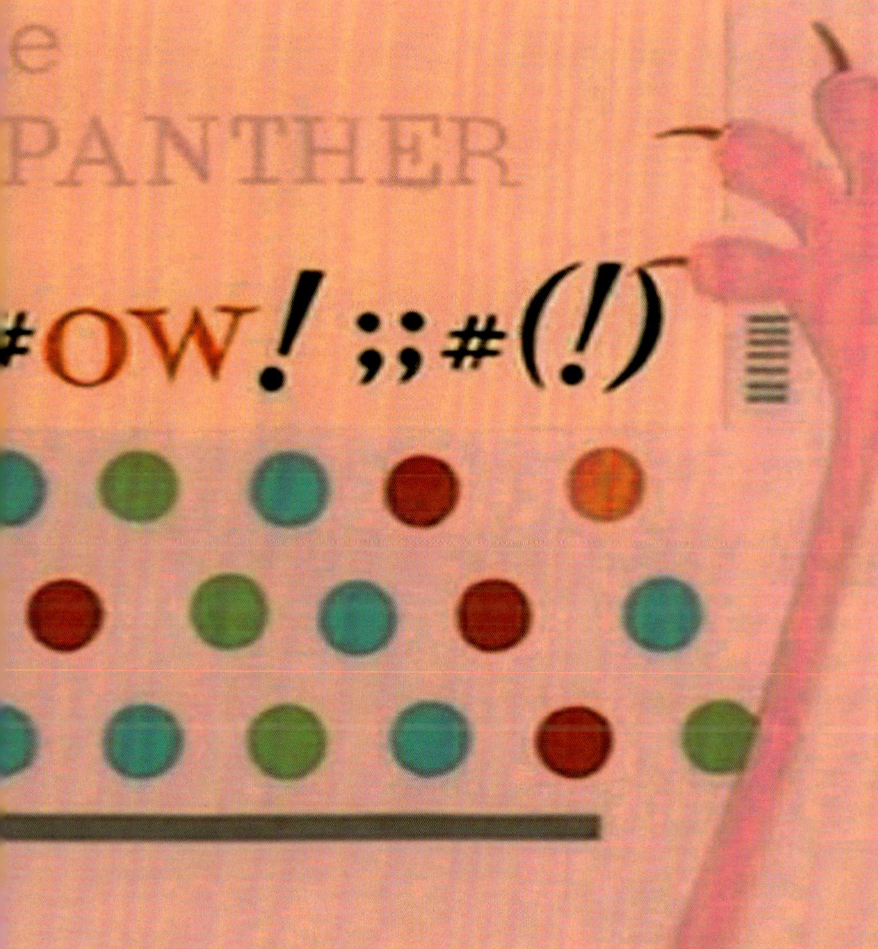
E EDWARDS
e PANTHER
OW! ;; #(!)

MICHAEL TRUBSHAWE   RICC
MARTIN MILLER   introd
and th
PINK PA

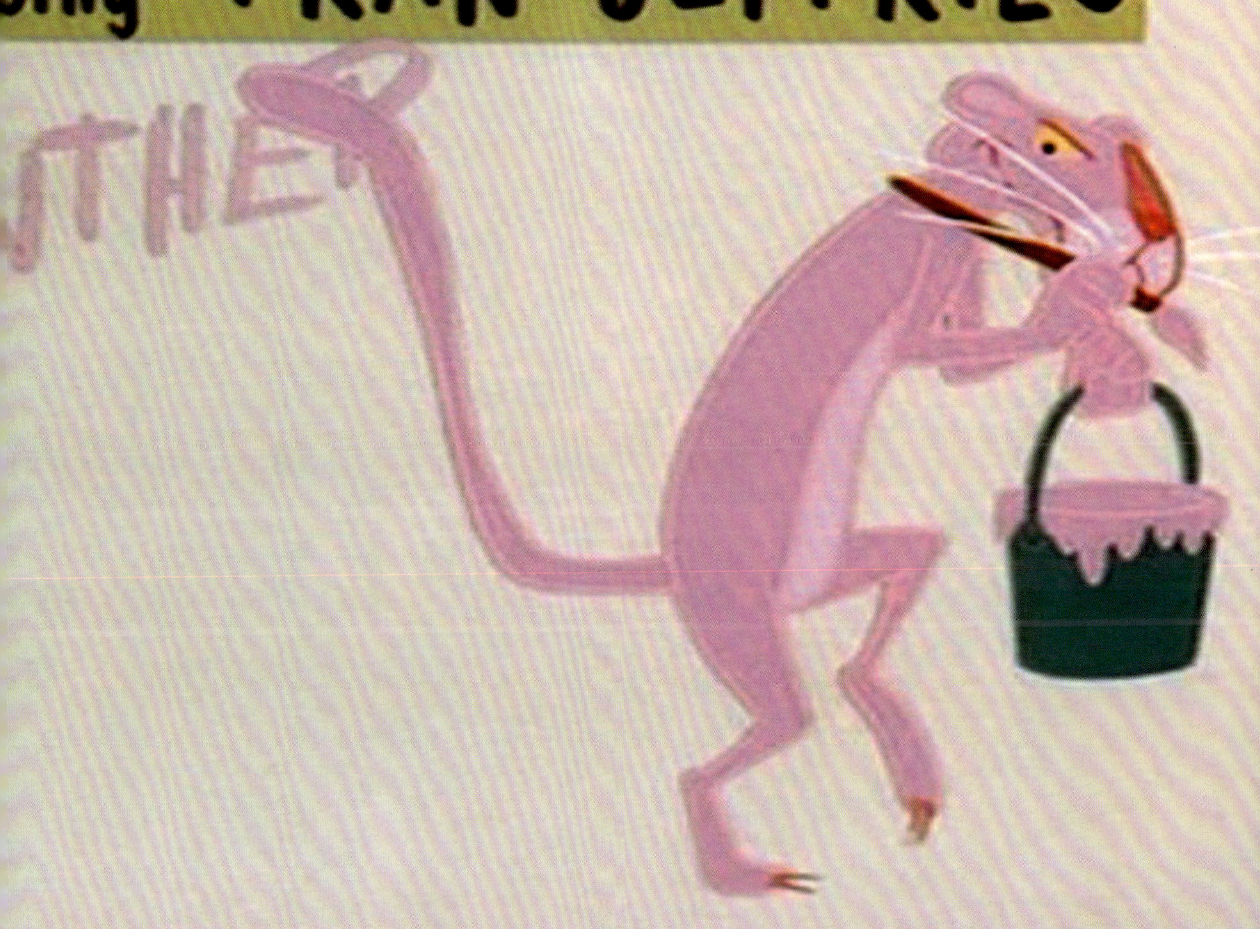
ARDO BILLI    MERI WELLS
cing FRAN JEFFRIES
THE

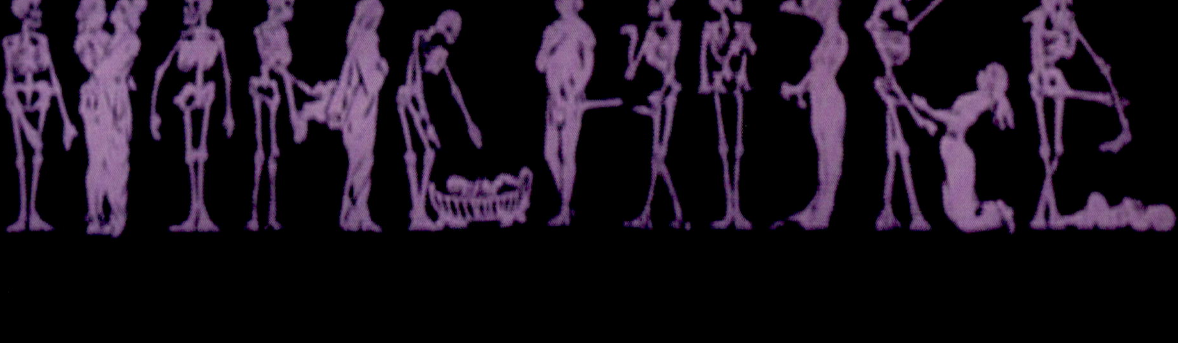

DANSE

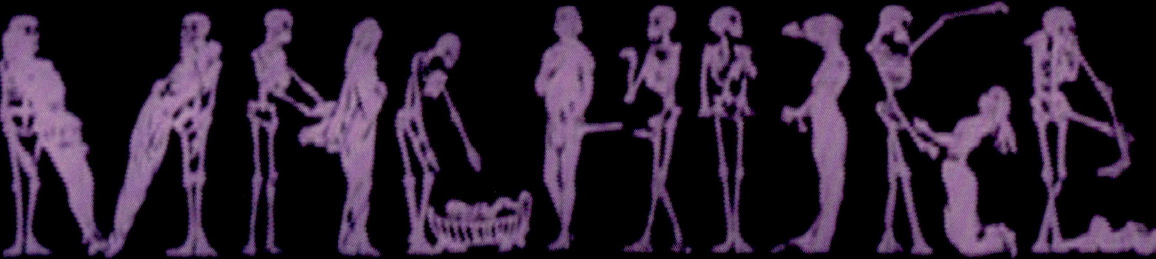

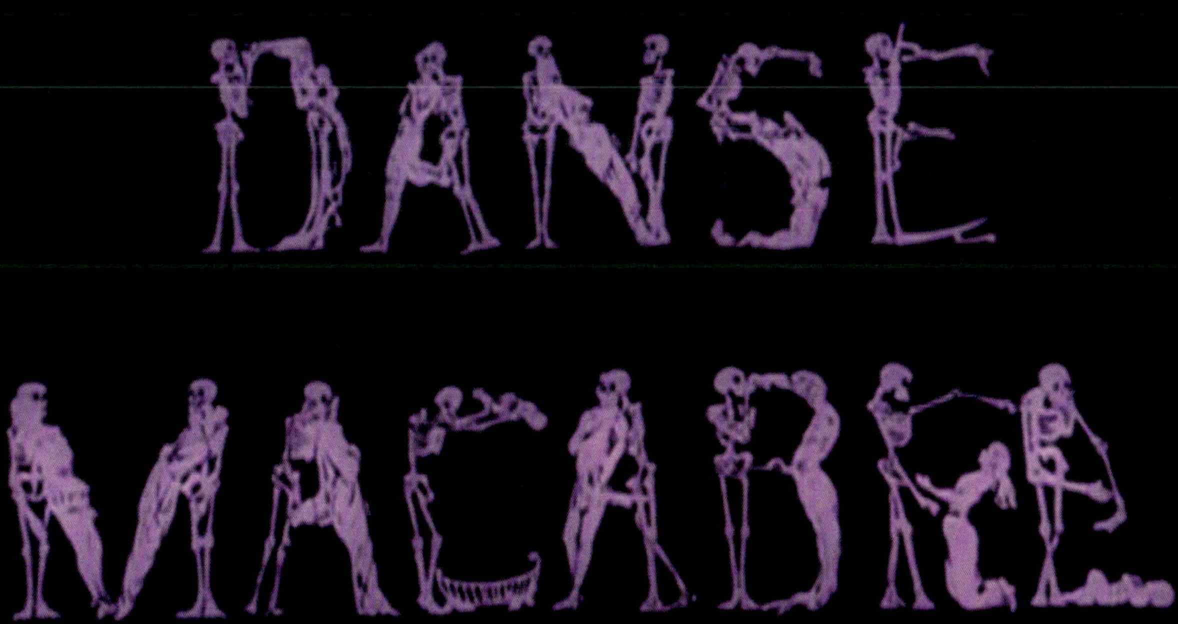
DANSE
MACHABRE
DANSE
MACABRE

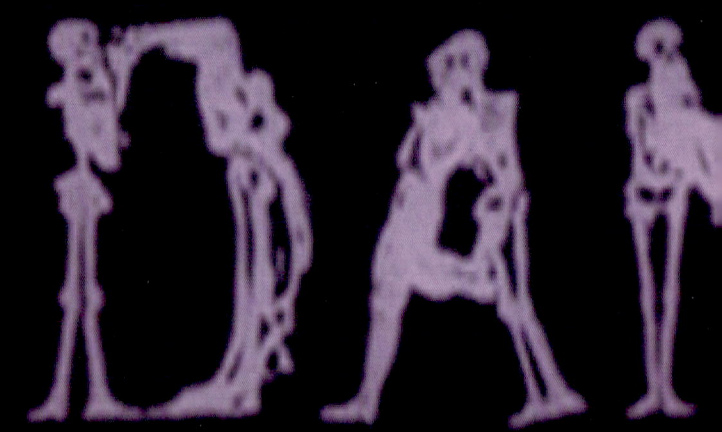
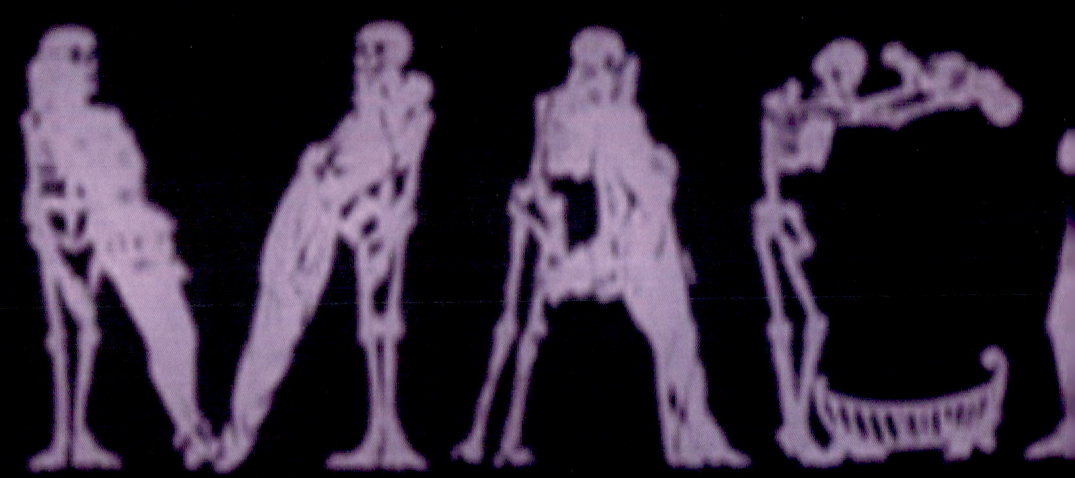

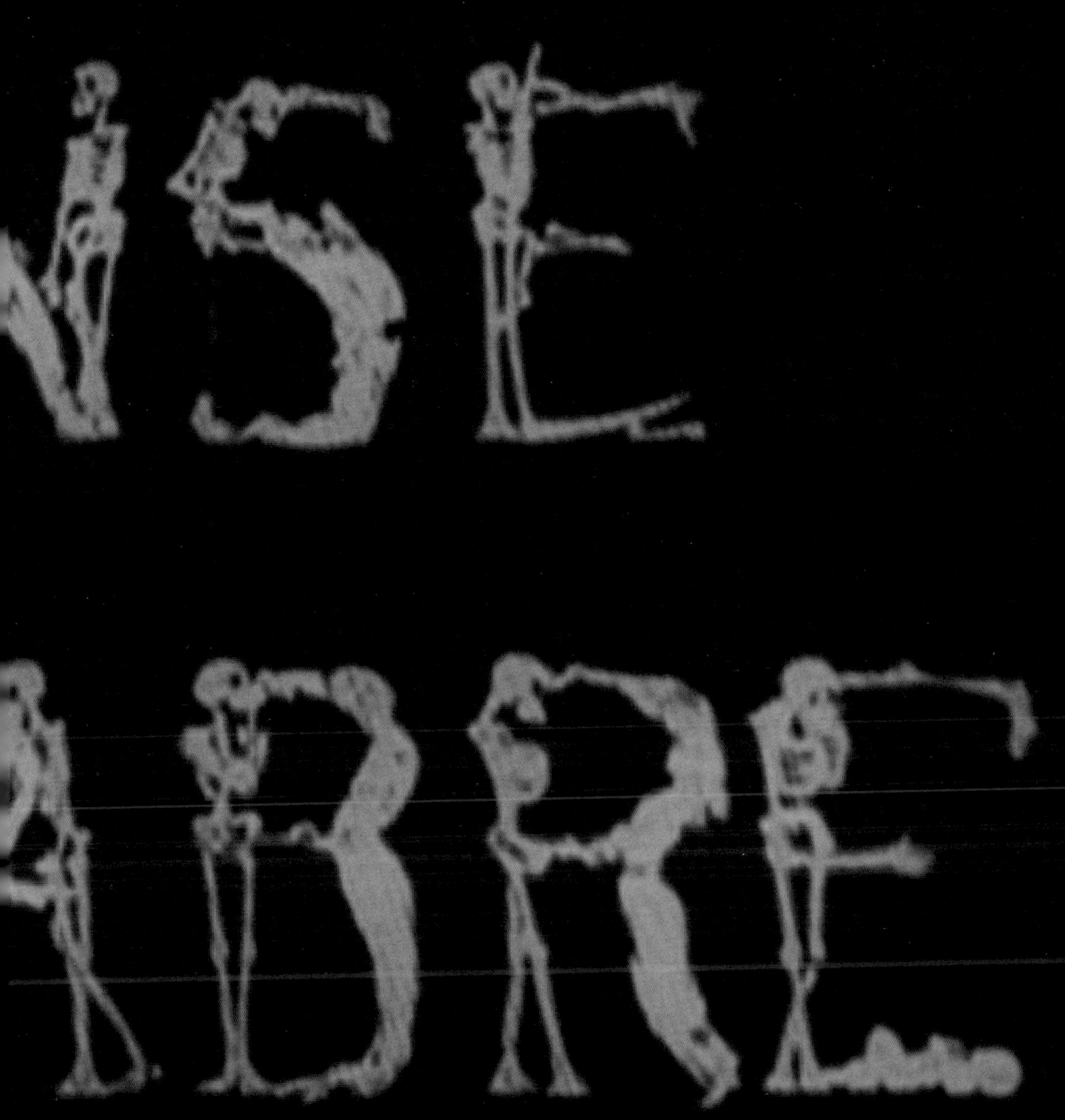

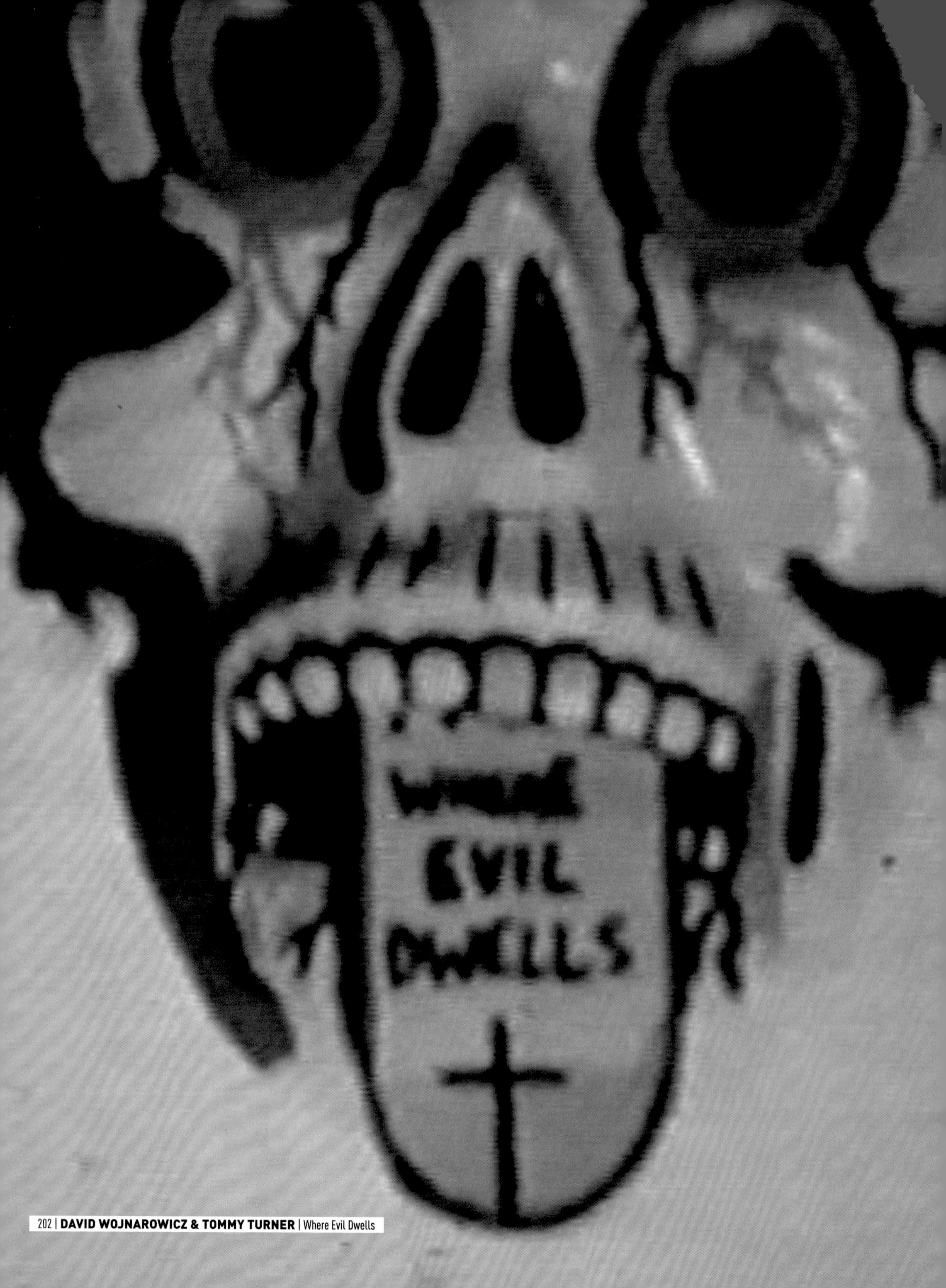

WHERE
EVIL
DWELLS

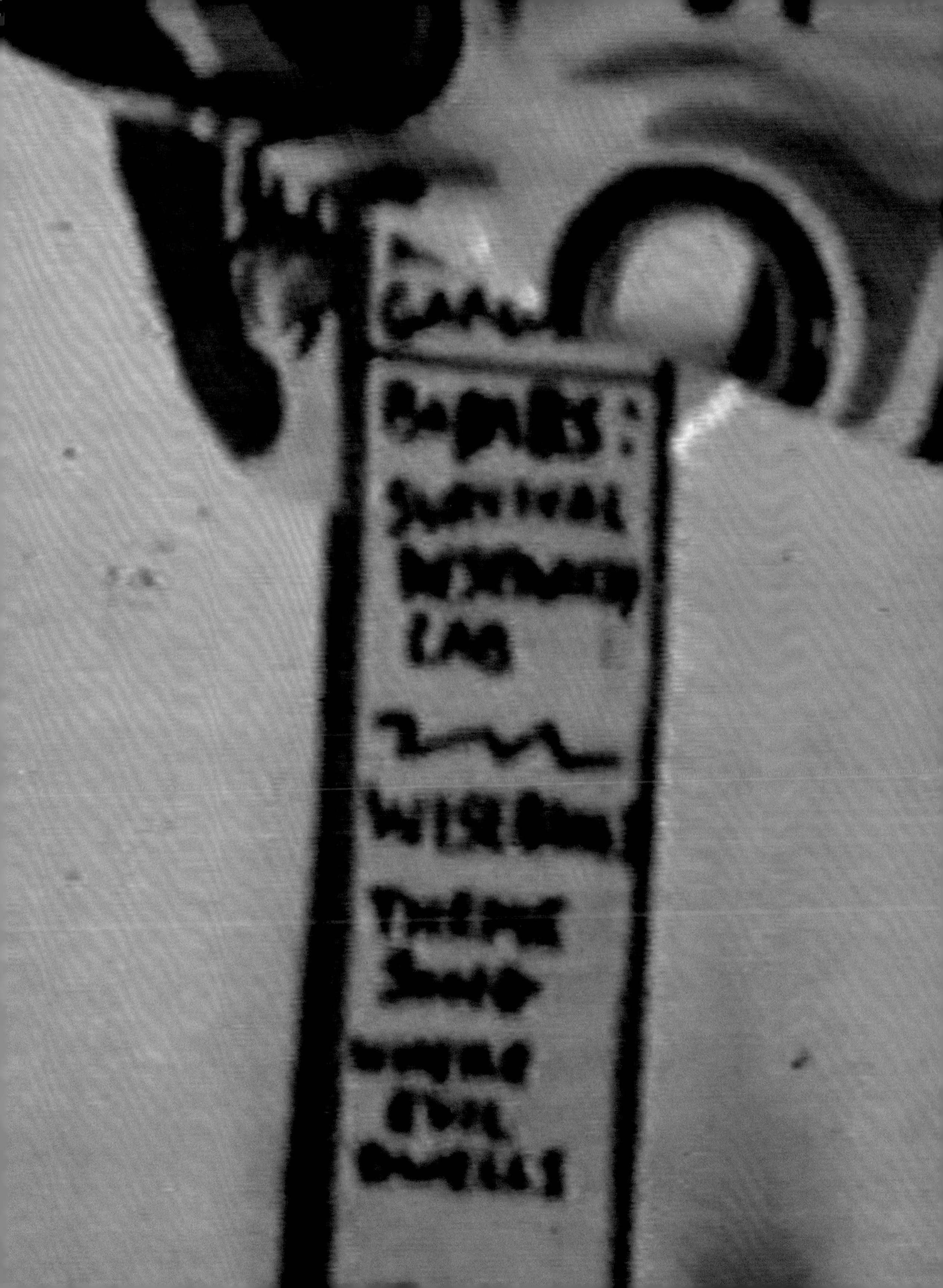

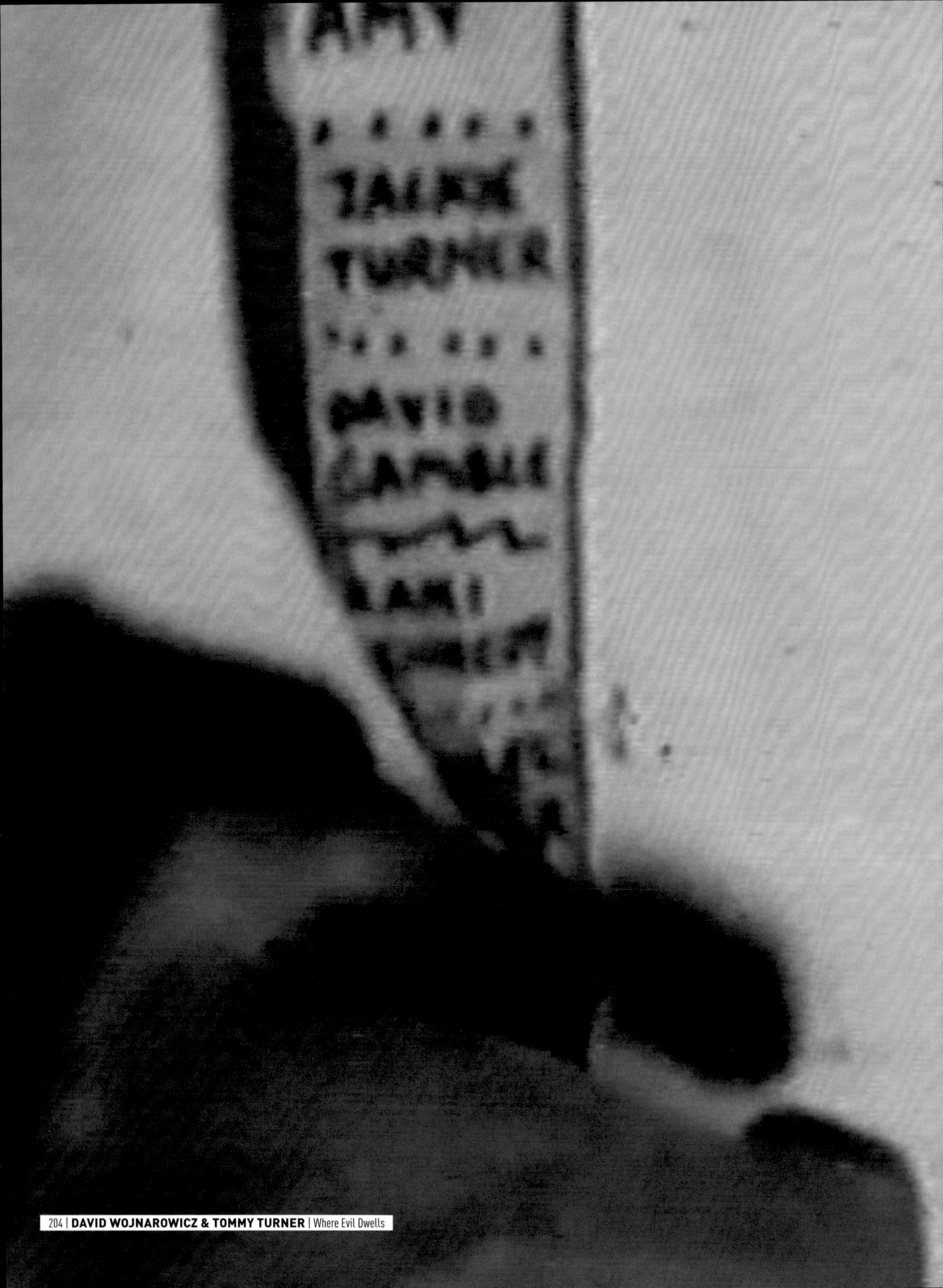AN
A FILM BY
TOMMY
TURNER
AND
DAVID
WOJNAROWICZ

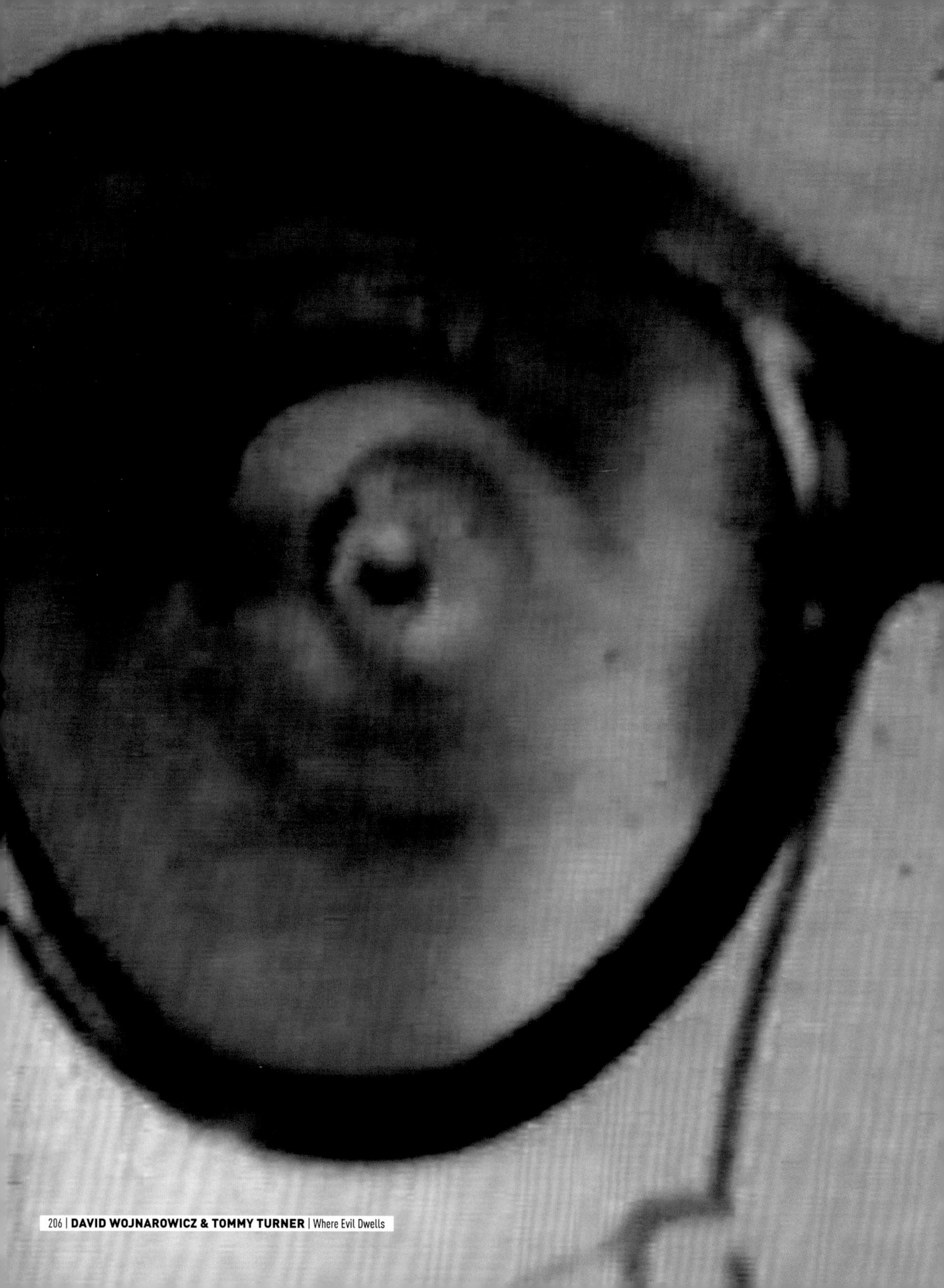

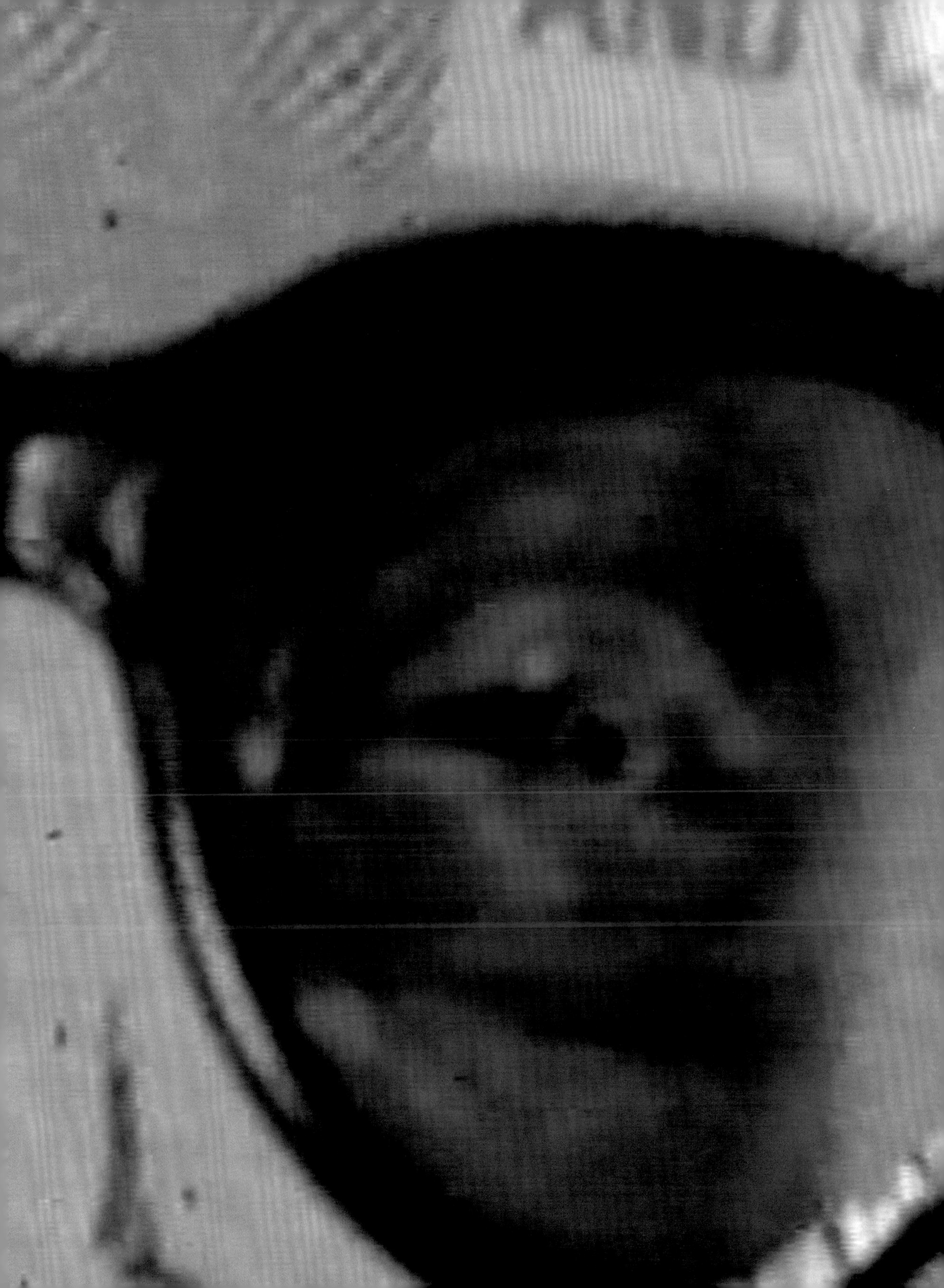

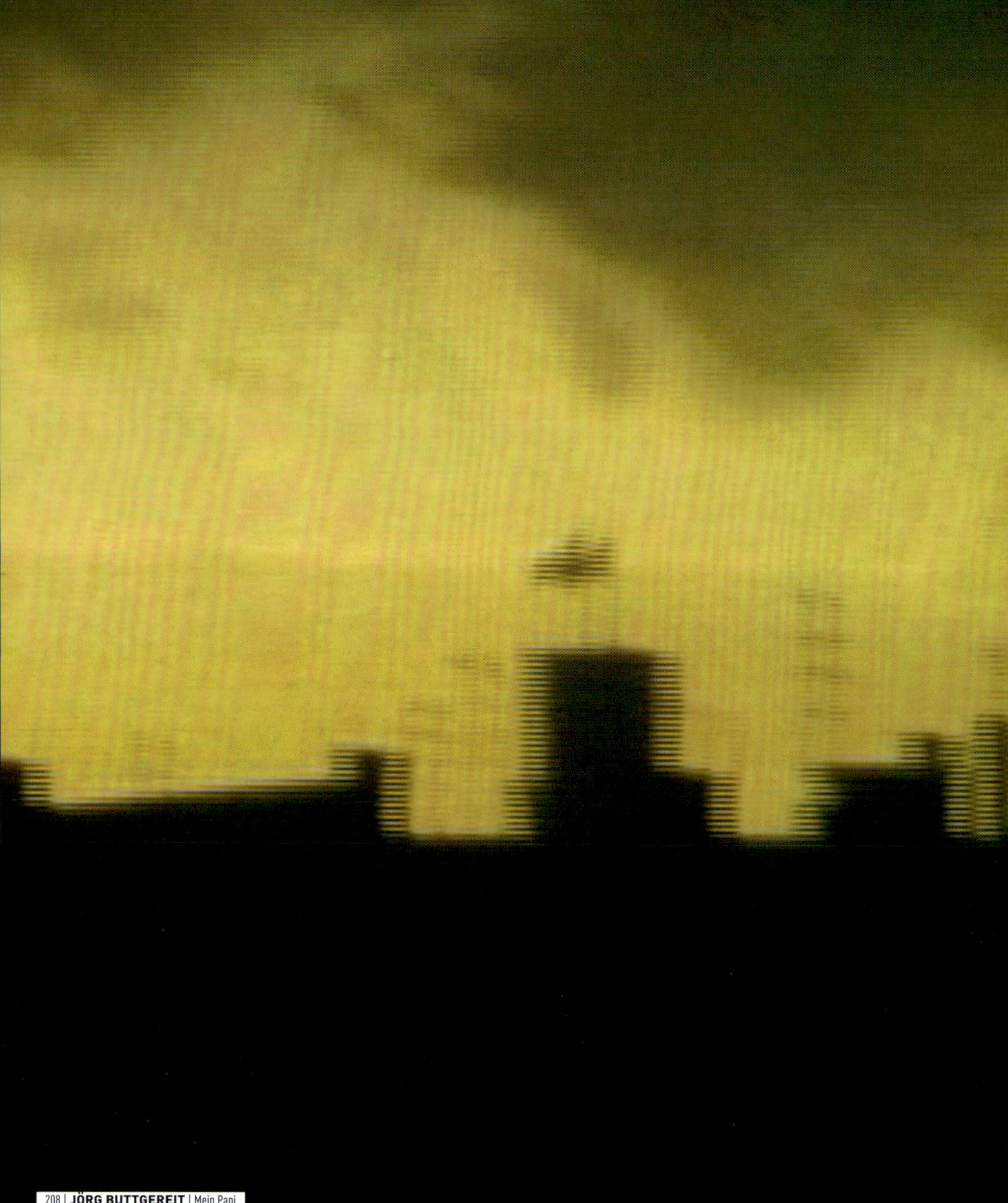

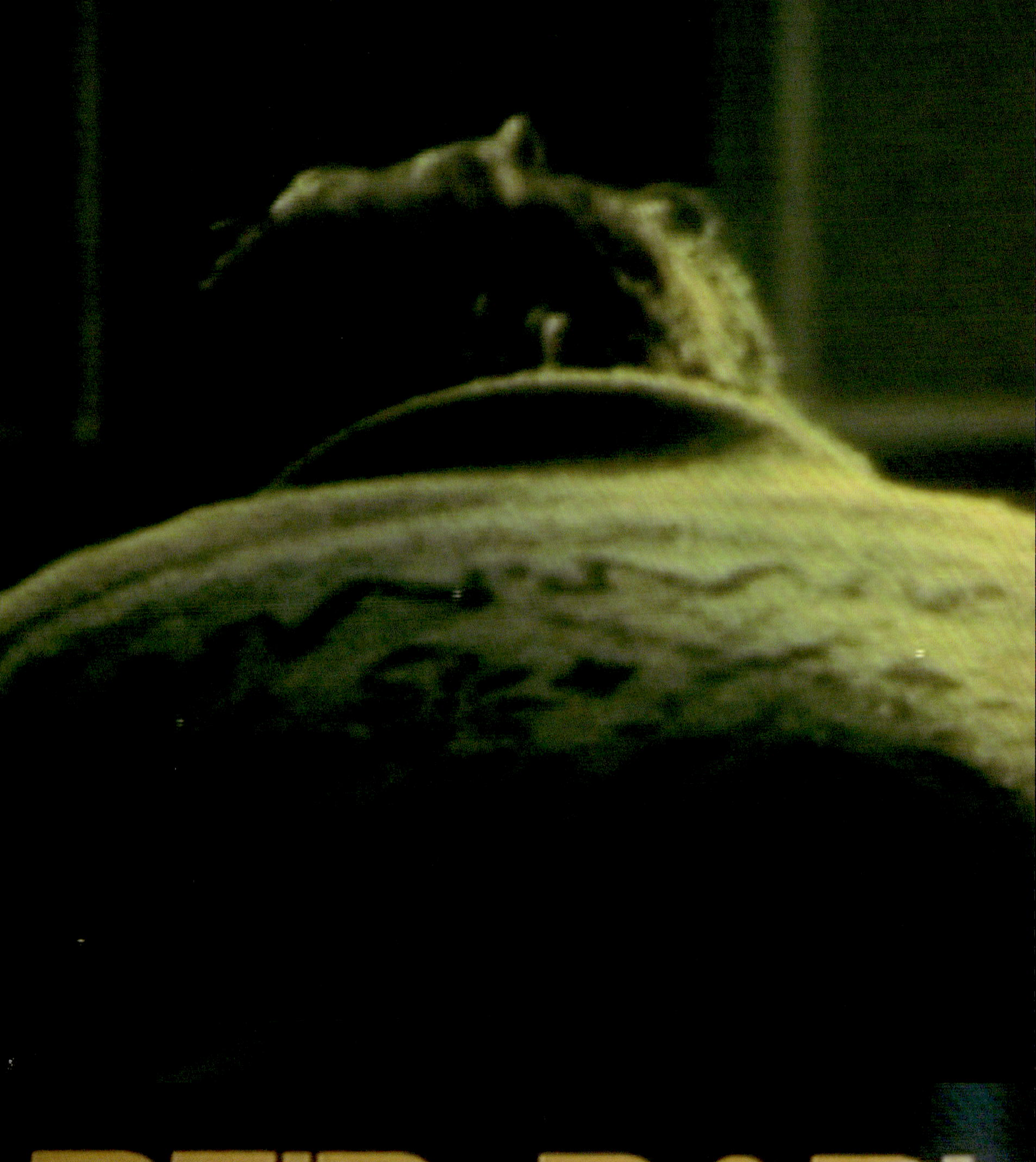

MEIN PAPI
(1936-1993)

Die Aufnahmen für diesen Film
sind mit versteckter Kamera
gedreht worden.

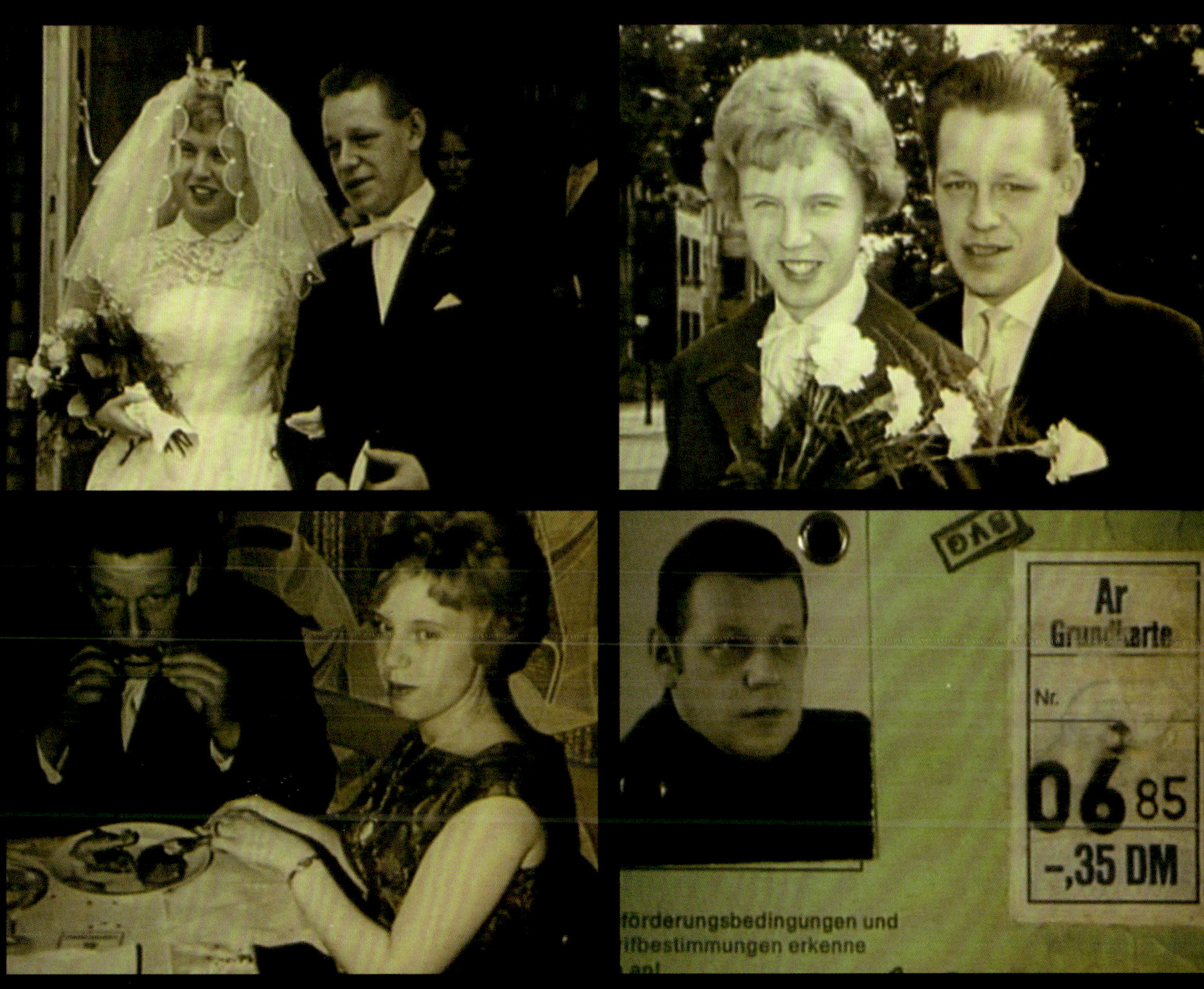
Ar
Grundkarte
Nr.
06 85
-,35 DM
förderungsbedingungen und
ifbestimmungen erkenne

Mein Papi hat nie
von diesem Film erfahren.

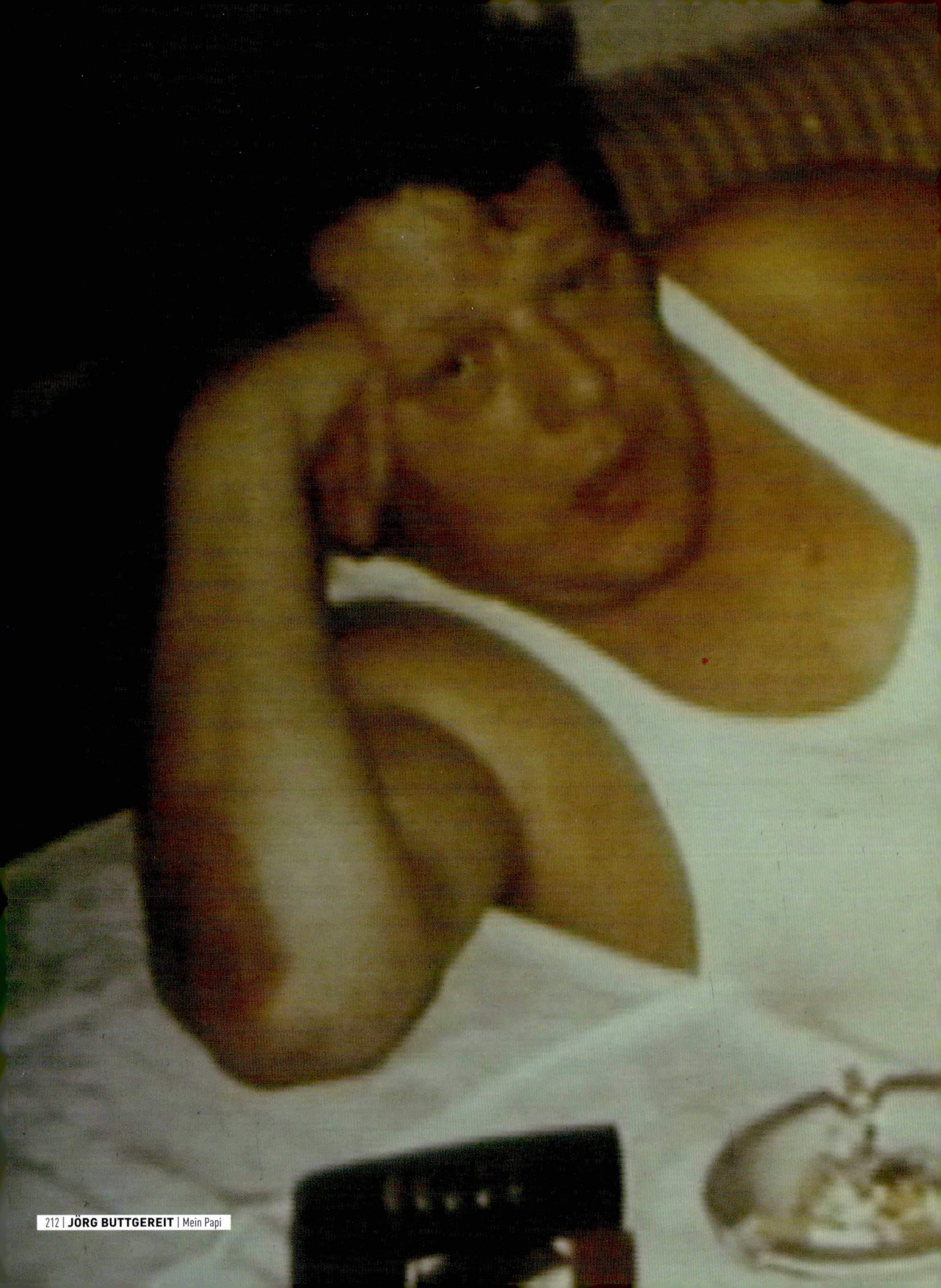

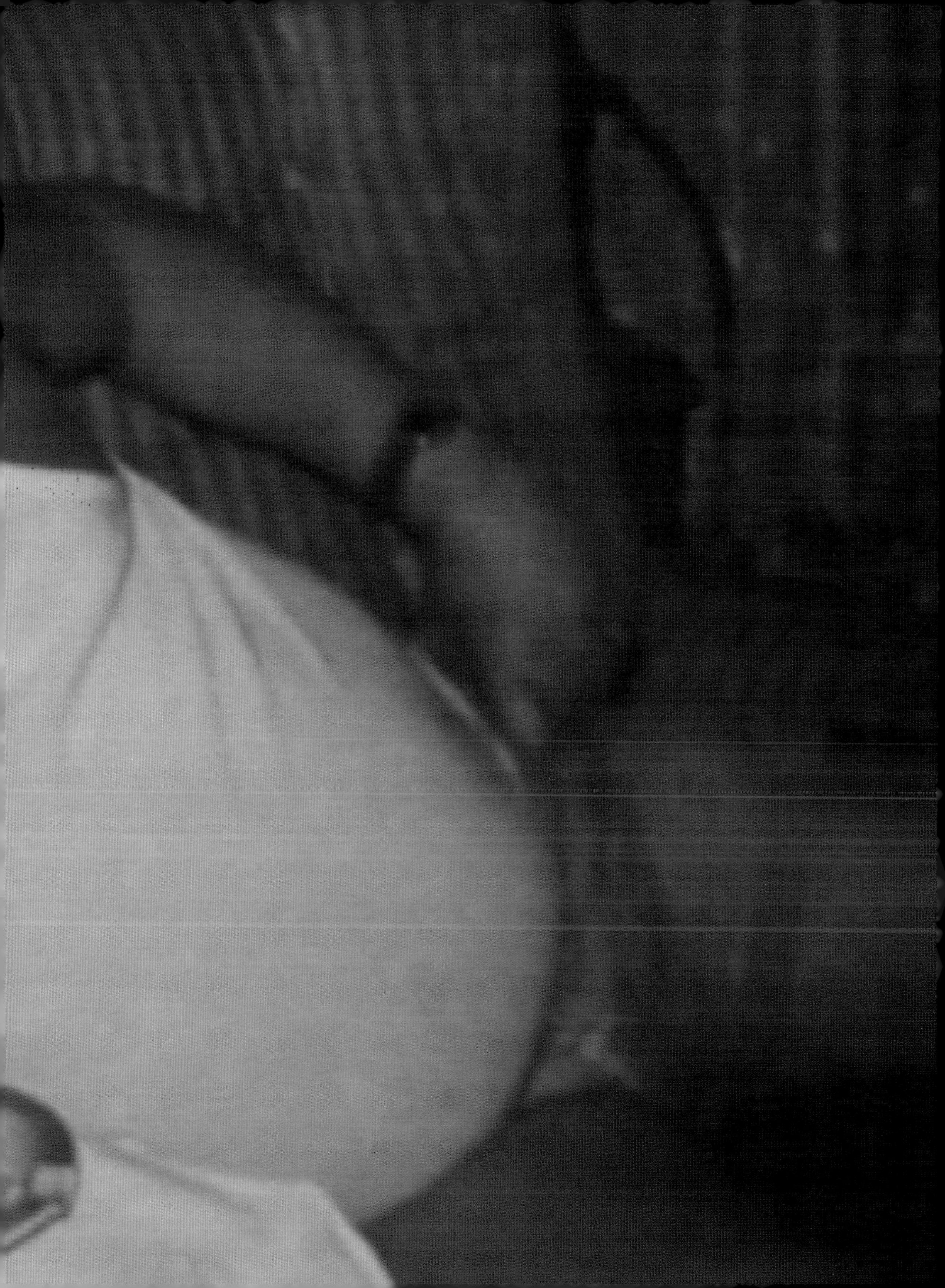

BUNNY LAKE
IS MISSING

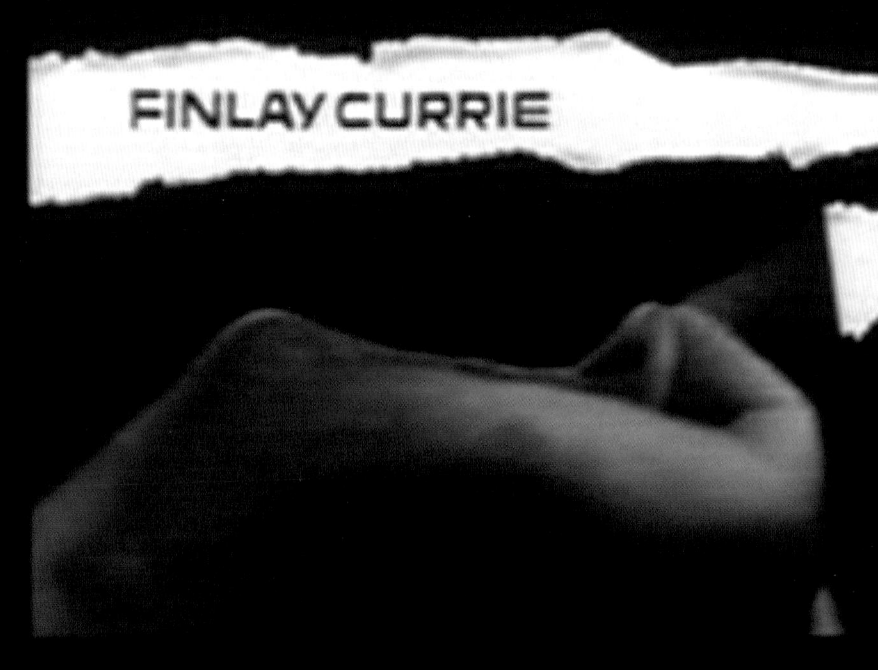

FINLAY CURRIE

LUCIE MANNHEIM

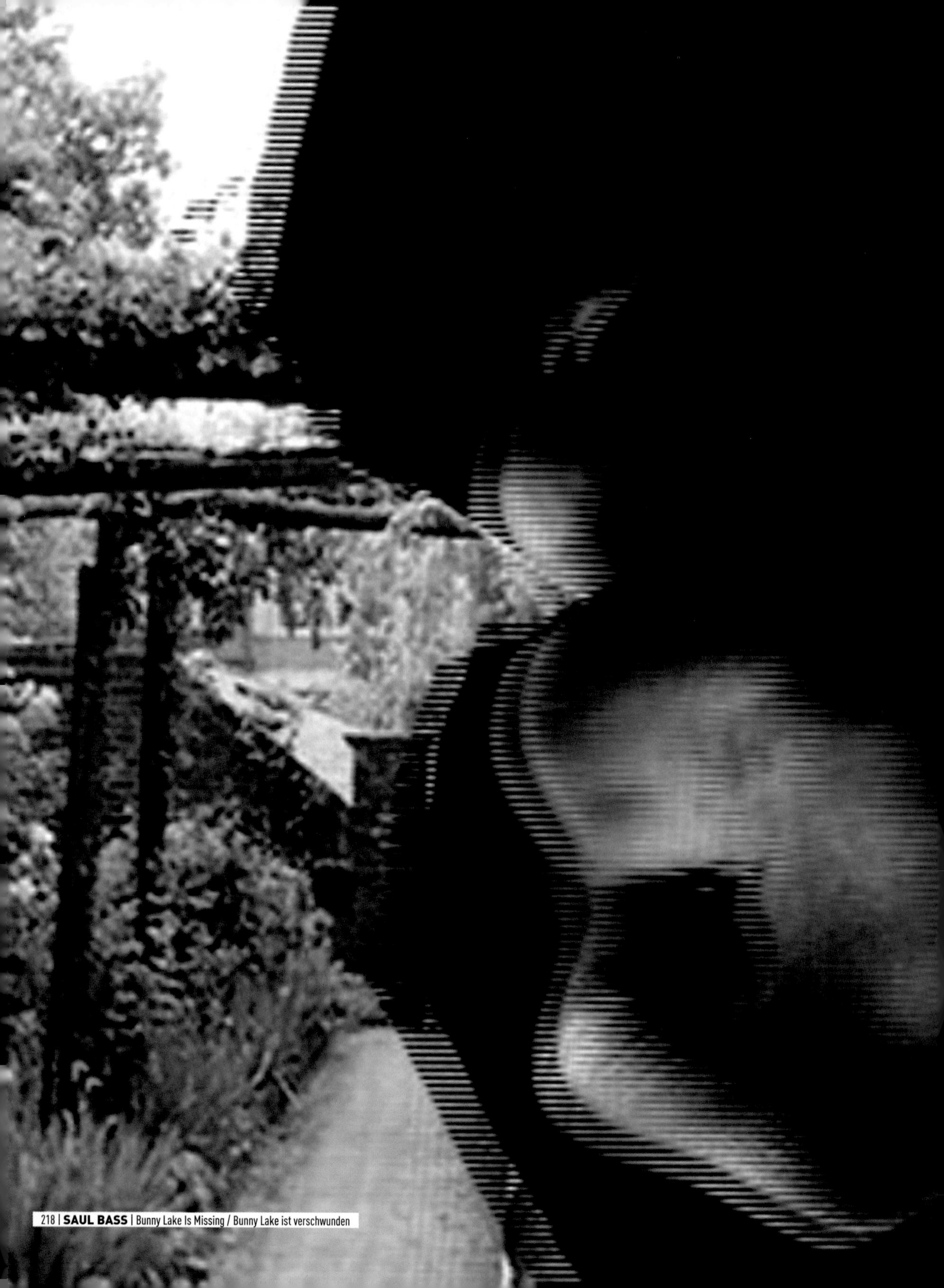

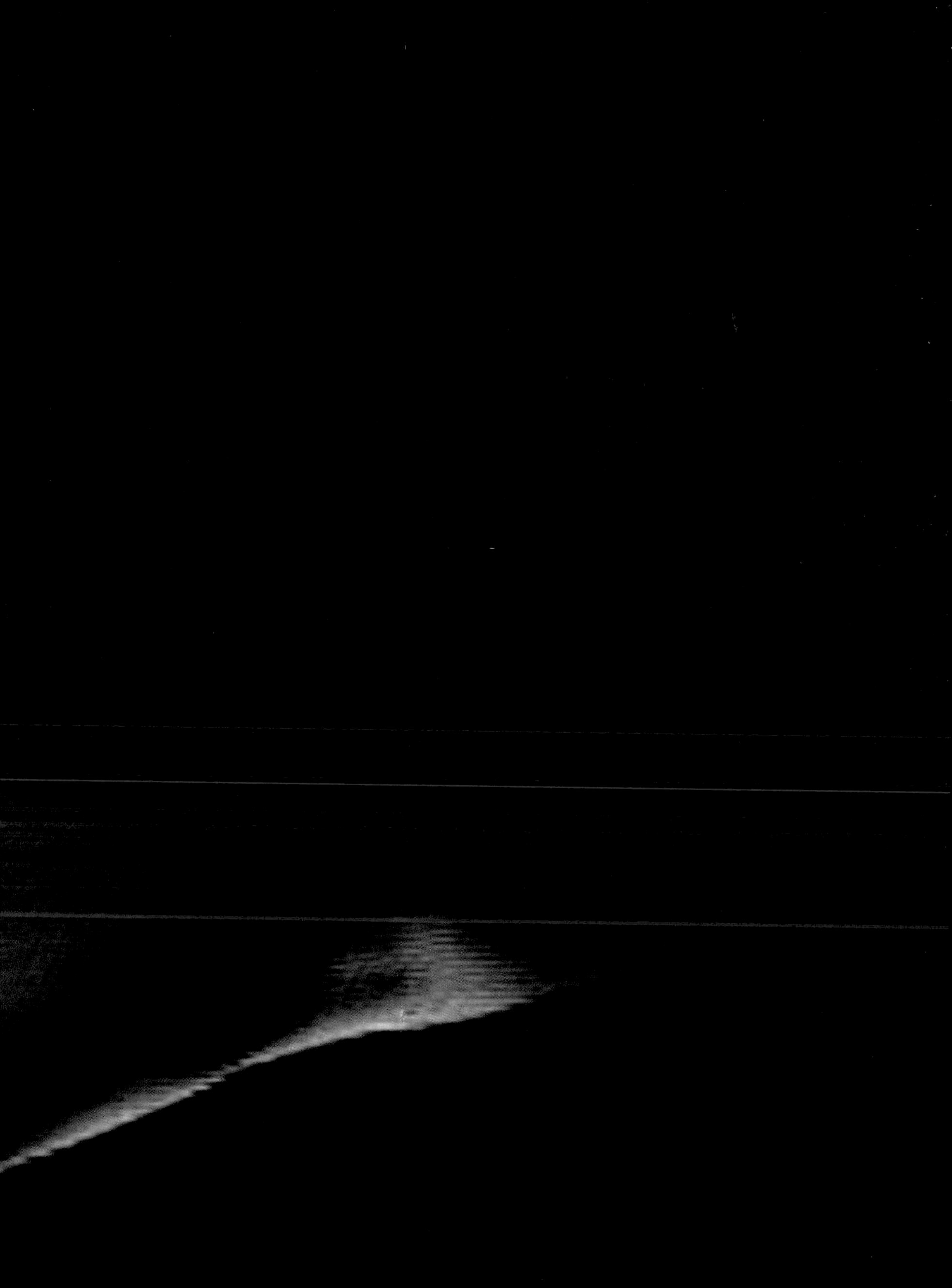

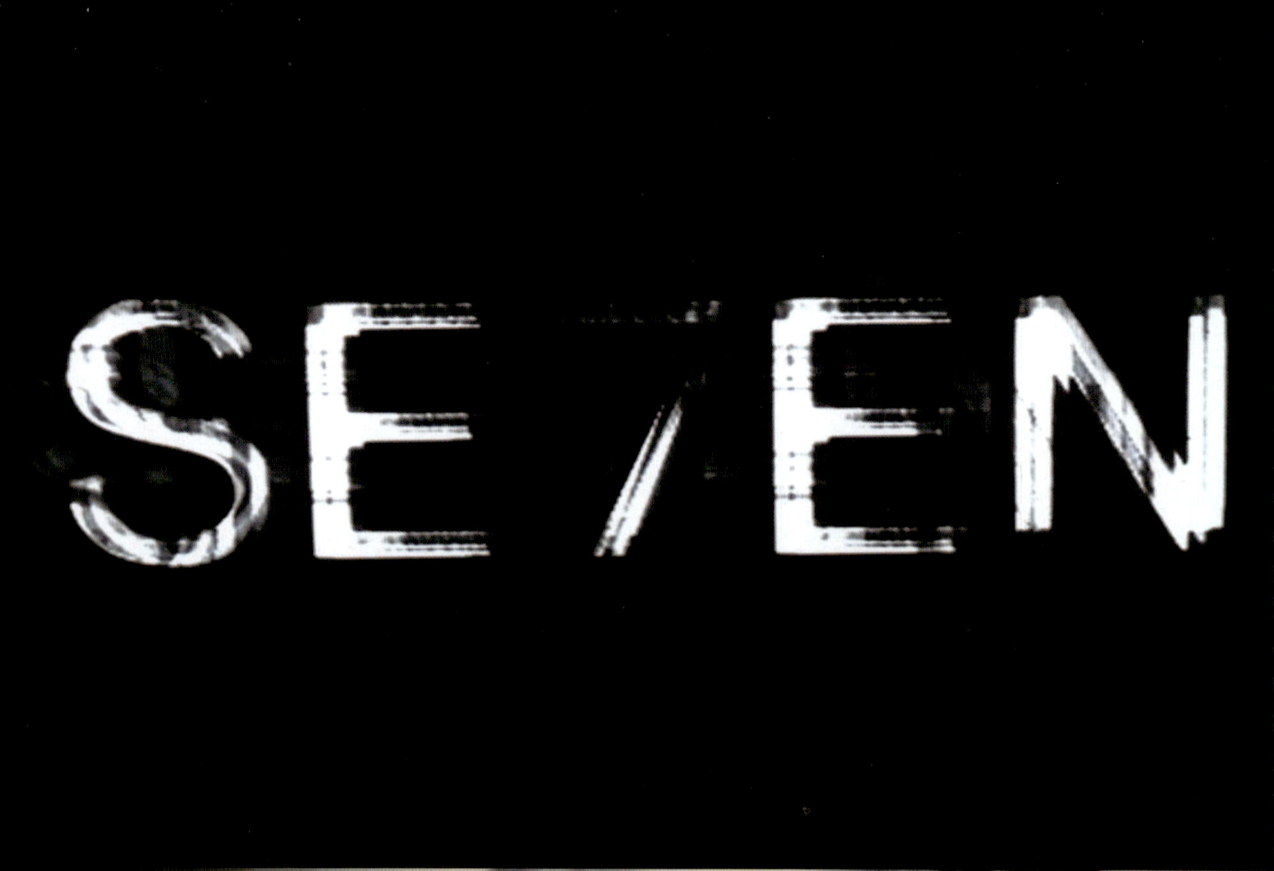

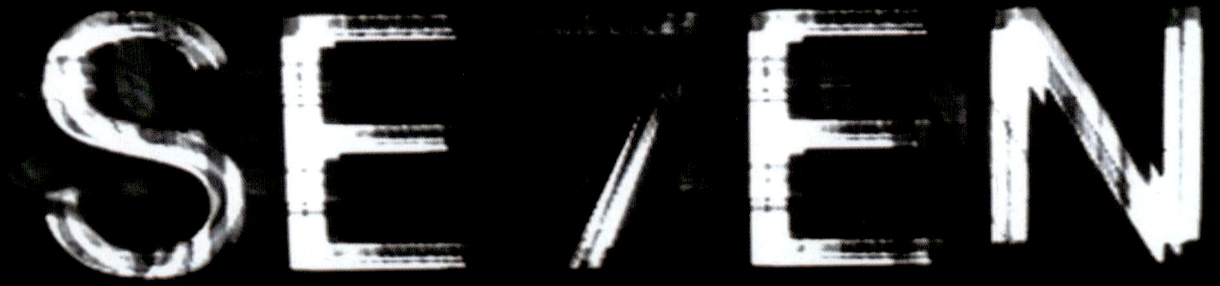

SE7EN

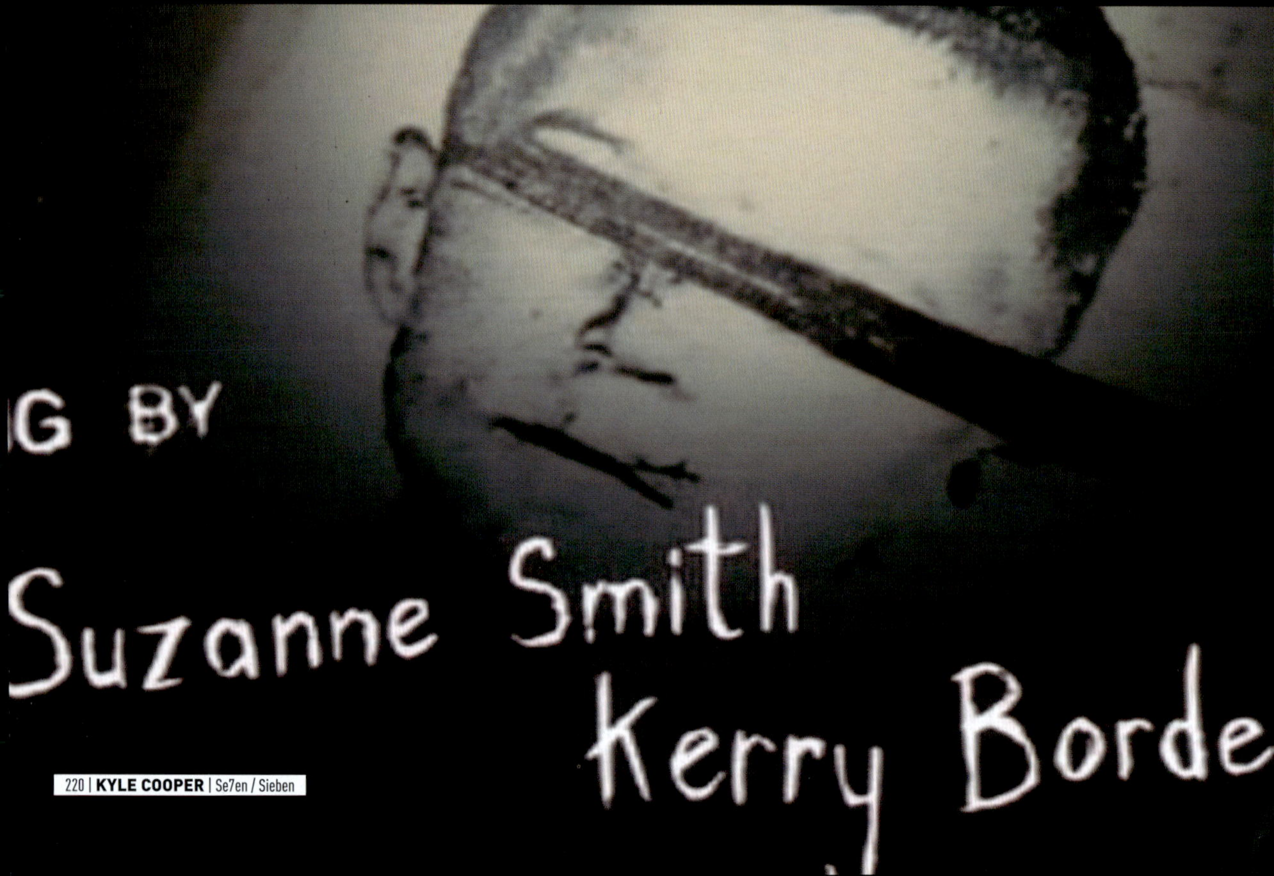

G BY
Suzanne Smith
Kerry Borde

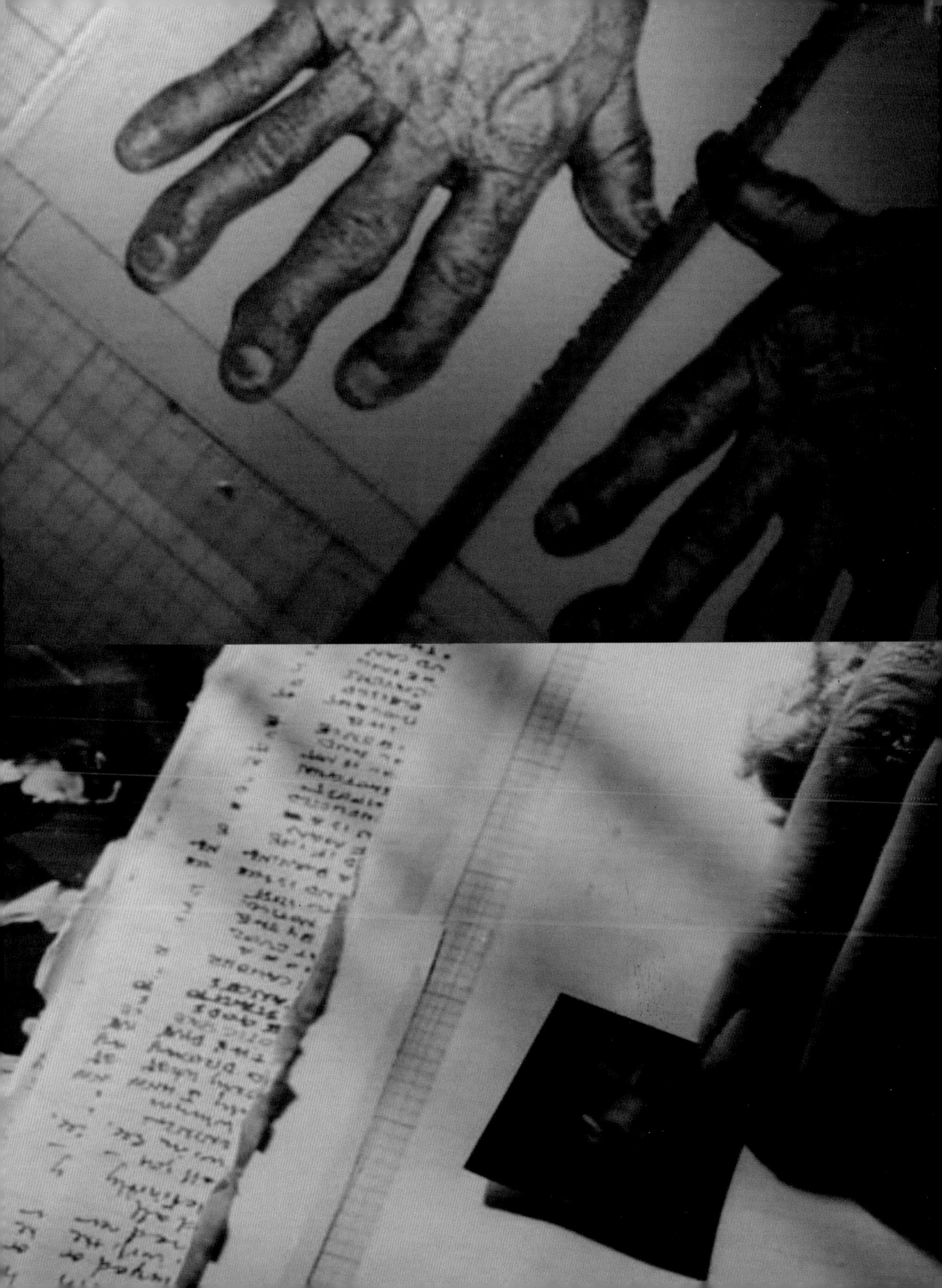

the weather and other things. I tried
...ng and begin to hurl from his bandit[y]
suddenly threw up all over him. he was "a
thing."

these things that would be in their
...about it, though. Dreams are a bi[?]
...y are helpless, and don't mean d[?]
something or someone they love or [?]
...place in their head and they [?]

...I don't even want to sleep [?]
...knowing it. I've never fel[?]
...me this morning] so anxious [?]
...perceptions or the [?]
...my perception. how [?]
...why can't they see the [?]
...see my self drowning in the wa[?]
...they were. all [?]
...would laugh... if we can't be[?]
...the globe.

your palate, the middle ear ( further oti
parotid gland, the superior illiary glan
nals AND HERES of ... 992
NOID CARTILAGE, CARTILAGE OF SANTO
of ... 933, SURFACE AND MARKINGS ...
superior VENA CAVA .
(LEFT) EXCRETORY AND APPARATUS OF THE LIV
uter, the pancreas, dissection ... 943
urinary organs, the KIDNEYS, RENAL
963 male organs of generation, P
arteries of the penis, structure
at anatomy, the testes, and th
occipital bone, parietal bon
ethmoid bone development of
of the skull, vertex of the skull
FOSSA, ORBLES, NASAL FOSSA, R
must be more DISCIPLINED.
[READ] THE ARTICLE IN THE MAGAZINE
about why i'm going to the PT PR
expect? Something, YES A DIP
want to protect AND THE ONLY FED BEING
of THE P TRAIN, THERE'S something
they get paid money to write with
I'M TIRED, GOING TO SLEEP NOW

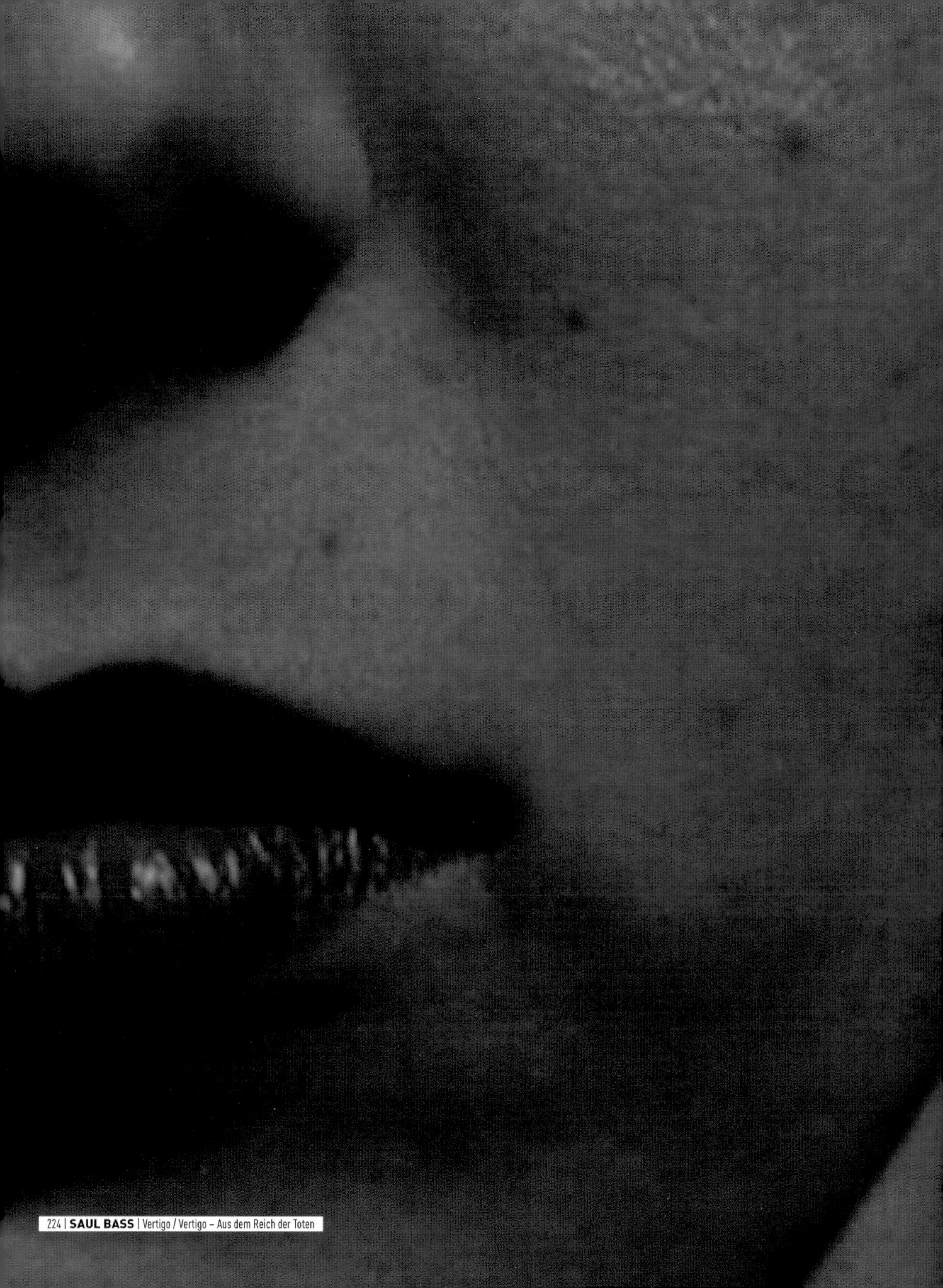

VERTIGO

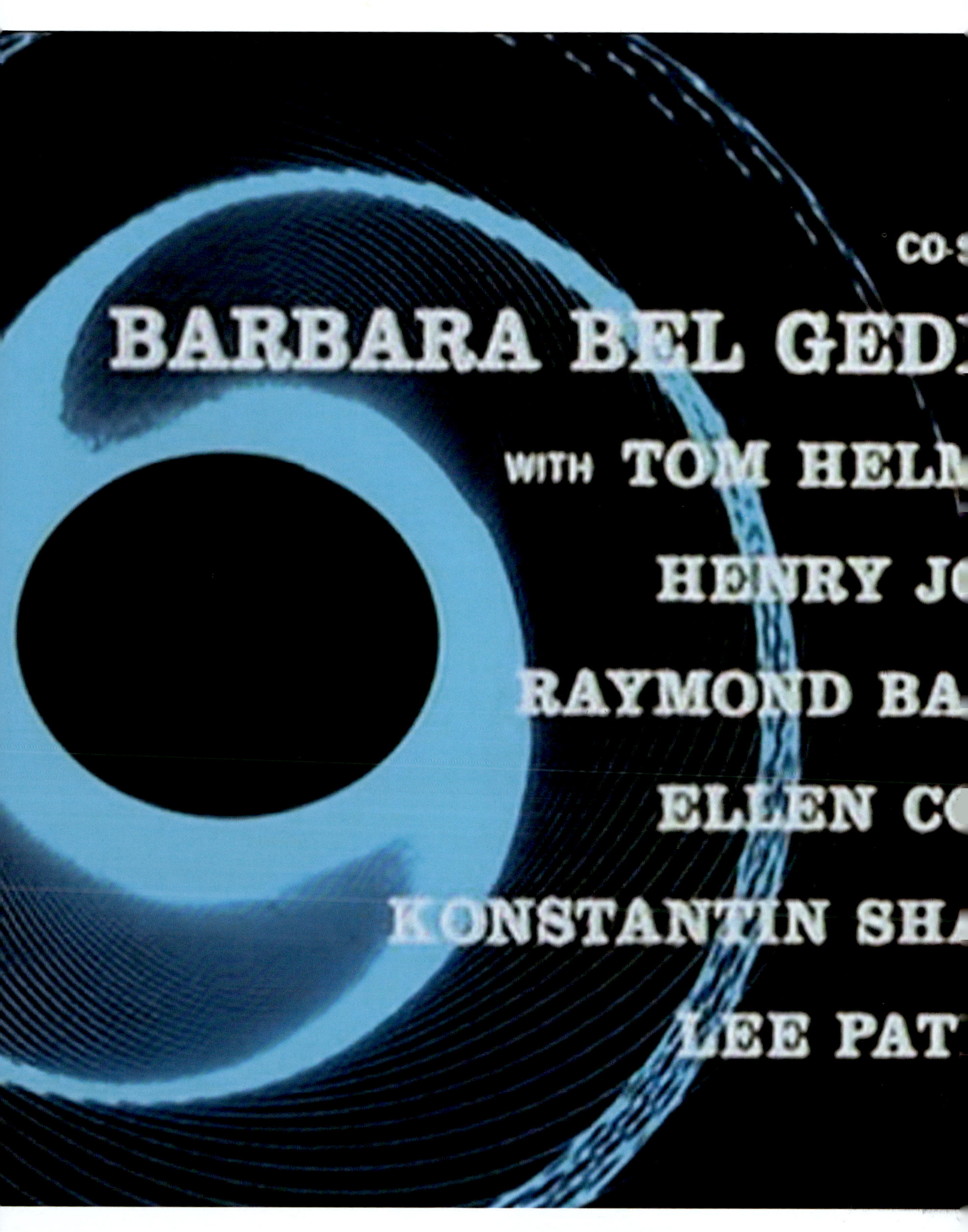
CO-
BARBARA BEL GED
WITH TOM HELM
HENRY JO
RAYMOND BA
ELLEN CO
KONSTANTIN SHA
LEE PAT

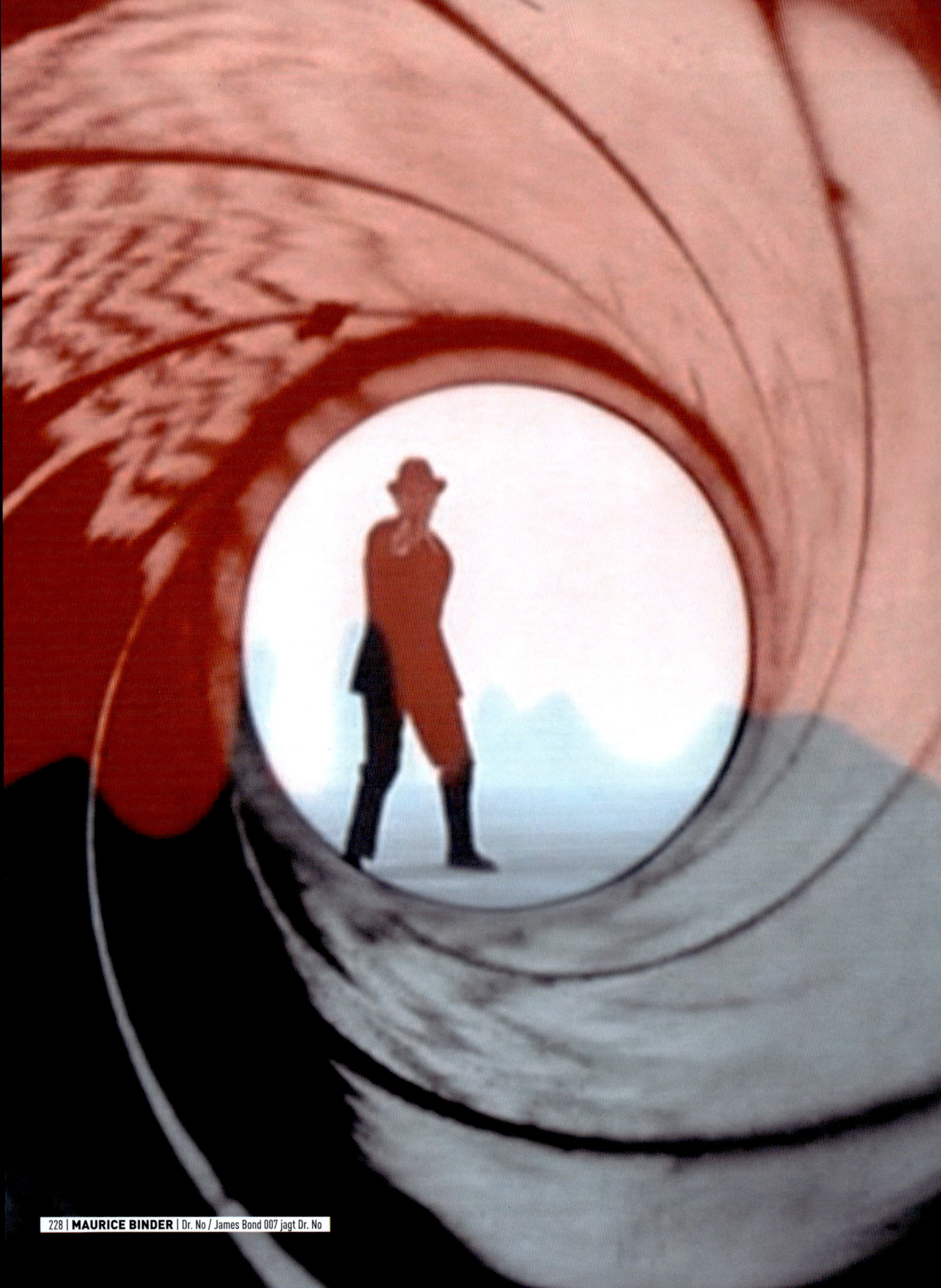

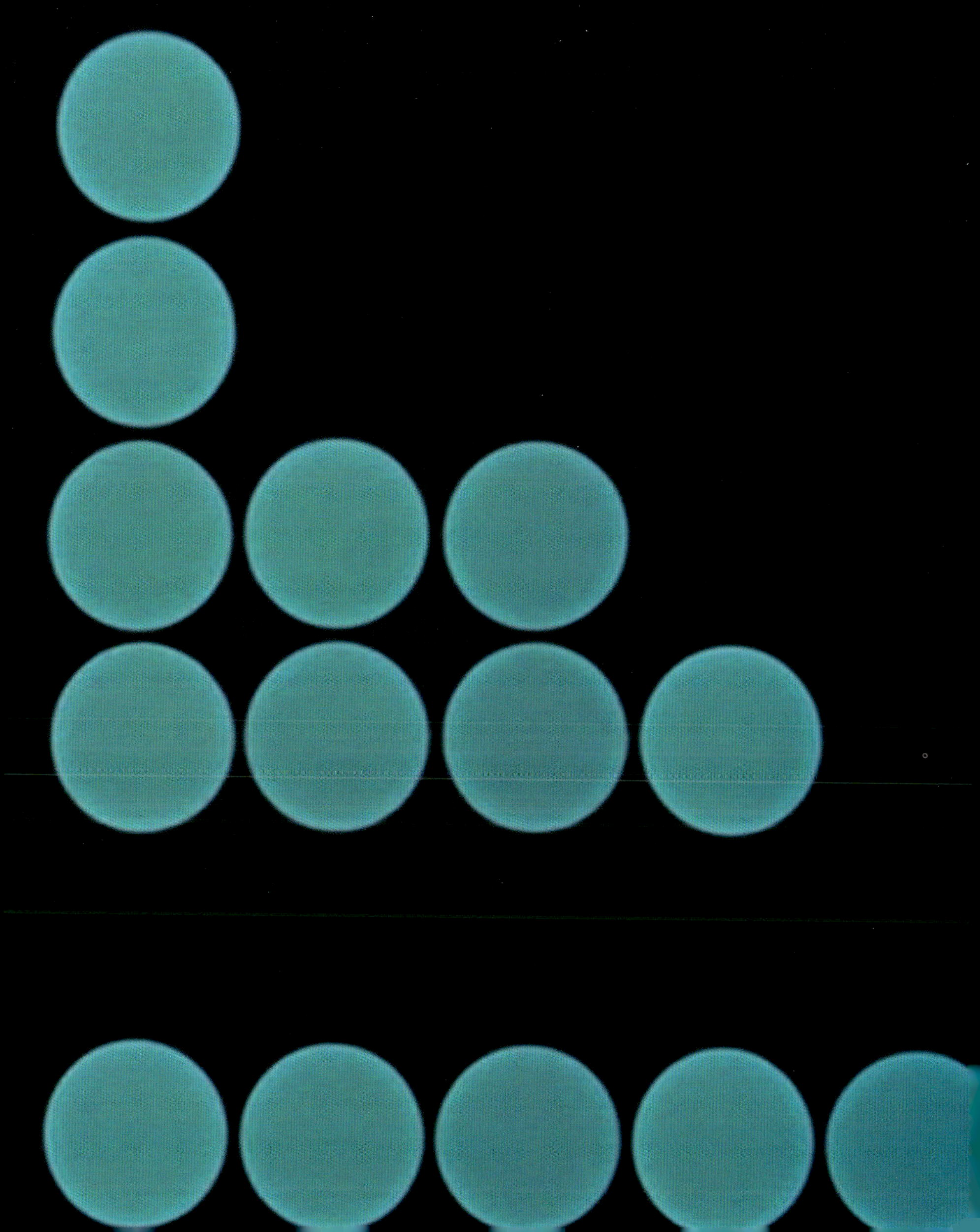

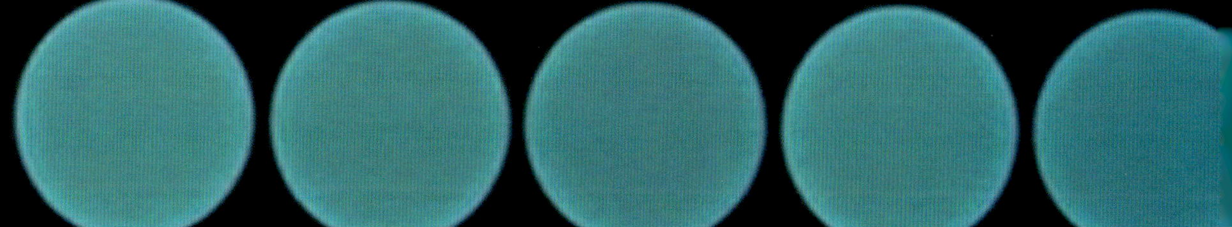

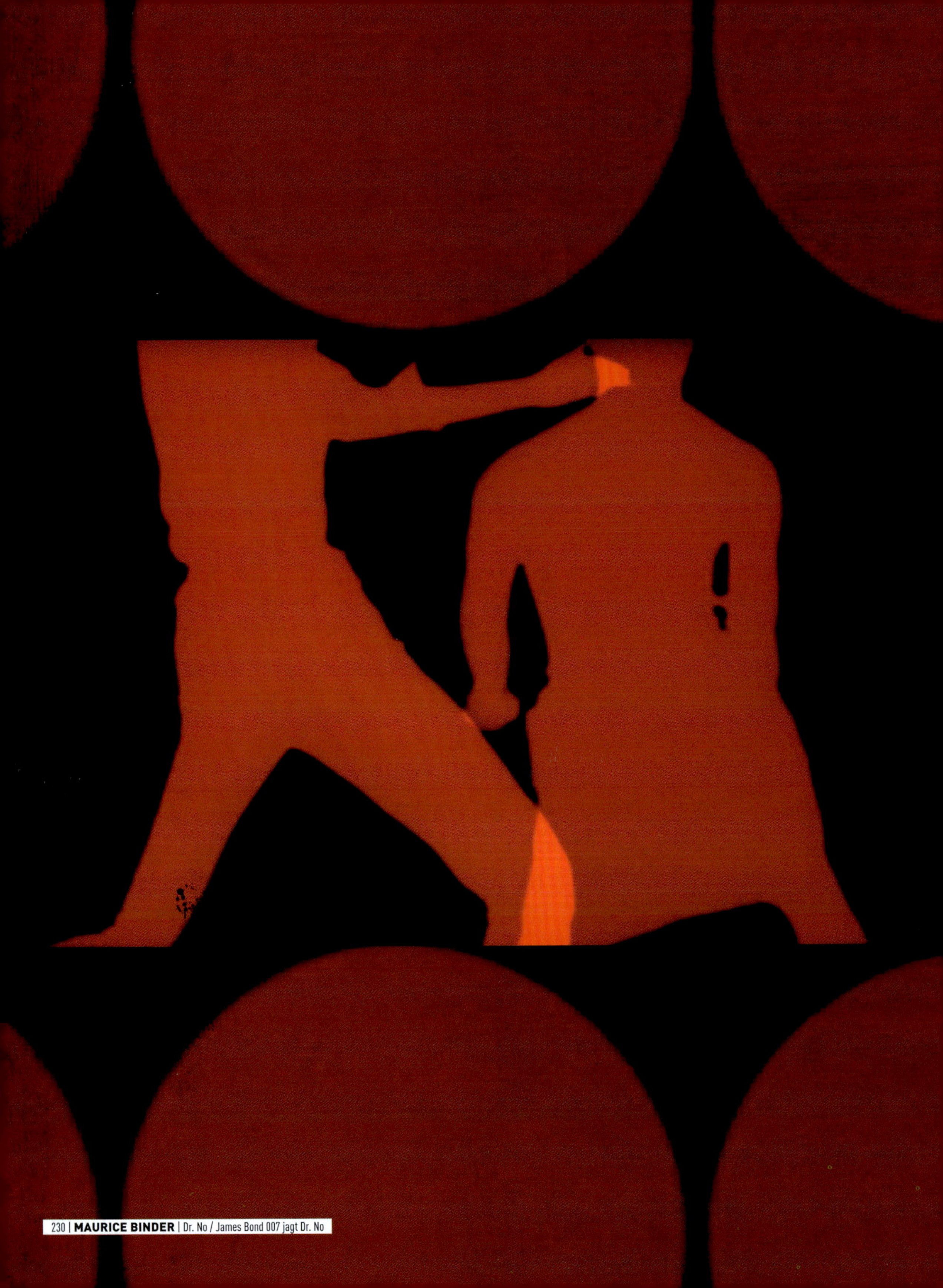

IAN FLEMING'S

# Dr. No

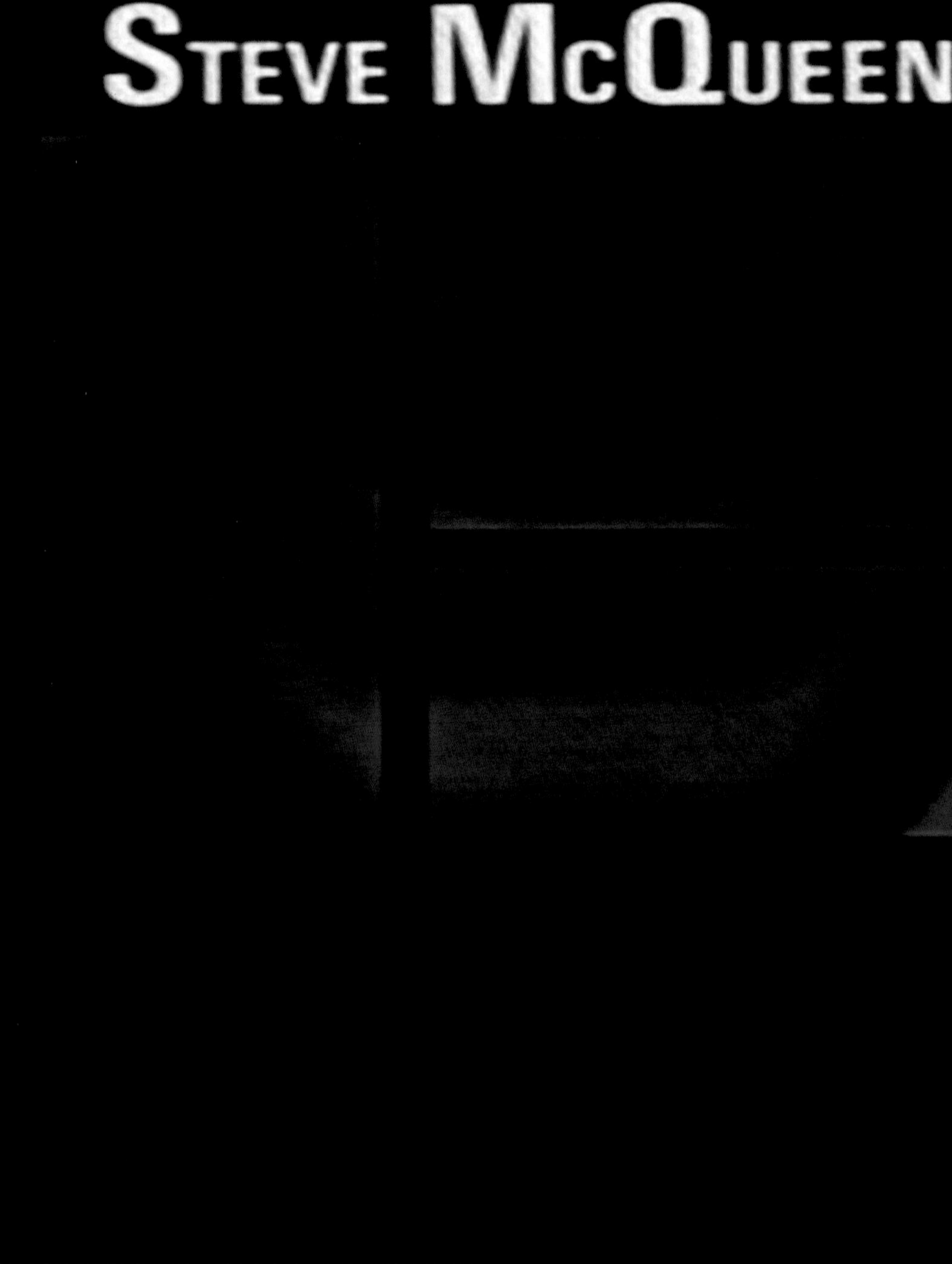

# STEVE McQUEEN

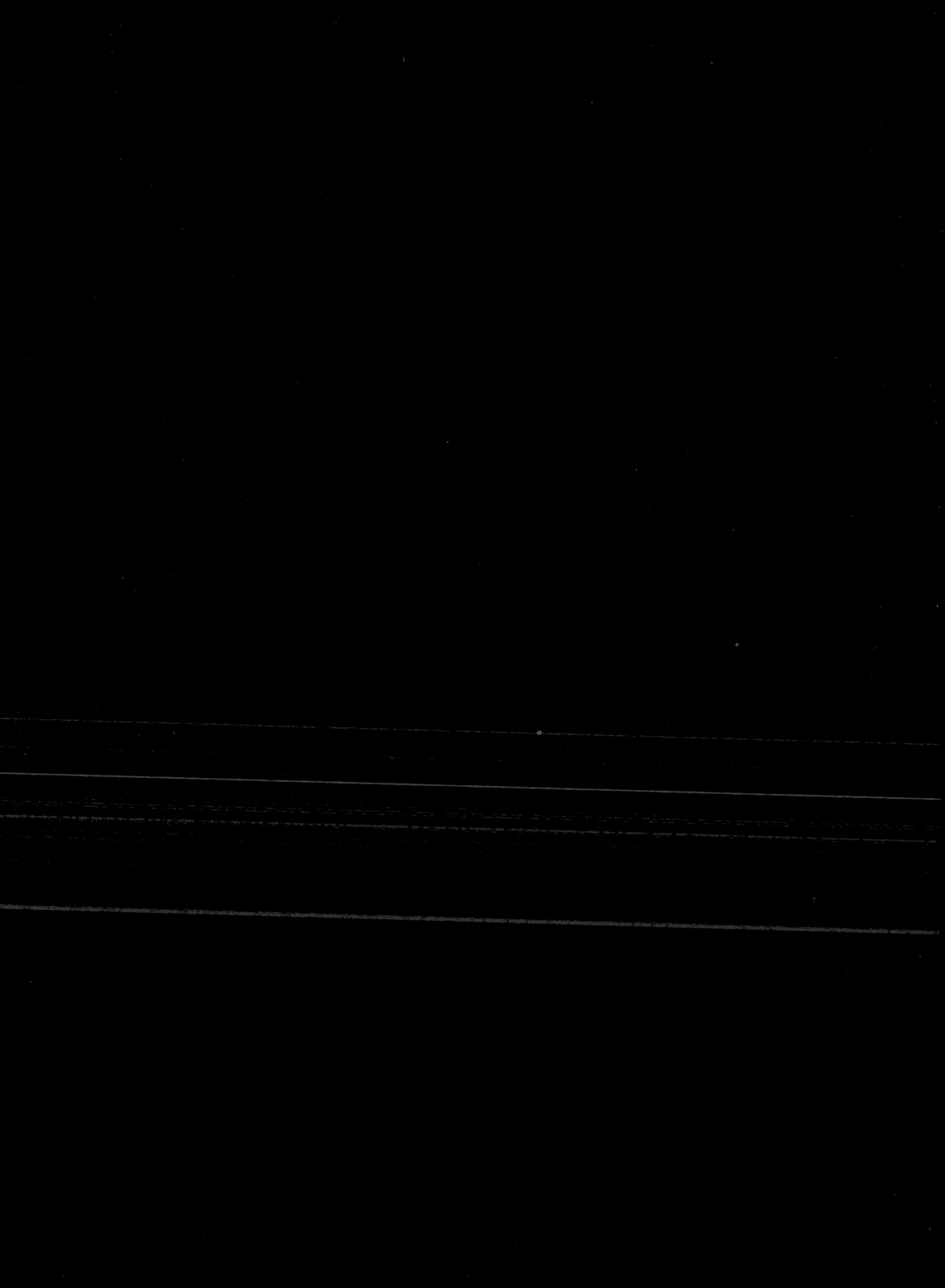

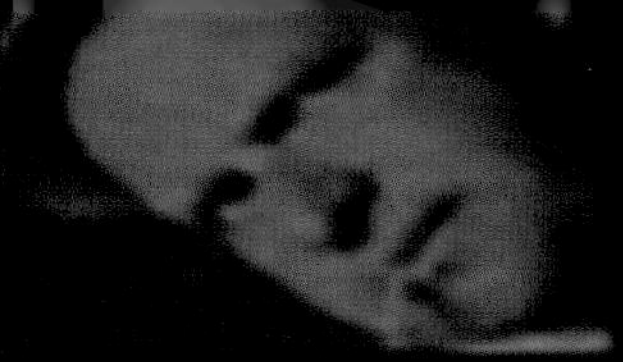

AFFAIR

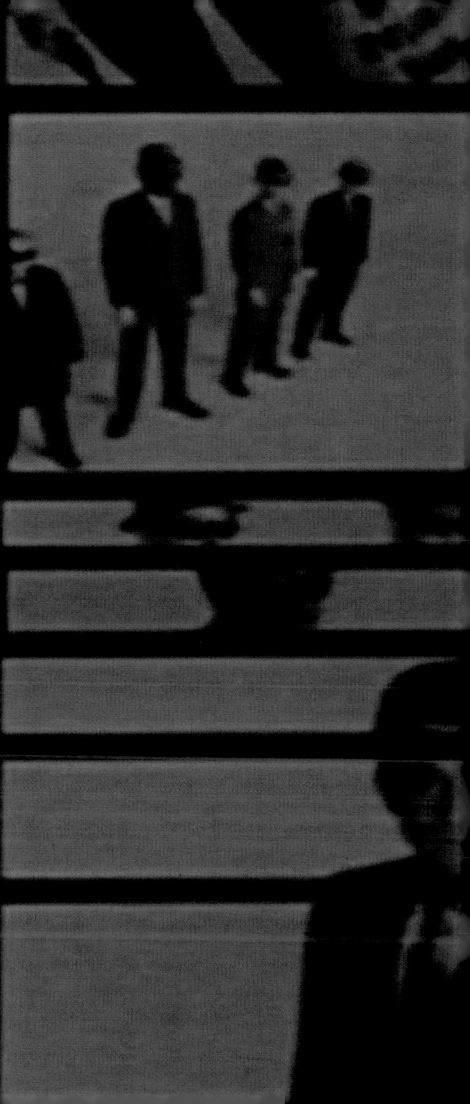

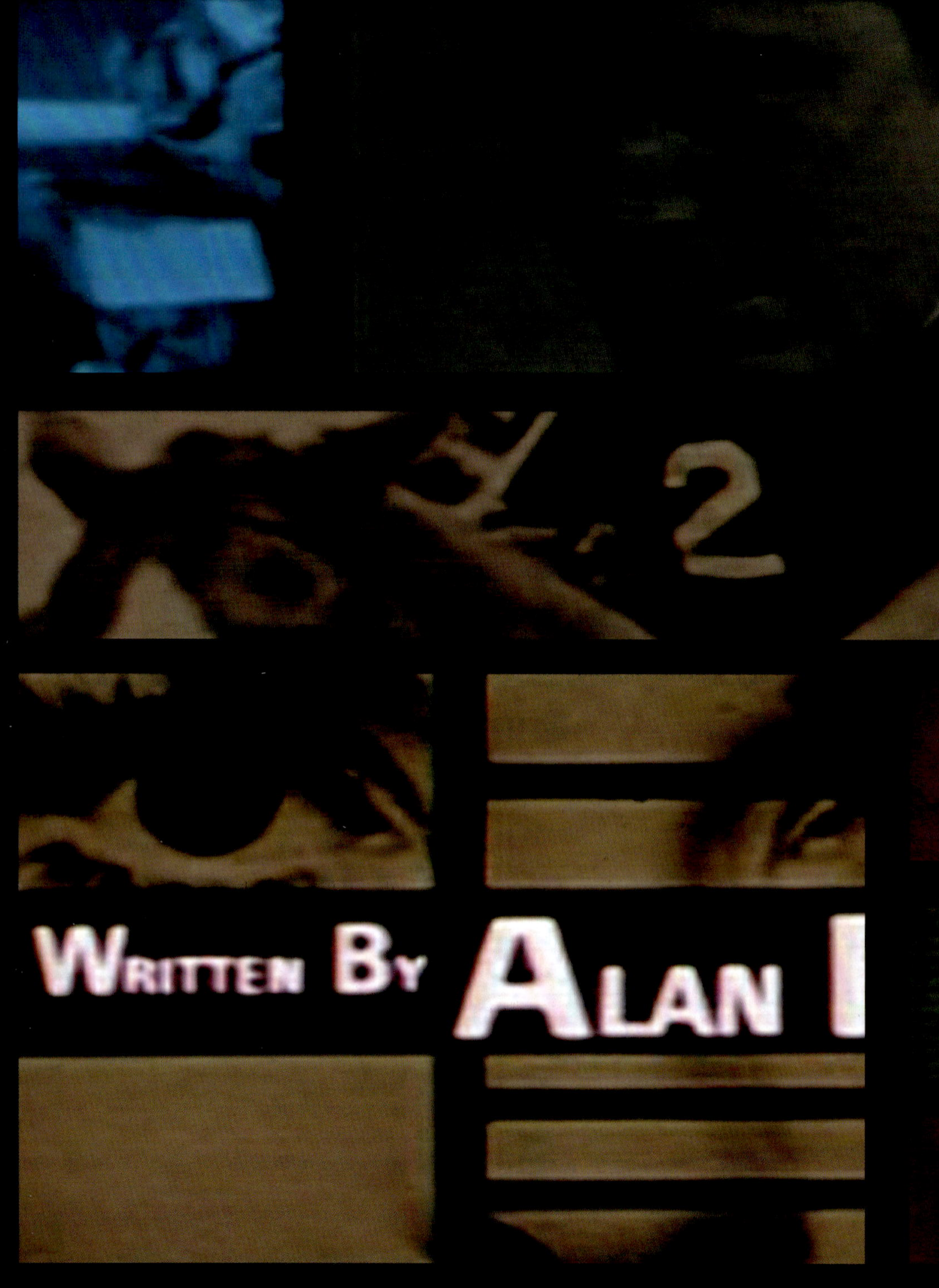
2
WRITTEN BY ALAN I

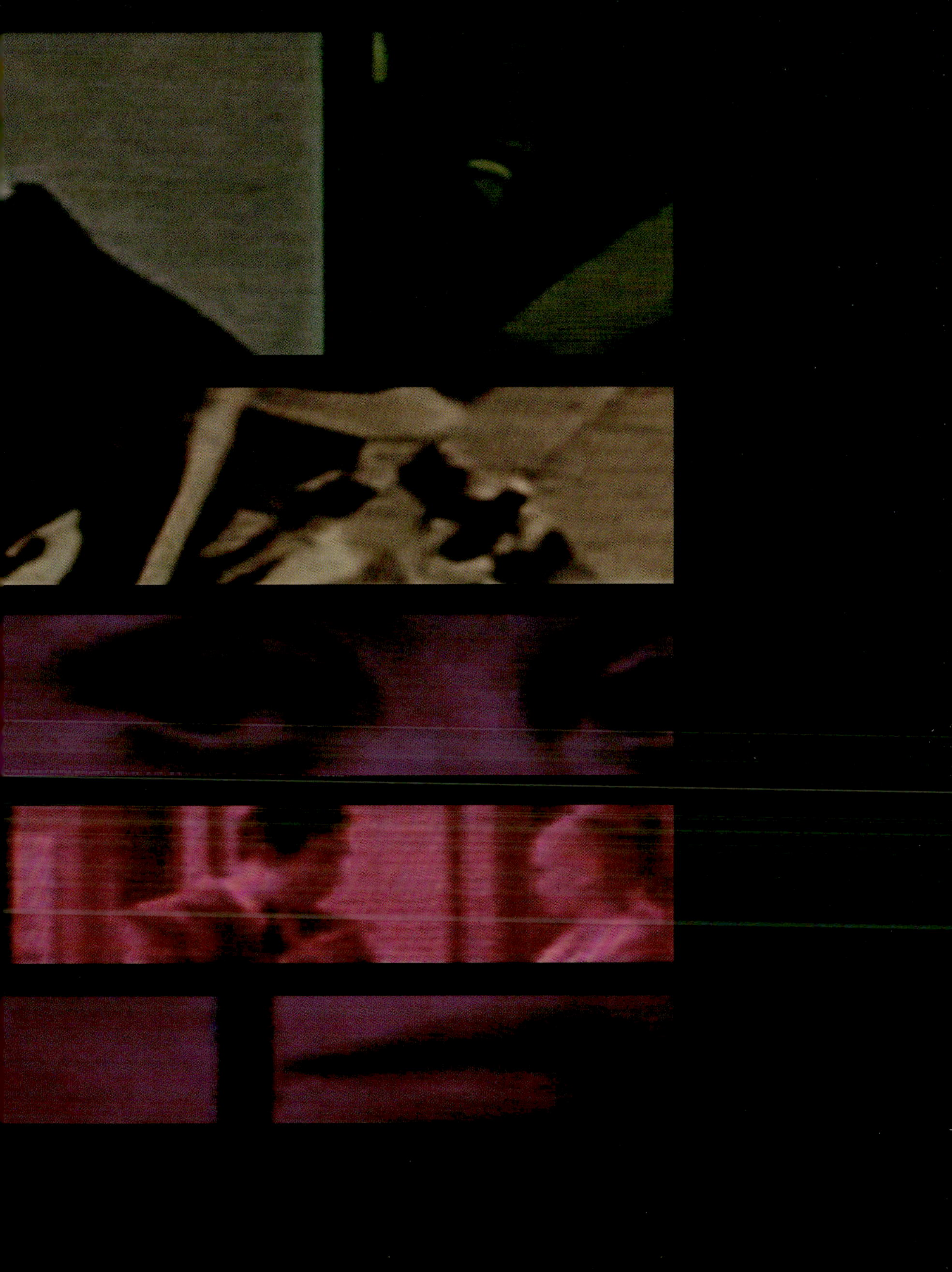

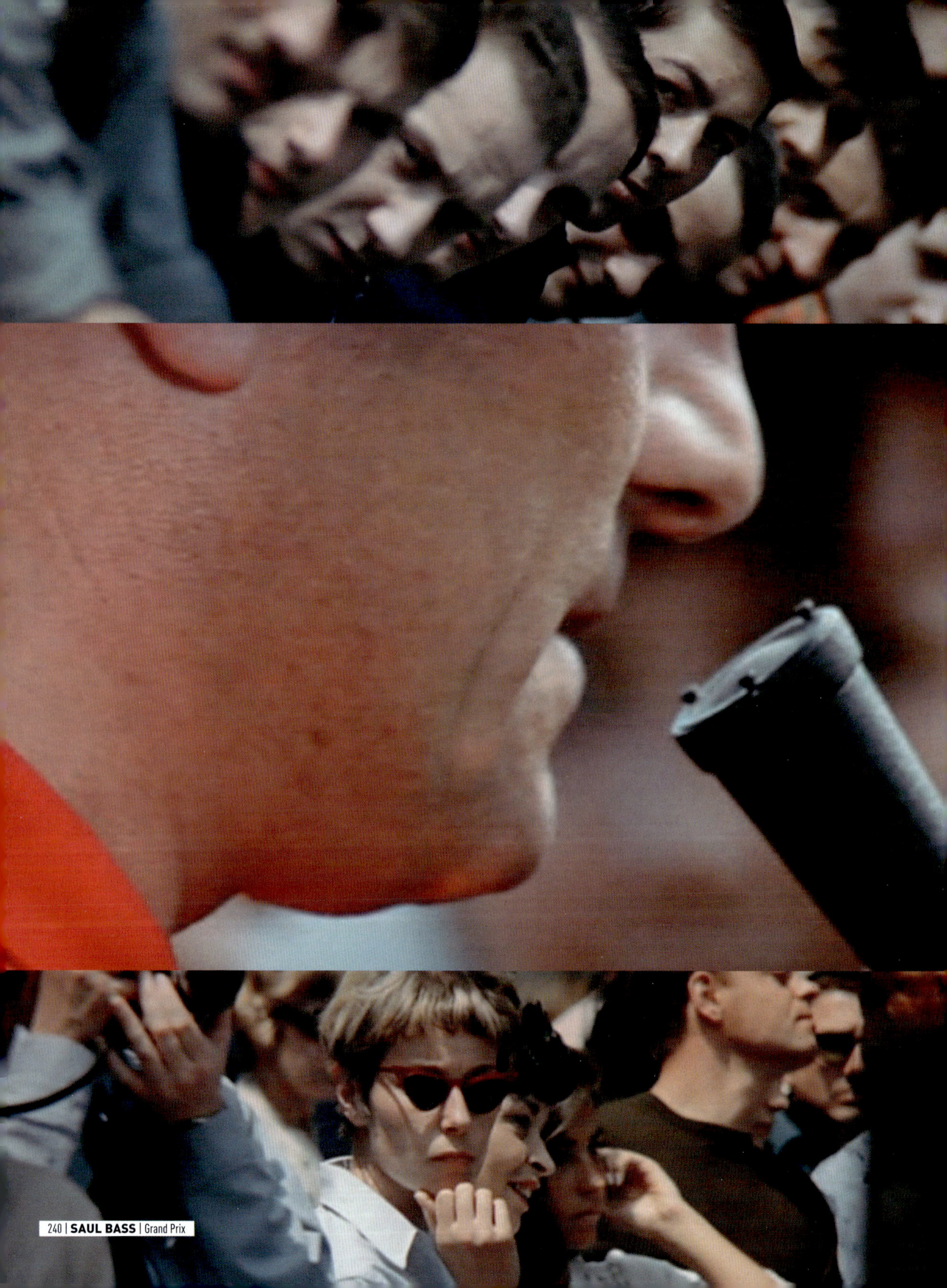

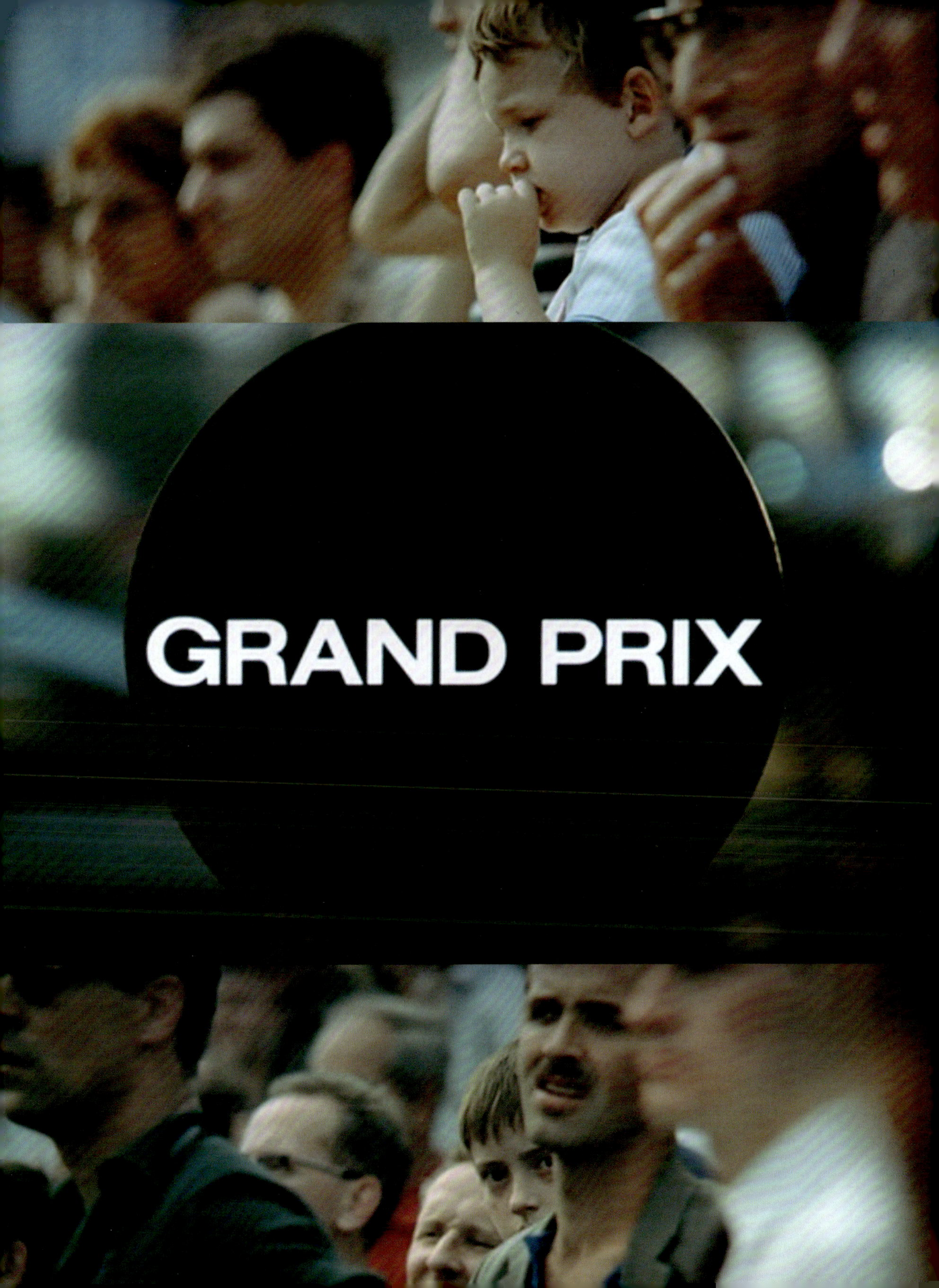
GRAND PRIX

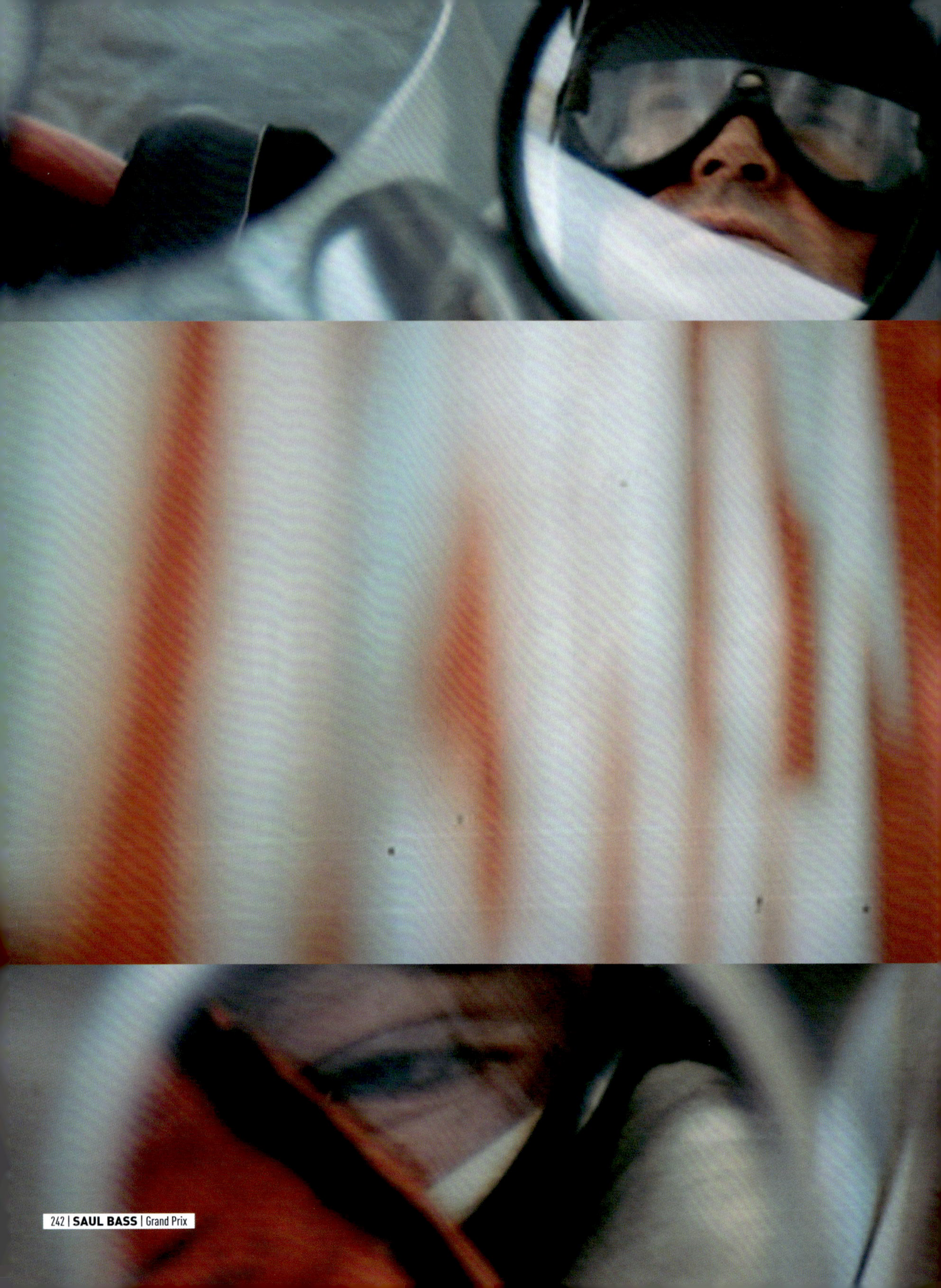

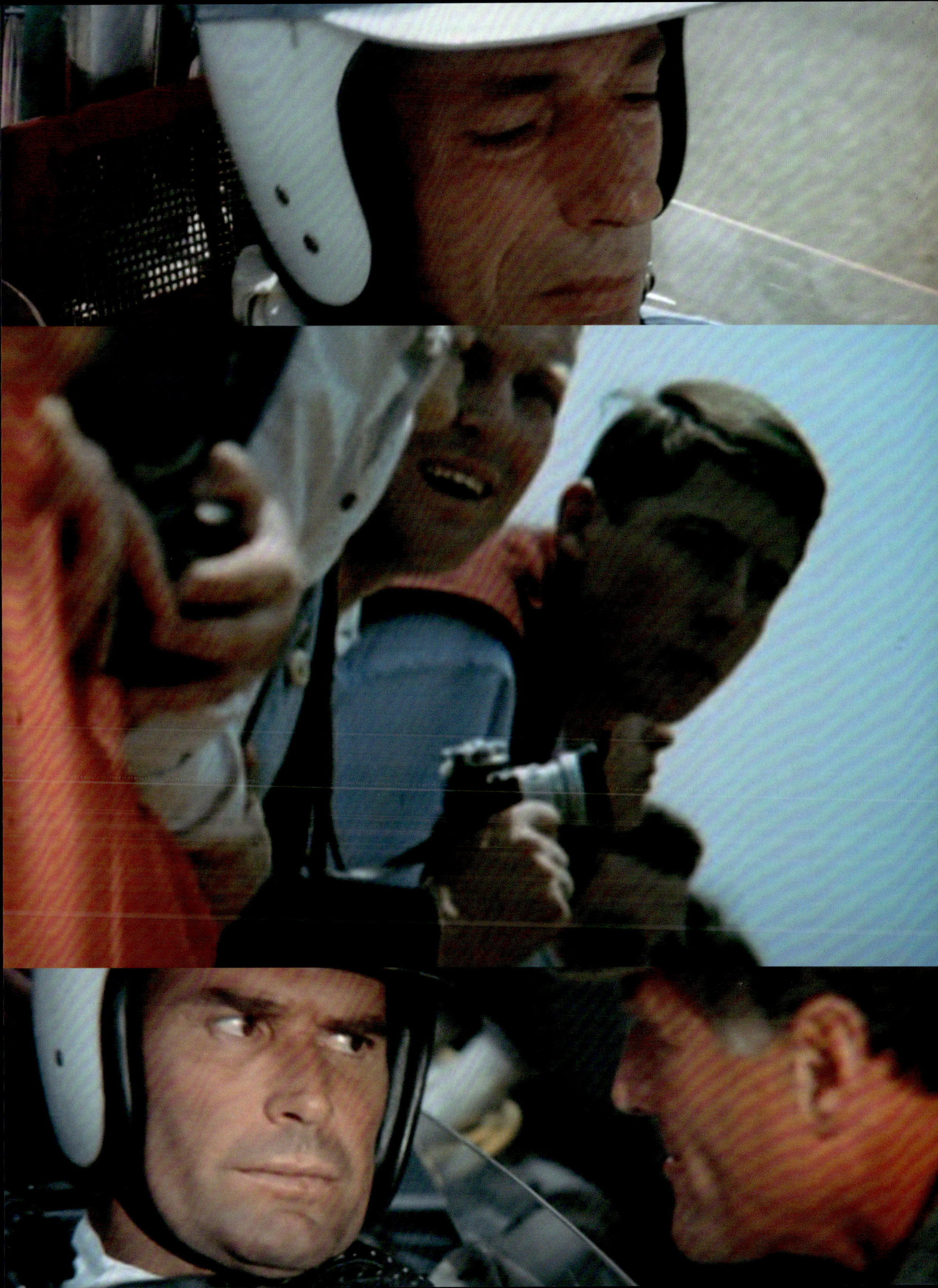

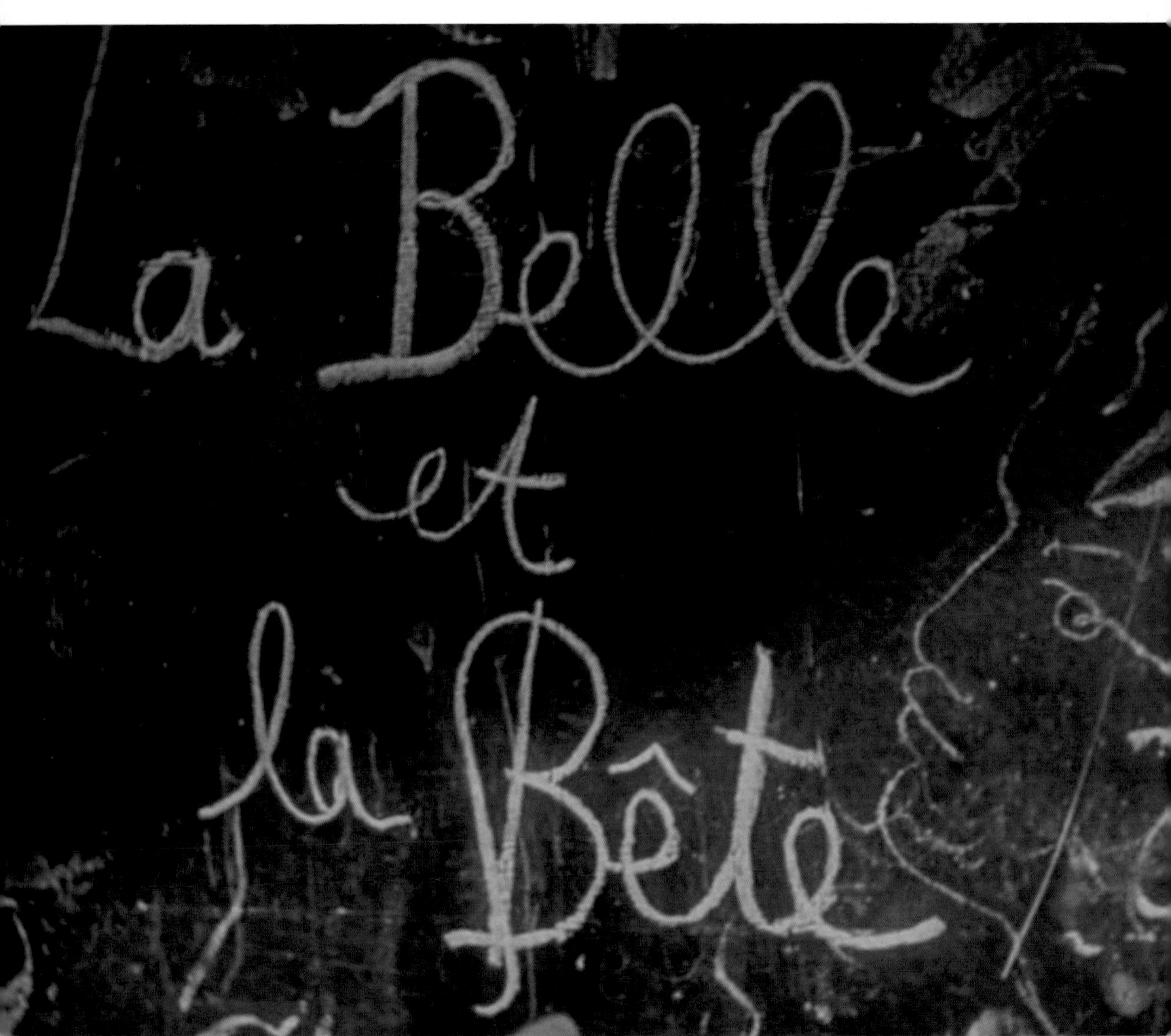

La Belle
et
la Bête

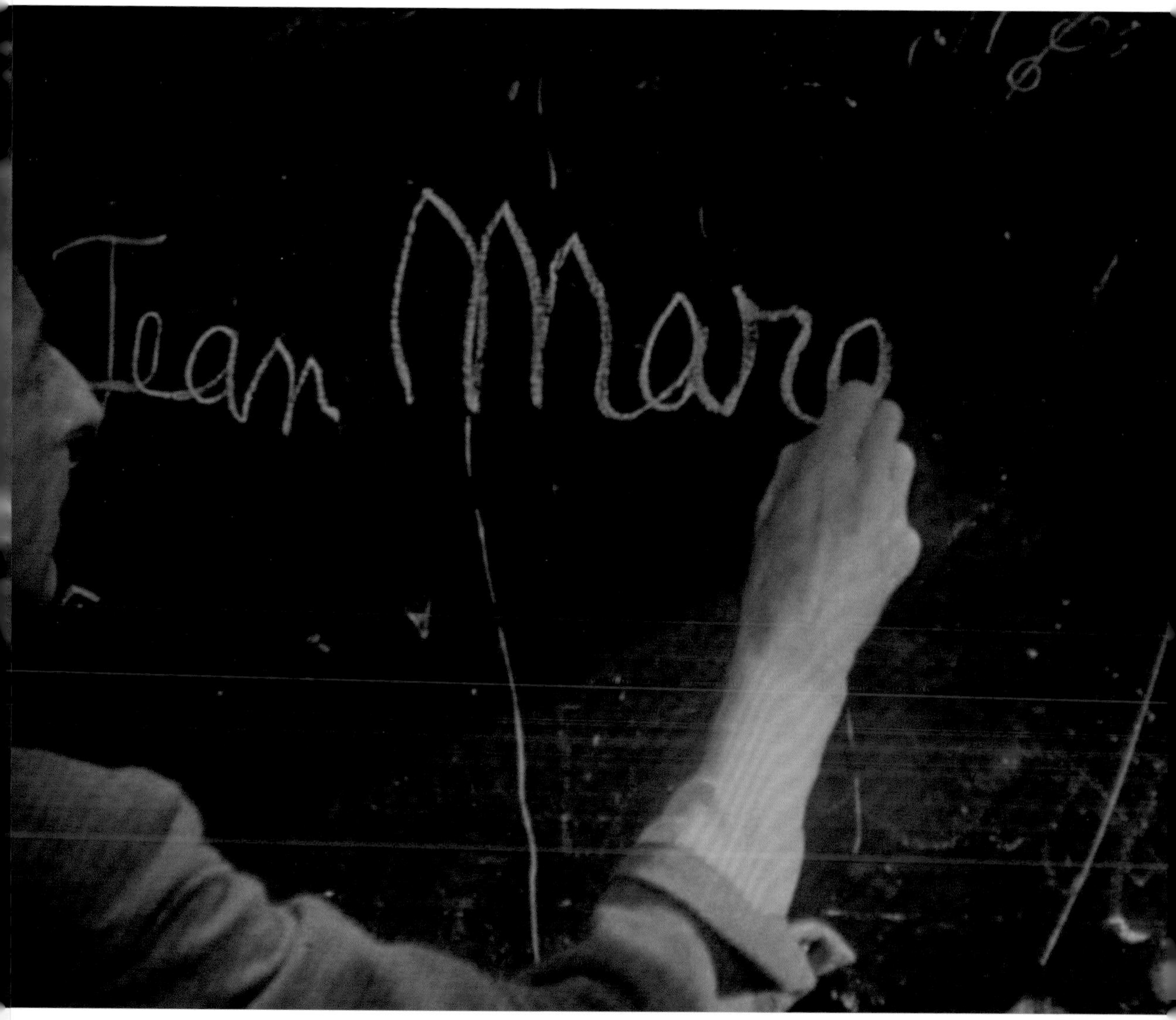

Jean Maro

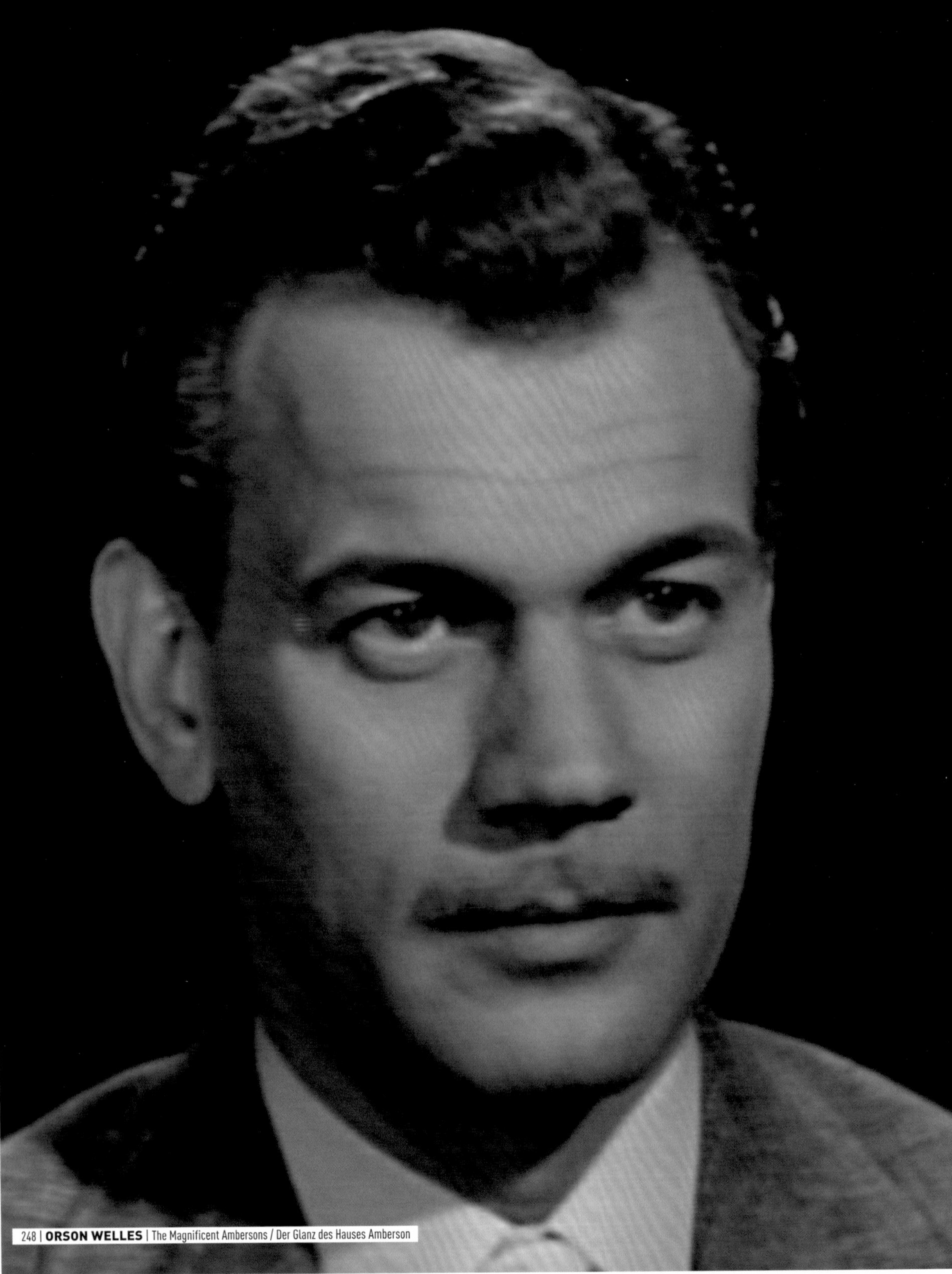

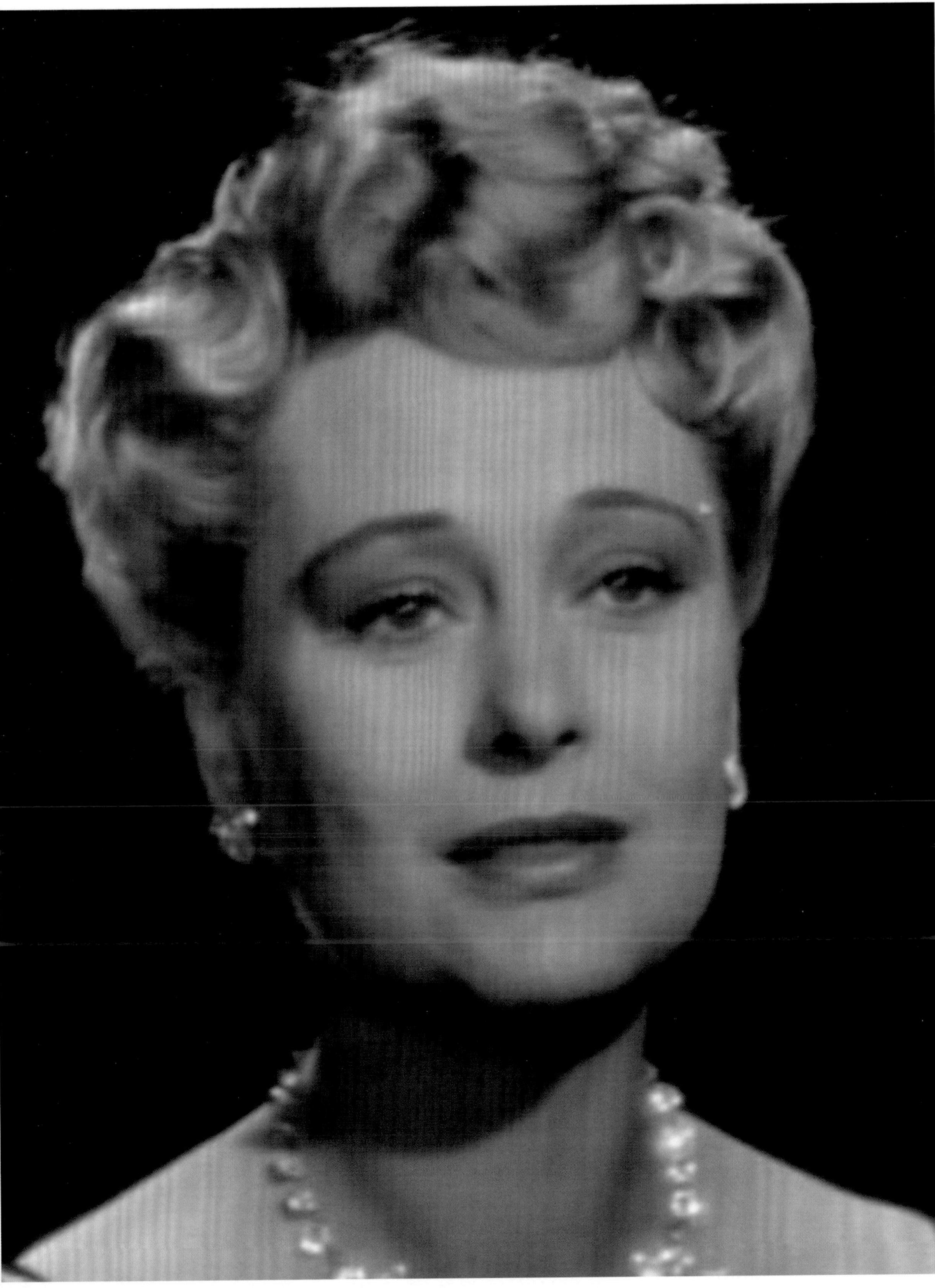

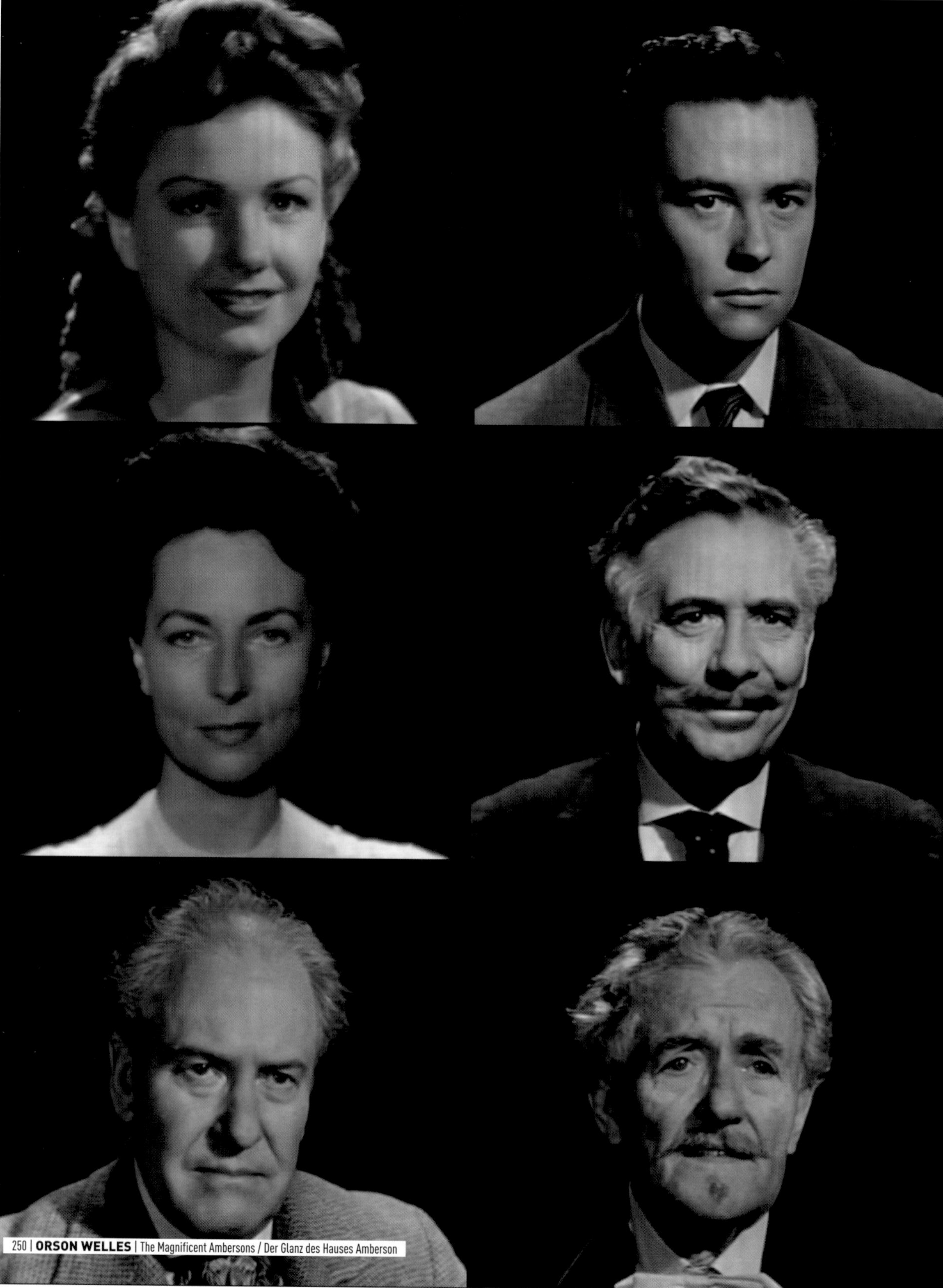

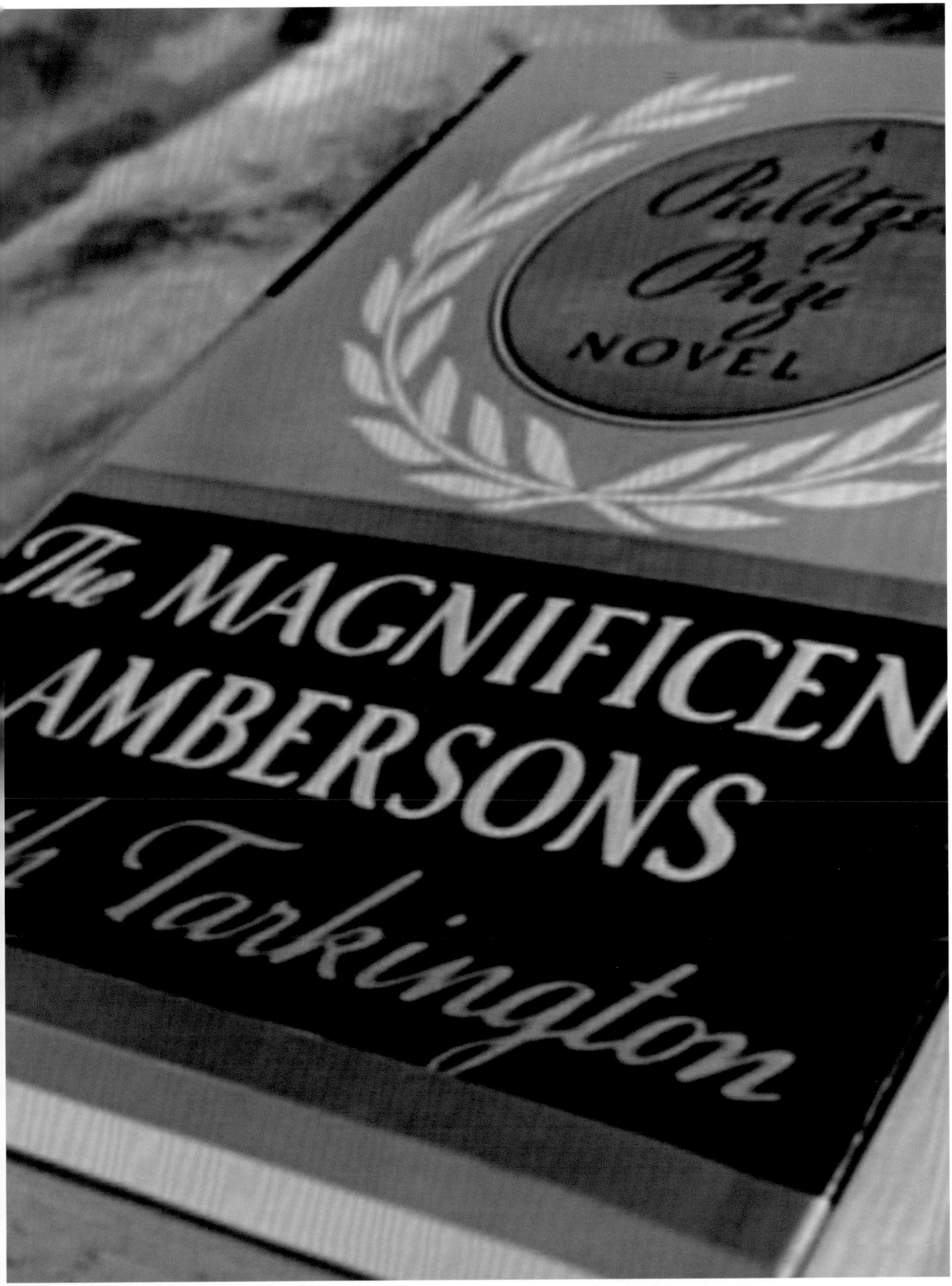

A Pulitzer Prize NOVEL
The MAGNIFICENT AMBERSONS
Booth Tarkington

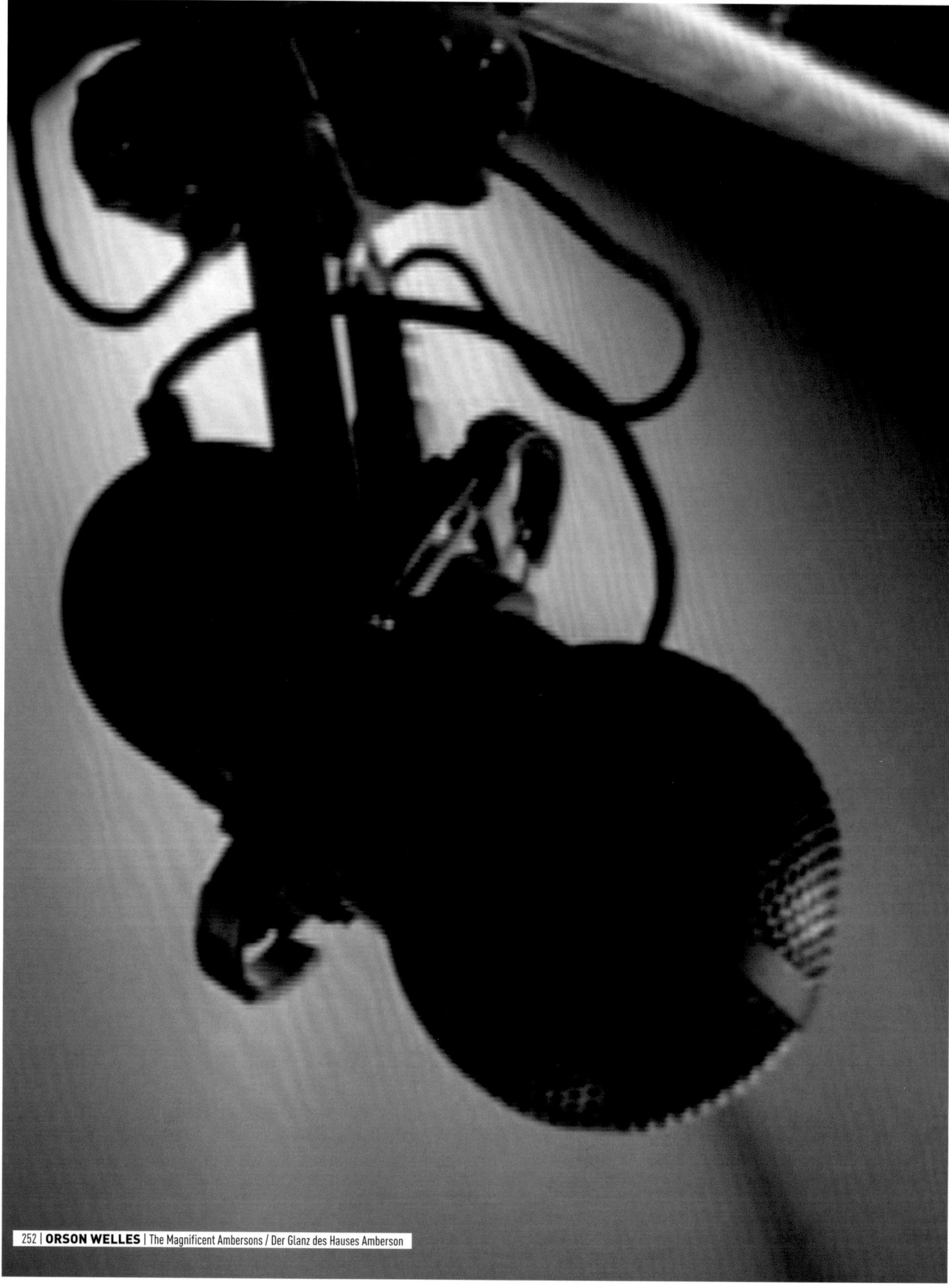

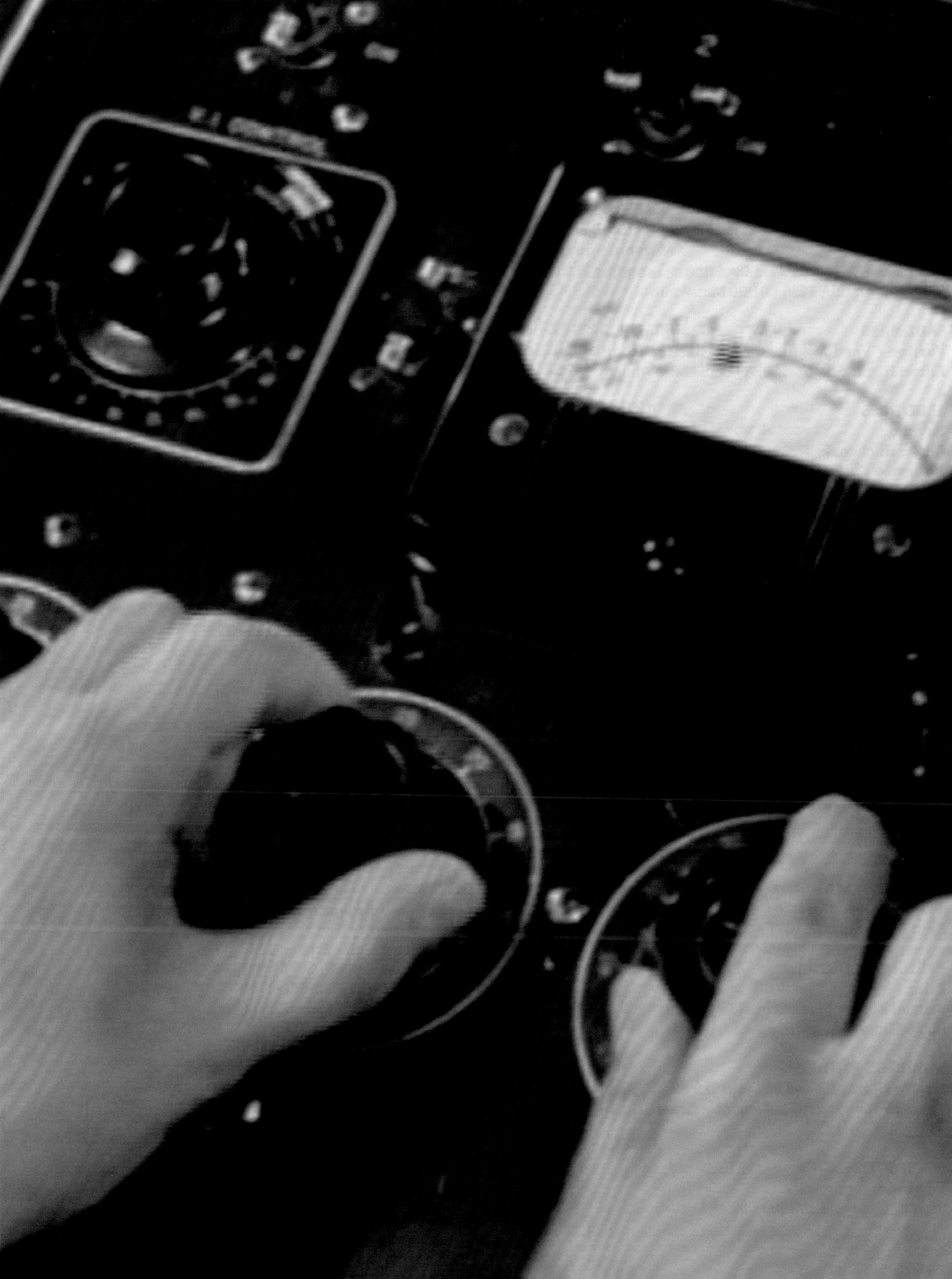

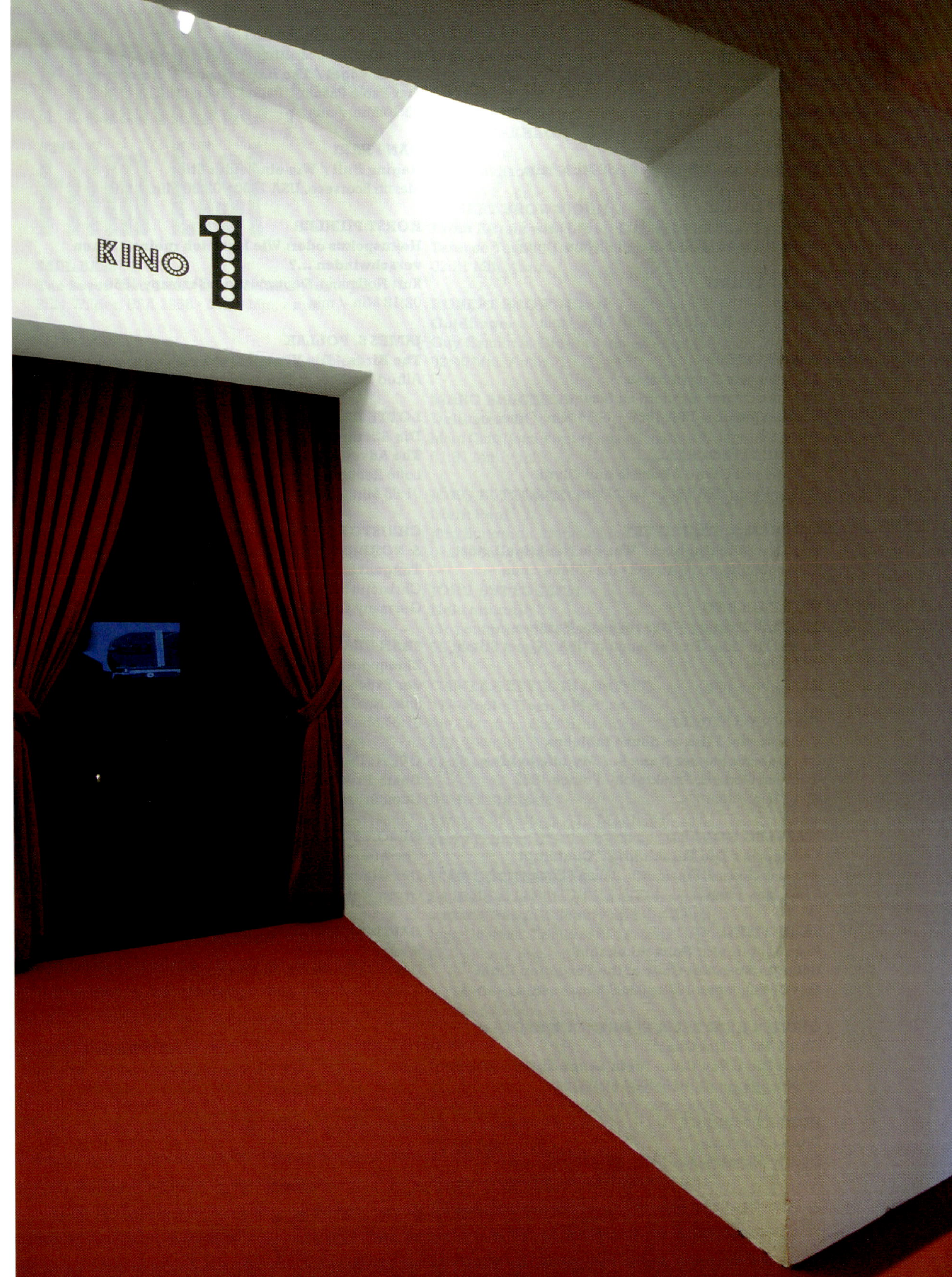
KINO 1

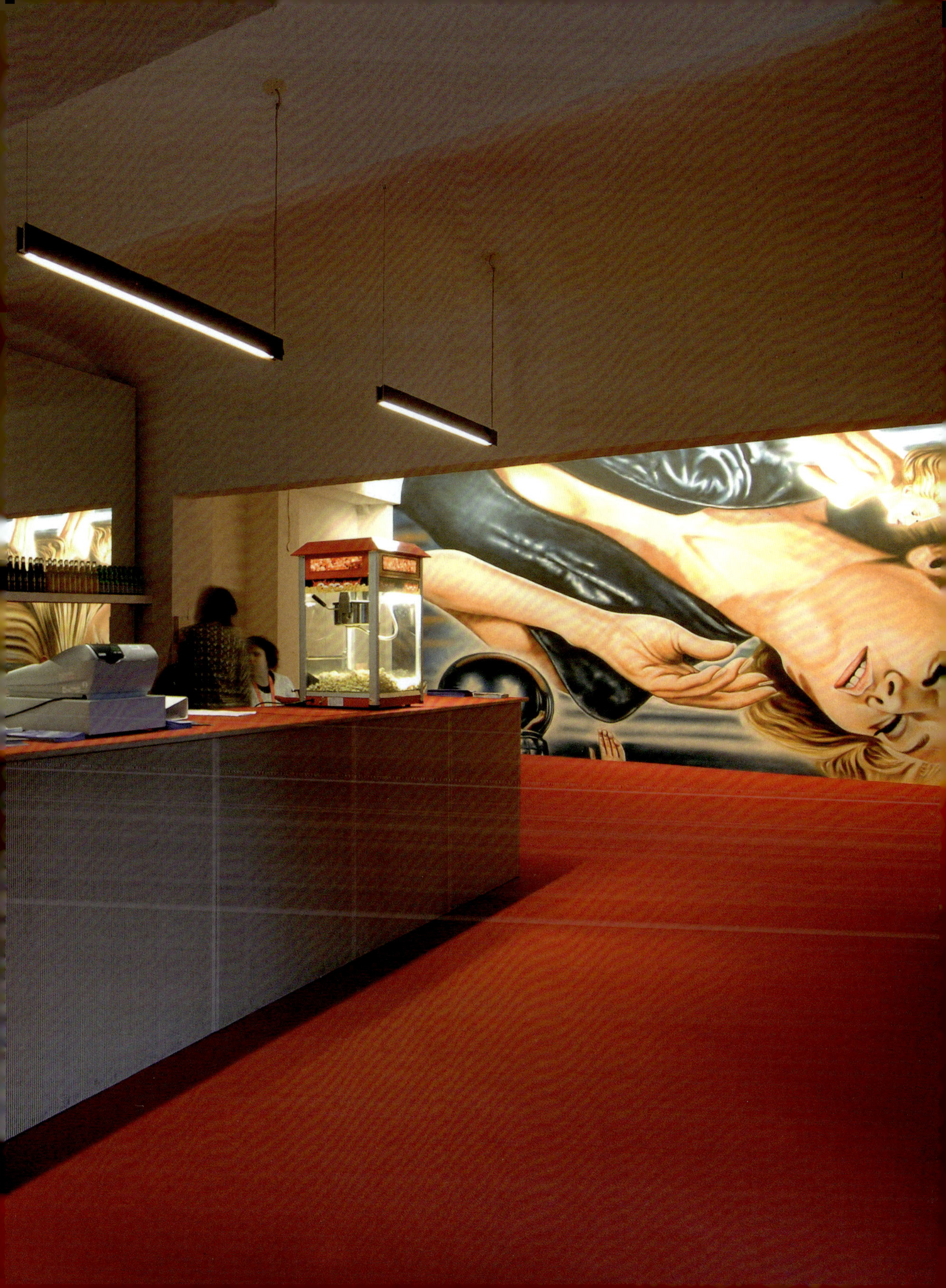

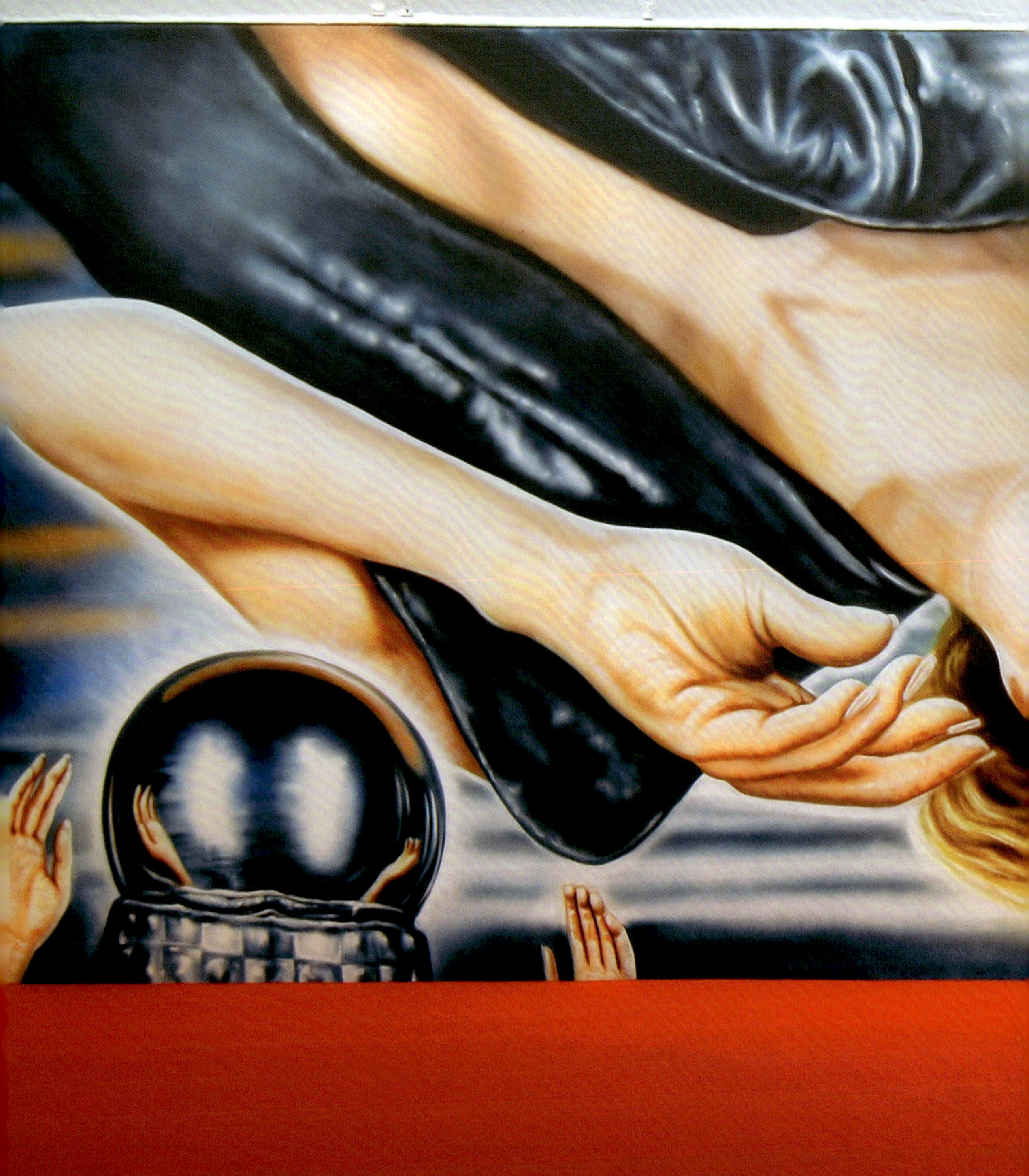

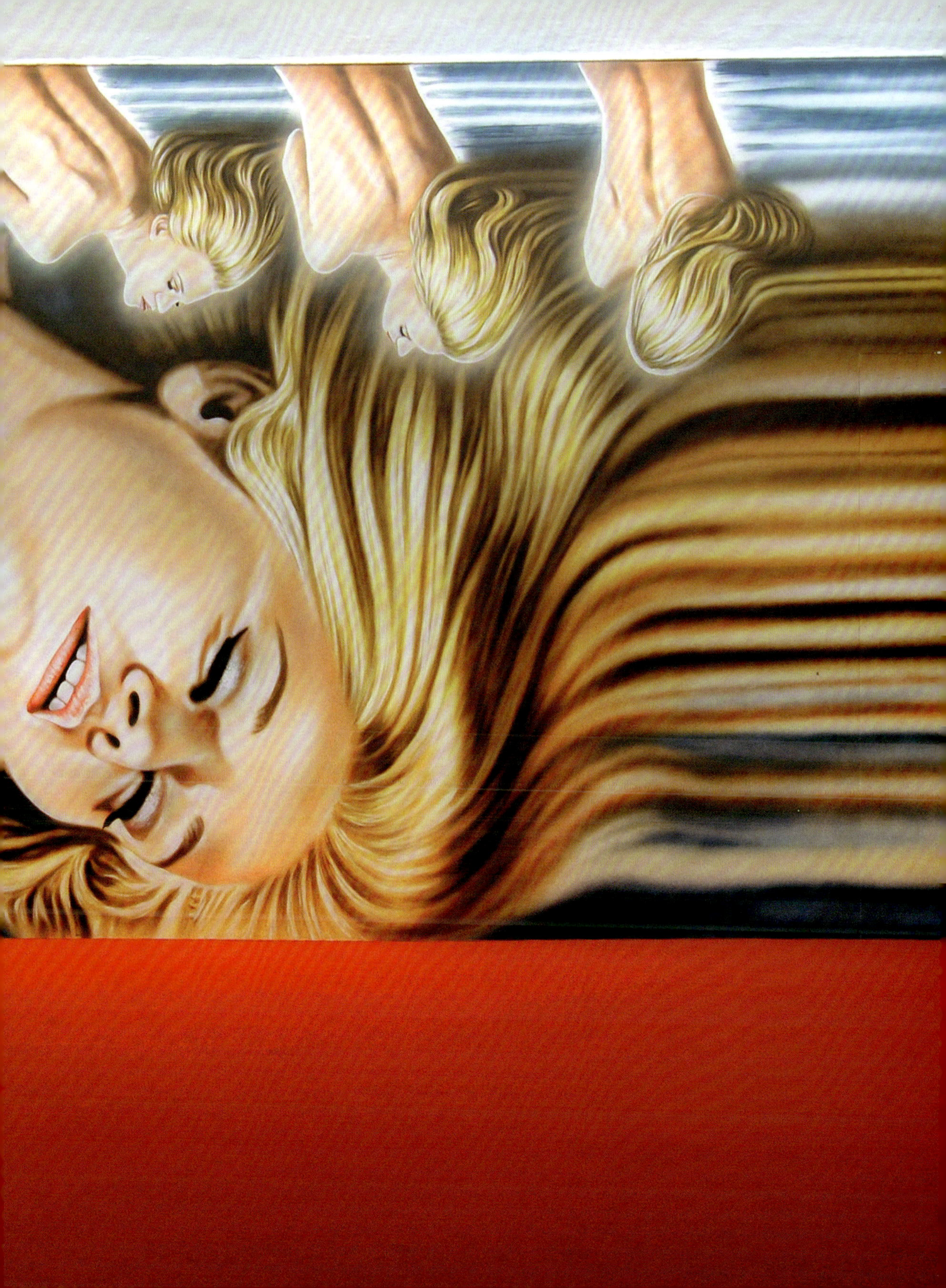

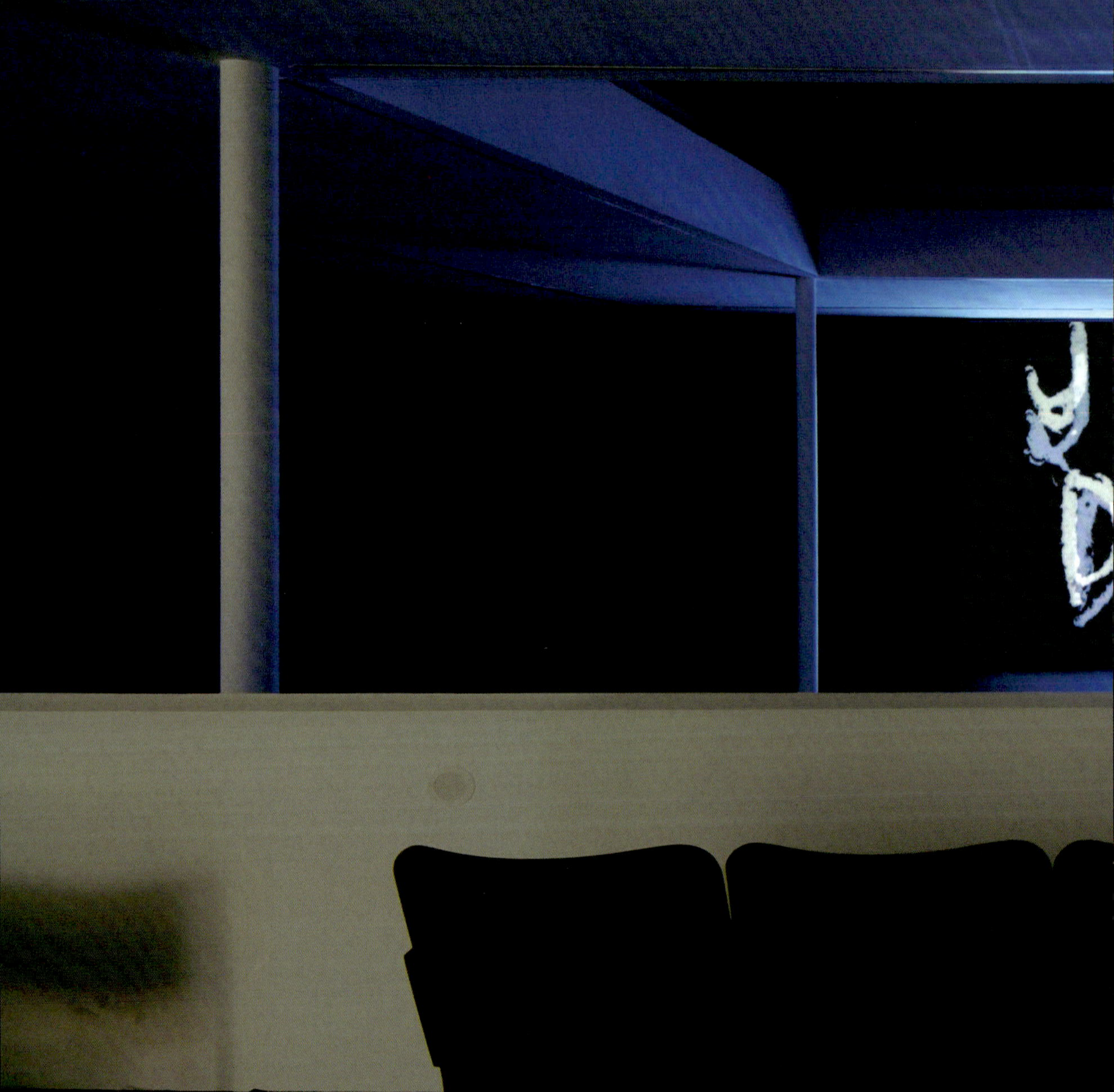

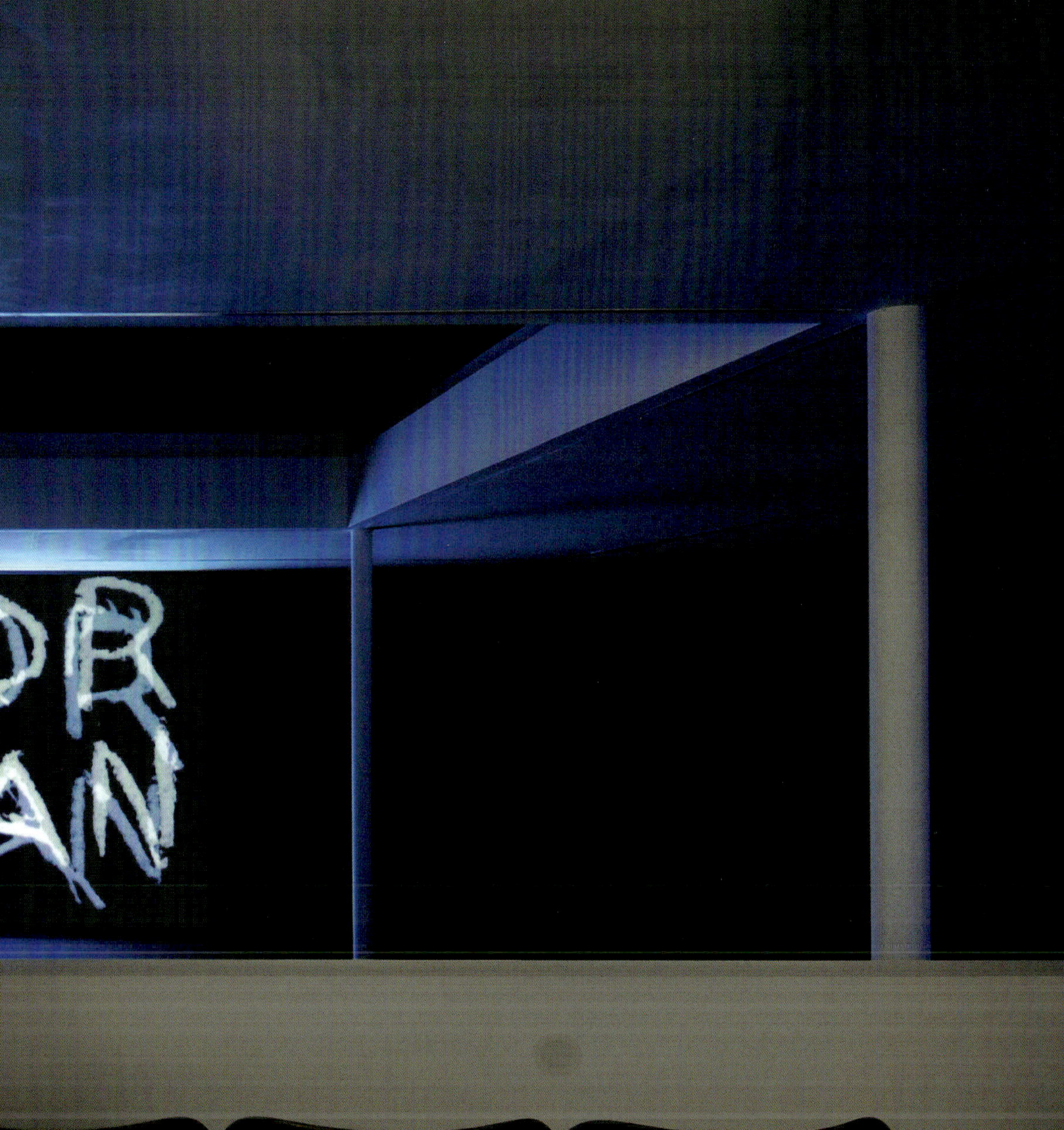

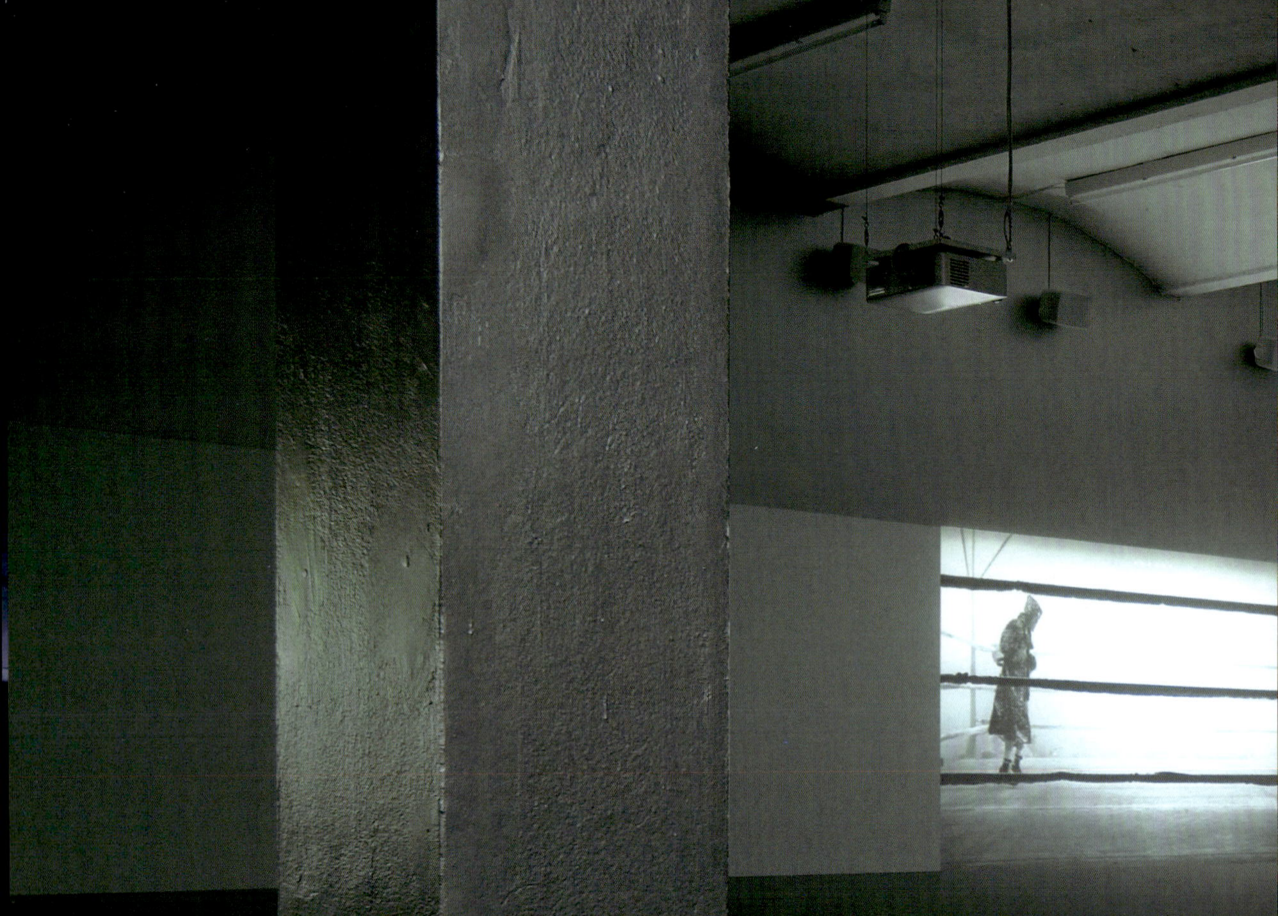

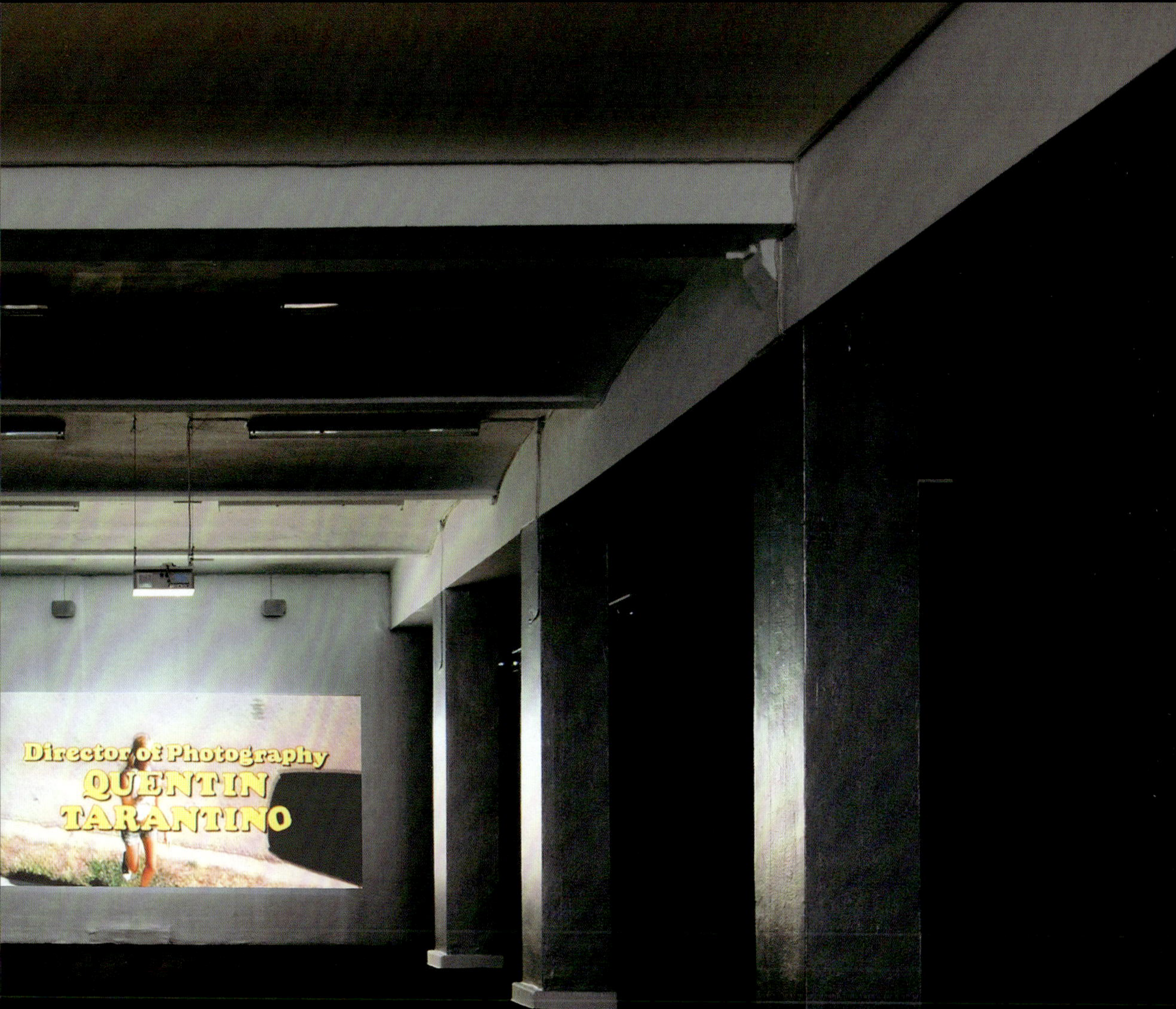

Director of Photography
QUENTIN
TARANTINO

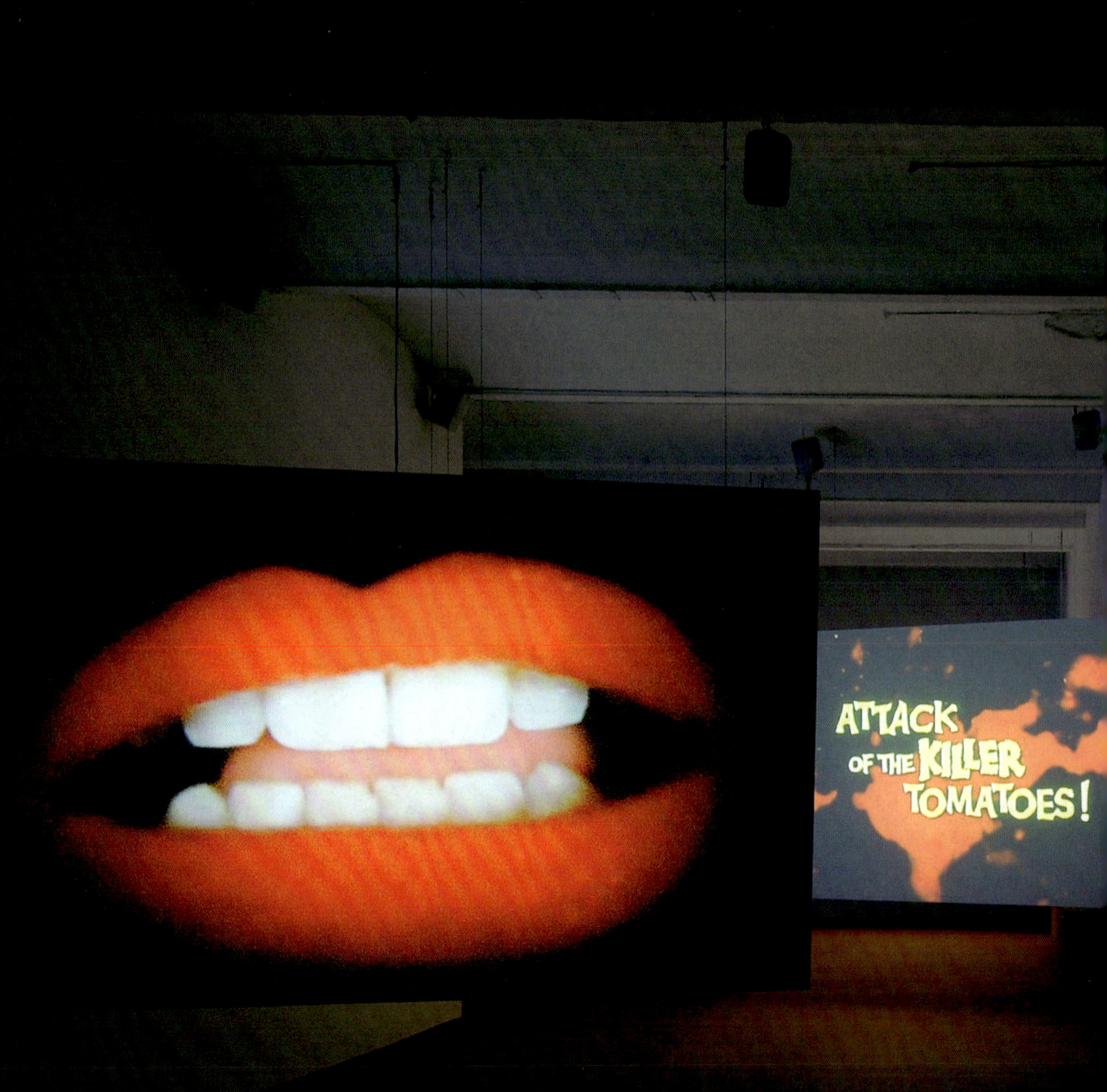
ATTACK
OF THE KILLER
TOMATOES !

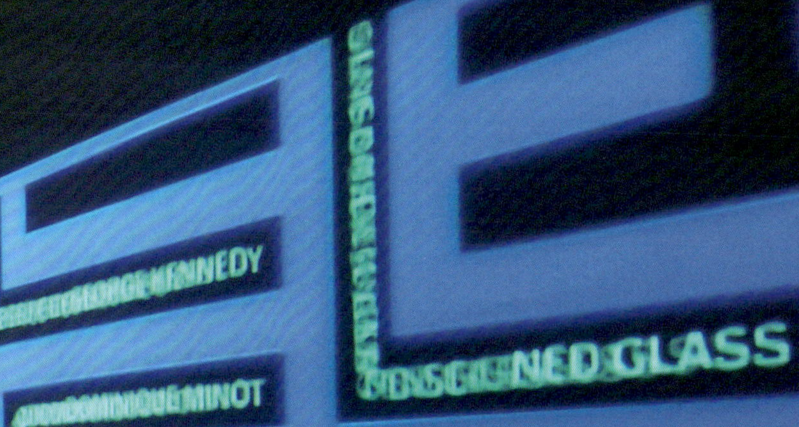
GEORGE KENNEDY
DOMINIQUE MINOT
JACQUES MARIN
THOMAS CHELIMSKY
DESIGNED GLASS
PAUL BONIFAS

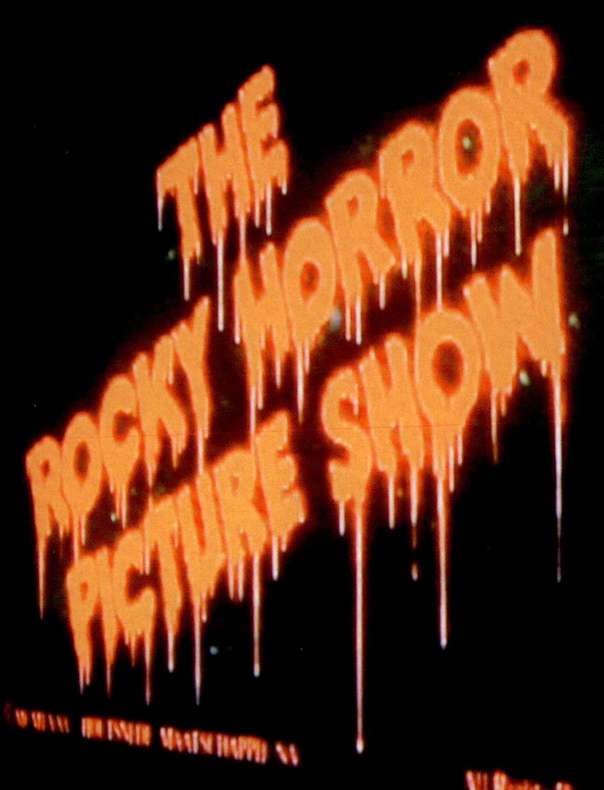

THE
ROCKY HORROR
PICTURE SHOW

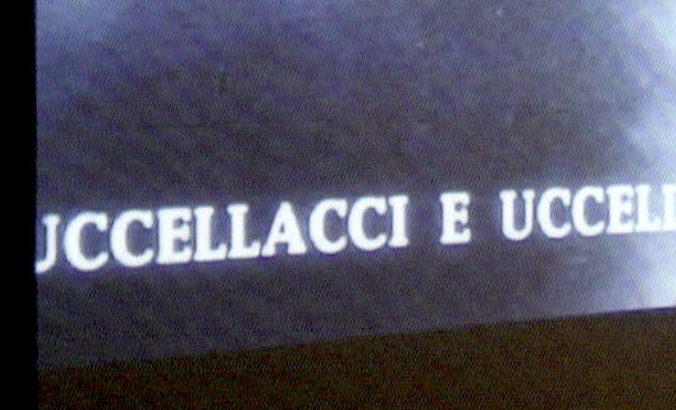

UCCELLACCI E UCCELLI

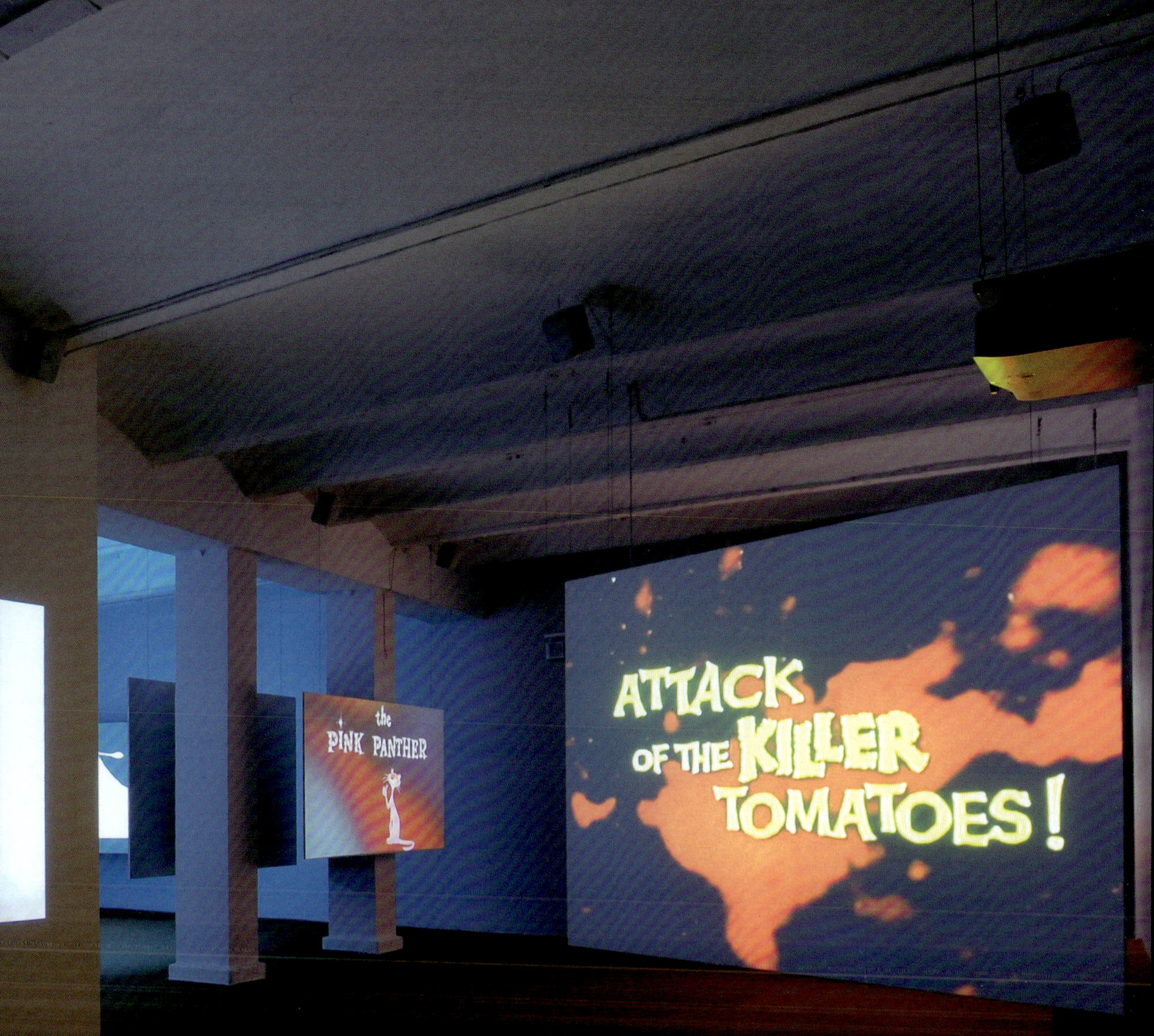

the
PINK PANTHER
ATTACK
OF THE KILLER
TOMATOES!

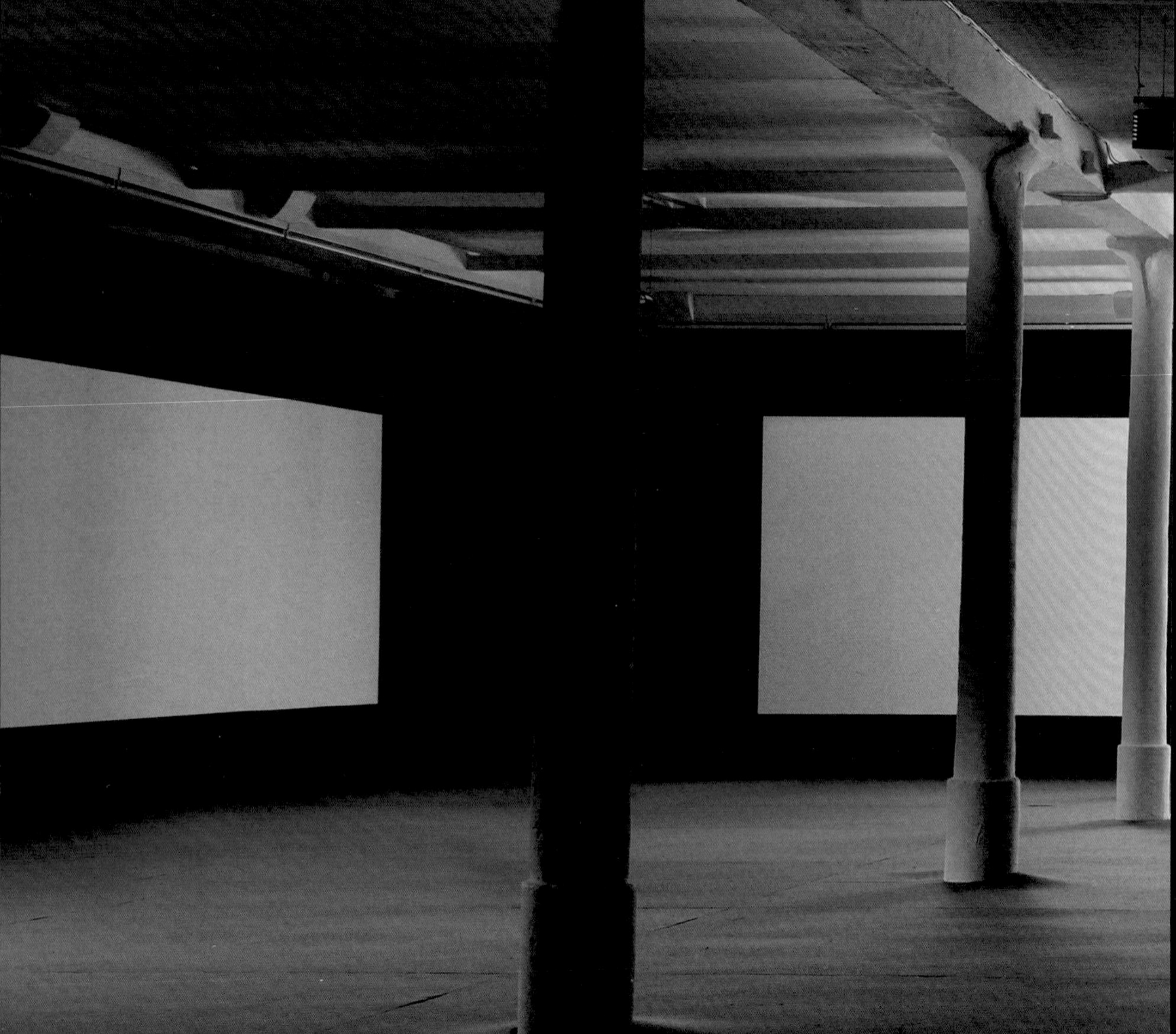

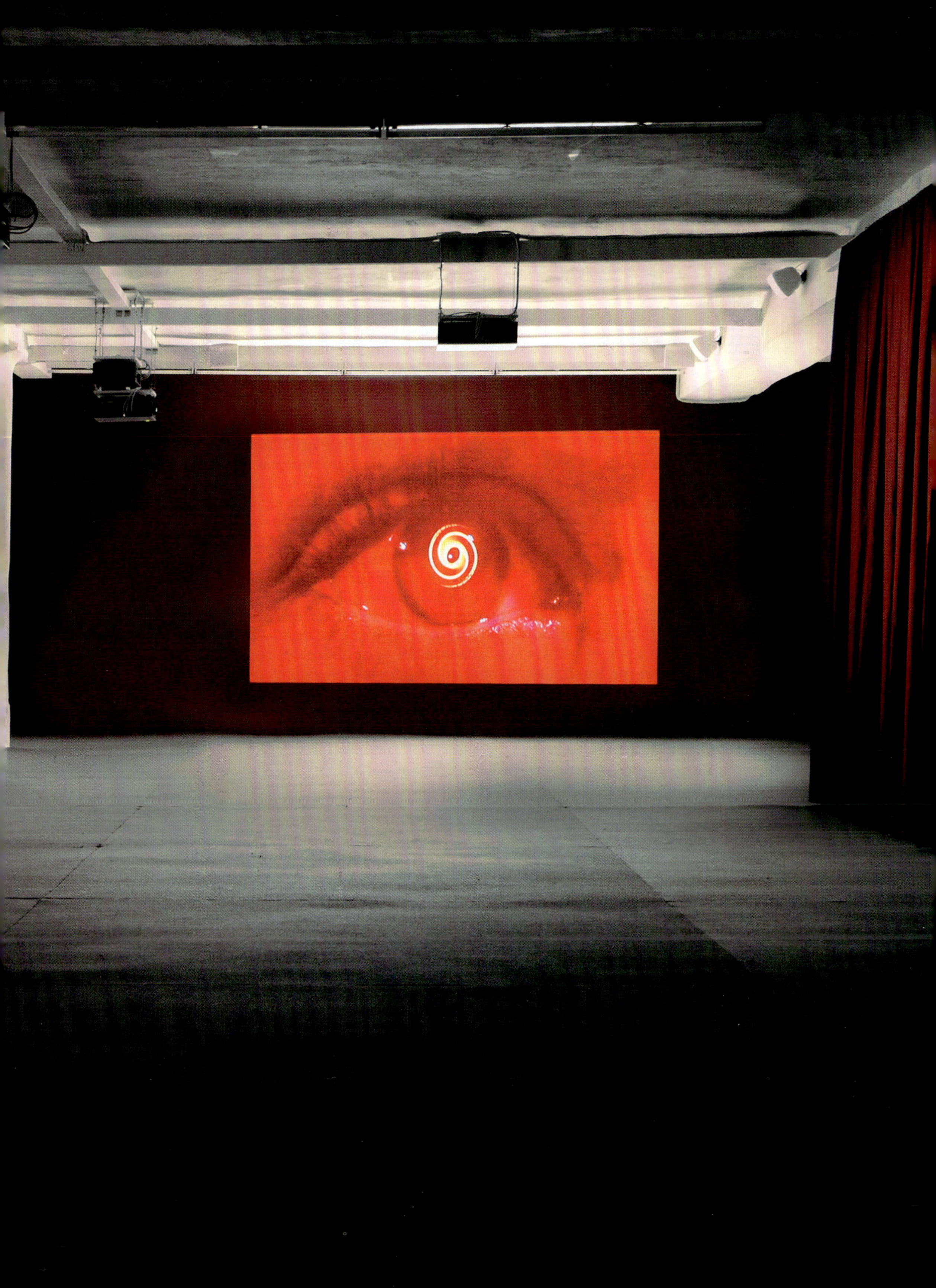

# Interview mit Saul Bass

**von Lars-Olav Beier und Gerhard Midding**
(Aufgenommen am 9. November 1992 in Braunschweig, Kino Lupe)

*Mr. Bass, seit Jahrzehnten arbeiten Sie als Vorspanngestalter und gleichzeitig als Werbedesigner. Gehen Sie in diesen beiden Bereichen nach ähnlichen Prinzipien vor?*

Die Anforderungen, die das Kino stellt, unterscheiden sich sehr von den Problemen, die man in der Werbung auf grafische Weise zu lösen versucht. Ich habe als Werbegrafiker angefangen und erst später auch im Filmgeschäft gearbeitet. Da beide Bereiche mit visueller Gestaltung zu tun haben, scheinen sie – oberflächlich betrachtet – die gleiche Art von Sensibilität zu erfordern. Gemeinhin wird angenommen, dass jemand, der in dem einen Bereich gute Arbeit leistet, es auch in dem anderen tun wird. Das ist aber keineswegs zwangsläufig so. Grafik und Film haben viel weniger Gemeinsamkeiten, als die meisten Menschen glauben. Der Film ist ein zeitliches Medium, das eine Abfolge von Ereignissen beinhaltet, die Grafik ist ein räumliches Medium ohne zeitliche Entwicklung.

Deshalb ist das Verhältnis des Rezipienten zum Werk in beiden Medien grundverschieden. Bei einer Grafik kann er selbst bestimmen, ob und wie lange er sie betrachtet. Er kann sie mit einem flüchtigen Blick streifen oder sich in sie versenken. Das bedeutet, der Betrachter hat die völlige Kontrolle über das Verhältnis zum Werk. Beim Film ist es genau umgekehrt, das Verhältnis des Kinos zum Zuschauer ist autoritär. Man geht ins Kino, setzt sich hin – und ist ein Gefangener. Theoretisch hat man die Möglichkeit, den Saal zu verlassen. Aber fragen Sie sich doch selbst einmal, wann Sie im Kino zuletzt vorzeitig gegangen sind, egal, was Sie von dem Film gehalten haben! Selbst wenn der Film Sie irritiert – Wut, Langeweile, ein Gefühl der Unsicherheit auslöst –, Sie bleiben sitzen. Dieses große Maß an Kontrolle muss man mit einkalkulieren, wenn man an einem Film arbeitet. Man kettet den Zuschauer an seinen Sitz und muss sich der Verantwortung stellen, die daraus erwächst.

Was den Film ebenfalls von der Grafik unterscheidet, ist die Tatsache, dass er keine rein visuelle Kunst ist. Ein Film steht und fällt ebenso mit seiner Hauptfigur, der Geschichte, der Erzählweise, dem Tempo und vielen anderen Faktoren, die in der Grafik keine Rolle spielen. In beiden Medien ist die visuelle Gestaltung natürlich ganz wesentlich, aber die anderen Charakteristika machen aus dem Film doch eine völlig andere Spezies. Obwohl es eine enge Beziehung zwischen beiden Medien gibt, bestehen doch erhebliche Unterschiede. Die ästhetischen Herausforderungen sind andere.

*Bei Ihren Vorspannen für die Filme von Otto Preminger haben Sie häufig mit eingängigen visuellen Motiven gearbeitet, die den Charakter eines Logos haben und auch für die Plakate benutzt wurden. Hatten Sie von vornherein eine multifunktionale Verwendung dieser Motive im Auge?*

Was Sie jetzt gestreift haben, ist die Rolle, die Metaphern und Doppeldeutigkeiten in meiner Arbeit spielen. Das sind sehr wichtige Werkzeuge, von denen ich häufig Gebrauch mache. Was ein Bild meiner Ansicht nach interessant macht, ist zum einen die Reduktion: Es sollte so einfach wie möglich sein. Wenn man den Punkt der größtmöglichen Einfachheit erreicht hat, muss man ein augenfällig-provokatives Element hinzufügen, das meist in einer Metapher oder Doppeldeutigkeit besteht. So wird das Bild weitaus komplexer, als es auf den ersten Blick den Anschein hat. Der Zuschauer sagt sich anfangs: „Ach, das kenne ich ja", doch je länger er hinschaut, desto deutlicher erkennt er die geheimen Bedeutungen, die unter der Oberfläche des Bildes verborgen sind und es interessant, ja gar unwiderstehlich machen. Metaphern und Doppeldeutigkeiten geben einem Bild Spannung und Dynamik. Der Zuschauer empfindet ein Gefühl der Widersprüchlichkeit, wird deshalb stärker gefordert und hat ein intensiveres Erlebnis – in der Grafik wie im Film.

*Was ist der Grund dafür, dass Sie für Preminger fast ausschließlich grafische Vorspanne gestaltet haben?*

Das ist nicht ganz korrekt, denn ich habe für Preminger sehr wohl auch Realfilm-Vorspanne gemacht. Generell glaube ich, dass jeder Vorspann im Dienst des nachfolgenden Films stehen sollte. Er muss mit dem korrespondieren, wovon der Film erzählt. Da jeder Film verschieden ist, muss man auf eine bestimmte, individuell angemessene Weise reagieren. Für IN HARM'S WAY (ERSTER SIEG, USA 1965) habe ich einen reinen Realfilm-Vorspann gemacht. Wir sehen Wasser, Explosionen, lauter Dinge, die mit dem Krieg im Pazifik zu tun haben, von dem der Film erzählt. Bei ADVISE AND CONSENT (STURM ÜBER WASHINGTON, USA 1962) habe ich das reale Abbild der amerikanischen Flagge in einen grafischen Vorspann eingearbeitet. Ich versuche also, die besondere Charakteristik des Films und seine Weltanschauung bereits im Vorspann zu vermitteln.

Es ist natürlich richtig, dass ich für Otto überwiegend grafische Vorspanne gemacht haben, im Gegensatz zur Arbeit mit anderen Regisseuren. Das hatte viele Gründe. Meine ersten Vorspanne habe ich für Otto gemacht, darunter THE MAN WITH THE GOLDEN ARM (DER MANN MIT DEM GOLDENEN ARM, USA 1955). Dort versetzte ich das Motiv, die visuelle Metapher, die ich für die Werbekampagne des Films entworfen hatte, für den Vorspann in Bewegung. Je mehr ich mich jedoch mit dem Kino auseinandersetzte, desto stärker interessierte mich der Realfilm. In den letzten Jahren habe ich für neun von zehn Filmen Realfilm-Vorspanne gemacht, nur noch selten greife ich auf Animationstechniken zurück.

Ich möchte an dieser Stelle einmal zum Ausdruck bringen, dass Elaine Bass, die nur zufällig auch meine Frau ist, seit geraumer Zeit alle Vorspanne gemeinsam mit mir inszeniert und produziert. Elaine ist zugleich auch Komponistin. Wir arbeiten Hand in Hand.

*Preminger bevorzugte also nicht deshalb grafische Vorspanne, weil sie einen visuellen Stil mit hohem Wiedererkennungswert ermöglichten und dem Zuschauer sofort signalisierten, dass es sich um einen Preminger-Film handelt?*

Otto war ein großer Kunstliebhaber, ein Connaisseur. Er sammelte Gemälde und war ein großer Kenner der Moderne. Er wusste die Ästhetik grafischen Designs zu schätzen, und diese Vorliebe hat sicher mit dazu beigetragen, dass ich mich zunächst weiter in dieser Richtung entwickelte. Otto war ein außergewöhnlicher Mann. Wir haben oft miteinander gerungen, aber dabei entwickelten sich viele gute Ideen. Ich konnte mich darauf verlassen, dass meine Arbeiten den Regisseur ansprechen würden. Zudem hatte ich ja bereits einige Jahre als Grafiker gearbeitet, so dass es nahelag, die in diesem Bereich erworbenen Fähigkeiten auf den Film anzuwenden. Doch wie schon gesagt, ich habe mich immer weiter auf das zubewegt, was mir letztlich das Zentrum, das Wesen des Films zu sein scheint: das Abbild der Realität. Von diesem Abbild wollte ich ausgehen und es dann metaphorisch verfremden.

Ich glaube nicht, dass Otto auf einen bestimmten Stil aus war. Grafik interessierte uns beide einfach sehr. Doch wenn Sie schon nach einem Preminger-Stil suchen, dann finden Sie ihn eher in der Werbegrafik für seine Filme. Zu dem Zeitpunkt, als ich das Plakat für THE MAN WITH THE GOLDEN ARM entwarf, herrschte in dieser Branche ein Strategie vor, die ich „see-see-see-approach" nenne. Sämtliche Schauwerte des betreffenden Films wurden in einen Topf geworfen. Man sah Missionare, die im Öl kochen, Jungfrauen, die im Tempel tanzen, den Krakatau, der gerade ausbricht, einen Tornado, etcetera. Die Plakate waren Collagen der spektakulärsten Szenen. Dahinter steckte folgender Gedanke: Wer sich nicht für Missionare interessiert, findet an Jungfrauen Gefallen, und wen selbst die kalt lassen, der erwärmt sich zumindest beim Anblick des Krakatau. Für jeden sollte irgendetwas dabei sein.

Der Gedanke der visuellen Reduktion, der Beschränkung auf ein einziges Motiv, das den gesamten Film repräsentieren sollte, erschien den Verleihern als sehr gefährlich und beunruhigte sie zutiefst. THE MAN WITH THE GOLDEN ARM war revolutionär. Otto hatte harte Kämpfe auszufechten, dieses Motiv, das als Aufhänger für den Film dienen und die Leute verführen sollte, ins Kino zu gehen, gegen den Willen der Produzenten und Verleiher durchzusetzen. Als das Motiv dann ein überaus großer Erfolg war, schwammen viele Leute in diesem Fahrwasser, und die Neuerung wurde zum Gemeinplatz. Heute ist es eine Konvention, damals war es eine Revolution.

***Wann beginnen Sie mit der Arbeit am Vorspann? Haben Sie die Möglichkeit, bereits abgedrehte Teile des Films zu sehen?***

Normalerweise liest man das Drehbuch, spricht mit dem Regisseur und versucht zu verstehen, wovon er erzählen will. Damit meine ich nicht nur die Geschichte, sondern auch den Subtext des Films, die Weltanschauung, die ihm zugrunde liegt. Während der Regisseur seinen Film dreht, arbeiten wir am Vorspann. Im Zuge der Arbeit sehen wir immer wieder einzelne Sequenzen des Films. Bei Martin Scorseses CAPE FEAR (KAP DER ANGST, USA 1991) haben wir die erste Rolle gesehen, die letzte, und noch eine Rolle aus der Mitte des Films, für die wir eine Sequenz gedreht hatten. Später, als an der Musik gearbeitet wurde, haben wir weitere Ausschnitte gesehen, aber nie den ganzen Film. Es ist jetzt etwas mehr als eine Woche her, dass wir mit unserem Vorspann nach New York geflogen sind. Das war am vorletzten Donnerstag, und am Freitag haben wir ihn vor Martys Film geschnitten. Da haben Marty, seine Produzentin Barbara De Fina – die zugleich seine Frau ist –, Elaine und ich den vollständigen Film zum ersten Mal gesehen. Das war sehr aufregend.

*Bei SECONDS (DER MANN, DER ZWEIMAL LEBTE, John Frankenheimer, USA 1966) bilden der Vorspann und die von James Wong Howe mit einem extremen Weitwinkel fotografierten Bilder des Films stilistisch eine völlige Einheit.*

Ja, die Verformungen und Verzerrungen eines Gesichts, die Sie im Vorspann sehen, sind eine Metapher für die Geschichte dieses Films. Der Protagonist begibt sich in ein etwas futuristisches Krankenhaus, in dem er um mehr als zehn Jahre verjüngt wird. Als Fünfzigjähriger geht er hinein, als Rock Hudson – als junger Spund (lacht) – geht er hinaus. Das Thema der Gesichtsoperation und Organtransplantation nimmt der Vorspann auf. Diese fantastische Dimension der Geschichte gab den Anstoß, zu Beginn viele verzerrte Teile eines Gesichts zu zeigen.

*Hat Jimmy Wong Howe auch den Vorspann fotografiert?*

Nein, er hatte damit nichts zu tun. Wir haben nie mit den Kameraleuten des jeweiligen Films gearbeitet, sondern hatten stets unsere eigenen. Wie ich schon erwähnte, findet die Arbeit am Vorspann zeitgleich mit den Dreharbeiten des Films statt. Selbst wenn wir wollten, könnten wir gar nicht den gleichen Kameramann verpflichten. Es ist viel leichter, einfacher und im Endeffekt kohärenter, einen Kameramann zur Seite zu haben, der unsere Sichtweise versteht und damit umgehen kann. Es ist eine so spezielle Art, die Dinge zu betrachten, dass Kameraleute, die dies nicht gewohnt sind, schnell durcheinandergeraten und sich dabei unwohl fühlen.

Doch noch einmal zurück zu SECONDS. Wir haben eine sehr interessante Technik verwandt, um die Bilder zu verzerren. Elaine hat sie sich ausgedacht. Die Aufnahmen von dem Gesicht wurden auf eine Leinwand projiziert, und die Reflexion dieses Bildes haben wir auf einem Stück Aluminium eingefangen, das hin- und hergebogen wurde. Dieses Bild haben wir dann wiederum abgefilmt. Auf diese Weise – und nicht durch einen Weitwinkel – kamen die Verzerrungen zustande. Das war eine ingeniöse Idee, die ich auch angemessen würdigen kann, da sie auf das Konto eines anderen geht.

*Die Vorspanne Ihrer ersten beiden Hitchcock-Filme, VERTIGO (VERTIGO – AUS DEM REICH DER TOTEN, USA 1958) und NORTH BY NORTHWEST (DER UNSICHTBARE DRITTE, USA 1959), nehmen zentrale Motive der Filme auf: die Spiralform im ersten und den freien Fall im zweiten.*

Bei VERTIGO hatte ich das Drehbuch gelesen und versuchte, das Thema des Films zu interpretieren. Schon der Titel bezeichnet ja das emotionale Zentrum der Geschichte. Bei NORTH BY NORTHWEST habe ich ebenfalls zunächst das Drehbuch gelesen. Es gab keine großen Besprechungen mit Hitch, denn bei beiden Filmen war ziemlich klar, was ihm vorschwebte. So konnte ich mich direkt auf die Suche nach den passenden Metaphern machen.

Diese gezeichneten Spiralformen, die ich verwendet habe, waren schon als solche schwindelerregend. Sie vermitteln jenes Gefühl der Desorientierung, das Menschen empfinden, die unter Höhenangst leiden. Ich muss dazu sagen, dass ich von diesen Formen schon lange fasziniert gewesen war. [Jules Antoine] Lissajous, ein französischer Physiker des 19. Jahrhunderts, hatte sie mithilfe eines Pendels gezeichnet, das die Schwingungen in diesen bestimmten Formen auf das Papier zeichnete, wenn er es anstieß. Als ich sie sah, war ich von ihrer ästhetischen Qualität so beeindruckt, dass ich mir eine Abhandlung von Lissajous besorgte und das Pendel genau nach seiner Anleitung rekonstruierte. Nun konnte ich meine eigenen Zeichnungen anfertigen. Als Hitchcock mich für VERTIGO verpflichtete, lagen sie irgendwo bei mir herum und waren völlig in Vergessenheit geraten. Ich las das Drehbuch, und sofort fielen sie mir wieder ein: „Perfekt!", rief ich aus. Dass sich diese Spiralformen im fertigen Vorspann aus einem Auge herausdrehen, ist für die Wirkung auf den Zuschauer ganz wesentlich.

Wenn Sie eine Verletzung des Auges zeigen, erhalten Sie ein emotional stark aufgeladenes Bild, das den Zuschauer wie kaum ein anderes berührt und verstört.

*Ist das auch der Grund, warum Sie das Augen-Motiv in Ihren Vorspannen so häufig verwenden? In SECONDS zum Beispiel, oder auch in SPARTACUS (Stanley Kubrick, USA 1959/60). Auch die erste Sequenz von PHASE IV (USA 1973), dem einzigen abendfüllenden Spielfilm, den Sie inszeniert haben, endet mit der extremen Großaufnahme eines Ameisenauges.*

Das Auge ist ein so hochempfindliches Instrument des Menschen, dass es besonders nahegeht und äußerst unangenehm ist, mit anzusehen, wie es verletzt wird. Das kann ein sehr nützliches Hilfsmittel für mich sein. Leider wurde das Augen-Motiv schon so häufig benutzt, dass es zum Klischee geworden ist. Man muss versuchen, es so zu verwenden, dass es neu und unverbraucht wirkt. In VERTIGO hat das funktioniert, weil ich es auf eine zu diesem Zeitpunkt völlig neuartige Weise eingesetzt habe. Angesichts seines häufigen Gebrauchs ist es dennoch sehr überraschend, wie wenig das Augen-Motiv von seiner Wirkung eingebüßt hat. Darauf ist also immer Verlass, wie man es auch verwendet. Um die Wirkung zu intensivieren, muss man es allerdings auffrischen, gegenläufig verwenden, ihm eine neue Dimension hinzufügen. Und darauf verstehen Elaine und ich uns recht gut.

*Wo wir gerade über Gewalt sprechen: In dem Vorspann von WALK ON THE WILD SIDE (AUF GLÜHENDEM PFLASTER, Edward Dmytryk, USA 1962) sehen wir zunächst die eleganten Bewegungen einer schwarzen Katze, die durch die kaum spürbaren Überblendungen noch unterstrichen werden. Dann taucht eine weiße Katze auf; der Schnittrhythmus ändert sich radikal, von dem Kampf der beiden sehen wir viele extrem kurze Ausschnitte. Wie in der Dusch-Szene in PSYCHO (USA 1960), die Sie für Hitchcock entworfen haben, wird der Eindruck äußerster Brutalität allein durch den Schnitt erzeugt.*

Ja, die Montage, den Stakkato-Schnitt schätze ich sehr. Ich mag es, Bilder aus vielen kleinen Einzelteilen zusammenzusetzen. Das ist mit der Arbeit an einem Mosaik zu vergleichen oder mit einem Puzzle. Letztlich fügen sich die Fragmente erst im Kopf des Zuschauers zu einem Gesamtbild und vermitteln ihm das Bewusstsein einer Totalität, die auf der Leinwand selbst nicht zu sehen ist. Das ist eine sehr dynamische Art der Kommunikation mit dem Zuschauer, der viel stärker in den Film hineingezogen wird. Das verbindet viele meiner Arbeiten. Die Montage liegt gleichsam im Wesen des Vorspanns begründet, der viele Einzelmomente in kürzester Zeit extrem komprimiert. Ich bin aber auch in einigen Kurzfilmen und bei PHASE IV ähnlich vorgegangen. Oder bei den Autorennen in GRAND PRIX (John Frankenheimer, USA 1966).

In der Malerei würde man das Impressionismus nennen. Eine der wunderbaren Besonderheiten impressionistischer Malerei ist die Dualität des Bildes. Wenn man ganz nahe an das Bild herangeht, sieht man sogar die einzelnen Farbtupfer, doch je weiter man zurücktritt, desto mehr verschmilzt es zu einem Ganzen. Man könnte also sagen: Wenn man zurücktritt, hat man eine Totale; geht man heran, erhält man eine Großaufnahme. Nach diesem Prinzip funktionieren viele meiner Arbeiten.

*Viele Ihrer Vorspanne zeugen von der Lust, winzige Details in extremen Großaufnahmen zu zeigen. Hat Sie das auch an PHASE IV gereizt, einem Film über Ameisen?*

Natürlich finden Sie auch in diesem Film derartige Vergrößerungen, aber er erzählt doch auch eine Geschichte. Insofern stellte er ganz andere Anforderungen an mich als die Vorspanne. In PHASE IV haben wir natürlich häufig mit den Größenverhältnissen zwischen Menschen und Ameisen gearbeitet. Ich wollte den Zuschauer dazu bewegen, den Ameisen ebenso viel Gefühl und Verständnis entgegenzubringen wie den Menschen. Es schien mir eine interessante und amüsante Umkehrung zu sein, die Ameisen zeitweise mitleiderregender wirken zu lassen als die Menschen. Ich habe den Film gestern Abend seit zehn Jahren zum ersten Mal wieder gesehen und war sehr überrascht, wie gut dieses Konzept aufging. Wenn die Ameisen ihre gefallenen Artgenossen beerdigen, trauert der Zuschauer mit und ist empört über die bösen Menschen, die diesen armen Kreaturen so etwas antun konnten! (lacht)

Solche Sequenzen verletzen die Sehgewohnheiten des Zuschauers und bringen ihn dazu, seine eigene Sichtweise zu überprüfen. Ich mag es sehr, wenn das passiert, im Kino oder auch im Theater. Die großen Momente auf der Bühne sind keineswegs exotisch. Sie stellen sich dann ein, wenn sich der Autor einen Gegenstand nimmt, den wir in- und auswendig zu kennen glauben, und uns dennoch dazu bringt, ihn mit ganz anderen Augen zu sehen. Wir machen eine völlig neue Erfahrung, gewinnen neue Einsichten. Es ist die kreative Herausforderung jedweder künstlerischer Arbeit oder Kommunikation, Bekanntes in Unbekanntes zu verwandeln und Gewöhnliches in Außergewöhnliches.

Das habe ich bei WALK ON THE WILD SIDE versucht. Ich hatte mir vorgenommen, den Begriff „Katze" neu zu definieren. Das Tier sollte dem Zuschauer wie ein völlig fremdartiges Wesen erscheinen. „Eine Katze? Natürlich kenne ich Katzen! Mein ganzes Leben lang habe ich welche gesehen, und die eine oder andere sogar schon von Nahem betrachtet." Das war die Herausforderung: „Nun, ich zeige dir eine Katze so, als würdest du sie zum ersten Mal sehen. Kannst du dich erinnern, wann du zum ersten Mal eine Katze gesehen hast? Wahrscheinlich nicht. Stell dir vor, wie es damals war! Das zeige ich dir!" Das war das Ziel, das ich mir bei WALK ON THE WILD SIDE gesteckt habe, und Sie mögen beurteilen, ob und wie weit ich es erreicht habe.

*Was ist die größere Herausforderung bei der Arbeit an einem Vorspann: den Zuschauer auf die Atmosphäre des Films einzustimmen wie bei BONJOUR TRISTESSE (Otto Preminger, USA 1957) oder einen Prolog zu erzählen wie in THE BIG COUNTRY (WEITES LAND, William Wyler, USA 1958) und WEST SIDE STORY (Robert Wise/Jerome Robbins, USA 1960)?*

Ich ziehe nicht das eine dem anderen vor. Die beiden Vorgehensweisen erfüllen verschiedene Funktionen. Ich habe immer versucht, für den jeweiligen Film die beste Lösung zu finden. Beide Alternativen sind gleichermaßen reizvoll. Ich nähere mich zunächst der besonderen Aufgabe, die der Film stellt, und frage mich dann, was für seinen Beginn besonders wichtig und nützlich ist. Manchmal ist es ein Prolog, manchmal bietet es sich an einzuleiten, indem man die Zeit vor der Geschichte Revue passieren lässt. In einem anderen Fall mag es dagegen angebrachter sein, eine Metapher zu benutzen und den Film atmosphärisch vorzubereiten, anstatt eine direkte Verbindung zur Geschichte herzustellen. Der Vorspann, der dem Film am meisten nützt, ist der beste.

*Einige Ihrer Vorspanne, zum Beispiel der zu THE MAN WITH THE GOLDEN ARM, scheinen im Rhythmus der Musik geschnitten zu sein. Arbeiten Sie sehr eng mit dem Komponisten zusammen?*

Normalerweise arbeite ich an meinem Vorspann, und erst nach der Fertigstellung kommt der Komponist hinzu. Zumindest die Rohschnittfassung muss fertig sein. Ich schneide ja nicht einfach wahllos Bilder hintereinander, sondern gebe jedem Vorspann eine bestimmte Struktur, auf die der Komponist seine Musik abstimmen muss. Auf der Grundlage vorausgegangener Diskussionen macht er sich an die Arbeit und versucht nun, eine korrespondierende Musik zu komponieren. Er muss sich aber völlig im Klaren darüber sein, welche Absicht ich mit meinem Vorspann verfolge – inhaltlich und emotional.

THE MAN WITH THE GOLDEN ARM war eine große Ausnahme von dieser Regel. Damit der Starttermin des Films eingehalten werden konnte, musste die Musik zeitgleich mit dem Vorspann entstehen. Wenn Sie sich erinnern: Elmer Bernstein hat für diesen Film den ersten Jazz-Score der Filmgeschichte komponiert. Wir einigten uns im Voraus auf einen bestimmten Beat, und ich schnitt meinen Film genau nach diesem Beat; in der Zwischenzeit schrieb Elmer seine Musik. Elmer sah kein einziges Bild meines Vorspanns, ich hörte keine einzige Note seiner Musik – bis zu dem Zeitpunkt, als wir uns bei der Postproduktion im Studio trafen. Elmers Musik war auf Magnettonband, mein Vorspann auf 35-mm-Film. Wir koppelten die beiden Geräte: Otto, Elmer und ich wurden Zeugen eines wunderbaren Zusammenspiels von Musik und Vorspann. Es war eine wirklich außergewöhnliche Erfahrung, zu sehen und zu hören, wie dieser Einklang gleichsam von selbst und ohne die sonst üblichen Arbeitsschritte zustande gekommen war.

image. That's an institutionalization of what got invented at that point. It's now a conventional point of view but at that time it was an absolutely revolutionary point of view.

**When do you start with your work on an opening title? Do you have the opportunity to see parts of the film while it's being shot?**

Normally what happens is that you read a script, talk to the director, and try to understand what the film is about—not only what it's about superficially in terms of the events but also the subtext, the ideology of the film. While the director makes his film, we are doing the title. We see pieces of the film as they are shooting. In the case of Martin Scorsese's CAPE FEAR, we saw the first reel and we saw the last reel. Then we did one shot in the interior of the film for Marty, and we saw that reel, or pieces of it, while they were recording the music for our title. We also saw other pieces but we never saw the whole film. As a matter of fact, the first time we saw the whole film was actually a week ago yesterday in New York. We brought our final title on Thursday and it was cut into the film. And on Friday, for the first time, Marty and Barbara De Fina—who is his producer and happens to be Marty's wife—and Elaine and myself sat down to look at the whole film together. That was really quite exciting.

**In SECONDS (John Frankenheimer, USA 1966), the credit sequence and the images from the film, photographed by James Wong Howe in an extreme wide-angle, build a totally homogeneous unity.**

The distortions of a face that you see in that credit sequence are a metaphor for what happens in the film. In the film, a man goes into a sort of science-fictional hospital where he is rejuvenated; a fifty-year-old man comes out as Rock Hudson, as a kid (laughs). So, that science-fictional organ replacement and face operation was what kicked off that idea about putting together fragments and parts of a face.

**Did Jimmy Wong Howe also photograph the credit sequence?**

No, he had nothing to do with it. We always use our own cinematographer to do this. As I said, we are usually working on the credit sequences while the film is going, so even if we wanted to, we can't work with the same cameraman. But in any event, it's simpler, easier and more coherent to work with a cameraman who understands our point of view and can deal with it. It's such a special way of looking at things that the average cameraman or cinematographer gets a little confused and uncomfortable with that.

If I may for a moment come back to SECONDS—we used a very interesting technique to get those images. As a matter of fact, it's a technique that Elaine figured out. We projected the images onto a screen and then photographed the reflection of that image in a piece of aluminum which was bent and caused the distortion. That's how the distortions were created, and not by a wide-angle lens. That was a very ingenious way of doing it, which I can properly acknowledge because somebody else figured it out.

**The credit sequences for your first two Hitchcock movies, VERTIGO (USA 1958) and NORTH BY NORTHWEST (USA 1959), make use of central elements of the films: in the first case you use the spiral form; in the second, the motif of free fall.**

In the case of VERTIGO, I read the script and dealt with it based upon my interpretation. The very title implies the emotional core of the film. In the case of NORTH BY NORTHWEST, again it was a question of first reading the script. Actually, there wasn't a great discussion with Hitch because I think the intents were very clear in both those films. So I was able to get right to the metaphors. Those spiral forms that I used were vertiginous and suggested that sense of disorientation that occurs when you have a fear of height. I might add that I've always been fascinated by those forms. They were originally created by [Jules Antoine] Lissajous, a 19th-century French physician, with the help of a pendulum which he hit and that swung around and traced these various forms. I thought they had such an aesthetic character that I read a study on how he had done this. Then I reconstructed the pendulum and created the forms myself. These forms sat there for several years and I forgot about them. And then Hitch came to me with this VERTIGO thing and I said, "Perfect!" Bringing the spiral form out of the eye is very crucial for the effect on the audience. If you violate the eye you are engaging in a very strong kind of image that I felt would be very disturbing, very concerning.

**Is that the reason why you use the image of the eye in so many of your credit sequences, for example, in SECONDS or also in SPARTACUS (Stanley Kubrick, USA 1959/60)? Even the first sequence of the only feature film you directed, PHASE IV, ends with an extreme close-up of an ant's eye.**

Well, the eye is such a sensitive human instrument that anything which is done to violate an eye becomes especially concerning and uncomfortable and intense. So it's a very useful tool. The problem with the eye is that it's been so widely used that it has become a cliché. So the trick is to refresh it by what you do with it. It worked in VERTIGO because what I did with the eye had not yet been seen. Strangely enough, we have such a powerful concern that even the simple use of an eye in any form is always reasonably interesting. If you want to intensify this you have to find a way of refreshing it, of going against the grain, of adding another level. And that's the thing Elaine and I are very good at doing.

**Talking about violence. In the beginning of the credit sequence for WALK ON THE WILD SIDE (Edward Dmytryk, USA 1962), you see the elegant move-**

*ments of a cat that are underlined by the smooth cross-fading. Then a white cat appears. The rhythm of the cuts changes radically and you see many short cuts of the fight between the two cats. Just like in the shower sequence in PSYCHO (USA 1960) that you designed for Hitchcock, the impression of raw brutality is caused solely by how the cuts are edited.*

I have a high appreciation for the value of montage, of the staccato cut. In general, I like to build total images out of pieces. I view the process like a mosaic or like a jigsaw puzzle. The series of fragments eventually come together in the mind of the audience into an image or into an awareness of the totality which is never quite seen on the screen. That's a very dynamic way to communicate. It creates a certain tension and a certain involvement on the part of the audience that makes it a more intense experience. There are connections all the way through by the very nature of titles which are compressed moments. The element of montage is significant in that area. I have also used it in some short films, and in PHASE IV, and in the races that I directed in GRAND PRIX (John Frankenheimer, USA 1966).

In painting you would call it Impressionism. One of the wonderful things about Impressionist painting is the duality of the imagery. When you are close to the painting you are aware of its components, of the spots of color, and as you step back, the image merges to a total thing. You might say, when you step back you have the master-shot and you have a close-up when you are close to the painting. That's the way a number of the things that I've done work.

*Many of your credit sequences speak of the pleasure of showing miniature details in extreme close-ups. Is this what stimulated you to do PHASE IV, a film about ants?*

Well, there is that in PHASE IV, of course, but there's also a story. The issues there are very different from the issues of a title. In PHASE IV you have a juxtaposition of scale: of human scale and of the ant scale. My intent there was to give as much coherence and understanding and emotion to the ants as I gave to the humans. What was for me the amusing and interesting reversal was the idea of at times making the ants more empathetic than the humans. I saw the film last night for the first time in about ten years and it was really interesting to see how this worked out. In that funeral sequence, where the ants are killed, you feel more empathy for the ants and you feel that the humans were bad guys, for doing that terrible thing to these poor creatures. (laughs)

These sequences jolt the audience out of their normal way of looking at things and force a sort of a reexamination of your point of view—which I like when that occurs in film or theater. The great moments of theater are not exotic. The great moments of theater come about when you have a piece that you think you understand and know everything there is to know about it, and then the playwright comes along and gives you an insight to it that you never had before. You reexamine it and look at it as a totally new experience. The really creative challenge from an artistic and creative point of view in most communication forms is transforming the known into the unknown, the ordinary to the extraordinary.

That was what I was doing with WALK ON THE WILD SIDE. I really set myself the aim of restaging a cat so that you would see a cat as though it were an exotic creature that you had never seen before. "A cat? Well, I know cats, I've seen them all my life and maybe even looked at them very closely." The challenge was to say: "No, I'm going to show you a cat as though you saw it for the first time. When did you see it for the first time? Oh, you don't remember. What might it have been like when you saw a cat for the first time? ... A truly exotic creature, it was something else!" So that was one of the challenges I set myself for WALK ON THE WILD SIDE. You will be the judge of to what degree it occurred.

*What is more challenging for you in creating title sequences: to set the mood for a movie like in BONJOUR TRISTESSE (Otto Preminger, USA 1957) or to give a prologue to the film like in BIG COUNTRY (1958) and WEST SIDE STORY (Robert Wise, Jerome Robbins, USA 1960)?*

I wouldn't characterize them as one being more challenging or more interesting than the other. I would say they serve different functions. And each one was done because it was the best or the most useful thing to do for the film. I think they are both very interesting. I approach the problem, I approach the film and ask myself, what will be useful to do at the beginning of this film? Sometimes it's a prologue, sometimes it's useful to talk about the time before to lead into the film. In another case you might say it's most useful to create a metaphor for the film, to set a mood, and not to attempt to connect it directly with the story. Whichever seems to be the most effective and useful thing to do is what then emerges as the thing to do.

*Some of your title sequences, for example, THE MAN WITH THE GOLDEN ARM, seem to be cut to the rhythm of the music. Do you collaborate very closely with the composers?*

Normally, what occurs is that I create the title, it exists, at least in rough-cut form, and then a composer would come to deal with it. Naturally, these are not haphazard pieces of images that are thrown together, but the visual elements have a structure, and the composer responds to that structure and creates a piece of music that is appropriate, based upon discussion and a clarity on his part of what the intent of the title is emotionally and in terms of its whole content.

THE MAN WITH THE GOLDEN ARM was one exception to that. Because of the release schedule, the music had to proceed simultaneously with the creation of the title that didn't yet exist. If you recall, for that film Elmer Bernstein composed the first jazz score that had ever been done in film history. What happened there is, we agreed beforehand to a beat and I cut everything on that beat while he did his music. He never saw the images and I never heard the music but when he finished the music and I finished the title, we simply brought the two pieces into the projection room. Elmer was on magnetic track and I was on 35mm film. We put them on the interlock and Otto and Elmer and I saw how wonderfully it fit together and worked. It was really almost explosive—it was wonderful to be able to see the whole thing come together without the sequential steps that one normally does in these matters.

*In NINE HOURS TO RAMA (Mark Robson, USA 1963) you show the interior of a clock and it almost seems as if its mechanical parts were making the music. Was the music score already finished when you started working on your title?*

NINE HOURS TO RAMA was also an exception. During the shooting in India, we put together a group of local musicians. I told them about the kind of thing I was doing and described the interior of the clock in detail. They sat down and improvised some music that was in the character of the clock, which was ongoing circular material that would have that feeling. We recorded about a half hour of stuff. And then the music was cut into the film and manipulated and pieced together to make it work.

*In the case of WEST SIDE STORY you had two directors, Robert Wise and Jerome Robbins. Did this make the collaboration more difficult?*

The idea of seeing the totality of the city and then coming in to this particularity, to this little island within the city where all these events took place, was the useful way to set up the whole thing. Then follows the montage of the time before the story begins, that introduces the conflict between the Anglos and the Hispanics. I worked on that opening more with Jerome Robbins than Robert Wise. They both have slightly different points of view. Bobby Wise is a wonderful director and comes out of a narrative tradition, a true storyteller in that sense of the word. Robbins, as a dancer and as a choreographer, thinks more metaphorically. There is narrative in dance—essentially dance is always symbolic, at the same time that it is narrative. In the way Elaine and I were dealing with these issues in that opening sequence, we were much closer to Robbins than we were to Wise. And the opening was all dance and really choreographed material.

*In NORTH BY NORTHWEST, Hitchcock has one of his legendary appearances when he practically pushes his credit off the screen. Do you deliberately highlight the director's credit by making it something special?*

No, these images aren't created to especially point up the director. What happens is that the director is always the last credit to appear. So, naturally, in the construction of the sequence, when you are creating that crescendo of conclusion, you tend to build to a point before it moves into the film and that happens to be where the director's credit comes. So there is a pure coincidence of construction and the appearance of the director's credit. That's the only reason.

# Nachtisch zuerst! Vorspann und Vorlust

**Daniel Kothenschulte**

Am Anfang ist das Licht: Kreise werden zu drohenden Katzenaugen. Furchterregend und majestätisch durchmisst eine gewöhnliche Hauskatze den Bildkader, synchron zu stechenden Bigband-Synkopen. WALK ON THE WILD SIDE (AUF GLÜHENDEM PFLASTER, Edward Dmytryk, USA 1962) ist ein noch heute bekanntes Hollywood-Drama, doch nach gut einer Minute hat man schon das Beste davon gesehen, nämlich den Titelvorspann von Saul Bass. Seine Kunst lebte von der Abstraktion des filmischen Sujets und der Klärung seiner Form. Indem er das Vertraute fremd erscheinen ließ, schuf er Embleme von solcher Prägnanz, dass sie untrennbar mit ihrem Gegenstand verschmolzen. „Es ist die Verwandlung des Bekannten ins Unbekannte, des Gewöhnlichen ins Außergewöhnliche [...]", erklärte Bass. „Jeder kennt Katzen, aber ich zeige sie so, als würde man sie zum ersten Mal sehen."[1] Die Ära des künstlerisch gestalteten Filmvorspanns wird meist mit dem Beginn der Hollywoodkarriere des ursprünglichen Werbegrafikers gleichgesetzt. Als das Londoner Design Museum ihm im Jahre 2004 eine Ausstellung widmete, erklärte die Kuratorin Alice Rawsthorn: „Vor Saul Bass waren die Vorspanne so langweilig, dass sie auf die Vorhänge projiziert wurden, die vor der Kinoleinwand hingen. Es war einfach die Liste der Schauspieler und des Film-Teams. Als Bass den wundervollen

Vorspann für den Film Der Mann mit dem goldenen Arm herausbrachte, hängte er an jede Filmrolle einen Zettel mit dem Vermerk, der Vorführer solle vor dem Vorspann die Vorhänge aufmachen."[2]

An dieser etwas verkürzten Darstellung der Kunstgeschichte des Titeldesigns mag Bass selbst nicht ganz unbeteiligt gewesen sein, der in seinen späten Jahren eine Wiederentdeckung erfuhr: 1983 geriet er in die Schlagzeilen, als ihn Donald Spoto in seiner Hitchcock-Biografie *The Dark Side of the Genius* als maßgeblichen Mitarbeiter an der berühmten Duschszene aus Psycho (USA 1960) benannte. *Der Spiegel* feierte die Nachricht wie eine Entthronung des berühmten Regisseurs: „Nun aber wird der Meister endgültig um sein größtes filmhistorisches Verdienst gebracht: nicht Hitchcock habe bei der berühmten ‚Psycho'-Mordszene […] unter der Dusche Regie geführt, sondern der Zeichner Saul Bass […]. Das Genie habe, berichtet Bass, beim Dreh an der Brause ‚dagesessen wie Buddha'."[3] 1987 kehrte Bass mit Broadcast News (Nachrichtenfieber, James L. Brooks, USA) zum Titeldesign zurück, trat aber erst wieder ab 1990 wirklich in Erscheinung, als Martin Scorsese den Künstler zu der aufwendigen Titelproduktionen für The Age of Innocence (Zeit der Unschuld, USA 1993) einlud und dessen Schaffen gegenüber der Filmöffentlichkeit vermittelte.

Auch wenn sich Hollywoods Vorspanngestalter seit den 1950er Jahren in ihren Werken mit einem Eigencredit verewigen konnten, fand ihre Arbeit kaum Beachtung. In früheren Monografien über seine Auftraggeber Hitchcock, Otto Preminger und Billy Wilder bleibt Bass unerwähnt. Mit der Enttarnung seiner Autorenschaft kam der Vorspann endlich zu einem „Auteur", dessen herausragendes Werk schließlich alles Vorausgegangene vergessen machte.

Gegen diese Lesart der Filmgeschichte wendet sich Deborah Allison, die in Bass' eklektischem Vorspann zum Kompilationsfilm That's Entertainment (Das gibt's nie wieder, Jack Haley Jr., USA 1974), bei dem sich jeder Credit auf eine andere Art Augenmerk verschafft, eine Zusammenstellung von typischen Vorspann-Motiven der 1930er Jahre erkennt.[4] Bass, der es wie Hitchcock vorzog, fremde Einflüsse auf das eigene Schaffen möglichst für sich zu behalten, bleibt in einem Interview eine Quellenangabe schuldig: Lediglich eine „mythische Erinnerung" an Vorspanne habe ihn inspiriert, „die es hätte geben können oder geben müssen"[5] – oder tatsächlich auch gegeben hat. Auf ein besonders gelungenes Vorbild weist Allison hin. Das Motiv einer von der Meeresgischt weggewischten Sandschrift wurde bereits im Vorspann zum Musicalfilm Her Man (Tay Garnett, USA 1930) eingesetzt, und eine besonders elaborierte Variante findet sich in den Titeln von Maytime (Robert Z. Leonard, Trickszenen: Slavko Vorkapich, USA 1937): Blütenblätter in einem sommerlichen Bach formen die Credits, zu deren besserer Lesbarkeit sogar die Strömung des Wassers vorübergehend innehält – bis es weiterfließt und sie damit wieder verschwinden lässt. Allison geht sogar so

weit, die Entstehungszeit des Astair/Rogers-Musicals Carefree (Sorgenfrei durch Dr. Flagg, Mark Sandrich, USA 1938), in der die Titel von einer Frauenhand auf eine Wand geschrieben werden, zum „goldenen Zeitalter der innovativen Filmvorspänne" auszurufen – und damit dem Gemeinplatz zu widersprechen, dieses habe erst 1954 mit Bass' Haupttiteln zu Carmen Jones (Otto Preminger, USA) begonnen.[6]

Allison sieht in den Einschreibungen von Schrift-Credits in den Filmraum eine Aufhebung der Diegese, also eine Öffnung der im klassischen Hollywoodkino meist hermetisch verschlossenen Tür zwischen der technischen Natur des Mediums und der Welt der Narration.[7] Tatsächlich wirkt im Mainstreamkino aller Epochen jeder Eingriff in den diegetischen Raum, dessen Integrität bereits vom Blick eines Statisten in die Kamera bedroht wäre, wie ein kleiner Tabubruch. Auch der „unsichtbare" Schnitt und eine standardisierte Kamera- und Lichtgestaltung lenken in den durchschnittlichen Studioproduktionen von der fotografischen Natur des Filmbildes ab. Dennoch halte ich die These für fragwürdig, der Illusionsraum der Filmnarration sei im klassischen Hollywood derart dominant gewesen, dass ihn einzig experimentelle Creditsequenzen infrage gestellt hätten. Gerade das Hollywood-Kino der frühen Tonfilmzeit ist voller antinaturalistischer Elemente – wie etwa den verwegenen Montagesequenzen, die der Avantgardefilmer Slavko Vorkapich für zahlreiche Studioproduktionen herstellte. Für Maytime drehte er nicht nur den erwähnten Vorspann, sondern auch eine durch Überblendungen aus diversen Elementen generierte vierminütige Sequenz einer Operntournee, die mit ihren Stop-Tricks und surrealen Inserts alle Vorspann-Experimente jener Zeit in den Schatten stellte.

Auch wenn es der meist harte Schnitt, der Vorspann und Spielfilm trennt, suggerieren mag: Das Verhältnis zwischen abstrakten und filmisch-narrativen Elementen ist in der Filmgeschichte weniger disparat, als es scheint. Lange bevor Jean-Luc Godard mit dem berühmten Satz „The title is a shot" (Der Titel ist eine Aufnahme) für eine Gleichstellung von Bild- und Textelementen in der filmischen Narration plädierte, war sie sogar die Regel – in der Stummfilmzeit. Zwar wurden die obligatorischen Zwischentitel beharrlich von modern orientierten Filmemachern kritisiert, die vielfach ihre Abschaffung forderten, nicht jedoch, um einen abgeschotteten Illusionsraum zu etablieren. (Friedrich Wilhelm Murnau kam diesem Wunsch sehr nahe, als er in seinen Werken Der letzte Mann (Deutschland 1924) und Tabu: A Story of the South Seas (USA 1931) auf erklärende und dialogische Titel verzichtete.) Mit den ungeliebten Textelementen bekämpfte man vielmehr das Literarische zugunsten der visuellen, filmischeren Elemente. Diese aber waren sich ihrer Bildhaftigkeit auch im kommerziellen Mainstream bewusst und betonten dies noch durch grafische Elemente wie Irisblenden und symmetrische Kadragen. Der diegetische Filmraum vertrug es, seine Herkunft aus der Bildproduktion offenzulegen.

Darsteller-Credits wurden über das Mittel der Zwischentitel bis weit in die Filmhandlung ausgedehnt, wenn beim Erstauftritt eines Mitwirkenden sein Name als Zusatz eines Zwischentitels notiert wurde. Längere vorangestellte Titelsequenzen waren nur dann üblich, wenn man etwas Besonderes mit ihnen vorhatte. Ein Beispiel sind die Filme der unabhängigen US-Firma Cosmopolitan mit ihrem Star Marion Davies (etwa LITTLE OLD NEW YORK, Sidney Olcott, USA 1923): Alle Haupt- und die wichtigsten Nebendarsteller werden dem Zuschauer vor der Filmhandlung in bewegten Porträts nahegebracht – in einer Art Fortsetzung der Foyerwerbung. Lotte Reiniger münzte dieses Verfahren in liebevoller Ironie um, als sie die Scherenschnittfiguren ihres abendfüllenden Animationsfilms DIE ABENTEUER DES PRINZEN ACHMED (Deutschland 1926, Trickeffekte im Vorspann: Walther Ruttmann) wie Stars vorstellte.

Zwar zeugen im Gegensatz zur diesem kunstvollen Beispiel die meisten dieser Porträt-Vorspanne nicht gerade von besonderem Einfallsreichtum, aber sie widersprechen doch der These vom desinteressierten Publikum, für das man den Vorhang über den Titeln geschlossen lassen müsste. Ganz im Gegenteil war es wohl eher typisch für das neue Starwesen, dass Fans bereits dem namentlichen Aufscheinen ihres Idols mit Freude entgegensahen. Nichts anderes suggeriert im Übrigen im THAT'S ENTERTAINMENT-Vorspann Bass' heiterer Abgesang auf die Musicals von Metro-Goldwyn-Mayer – jenem Studio, das für sich mit dem Slogan warb „More stars than there are in heaven": Allein in den wohlklingenden (und deshalb nicht selten von Publicity-Experten eigens erfundenen) Starnamen bestand bereits ein Glamourfaktor, den es hervorzuheben galt. Die mächtigen Studiochefs hatten ihr Handwerk am Broadway gelernt, wo Leuchtbuchstaben vor jedem Theater hängen. Noch in den konventionellsten Vorspanngestaltungen scheint diese nicht zuletzt in den Verträgen festgeschriebene Wertigkeit der Starnamen durch. So sehr Vorspannkünstler wie Bass in den späten 1950er Jahren dagegen angingen: Den Standard bestimmte das Pacific Title and Art Studio mit seinen in der altmodischen Technik der Glasmalerei angefertigten Titelsequenzen, gipsgrundiert wie Barockrahmen und oft in den leuchtendsten Tönen von Technicolor.

Im Kino der 1910er Jahre war es sogar weitverbreitet, die Logos der Filmfirmen als sichtbare Schildchen in den Kulissen zu platzieren; so wollte man sich vor Plagiaten schützen. Die oft statisch gefilmten und grafisch komponierten Bilder trugen ihren Credit wie einen Stempel in sich. Dem Illusionsraum der Narration war es so wenig hinderlich wie heute ein Senderlogo im Fernsehen. Erst der neue Realismus des Tonfilms verlangte den Ausschluss vieler Elemente, die auf die technische Genese des Filmerlebnisses hindeuteten. Die Lust an Spiel und Experiment wurde dafür in der blühenden Cartoonproduktion der Vorprogramme befriedigt. Dies allein erklärt, warum die meisten Vorspanne der 1930er und 1940er Jahre nur in Ausnah-

mefällen ähnlichen Einfallsreichtum zeigten. Dafür übernahmen die Vorspannsequenzen im frühen Tonfilm eine neue wichtige Funktion: Sie transportierten Musik. Auf dieses im Stummfilm omnipräsente Element wollte man aus verschiedenen Gründen nicht verzichten, selbst wenn es in den ersten Jahren des Tonfilms meist aus den Dialogszenen verbannt war. Oft bewarben die Vorspannsequenzen Melodien, die von den Studios auch in Notenform vertrieben und häufig zu Hits wurden. Immer sorgten sie für eine Überleitung zwischen den musikalischen Attraktionen des Vorprogramms und dem Hauptfilm. In den 1950er Jahren wurde der Titelsong nahezu obligatorisch für gehobene Western und Melodramen.

**Lockende Versuchung:**
**Der Vorspann und der Reiz des Tabus**

Jeder Kinofilm beginnt mit einem Augenblick der Dunkelheit. Dieser imaginative Raum vor dem diegetischen Filmraum gehört zu den entscheidenden Phänomen kinematischer Verzauberung. Er ist allein dem Kino eigen und lässt sich schon deshalb heute nicht im Heimkino nachahmen, weil wir dazu selbst den Filmvorführer spielen müssten, der über diese Schnittstelle zur Imagination wacht wie ein Fährmann über den Hades.

Heide Schlüpmann spezifiziert die Erfahrung jeder Celluloidprojektion: „Wer sich ins Kino begibt, verlässt die verständige Tagesordnung, die Dinge und Menschen separiert, zieht ins Dunkle."[8] Im Entzücken über den Lichtstrahl der Filmprojektion erkennt sie das Phänomen der Vorlust wieder, wie es Sigmund Freud in seiner Abhandlung über den Witz beschrieb: „Diese Technik entfaltet der Witzmacher in einer Situation, in der der Mensch eine Strebung zensurieren muss und nicht zum Zuge kommen lässt. Der Technik des Witzes liegt eine Art Verschiebung vom Ort der verwehrten Trieberfüllung, hin zu einem anderen, zugrunde."[9]

Schlüpmann unterscheidet nicht zwischen dem Filmbeginn selbst und dem, was die ersten Bilder eines Films üblicherweise wiedergeben, nämlich den Vorspann. Für sie ist dieser Effekt einer durch Verzögerung genährten Vorfreude ein ursächliches Phänomen jeder Vorführung in einem Filmtheater, was ja auch die Radikalität ihrer These ausmacht. Im Vorspann scheint sich mir das Prinzip der spannungsvollen Verzögerung vor dem Filmbeginn aber noch einmal in einer formalisierten Weise zu wiederholen. Indem der Beginn des eigentlichen Erzählfilms aufgeschoben wird, nährt der Vorspann die Vorlust ein weiteres Mal wie zuvor bereits der Lichtstrahl, der „unter der Tür des Weihnachtszimmers hindurchdringt, freudige Spannung auf die Geschenke dahinter erregt."[10]

Viele Vorspanngestalter nutzten diesen suggestiven Raum, speziell um – wie es die Vorlust im Freud'schen Sinne meint – an den verbotenen Früchten des Tabuisierten schnuppern zu lassen. Maurice Binders James-Bond-Titelsequenzen kehren das Verhältnis zwischen Verführung und Befriedigung sogar um, indem sie erotische Andeutungen machen, die die folgende Filmhandlung nach den zeitgenössischen Zensurcodes schwerlich einlösen konnte. GOLDFINGER (Guy Hamilton, Großbritannien 1964) ist eines mehrerer Beispiele, in dem Binder das elementarste filmische Mittel, die Lichtprojektion, einsetzt, um der Verlockung eine Form zu geben: Die Projektionsfläche sind Frauengesichter und weibliche Aktmodelle. Der Augenreiz des projizierten Lichts schließt sich kurz mit der erotischen Projektion. Beide elementaren Kinoreize fallen zusammen. Doch was passiert, wenn die Andeutung derart hoch dosiert ist? Freud schrieb über die Verzögerungstechniken des Witzemachers: „[…] das Ergebnis ist eine Lustentwicklung, die weit größer ist als die der hinzugetretenen Möglichkeit. Letztere hat gleichsam als Verlockungsprämie gewirkt; mit Hilfe eines dargebotenen kleinen Betrages von Lust ist ein sehr großer, sonst schwer zu erreichender gewonnen worden.“[11]

Binders Arbeit erhält ihre Balance aus einem unausgesprochenen Vertrag, den ein Vorspanngestalter mit seinen Zuschauern eingeht: Das Publikum erwartet von einem Filmanfang nichts anderes als eine Andeutung. Binder nutzte dies und noch eine weitere Freiheit: die Anmutung des Kunst- oder Avantgardefilms, der – anders als der Spielfilm – gewisse Ungehemmtheiten in der Aktdarstellung genießt. So kann er etwas präsentieren, das sich ein Spielfilmregisseur des Jahres 1964 versagen muss. Zugleich aber weiß das Publikum um den Eigencharakter einer Vorspannsequenz, weiß also, dass der folgende Film etwas anderes bieten wird. Dadurch wird die etwaige Enttäuschung über dessen möglicherweise geringeren erotischen Gehalt gemildert. Wie die im modernistischen Formenduktus gehaltenen Vorspanne von Bass in den 1950er Jahren verbreiten Binders Vorstellungen das mondäne Flair avancierter Geschmackssicherheit. Der Strenge der Bass'schen Formen zieht er jedoch die unbestimmtere Atmosphäre einer ausgestalteten Lounge vor; der fast dogmatische Ernst des International Style der späten Moderne weicht der Leichtigkeit eines visuellen Easy Listening. Auch das ist eine traditionelle Funktion avancierter Vorspanngestaltung: die Positionierung eines Films in einem bestimmten kulturellen Kontext. Als die Zwischentitelzeichner des Stummfilms Kunstfilme wie DAS CABINET DES DR. CALIGARI (Robert Wiene, Deutschland 1920) und SALOMÉ (Charles Bryant, USA 1923) durch das grafische Design in den Kunstströmungen von Expressionismus und Art déco verorteten, vermittelten und unterstützten sie damit die von den Produzenten gewählte stilistische Einordnung. Nicht von ungefähr waren Hitchcock, Preminger und Wilder, die drei wichtigsten Auftraggeber von Bass, passionierte Sammler moderner Kunst. Ihr Bewusstsein für eine Corporate Identity ihrer Filme, deren Werbung sie persönlich kontrollierten, zeichnete sie vor anderen Hollywood-Produzenten aus. Zugleich gehörten sie zu den wenigen Regisseuren, die überhaupt ihre Filme durch Nennung ihrer eigenen Namen über den Titel gewissermaßen signieren durften. Ihr Kunstanspruch

vermittelte sich auch durch die Verwendung eines Titeldesigns, das sich dem International Style anpasste und manchmal einen in Hollywood ungekannten Abstraktionsgrad erreichte. Diese Arbeiten stellen den ästhetischen Gegenpol zur gleichzeitig in Hollywood aufkommenden Mode der Titelsongs dar, meist mit traditionellen Schrifttiteln unterlegte pathetische Balladen, wie sie etwa niveauvollen Western oder Douglas Sirks späten Melodramen vorausgingen.

Im industriellen Genrekino Hollywoods bedurfte es einer besonderen Adressierung, um einzelne, experimentellere Produktionen aus der Masse herauszuheben. Wenn Preston Sturges seiner Komödie THE LADY EVE (DIE FALSCHSPIELERIN, USA 1941) einen animierten Vorspann voraussstellte, in dem Leon Schlesinger eine Schlange einen Apfel feilbieten ließ, so weil sein spezieller anarchischer Humor ein Publikum ansprechen sollte, das gerne über Schlesingers Looney-Tunes-Cartoons im Vorprogramm lachte.

**Der Vorspann als Animation**

Der Einzug der Animation in das Vorspanndesign war nicht zufällig. Die von Schlesinger geleitete Cartoon-Abteilung der Warner Bros. war direkt aus dem von ihm gegründeten Pacific Title and Art Studio hervorgegangen. Mit dem Ende des Stummfilms und seiner Zwischentitel sah Schlesinger irrtümlich das Ende seiner Firma nahe, verkaufte seine Anteile und spezialisierte sich auf Cartoons. Einerseits war dies eine Fehleinschätzung, denn der wachsende Einfluss der nunmehr vielfach gewerkschaftlich organisierten Filmschaffenden verlangte auch längere Vorspannsequenzen. Andererseits entstand unter Schlesingers Produktion ein ebenso profitables wie filmhistorisch beispielloses Unternehmen: Seine Serien Merrie Melodies und Looney Tunes revolutionierten die Form des siebenminütigen Cartoons und etablierten Trickfilmstars wie Bugs Bunny, Schweinchen Dick und Daffy Duck. Als sich schließlich mit dem Ende des Studiosystems um 1960 aufwendige Beifilme nicht mehr im Kinobetrieb rentieren konnten, entwickelte Bugs Bunnys Erfinder, der Zeichner Friz Freleng, eine nicht weniger beliebte Cartoonfigur für einen Filmvorspann: den rosaroten Panther.

Nachdem amerikanische Kinozuschauer über Jahrzehnte bei jedem Kinobesuch einen Cartoon gesehen hatten, ein im wörtlichen Sinne farbiges Element zwischen Haupt- und B-Film, wurden Trickfilmelemente wieder zu etwas Besonderem. Selbst das Disney-Studio, das schon seit den späten 1950er Jahren überwiegend Realfilme produzierte, lieferte statt Cartoon- Vorfilmen lediglich mit einiger Regelmäßigkeit Trickvorspänne. Ein interessantes Beispiel ist die Teenager-Komödie FREAKY FRIDAY (EIN GANZ VERRÜCKTER FREITAG, Gary Nelson, USA 1976), zu der Art Stevens, ein Veteran des Studios, den Haupttitel in ganz un-disneyhaftem Legetrick kreierte. Das Studio wünschte offensichtlich, dass sein Publikum diesen Film nicht für einen jener Märchenfilme hielt, mit denen er im üblichen Disneystil assoziiert worden wäre.

Die Geschichte der Vorspanngestaltung ist eng verknüpft mit den wechselnden technischen, ästhetischen und wirtschaftlichen Bedingungen der industriellen Spielfilmproduktion. Ihre künstlerischen Freiräume wuchsen und schwanden in enger Abhängigkeit von der Positionierung des Langfilms innerhalb der jeweiligen Aufführungskontexte. Stets erfüllen sie eine klare Funktion: die Vermittlung von Information, zu der ein Produzent vertraglich verpflichtet ist. Da ihre Gestalter jedoch oft eine im Hollywoodsystem seltene Freiheit genossen, ist es verführerisch, sie als eigenständige Kunstwerke zu betrachten. Tatsächlich arbeiteten ihre Gestalter sogar meist in Unkenntnis der restlichen Filmteile. Bass hat stets die Autonomie seiner Arbeitsweise hervorgehoben. Eine Zusammenarbeit mit dem künstlerischen Stab des Hauptfilms sei schon aus zeitlichen Gründen unmöglich gewesen: „Wie ich schon erwähnte, findet die Arbeit am Vorspann zeitgleich mit den Dreharbeiten statt. Selbst wenn wir wollten, könnten wir gar nicht den gleichen Kameramann verpflichten", erklärte er gegenüber Lars-Olav Beier und Gerhard Midding.[12] Von einer Einflussnahme durch die Regisseure ist in seinen Interviews kaum die Rede. Ironischerweise weist er auch die Vorstellung zurück, er habe diesen Berufsstand in der jeweiligen Dramaturgie besonders ehren wollen: „Wenn man eine Sequenz aufbaut, versucht man, in einem Crescendo auf einen Höhepunkt zuzusteuern, und der ist meist erreicht, bevor der Vorspann in den Film übergeht. An dieser Stelle wird nun einmal der Name des Regisseurs genannt."

Dass Filmanfängen in den späten 1950er Jahren eine besondere Aufmerksamkeit entgegengebracht wurde, hatte natürlich auch mit der Konkurrenz des Fernsehens zu tun. Viele der aufwendigen frühen CinemaScope-Produktionen und der späteren 70-mm-Großfilme schufen sich einen eigenen, auratischen Freiraum innerhalb des Kinobetriebs, indem sie reine Orchester-Ouvertüren vor die Vorspanne schnitten, in denen neben einer feierlichen Einstimmung auch die Tonanlage des jeweiligen Kinopalastes genossen werden sollte. In den Kleinstadtkinos, die die überwiegende Mehrzahl der US-amerikanischen Lichtspielhäuser bildeten, musste eine entsprechende Aufmerksamkeit für den Langfilm erst mühsam erstritten werden. Peter Bogdanovich erinnerte sich daran, als er über den Spielort seines Films THE LAST PICTURE SHOW (DIE LETZTE VORSTELLUNG, USA 1971) räsonierte: „Das Kleinststadtkino scheint eine tiefere, unschuldigere Zeit wachzurufen, als uns ein Vierteldollar zwei Langfilme bescherte nebst einer Wochenschau, einer kurzen Komödie, einem Reisefilm, einem Cartoon, einem Serial und Vorschauen. Man konnte auch jederzeit hineinspazieren. Kaum jemand sah sich den Anfang eines Films an – bis zu Hitchcocks PSYCHO (USA 1960), als das Zuspätkommen verboten war. Es waren unprätentiöse Zeiten und so waren ihre Vergnügungen."[13]

Hitchcocks Film mit dem berühmten Streifen-Titel von Saul Bass, dessen flackernde Op-Art-Effekte zu Bernhard Hermanns einschneidenden Dissonanzen einen rein ästhetischen Schockeffekt setzten, wurde als Event vermarktet. Als lebensgroße Pappfigur wachte Hitchcock persönlich vor den Kinotüren darüber, dass seine Anweisungen bezüglich der Nachzügler ebenso befolgt würden wie die Warnungen gegenüber Schwangeren und Kranken, denen vom Kinobesuch dringend abgeraten wurde. Er imitierte damit erfolgreich die Event-Vermarktungsstrategie des B-Film-Königs William Castle, dessen Horrorfilm THE TINGLER (SCHREI, WENN DER TINGLER KOMMT, USA 1959) im Vorjahr mit dem „Gimmick" vibrierender Sitze gestartet worden war.

Wie in dieser historischen Periode, als das Kino sein Monopol über das Bewegtbild verlor, wird auch heute viel darüber diskutiert, wie sich dieser Erlebnisort gegenüber dem sogenannten Heimkino, das ja nie ein Kino ist, positionieren sollte. Nicht allein die Existenz eines Publikums kann diesen Unterschied ausmachen, denn viele haben schon einmal allein im einem Kinosaal gesessen und vielleicht gerade deshalb ein unvergessliches Erlebnis davongetragen. Tatsächlich haben die vergangenen Kino-Konventionen der Stumm- und Tonfilmzeit heute längst vergessene Rituale der Vorlust gepflegt: Bühnendarbietungen, Lichtwechsel, etc. Der gestaltete Vorspann trat in großer Anzahl erst zu einem Zeitpunkt auf, als diese Live-Ereignisse bereits Vergangenheit waren, hielt diese Tradition aber lebendig.

Jede Titelgestaltung, die künstlerisch avancierte wie die konventionelle, überbrückt die Zeit zwischen Vorprogramm und Hauptfilm und lädt das Publikum mit attraktiven Mitteln nach Werbung und Vorfilm zu einem Programmpunkt ein, der seine volle Konzentration für mehr als neunzig Minuten binden soll. Auch wenn sich die Rituale der Vorlust in der Kinogeschichte immer weiter verkürzt haben, sind sie nach wie vor lebendig. Sie markieren die für die Rezeption eines Films entscheidende Transzendenzphase zwischen dem Ereignis des projizierten Lichts, wenn sich der Saal verdunkelt, und dem Eintauchen in die Filmwirklichkeit. Man kann auch sagen: Der Vorspann ist die letzte Phase eines Spielfilms, die dem Zuschauer das Bewusstsein bewahrt, in einem Kinosaal zu sitzen – so wie der Abspann den Schock der Entzauberung abmildert. Das Fernsehen scheut dagegen diese Zwischenphasen als „Einladungen zum Umschalten". Auch in der Durchgangssituation zeitbasierter Kunst in Museen, Ausstellungshallen, Galerien und Kunstmessen haben Vorspanne, die dem Flanieren entgegenstünden, selten Platz. Vielleicht wird deshalb das Filmische im Kunstkontext häufig durch Vor- und Abspann-Motive symbolisiert, etwa in den Gemälden Ed Ruschas. Diese einfachen Zeichen reichen, unterstützt durch einen Malstil, der die Anmutung von geschundenem Celluloid zitiert, der Suggestion „Kino" näherzukommen als die meisten Film- oder Videoarbeiten, die kinematische Elemente zum Thema haben. In der Ausstellung in den KW Institute for Contemporary Art, die den Anlass zu dieser Publikation gab, wird eine kinospezifische Erfahrung nicht allein durch das Zitieren außergewöhnlicher Filmanfänge erreicht. Es ist auch der fremdgesteuerte Einsatz der Projektionen, der das

Publikum wie ein Rattenfänger vor die Leinwände lockt, der zu diesem Eindruck der Hingabe an das Lichtspiel beträgt. Dass viele Vorspanne dabei durch ihre grafische Gestaltung eine Nähe zur Kunst zeigen, verstärkt noch die Irritation – denn Tafelbildern fehlt nun einmal die technisch-theatrale Stimulanz des An- und Ausschaltens.

Zu allen Zeiten der Filmgeschichte jedoch nahmen grafische Elemente eine wichtige Vermittlungsfunktion innerhalb des Erlebnis-Kontextes einer Filmhandlung ein. Nach dem Stummfilm, der Filmbild und Schriftbild zu einer Koexistenz verpflichtete, kam in der Tonfilmzeit der Cartoon hinzu, der im Beiprogramm große Aufmerksamkeit auf das Ereignis grafischer Effekte legte. Erst nach seinem Abtreten als fester Programmteil Ende der 1950er Jahre setzte die Blütezeit tricktechnisch elaborierter Vorspannsequenzen ein. Die vierte Periode erleben wir heute. Selbst wenn Spielfilme nach wie vor in Filmtheatern uraufgeführt werden, gibt es, abgesehen von Werbung und Trailershows, kein Beiprogramm. Im Fernsehen oder auf DVD muss also jeder Film, sofern er als Kinofilm im klassischen Sinne verstanden werden möchte, den Kontext Kino mit eigenen Mitteln suggerieren. Der Vorspann wird somit zu einer auratischen Anleihe an die Anmutung von Kino, zu einem filmhistorischen Zitat. Originalität ist eine Option der Vorspanngestalter, eine andere ist die Historizität. Während der Arbeit an diesem Text führte ich zufällig ein Interview mit dem Komiker Steve Martin, der gerade in einer eher vergesslichen Fortsetzung der klassischen Pink-Panther-Serie spielte. Er selbst machte dabei den Vorspann zum Thema: „Erinnern Sie sich an die kleine Cartoonsequenz am Anfang des ersten Teils [THE PINK PANTHER (DER ROSAROTE PANTHER, Shawn Levy, USA 2006)]? Sie hatten eine gemacht, die wirklich fantastisch war. Ganz neue Animation, und ich fand es wirklich großartig. Aber sie machten noch eine zweite im alten Stil der Peter-Sellers-Version. Mir gefiel die erste besser, aber sie testeten beide vor Publikum, und die Zuschauer bevorzugten die altmodische. Ich glaube jetzt an die traditionellen Qualitäten. Aber früher wollte ich auch anders sein, neu und einzigartig. Heute ist meine Herausforderung, einen Film zu machen, den man sich zu jeder Zeit immer ansehen kann, und das auch noch in hundert Jahren.“

[1] Zit. n.: Lars-Olav Beier, Gerhard Midding, *Vorspann. Zum Werk von Saul Bass*, TV-Dokumentation, WDR (gesendet am 13. November 1992)
[2] Claude Clorennec, Charles Valade, *Saul Bass im Design Museum London*, TV-Beitrag, arte (gesendet am 6. September 2004).
[3] „Psycho – Die dunkle Seite des Genies“, in: *Der Spiegel*, 3, 17. Januar 1983, S. 137.
[4] Deborah Allison, „Innovative Vorspanne und Reflexivität im Klassischen Hollywoodkino“, in: Alexander Böhnke, Rembert Hüser, Georg Stanitzek (Hrsg.), *Das Buch zum Vorspann. The Title is a Shot*, Vorwerk 8: Berlin 2006, S. 90–101, S. 90.
[5] Saul Bass, „The Complete Film Maker. From Titles to Features“, in: *American Cinematographer*, 58, 3. März 1977, S. 290.
[6] Allison, „Innovative Vorspanne und Reflexivität im Klassischen Hollywoodkino“, a. a. O., S. 98.
[7] Weitere Beispiele sind Creditsequenzen, die auf Plakatwänden innerhalb einer Filmszene zu lesen sind, zum Beispiel in THE CAT AND THE FIDDLE (LIEBE NACH NOTEN, William Kay Howard, USA 1933) und YOU'LL NEVER GET RICH (REICH WIRST DU NIE, Sidney Lanfield, USA 1941).
[8] Heide Schlüpmann, „Celluloid & Co. Filmwissenschaft als Kinowissenschaft“, in: *Frauen und Film*, 65, 2006, S. 39–78. S. 40.
[9] Ebd., S. 44.
[10] Ebd.
[11] Sigmund Freud, „Der Witz und seine Beziehung zum Unbewussten“ (1905), zit. n. Schlüpmann, „Celluloid & Co“, a. a. O., S. 45.
[12] Saul Bass, „Man kettet den Zuschauer an seinen Sitz“, Interview von Lars-Olav Beier, Gerhard Midding, in: Dies.: *Teamwork in der Traumfabrik*, Henschel Verlag: Berlin 1993, S. 408–424, S. 418. Hier S. 274–278, S. 276.
[13] Peter Bogdanovich, „Old Dreams“, in: Michael Putnam, *Silent Screens. The Decline and Transformation of the American Movie Theatre*, John Hopkins University Press: Baltimore 1999, S. 27–31, S. 31.

# First the Dessert! Opening Titles as Pleasurable Foreplay

**Daniel Kothenschulte**

In the beginning is the light: circles turn into menacing cat's-eyes. Frighteningly and majestically, a common domestic cat strides through the frame, in synchrony with shrill-sounding, big band syncopation. WALK ON THE WILD SIDE (Edward Dmytryk, USA 1962) is a Hollywood drama still known today, but after a minute or more you've seen the best it has to offer, namely the title sequence by Saul Bass. His art thrived on the abstraction of the cinematic subject and a refinement of its form. By making the familiar seem unfamiliar, he created emblems so telling that they fuse inseparably with their object. "It is changing the known into the unknown, the usual into the unusual …," as Bass explained. "Everyone knows cats, but I show them as if you were seeing them for the first time."[1]

The era of the artistic design of opening credits is mostly equated with the beginning of this commercial artist's Hollywood career. When the London Design Museum dedicated an exhibition to him in 2004, its curator Alice Rawsthorn declared that before Saul Bass, opening credits were so boring that they were projected onto the curtain that hung in front of the screen. They simply listed the names of the actors and the film team. When Bass produced the marvelous title sequence for the film THE MAN WITH THE GOLDEN ARM, he attached a tag to each film reel with a note telling the projectionist to open the curtain before showing the credits.[2]

Rawsthorn's somewhat compressed description of the art history of title design was probably influenced by Bass himself, who was rediscovered in his later years. In 1983, Bass appeared in the headlines when Donald Spoto, in his Hitchcock biography *The Dark Side of the Genius*, named him as the collaborator responsible for the famous shower scene in PSYCHO (USA 1960). *Der Spiegel* celebrated the news like the dethronement of the famous director. "Now the master has conclusively been robbed of his greatest film-historic deserts: not Hitchcock, but the graphic artist Saul Bass, directed the 'Psycho' murder scene under the shower …. As Bass reported, the genius sat through the shooting 'like Buddha.'"[3] In 1987 Bass returned to designing title sequences with BROADCAST NEWS (James L. Brooks, USA) but it was not until 1990, when Martin Scorsese invited the artist to do a lavish title production for THE AGE OF INNOCENCE (USA 1993) and acted as an intermediary to explain his work to the film public, that Bass was fully rediscovered.

Even though Hollywood's title designers have been immortalized with their own credit line for their work since the 1950s, their contributions had hardly attracted attention. In early monographs of his patrons— Hitchcock, Otto Preminger, and Billy Wilder—Bass remained unnamed. With the revelation of Bass's authorship, the title sequence finally found an *auteur*, whose outstanding work was able to make us forget all his predecessors.

Deborah Allison contradicts this interpretation of film history; she sees in Bass's eclectic opening sequence to the compilation film THAT'S ENTERTAINMENT (Jack Haley Jr., USA 1974), in which each credit is a different eye-catcher, an assemblage of typical title motifs from the 1930s.[4] In an interview, Bass—who, like Hitchcock, preferred to keep to himself any foreign influences on his creativity—failed to cite any source: it was only a "mythic memory" of title sequences that inspired him, which "could have or should have existed"—or, indeed, had existed.[5] Allison points to an especially effective precedent. The motif of words written in sand that are washed away by the surf was used long ago in the titles of the musical HER MAN (Tay Garnett, USA 1930), and an especially elaborate variation can be found in MAYTIME (Robert Z. Leonard, trick shots: Slavko Vorkapich, USA 1937): flower petals in a summertime stream form credits, for whose better legibility the flow of the water is temporarily halted, until it flows again to make them disappear. Allison goes so far as to call the period of the Astair/Rogers musical CAREFREE (Mark Sandrich, USA 1938)—in which a woman's hand writes on a wall—the golden age of innovative title sequences, contradicting the platitude that all had started in 1954 with Bass's titles to CARMEN JONES (Otto Preminger, USA).[6]

In writing title credits into the film space, Allison sees a suspension of diegesis, that is, a breach in the mostly hermetically closed door between the technical nature of the medium and the world of narration in classical Hollywood cinema.[7] And indeed, in any era of mainstream cinema, any intervention in the diegetic space—whose integrity would be threatened merely by a bit player looking into the camera—is like a small taboo breach. The "invisible" cut and a standard camera and light arrangement in the average studio productions also distract from the photographic nature of the film image. Yet I find the thesis questionable that the illusionary space of the film narration was so dominant in classical Hollywood that only experimental title sequences were able to call it in question. The early sound-film era of Hollywood is especially full of anti-naturalistic elements, such as the daring montages that the avant-garde filmmaker Slavko Vorkapic created for the sequences of numerous studio productions. For MAYTIME, he not only shot the noted credits, but also a four-minute sequence of an opera tour—generated from fade-ins of various elements including stop-tricks and surreal inserts—that outshines all the title experimentation of the time.

Even if the usually harsh break between credits and feature film may suggest it, film history shows that the relationship between abstract and filmic-narrative elements is less disparate than it seems. Long before Jean-Luc Godard, with his famous pronouncement "The title is the shot," pleaded for an equation between the elements of image and text in filmic narration, it was already the rule, even in the age of silent movies. The obligatory intertitles were persistently criticized by forward-looking modern filmmakers, who demanded their revocation, but not in order to establish a separate illusionary space. (Friedrich Wilhelm Murnau came close to fulfilling this wish in his works DER LETZTE MANN (THE LAST LAUGH, Germany

1924) and Tabu: A Story of the South Seas (USA 1931) which did without subtitled explanation and dialogue.) To oppose the unpopular text elements meant to oppose the literary and to favor the visual and cinematic elements instead. Their pictorial nature, also present in the commercial mainstream, was used in a highly conscious way and was even enhanced with graphic elements such as iris diaphragms and symmetrical frames. The diagetic film space had no trouble owning up to its origins in image production.

Actor credits were expanded further into the film narrative by way of the intertitles when, on the first appearance of a cast member, his/her name was noted as an addition to the subtitle. The introduction of longer title sequences was usual only if something special was in the works. One example is the films of the independent U.S. Cosmopolitan Company with their star Marion Davies (featured in movies such as Little Old New York, Sidney Olcott, USA 1923): all the leads and the most important supporting actors were, prior to the film story, introduced in moving descriptive portraits—a kind of continuation of the poster ads in the lobby. Lotte Reiniger lovingly ironized this procedure when she opened her evening-long animation film Die Abenteuer des Prinzen Achmed (The Adventures of Prince Achmed, Germany 1926, collaborator on opening trick effects: Walther Ruttmann) by introducing her silhouette figures like movie stars.

Although, in contrast to this artful example, most of these portrait openers were not blessed by any special imaginativeness, they do contradict the thesis of a disinterested public, for whom the curtain was meant to remain closed for the projection of the credits. Quite the contrary, it was probably rather typical in the burgeoning era of celebrity that fans looked forward to seeing the names of their idols on the screen. Nothing less is incidentally suggested in the opener of That's Entertainment, which was Bass's light-hearted swan song for the musicals of Metro-Goldwyn-Mayer, the studio whose slogan advertised "More stars than there are in heaven." The melodious name of the star alone (often enough invented by publicity experts) was a glamor factor that needed to be put on display. The powerful studio bosses had learned their trade on Broadway, where neon lettering hung above every theater. This is manifest in even the most conventionally designed opening credits, where contracts had fixed the hierarchy of star names. As much as artists of title sequences like Bass fought against this in the late 1950s, it was the Pacific Title and Art Studio that set the standard for opening sequences with its old-fashioned technique of glass-painting and lettering on plaster ground, often in the brightest Technicolor.

In the cinema of the 1910s, it was a widespread phenomenon that movie company logos on signs were placed visibly within the staged scenery, as a protection against plagiarism. The often statically filmed and graphically composed pictures carried their credits like an internal stamp. This hindered the illusionary space of narration as little as a channel logo on television today. Not until the new realism of sound pictures was there a demand for the exclusion of many elements that pointed to the technical genesis of a movie experience. The love of the playful and the experimental was then satisfied by the flourishing production of animated cartoons for the short subject shown before the main feature. This in itself explains why it was an exception when the title sequences of the 1930s and 1940s showed any signs of similar creativity. Nonetheless, the title sequences of the early sound movies assumed an important new function: they transported music. The musical element that is omnipresent in silent movies was something that for different reasons no one wanted to do without, even if it was banned from scenes with dialogue in the first years of the "talkies." Often, the title sequences promoted melodies that the studios also marketed as sheet music and which frequently became hits. The openers always provided a transition from the musical attractions of the short subjects to the main feature. In the 1950s, a title song was obligatory for the better westerns and melodramas.

**Alluring Temptation: Title Sequences and the Appeal of the Taboo**

Every cinema film begins with a moment of darkness. This imaginative space ahead of the diegetic film space is seen as a crucial phenomenon of cinematic enchantment. It is a feature of the cinema alone and thus not reproducible today in a home movie environment, because we ourselves would then have to play at being the projectionist, one who monitors this entryway to the imagination like the ferryman to Hades.

Heide Schlüpmann particularizes the experience of each and every celluloid film projection this way: "Anyone who enters a cinema departs from a sensible daily routine that keeps things and people separate and so wanders into darkness."[8] In the delight in the beam of light from the projection, she recognizes the phenomenon of forepleasure, which Sigmund Freud described in his essay on the joke: "The joke teller develops this technique in a situation in which the man must censure every urge and not give it a chance. This technique of the joke is based on a kind of shift from the site of the hindered fulfillment of the sex drive to a different one."[9]

Schlüpmann does not distinguish between the beginning of the film and the first scenes a film usually presents, namely the title sequences. To her their effect is owed to a forepleasure nourished by retardation, a causal phenomenon of every movie-house projection, which is what makes up the radicalism of her thesis. To me it seems that the title sequences once again repeat in a formalized way the principle of the suspenseful retardation of the film's beginning. While the beginning of the actual feature film is again delayed, the title sequence provides forepleasure one more time, just as the strip of light "peeping from under the door to the Christmas room excites a joyous expectation of the awaited gifts."[10]

Many title designers use this suggestive space specifically to grant us a whiff of the forbidden and tabooed fruit of forepleasure in its Freudian sense. Maurice Binder's James Bond title sequences even reverse the relationship between seduction and sexual satisfaction by making erotic intimations that the subsequent film script can hardly gratify—in view of contemporary codes of censorship. GOLDFINGER (Guy Hamilton, Great Britain 1964) is one of several examples in which Binder uses the most elementary filmic means, i.e., the light projection, in order to give the allure a shape. Female faces and nude models are the projection screen. The visual appeal of the projected light cross-fertilizes the erotic projection. Cinema's two elementary incentives coincide. But what happens when erotic intimation comes in such high doses? Consider what Freud writes about the delay tactics of the witty raconteur: "… the result is an increase in pleasure that is by far greater than the added potential. The effect of the latter is, as it were, an alluring bonus; with the help of a proffered small amount of pleasure, a very much larger and hard to attain sum is won."[11]

Binder's work finds its balance in a tacit agreement that a title designer has with the audience, which expects nothing from a film's beginning other than insinuation. Binder enjoys this one liberty and even adds a second one: the impression that an art or avant-garde short—different from a main feature—enjoys certain liberties regarding the portrayal of nudes. He can therefore present something that a feature film director in 1964 had to renounce. At the same time, however, the audience is wise to the particular character of a title sequence and therefore knows that the following film is bound to offer something different. In this way, the eventual disappointment in its possibly less erotic contents is softened. Just as the Bass titles exuded the modernist formal style of the 1950s, Binder's ideas radiated the sophisticated flair of an up-to-date and assured taste. However, instead of Bass's strict forms, he preferred the less defined atmosphere of an elaborate lounge; the almost dogmatic earnestness of the International Style of late Modernism makes way for the lightness of visual easy listening. This, too, is a traditional function of advanced title design, namely positioning the film in a specific cultural context. When intertitle graphic designers of silent art films—such as DAS CABINET DES DR. CALIGARI (THE CABINET OF DR. CALIGARI, Robert Wiene, Germany 1920) and SALOMÉ (Charles Bryant, USA 1923)—appropriated the art movements of Expressionism and Art Deco for their work, they reflected and supported the stylistic wishes of their producers. It was not by chance that Hitchcock, Preminger, and Wilder—Bass's three most important clients—were impassioned collectors of modern art. Their conscious desire to have a corporate identity for their

films, whose advertisement was under their personal control, distinguished them from other Hollywood producers. At the same time they were, after all, among the few directors who were allowed to sign films with their own names above the titles. Their artistic pretension is also conveyed through the use of a title design that was accommodated to the International Style and at times attained a degree of abstraction unknown to Hollywood. These works represented the aesthetic counterpart to the concurrent fashion in title songs that were mostly sentimental ballads that preceded high-end westerns or Douglas Sirk's late melodramas and were given traditional graphic titles.

In the Hollywood industry of genre films, a special approach is needed for single experimental productions so that each stands out from the mainstream. If Preston Sturges precedes his comedy THE LADY OF EVE (USA 1941) with animated credits in which Leon Schlesinger has a cartoon snake put an apple up for sale, it is because his special anarchic humor is meant to address an audience that has been more than happy to laugh at Schlesinger's animated Looney Tunes as short subjects.

**Title Sequences as Animation**

The advent of animation into title design did not come about by chance. Under the direction of Leon Schlesinger, the cartoon department of Warner Bros. became a direct continuation of the Pacific Title and Art Studio company, an enterprise that today is still a leader in title design. With the end of the silent movie and its intertitles, Schlesinger, mistakenly assuming his company's end was near, sold his shares and specialized in cartoons. On the one hand, this was a miscalculation, for the growing influence of the now frequently union-organized film staff clamored for ever-longer opening sequences. On the other hand, under Schlesinger's management, a company arose that was just as profitable as it was film-historically without parallel. His Merrie Melodies and Looney Tunes series revolutionized the form of the seven-minute cartoon and established trick film stars like Bugs Bunny, Porky Pig, and Daffy Duck. Finally with the end of the studio system around 1960, when the expensive short films could no longer pay their way, Bugs Bunny's inventor, the graphic artist Friz Freleng, developed a no less popular cartoon figure for an opener: the Pink Panther.

After American moviegoers had for decades watched an animated cartoon at every visit to the cinema as a truly colorful element between the main and the B-movie, trick film elements again became something special. Even the Disney Studio—which since the late 1950s had chiefly produced nonanimated films—instead of providing cartoons for the short subject, supplied animated titles with some regularity. An interesting example is the teen comedy FREAKY FRIDAY (Gary Nelson, USA 1976) for which Art Stevens, a studio veteran, created the title sequence in quite un-Disney-like legetrick. The Studio apparently wanted the public not to think this film was one of the fairytale movies associated with the usual Disney style.

The history of title design is closely linked to the changing technical, aesthetic, and economic conditions of industrial movie production. Its artistic scope for development waxed and waned in close dependence with the positioning of the full-length film within the relevant performing context. The credits always fulfill a clear-cut function, communicating the information that a producer is bound to by contract. Since their designers, however, often enjoyed a liberal scope rare in the Hollywood system, it is tempting to view them as independent artworks. And in fact, their designers did work mostly in ignorance of the rest of the film. Bass always emphasized the autonomy of his method. Any collaboration with the artistic staff of the main feature was in any case impossible owing to the time factor. "As I said, we are usually working on the credit sequences while the film is going, so even if we wanted to, we can't work with the same cameraman," he explained to Lars-Olav Beier and Gerhard Midding.[12] In his interviews, there is almost no mention of the influence of the director. Ironically he also repudiated the idea that he wanted to especially honor his profession within the respective dramaturgy: "When you set up a sequence, you try to head from a crescendo on your way to a climax, and this is mostly reached before the credits cross over to the film. And it is at this point that the name of the director appears."

The fact that film beginnings in the late 1950s received special attention naturally also had to do with the competition from television. Many of the early extravagant CinemaScope productions and the later 70mm panoramic films created their own auratic space within the cinema system by inserting pure orchestra overtures before the titles, whereby—along with the ceremonial mood—the sound system of the respective cinema palace was meant to be enjoyed in full. In small-town movie houses, which made up the majority of U.S. cinemas, it proved at first to be an uphill battle to win over the audience to the attractions of the long film. Peter Bogdanovich remembered this when he mused about the location of his film THE LAST PICTURE SHOW (USA 1971): "The small town movie theater seems now to recall a more deeply innocent time, when a quarter often bought you two features, a newsreel, a comedy short, a travelogue, a cartoon, a serial, and coming attractions. You could walk in any time, too. Hardly anyone in America went to the beginning of movies until Alfred Hitchcock's *Psycho* (1960), when late arrival was forbidden. These were not pretentious times, and these venues (a very recent, impersonal word to describe where an event happens) were often simple too."[13]

Hitchcock's film with its famous title sequence by Saul Bass, whose flickering Op Art effects set up a purely aesthetic shock to match Bernhard Hermann's radical dissonances, was marketed as an event. Hitchcock stood "personally" on guard in the form of a life-size cardboard figure planted in front of the doors to the cinema to see that his instructions were carried out as to latecomers, including his warning to the pregnant and the sick to forego a visit to his film. He thus successfully copied the event-marketing strategy of the B-movie king, William Castle, whose horror film THE TINGLER (USA 1959) was launched the year before with the gimmick of vibrating seats.

Similar to this historical period when the cinema lost its monopoly over the moving image, there is likewise today much discussion as to how this on-site experience should position itself in opposition to the so-called home theater, which is not, and never can be, a cinema. It is not only the existence of an audience that makes the difference, for there are many who have sat alone in a movie theater and for perhaps that very reason had an unforgettable experience. In fact the past cinema conventions of the silent movies and the "talkies" had cultivated what today are long forgotten rituals of forepleasure: stage performances, lighting changes, etc. The crafted title sequence did not appear en masse until the time when live events were already a thing of the past, but which tradition it kept alive.

Every title design—the artistically advanced as well as the conventional—bridged the time between the shorts and the main feature and, using attractive means that followed the ads and the short subject, invited the audience to look forward to the part of the program that was meant to hold its full attention for over ninety minutes. Even if the rituals of forepleasure have been increasingly reduced over the years, they are still very much alive. They mark the transcendental phase that is crucial for the reception of a film, namely, between the switching on of the projected light in the darkened auditorium and the immersion into film reality. We could also say: the title sequences are the last phase of a motion picture in which the spectators preserve their awareness of sitting in a cinema—just as the end credits soften the shock of disenchantment. Television, on the other hand, shuns these interludes as "invitations to change channels." Also in the transitional situation of time-based art in museums, exhibitions, galleries, and art fairs, opening sequences that stand in the way of a stroll around the space are seldom given a place. Perhaps in an art context the cinematic is therefore frequently symbolized by opening and closing motifs, as in Ed Ruscha's paintings, for instance. These simple signs—reinforced by a painting style that seems to quote well-worn celluloid—are sufficient for a closer approach to the impression of "cinema" than most film or video works that take cinematic elements as their theme. In the exhibition at the KW Institute for Contemporary Art which this publication documents, a cinema-specific experience is arrived at not only by quoting extraordinary film beginnings, but also by the externally-controlled projections that (like the Pied

Piper of Hamelin) lure an audience to the screens, conferring the impression of a devotion to movies. That the graphic design of many titles shows a proximity to art only reinforces the irritation, for what easel paintings obviously lack is the technical and theatrical stimulus of the switch on and off.

All through cinematic history, however, graphic design elements played an important communicative function within the context of experiencing a film narrative. In silent-movie days, pictorial and text elements were obliged to coexist. This was followed by the early days of sound films, when animated shorts highlighted the programs replete with graphic effects. Not until the cartoon's disappearance from the fixed part of the program at the end of the 1950s, did the heyday begin of title sequences that were elaborated by trick techniques. The fourth period is what we are living through today. Even if feature films are, as before, premiered in movie theaters, there is no supporting program except for ads and trailers. On television or on DVD, every film, insofar as it wants to be taken for a feature film in a classical sense, must thus suggest a cinema context through its own inherent means. The title sequences thus provide an auratic analogy to a cinematic impression, a film-historical quotation. Originality is one option of the title designer; another is historicity. During the work on this text, I happened by chance to have a conversation with Steve Martin, who had just been starring in a rather obscure continuation of the classic Pink Panther series. He himself took up the topic of the title sequence: "In the first movie [THE PINK PANTHER (Shawn Levy, USA 2006)], you remember the little cartoon sequence in the beginning? They had created one that I thought was fantastic. It was all new animation that I found really great. Then they did one in the old style of the later Peter Sellers version and I said the new animation was the better one. They tested it and the audience did not like the new version. They liked the old version. I believe in the traditional qualities but I always believe they're the hardest thing to do. It became my challenge. When I started, my challenge was: be different, be unique, be up-tooth. And now my challenge is: I'd like to make a film that you can just turn on, watch it, enjoy it, even a hundred years from now."[14]

1 Quoted after Lars-Olav Beier, Gerhard Midding, *Vorspann. Zum Werk von Saul Bass*, television documentary, WDR (broadcast 13 November 1992) (trans. from the German by J.H.).
2 Claude Clorennec, Charles Valade, *Saul Bass im Design Museum London*, television broadcast, arte (broadcast 6 September 2004).
3 "Psycho—Die dunkle Seite des Genies," *Der Spiegel*, 3, 17 January 1983, p. 137.
4 Deborah Allison, "Innovative Vorspanne und Reflexivität im Klassischen Hollywoodkino," in Alexander Böhnke, Rembert Hüser, Georg Stanitzek, eds., *Das Buch zum Vorspann. The Title Is a Shot* (Berlin: Vorwerk 8, 2006), pp. 90–101, p. 90.
5 Saul Bass, "The Complete Film Maker: From Titles to Features," *American Cinematographer* 58 (March 3, 1977), pp. 288–91, p. 290.
6 Allison, "Innovative Vorspanne und Reflexivität im Klassischen Hollywoodkino," (see n. 4), p. 98.
7 Other examples are title sequences that can be read on poster walls within a film scene, for example in THE CAT AND THE FIDDLE (William Kay Howard, USA 1933) and YOU'LL NEVER GET RICH (Sidney Lanfield, USA 1941).
8 Heide Schlüpmann, "Celluloid & Co. Filmwissenschaft als Kinowissenschaft," *Frauen und Film* 65 (2006), pp. 39–78, p. 40.
9 Ibid., p. 44.
10 Ibid.
11 Sigmund Freud, "Der Witz und seine Beziehung zum Unbewussten" (1905), quoted after Schlüpmann, "Celluloid & Co," (see n. 8), p. 45.
12 Saul Bass, interview by Lars-Olav Beier and Gerhard Midding, in this publication, pp. 278–282, p. 280.
13 Peter Bogdanovich, "Old Dreams," Michael Putnam, *Silent Screens: The Decline and Transformation of the American Movie Theatre* (Baltimore: John Hopkins University Press, 1999), pp. 27–31, p. 31.
14 In a conversation with the author, Berlin, February 12, 2009.

# Die Ökonomie der Namen

**Alexander Zons**

*The fable that tells the truth of cinema*
*is extracted from stories narrated on its screens.*[1]

Das Logo von 20th Century Fox ist anders als sonst mit einer filmspezifischen Musik unterlegt. Bläser und Schlagzeug werden durch romantische Geigenklänge abgelöst. Eine Haustür wird eingeblendet. Wir hören das Geräusch der Türklinke. Die Musik hört abrupt auf. Die Tür wird geöffnet. Wir sehen Cary Grant. Auf dem Off ertönt eine Stimme: „Not yet, Cary!" Ein verlegen auftretender Cary Grant schließt die Tür. Dann wieder Musik. Auf die Tür wird der Schriftzug geblendet: „Twentieth Century-Fox presents Cary Grant/Ginger Rogers/Charles Coburn/Marilyn Monroe". Die Musik verstummt und noch einmal dieselbe Szene: „Not yet, Cary!" Dann wieder Musik und auf die Tür geblendet: „in Howard Hawks' Monkey Business". Es folgen weitere Titel mit Besetzung, Musik, Kamera, Drehbuch, Produzent und Regisseur. Dann verstummt die Musik. Cary Grant öffnet die Tür, ein kurzer skeptischer Blick. Diesmal darf es losgehen.

MONKEY BUSINESS (LIEBLING, ICH WERDE JÜNGER, USA 1952) erlaubt sich diese kleine Abschweifung. Was macht den Reiz dieses Vorspanns aus? Hier kommt keine kunstvolle Grafik zum Einsatz wie ein paar Jahre später bei den Titelsequenzen von Saul Bass. Die Titel werden einfach auf eine Tür geblendet. Ein häufig genutztes Motiv, das uns den Eingang in den Film vor Augen führt.[2] MONKEY BUSINESS spielt mit dieser Konvention. Doch hier kommt der Auftritt zu früh. Der Schauspieler, und das ist tatsächlich ziemlich einzigartig, wird namentlich zurückgerufen – der ein oder andere wird vielleicht die Stimme von Regisseur Howard Hawks erkannt haben.

Dass Namen genannt werden, ist für den Vorspann an sich nichts Besonderes. Er ist ja immer eine Art Namensliste, ein filmisches Impressum. Er kündigt an, wer zu sehen sein wird. Und das sind vor allem die Stars, deren klingende Namen in großen Lettern präsentiert werden.

Darüber hinaus adressiert der Vorspann den Zuschauer und hat, wie Christian Metz bemerkt hat, „eine offensichtliche und, was im Kino selten vorkommt, sogar ‚offizielle‘ Adressierungsfunktion."[3] Er signalisiert, dass der Film beginnt, stellt den Kontakt mit dem Zuschauer her, richtet seinen Blick aus. Mit dem Vorspann öffnet sich der Film, präsentiert sich selbst. Er zeigt an, dass er etwas zeigen wird, zeigt auf sich selbst: „Hier bin ich." Auch für Francesco Casetti weist die Sequenz der Credits auf die Aussagesituation hin, die unsere Praxis der Filmwahrnehmung bestimmt.[4]

Francesco Casetti und Metz gehen bei ihren Studien zum Phänomen der Enunziation davon aus, dass jeder Aussageakt Spuren seiner Gemachtheit hinterlässt.[5] Das gilt auch für den Film. Für Casetti ist das Paradebeispiel der Blick des Schauspielers in die Kamera. Dieser Blick sucht den Kontakt mit dem Zuschauer – und wird gerade deshalb im narrativen Film unterdrückt, denn er verweist auf die kommunikative Situation und lässt den Film nicht als autonome Fiktion erscheinen. Der Film weist dem Zuschauer auf diese Weise einen Platz zu und gibt sich damit selbst eine Richtung.[6] Casetti nennt diese Form in Anlehnung an Louis Althussers Überlegungen zum Ideologiebegriff „Interpellation".[7] Bei Althusser bezeichnet der Begriff die Anrufung des Subjekts durch den Staat beziehungsweise dessen Stellvertreter und damit den Akt der Subjektbildung. Bei Casetti hat die Interpellation eher etwas Befreiendes, zumindest etwas Aufklärendes: „[…] the list of names which serve as the film's ‚frame' or ‚proscenium' and which coincide with the beginning and end of the screening, the lowering and raising of the house lights, elicits a reflection on the relation between those who act ‚during' a text – the subjects of the enunciation whose marks and traces constitute the essential line of force of a developing process – and those who act ‚via' a text – the empirical subjects who wish to express themselves and to understand, to act and to interact. This list of names incites us to reflect on precisely the links that connect ‚roles,' an enunciator and enunciatee, and the ‚bodies,' a sender and receiver."[8]

Der Vorspann liefert also eine Liste von Namen, die den Film rahmt. Dieser Rahmen lässt eine Reflexion zu. Dies tut der Vorspann auf eine ganz bestimmte Weise: Er gibt uns Zeit. Er schiebt den Anfang hinaus – und das meint in der Regel: den Anfang der Fiktion. Genau das wird in MONKEY BUSINESS vorgeführt. Er lässt uns vor und Cary Grant hinter der Tür warten. Der Film sagt: „Not yet, Cary!" Noch soll Grant nicht in die Rolle des Dr. Barnaby Fulton schlüpfen. Und doch scheint der Film auf die kommende Verwirrung Bezug zu nehmen. Komödien leben ja davon, dass jemand aus der Rolle fällt. MONKEY BUSINESS ruft aber nicht nur uns im Sinne von Metz' „Adressierungfunktion" an, der Film ruft einen anderen an beziehungsweise zurück. Er spielt mit der Ungeduld des Zuschauers, die die Ungeduld des Films – hier stellvertretend dargestellt durch Grants vorschnelle Auftritte –, endlich mit dem Erzählen zu beginnen, spiegelt.

Der Vorspann schafft einen Rahmen, indem er unter anderem auf die Unterscheidung von Schauspieler und Rolle verweist, selbst wenn der Name Barnaby Fulton hier gar nicht genannt wird. Im weiteren Verlauf des Films soll diese Unterscheidung verschwinden. Gerade deshalb kann uns der Film mit dem Vorspann auf spezifische Weise adressieren, allein durch seine Form, durch die Betonung dieser Unterscheidung. Die Namensliste ist eben nicht ohne Weiteres in die filmische Handlung einzubetten. Sie verweist auf ein Jenseits der filmischen Fiktion, auf die Produktion des Films, wie es der französische Begriff für Vorspann, *générique*, nahelegt. Damit gerät er aber in Konflikt mit der filmischen Fiktion. Was stört? Vielleicht hilft ein Freud-Zitat: „Aber schon im Normalen wird die Konzentration dazu verwendet, nicht nur das Gleichgültige, nicht Dazugehörige, sondern vor allem das unpassende Gegensätzliche fernzuhalten. Als das Störendste wird empfunden, was ursprünglich zusammengehört hat."[9]

Anhand dieses Zitats kann man zwei unterschiedliche Positionen zum Vorspann vergleichen. Nach André Gardies steht der Vorspann mit dem folgenden Film in einem Spannungsverhältnis.[10] Da er von der Genese des folgenden Films erzählt, stört er zwangsläufig das fiktionale Universum des narrativen Films, der den Bezug auf sich selbst zu verdrängen sucht. Nach Freud hieße das, dass die beiden Erzählungen – die über die Entstehung des Films und die tatsächliche Handlung des Films – „ursprünglich zusammengehör[en]". Nur die Ideologie des Hollywoodkinos sucht diese Erkenntnis zu verschleiern. Roger Odin dagegen argumentiert, dass, eben weil der Vorspann sich vom fiktionalen Universum des Erzählkinos abhebt, er den Zuschauer an die Fiktion zu binden vermag, da er auf diese Weise einen Übergang, einen Rahmen schafft.[11] Mit Freud könnte man sagen, dass der Vorspann gerade aufgrund seines heterogenen Materials den Zuschauer versammelt. Das heterogene Material lässt eine Konzentration auf das Wesentliche zu, das „unpassende Gegensätzliche" nützt auf diese Weise dem Eigentlichen. Eine Frage lässt diese Sichtweise aber unbeantwortet: Wieso gibt es dann so viele verschiedene Formen des Vorspanns? Für Gardies ist der ostentative Erfindungsreichtum des klassischen narrativen Films bei der Gestaltung des Vorspanns symptomatisch für den Akt der Verdrängung.

Der Vorspann zeichnet sich tatsächlich durch eine enorme Formenvielfalt aus. Dabei werden alte Formen nicht einfach abgelöst, sondern bestehen neben neueren Formen weiter. Deborah Allison hat allerdings einen Trend beschrieben: Es gibt eine Bewegung weg von der autonomen Titelsequenz hin zur Integration der Titel in den Hauptfilm, hin also zur heute gängigen Praxis, dass schon während des Vorspanns „echte" Filmbilder geliefert werden.[12] Der Vorspann scheint selbst Opfer der Verdrängung zu werden, ein Opfer der Ungeduld. Allison betont aber, dass man nicht von einer linearen Entwicklung sprechen kann. Der Trend startet für sie schon in den 1930er Jahren. Wenn man die autonome Titelsequenz, den klar abgegrenzten Vorspann, sei er nun animiert oder nicht, als klassisch bezeichnen möchte, so war seine Stellung nur für kurze Zeit unangefochten. Das spricht für eine konstitutive Spannung, die der Vorspann herstellt, aber auch aushalten muss.

Der Vorspann artikuliert ein komplexes Beziehungsverhältnis. Auch der Titel des Films spielt hier eine Rolle. Der Titel verweist auf das Ganze des Films, dessen Teil der Vorspann ist. Der Vorspann hat ein Objekt, und das ist der Film. Gleichzeitig ist der Vorspann selbst schon Film. Der Film teilt sich auf, um sich als Einheit zu präsentieren. Der Film weiß hier mehr von sich als üblicherweise und teilt uns dies auch mit. Er kennt den Verlauf der Handlung und kann entsprechende Andeutungen machen. Nicht zuletzt deshalb hält er uns bei der Stange, „kettet uns an den Sitz", wie Saul Bass das mit dem Hinweis auf das „autoritäre" Verhältnis des Films ausgedrückt hat, das sich aus seiner Kontrolle über die Rezeptionszeit ergibt.[13] Der Vorspann ist ein Rahmen im Sinne von Gregory Bateson. Er gibt uns Anweisungen, wie wir das Folgende zu lesen haben.[14]

In diesem Sinne soll uns der Vorspann einstimmen – TO KILL A MOCKINGBIRD (WER DIE NACHTIGALL STÖRT, Robert Mulligan USA 1962, Titel: Stephen O. Frankfurt) macht das auf unvergleichliche Weise. Er schafft eine emotionale Bindung des Zuschauers an den Film, indem er Schriftbilder liefert, die sich als Erinnerungen inszenieren. Dieser Vorspann findet hier seinen Raum in einer Zigarrenschachtel, deren Inhalt in Großaufnahme abgefahren wird. Ein Vorspann soll eine Art Metapher für den Film entwerfen. Er stellt im

Sinne Thierry Kuntzels einen Pool von Figuren auf, die erst im Verlauf des Films genau konfiguriert werden. Die Aufgabe der Diegese ist es dann, „das Tabularische des Anfangs als Vektor auszurichten."[15] Das Tabularische sind natürlich auch die Namen der Beteiligten.

Die Unterscheidung von Schauspieler und Rolle wird besonders dann betont, wenn der Name des Schauspielers mit dem Rollennamen in Verbindung gebracht wird. Wie gelingt es dem filmischen Diskurs, dieses heterogene Moment zu integrieren? Das leistet unter anderem der Diskurs über Stars. Hören wir mal rein, was Adorno dazu sagt: „Für den gesellschaftlichen Wirkungszusammenhang ist es vermutlich weit weniger wichtig, welche besonderen ideologischen Lehren ein Film seinen Betrachtern einflößt, als daß die nach Hause Gehenden an den Namen der Schauspieler, ihren Ehehändeln interessiert sind."[16] Und wie steht es um die ideologische Funktion des Starkults? Nach Althusser bezeichnet Ideologie „das imaginäre Verhältnis der Individuen zu ihren realen Existenzbedingungen".[17] Das Verhältnis der Individuen konzipiert er aber als verkörpert in bestimmten sozialen Praktiken, so „daß dieses imaginäre Verhältnis selbst eine materielle Existenz besitzt."[18] Und der Starkult hat eine bestimmte materielle Existenz in einer Reihe von Praktiken, die Schauspieler und Rolle aneinanderkoppeln.

Das Gesicht des Stars wird zum Ort, an dem sich verschiedene Projektionen überschneiden. Nicht nur die Vergangenheit seiner früheren Filme als intertextuelle Referenz überlagert die Wahrnehmung,[19] sondern auch die Vergangenheit des Stars als Person. Genau diese Verschachtelung von Person und Rolle ist kennzeichnend für das Starsystem, wie es in den 1930er Jahren in Hollywood fest etabliert ist. Im Abgleich mit der Wirkung auf das Publikum schaffen die Studios ein Leinwandimage, indem sie ihre angehenden Stars auf bestimmte Rollenmuster festlegen, die im Abgleich mit Publikumsreaktionen konstruiert werden.[20] Dies ist aber nur der erste Schritt. Wichtig ist die Komplementierung dieses Rollenmusters mit der entsprechenden Biografie. Und das überlässt man in Hollywood nicht dem Zufall, sondern dem Publicity Department des jeweiligen Studios, das Rolle und Privatleben harmonisiert.

Schauen wir uns doch einen Vorspann der 1930er Jahre an, denn auch entgegen der nicht zuletzt auf Saul Bass zurückgehenden Geschichtsschreibung des Vorspanns gibt es dort nicht nur interessante, sondern auch besonders schöne Beispiele für Titelsequenzen. So etwa der Vorspann von THE WOMEN (DIE FRAUEN, George Cukor, USA 1939): Im Anschluss an einen üblichen Vorspann, der eine Auswahl von Namen an der Produktion beteiligter Personen auf einen Holzhintergrund blendet, wird „Norma Shearer as Mrs. Stephen Haines (Mary)" als Reh vorgestellt. Noch bevor das Bild von Norma Shearer zu sehen ist, steht ihr Name schon da, aber das Bild, das zeitgleich erscheint, zeigt uns ein Reh. Shearer ist nicht die einzige Schauspielerin, die entsprechend gekennzeichnet wird. Die Liste der Schauspielerinnen beziehungsweise Figuren und ihrer Charakterisierung liest sich weiter wie folgt: „Joan Crawford as Crystal Allen" als Leopard, „Rosalind Russell as Mrs. Howard Fowler (Sylvia)" als (schwarze) Katze, „Mary Bowland as The Countess de Lave (Flora)" als Affe, „Paulette Goddard as Miriam Aarons" als Fuchs, „Joan Fontaine as Mrs. John Day (Peggy)" als Schaf beziehungsweise Lamm, „Lucile Watson as Mrs. Morehead" als Eule, „Phyllis Povah as Mrs. Phelps Potter (Edith)" als Kuh, „Virginia Weidler as Little Mary" ebenfalls als Reh, „Marjorie Main as Lucy" als Pferd. Die Schauspielerinnen bemühen sich für den kurzen Moment, der ihnen zur Verfügung steht, einen besonders charakteristischen Ausdruck aufzusetzen, der teilweise recht genau mit dem des jeweils gezeigten Tieres korrespondiert – man hört geradezu die Regieanweisung: „Schau mal wie ein …". Einige Schauspielerinnen gönnen sich sogar einen Blick in die Kamera.

Der Film zeigt uns, wie der Titel schon sagt, Frauen, ausschließlich Frauen. Kein einziger Mann tritt während der 132 Filmminuten auf, aber 135 Frauen. Doch der Vorspann macht von Anfang an klar, dass die abwesenden Männer nichtsdestoweniger die Filmerzählung strukturieren. Die Namen der Frauenfiguren verweisen auf die Ehemänner: „Mrs. Stephen Haines" oder „Mrs. John Day". Die Vornamen der Frauen werden nur in Klammern mitgeliefert. Der Name des Gatten zeigt den Besitzstand der Frauen an, den sie mit allen Mitteln zu verteidigen haben.

1939 gehört das Posieren im Filmvorspann bereits nicht mehr zum guten Ton. Die Produktionen von Warner Bros. zeichnet zwar in den 1930er Jahren aus, dass sie häufig am Ende des Vorspanns den Schauspielernamen mit einem Bild des Schauspielers verknüpfen; für Metro-Goldwyn-Mayer, die THE WOMEN produzierten, und den Rest der Filmindustrie kann das aber nicht gelten.[21] Außerdem gibt es einen Unterschied in der Form der Präsentation. Es ist zwar so, dass diese Titelsequenzen die Darsteller – meist in Naheinstellung – in charakteristischen Posen zeigen und auf diese Aufnahmen der jeweilige Rollen- und Schauspielername aufgeblendet wird. Wichtig ist jedoch, dass solche Sequenzen ihr Bildmaterial nahezu ausschließlich aus Szenen des folgenden Films speisen. Es handelt sich also um bebilderte Cast-Listen, ähnlich wie wir das aus dem Fernsehen kennen. Beispiele hierfür wären die folgenden Warner-Bros.-Produktionen: ONE WAY PASSAGE (DAS LETZTE ERLEBNIS, Tay Garnett, USA 1932), DAMES (BROADWAY SHOW, Busby Berkeley/Ray Enright, USA 1934), BORDERTOWN (STADT AN DER GRENZE, Archie L. Mayo, USA 1935) und FRONT PAGE WOMAN (DIE FRAU AUF SEITE EINS, Michael Curtiz, USA 1935).

So zeigt der Vorspann von BORDERTOWN Margaret Lindsay als Dale Elwell, die dreimal kokett zur Kamera aufschaut und ihren Blick wieder senkt. Im Vorspann hat das eine den Zuschauer adressierende Wirkung. Im diegetischen Universum des Films ist diese Szene einer Gerichtsverhandlung zuzuordnen. Im Film ist also die Szene aus dem Vorspann gar nicht zu finden, sondern nur eine ähnliche Aufnahme. Das zeigt, dass die Vorspannmacher Zugriff auf mehr Material als nur den fertig geschnittenen Film hatten und die Szenen auswählten, die sie für besonders charakteristisch sowohl für die Figur als auch für das Image der Schauspielerin hielten.

Anders, aber ähnlich wie bei THE WOMEN, ist das bei FOUR DAUGHTERS (VATER DIRIGIERT, Michael Curtiz, USA 1938) der Fall, ebenfalls eine Warner-Bros.-Produktion. Der Vorspann zeigt zwar die titelgebenden vier Töchter bei für sie charakteristischen Tätigkeiten, zum Beispiel lesend, strickend oder Make-up auftragend, unterscheidet sich aber von den oben genannten Beispielen dadurch, dass diese Bilder nicht direkt mit den entsprechenden Namen respektive Rollennamen verknüpft sind. Sie bilden den Hintergrund für die Titelkarten. Außerdem sind sie insofern eher früheren Formen der Präsentation verpflichtet, als dass sie nicht mit Szenen aus dem folgenden Film in Verbindung stehen. Sie sind vermutlich eigens für diesen Zweck hergestellt worden.

Auch THE WOMEN gestattet seinen Schauspielerinnen ein solches Vorzeigen im Vorspann. Aber auch nur mit betont ironischem Unterton – oder genauer gesagt: mittels der ironischen Überblendung. Eine solche Vorstellung der Schauspieler, die ja auch dazu dient, Rolle und Image miteinander zu verknüpfen, hat eine lange Tradition. Das hängt damit zusammen, dass Schauspieler die wichtigsten Bestandteile des Filmmarketings sind. Die Namen der Schauspieler binden einen Großteil des Filmpublikums. Das war nicht immer so. Vor dem Starsystem wurden Filme mit Bezug auf das Studio vermarktet.[22]

Ein Grund für die Studios, von der namentlichen Erwähnung der Schauspieler abzusehen, war sicher auch die Angst vor entsprechenden Gehaltsforderungen. Die Firma Edison erweiterte 1911 ihren Vorspann mit einer Tafel, die die Besetzung des Films anzeigt, ein Jahr später wurde auch der Drehbuchautor in den Vorspann integriert. Man erhoffte sich davon, berühmte Autoren zur Mitarbeit am Film bewegen zu können und Plagiaten vorzubeugen. Da nun schon einige Namen genannt wurden, hatte das Folgen für die ästhetische Form des Films: Der Vorspann differenzierte sich aus. Dabei wurde eine schon ausgemusterte Form neu belebt, wie Eileen Bowser bemerkt: „In the fall of 1911 the 'present method,' it was said, was 'to flash upon the screen a full-size portrait of the actor in character and costume.' This return to the nondiegetic, or emblematic, introductory shot, used before 1907 and mostly abandoned, may be attributed to the incorporation of the star system into industry practice."[23]

Gezeigt werden kann im Vorspann aber eben nur ein Teil des Ensembles. Ganz selten wird auch der Blick auf andere Mitglieder der Crew gelenkt – und wenn, dann nur im Abspann. MÄNNER (Doris Dörrie, Deutschland 1985) und LETHAL WEAPON 4 (Richard Donner, USA 1998) sind solche Ausnahmen. THE MAGNIFICENT AMBERSONS (DER GLANZ DES HAUSES AMBERSON, Orson Welles, USA 1942) ist eine Art Vorläufer dieser Inszenierung, allerdings werden die technischen Credits hier nicht mit den jeweiligen Technikern bebildert, sondern die Gerätschaften nehmen deren Posten ein. Das gilt auch für Orson Welles, dessen Abwesenheit aber durch seine Stimme, die den Abspann spricht, mehr als kompensiert wird.

Jean-Luc Godard hat diese Ökonomie der Namen auf seine Weise im Vorspann zu TOUT VA BIEN (ALLES IN BUTTER, Frankreich/Italien 1972) kommentiert. Den Titelkarten der Filmcrew – die er sonst gerne einmal wie in UNE FEMME EST UNE FEMME (EINE FRAU IST EINE FRAU, Frankreich/Italien 1961) durcheinanderwirbelt, wie sich das keine Hollywoodproduktion leisten könnte, weil dort alles, insbesondere die Reihenfolge der Credits vertraglich festgelegt ist – lässt er Aufnahmen von Schecks folgen, die für die jeweiligen Jobs gezeichnet werden. Am Ende des Vorspanns wird dann etwas lakonisch festgestellt, dass man eben mithilfe der Stars – hier sind das Yves Montand und Jane Fonda – jenes Geld bekommt, mit dem man alles bezahlen kann.

Der Film, zumal der Hollywoodfilm, ist ein Massenmedium im Sinne von Jürgen Ruesch und Gregory Bateson, also eine Kommunikation von Vielen für Viele.[24] Als Impressum versammelt der Vorspann zunächst einmal verschiedene am Film beteiligte Personen – auch solche, die während der Produktion vielleicht gar nicht direkt zusammengearbeitet, sondern die zu unterschiedlichen Zeitpunkten oder, wie Bass betont, an unterschiedlichen Orten ihren Beitrag zum Film geleistet haben.[25]

Dass der Film sich also einer kollektiven, meist auch industriell-technischen Herstellungsweise verdankt, erscheint banal, ist für meine Überlegungen aber entscheidend – und das nicht nur, weil der Vorspann einen eigenen „Autor" hat. So unterschreibt Saul Bass für Otto Preminger. Er entwirft für Preminger eine Corporate Identity – key art ist der Begriff für die Art und Weise, wie dem Film über visuelle Signets eine einheitliche Gestalt in der Werbung gegeben wird. Aber nur wenige Vorspannmacher wurden selbst im Vorspann creditiert – geschweige denn ihre Kameramänner. Auch wenn der Zuschauer nicht unbedingt daran erinnert werden will, werden ihm im Vorspann bestimmte Hierarchien vor Augen geführt.[26] Aber natürlich werden nicht alle Personen genannt, nicht einmal im Abspann. Aussparungen verweisen auf signifikante Rahmenbedingungen, zum Beispiel im Falle von Drehbuchautoren auf juristische Fragen, die immer wieder zur Debatte stehen.[27]

Nicht alle Credits sind gleich. Das beginnt mit dem notorisch umkämpften possessory credit „a film by".

Besonders die Writers Guild of America versuchte in jahrelangen Attacken diese Bastion der Regisseure zu stürzen. Anfang 2004 konzedierte die Directors Guild of America, dass Regisseure nur in besonderen Ausnahmefällen diesen Credit bekommen sollten.[28] Wer welchen Credit bekommt, ist entscheidend für die Karriere der Beteiligten.[29] Bei Drehbuchautoren hat das handfeste finanzielle Auswirkungen.[30] Die Hierarchie der Credits bildet aber in jedem Fall symbolisches Kapital, das dann zu einem späteren Zeitpunkt in reales Kapital umgemünzt werden kann. Die Reihenfolge der Einträge ist dabei ebenso wie die Schriftgröße der Credits ausschlaggebend. Zum Beispiel werden im Vorspann zu INSIDE DAISY CLOVER (VERDAMMTE SÜSSE WELT, Robert Mulligan, USA 1965) 100 Prozent des Titels Natalie Wood zugestanden, 75 Prozent Robert Redford.[31] Den Wert der Credits zeigt auch ein interner Briefwechsel bei Warner Bros. zwischen Steve Trilling und Morris Einfeld vom 12. Juli 1939. Es geht um die Creditierung von THE ROARING TWENTIES (DIE WILDEN ZWANZIGER, Raoul Walsh, USA 1939): „Under pressure I made Gladys George sign her contract with the following billing clausure: 'Artist is to receive no less than fifth billing on all positive prints and paid publicity within the control of the company with only the names of JAMES CAGNEY, PRISCILLA LANE, HUMPHREY BOGART and JEFFREY LYNN to precede hers, and artist's name will be in the same size type as BOGART and LYNN'."[32]

Gladys George wollte unbedingt als Vierte genannt werden. Es erforderte einiges Geschick, die oben zitierte Klausel durchzusetzen. Der Vorspann muss diese ausgehandelten Positionen genau wiedergeben. Die Vorspannmacher müssen sich bei ihrer Arbeit an diese Vorgaben halten, die im billing sheet, das die Position und Schriftgröße der Namen der Beteiligten auflistet, verzeichnet sind.

Allerdings bleiben, wie die Kameramänner von Saul Bass, auch andere Mitglieder der Crew uncreditiert, selbst wenn sie prominent im Vorspann erscheinen. So sind es beispielsweise die Füße des Body Doubles Jeff Zinn, die wir in der Eingangssequenz zu SATURDAY NIGHT FEVER (NUR SAMSTAG NACHT, John Badham, USA 1977) zu sehen bekommen.[33] Body Doubles werden in der Regel nicht genannt, nicht einmal im Abspann.[34] Das hat natürlich auch mit dem Starsystem zu tun. Welcher Star wird schon gerne zugeben, dass er gedoubelt wurde: „Two struggling actresses – Amy Rochelle and Barbara Anne Kline – claim that they provided the exposed parts [für Demi Moore in INDECENT PROPOSAL (EIN UNMORALISCHES ANGEBOT, Adrian Lyne, USA 1993)] up on screen. Mrs. Moore, meanwhile, insists the curves were all hers."[35]

Stars genießen einen Sonderstatus, der sich auch im Vorspann äußert, wie das Branchenblatt Variety 1962 unter dem Titel „Everybody Is Not a Star" mit Nachdruck feststellte: „Meantime, let it be emphasized anew that VARIETY's own policy traditions stand. A star is an actor billed above the title of the picture or play. A featured player is one whose name is immediately following the title, and not three frames later."[36]

Ein für die neuere Vorspanngeschichte wichtiger Film, SE7EN (SIEBEN, David Fincher, USA 1995, Titel: Kyle Cooper), unterlässt es, Kevin Spacey zu nennen, obwohl er doch als Killer eine wichtige Rolle spielt. Das hängt auch damit zusammen, dass der Vorspann so gestaltet ist, als wenn der Killer selbst ihn hergestellt hätte. Einen Film darf man nur selten eigenhändig unterschreiben. Dafür ist Spacey der Erste, der im Abspann genannt wird: „Kevin Spacey as John Doe".

[1] Jacques Rancière, *Film Fables*, Berg: Oxford/New York 2006, S. 6.
[2] Thierry Kuntzel hat in seiner Analyse von THE MOST DANGEROUS GAME (GRAF ZAROFF – GENIE DES BÖSEN, Ernest B. Schoedsack/Irving Pichel, USA 1932) unter anderem dieses Motiv herausgearbeitet. Siehe Thierry Kuntzel, „Die Filmarbeit, 2", in: *Montage/av. Zeitschrift für Theorie & Geschichte audiovisueller Kommunikation*, 8, 1, 1999, S. 25–84.
[3] Christian Metz, *Die unpersönliche Enunziation oder der Ort des Films*, Nodus: Münster 1997, S. 51.
[4] Francesco Casetti, *Inside the Gaze. The Fiction Film and its Spectator*, Indiana University Press: Bloomington/Indianapolis 1998, S. 20: „Though its capacity to refer to its enunciative situation is limited, a film exercises an effort in this regard, particularly during the opening and closing credit sequences."
[5] Metz, *Die unpersönliche Enunziation*, a. a. O., S. 11: „Die Enunziation ist der semiologische Akt, durch den bestimmte Teile eines Textes uns diesen als Akt erscheinen lassen."
[6] Casetti, *Inside the Gaze*, a. a. O., S. 46: „the *you* put into place by a look into the camera refers not to a particular person among all those who watch the film, but rather to the fact of the film's act of self-offering."
[7] Louis Althusser, *Ideologie und ideologische Staatsapparate. Aufsätze zur marxistischen Theorie*, VSA-Verlag: Hamburg/Berlin 1977.
[8] Casetti, *Inside the Gaze*, a. a. O., S. 40.
[9] Sigmund Freud, *Hemmung, Symptom und Angst*, S. Fischer: Frankfurt am Main 1992, S. 67.
[10] André Gardies, „Am Anfang war der Vorspann", in: Alexander Böhnke, Rembert Hüser, Georg Stanitzek (Hrsg.), *Das Buch zum Vorspann. The Title is a Shot*, Vorwerk 8: Berlin 2006, S. 21–33.
[11] Roger Odin, „Der Eintritt des Zuschauers in die Fiktion", in: Böhnke, Hüser, Stanitzek (Hrsg.), *Das Buch zum Vorspann*, a. a. O., S. 34–41.
[12] Siehe dazu Deborah Allison, *Promises in the Dark. Opening Title Sequences in American Feature Films of the Sound Period*, Diss. University of East Anglia 2001, Typoskript, S. 107.
[13] Saul Bass „Man kettet den Zuschauer an seinen Sitz", Interview von Lars Olav-Beier, Gerhard Midding, in: Dies.: *Teamwork in der Traumfabrik*, Henschel Verlag: Berlin 1993, S. 409–424, S. 411. Hier S. 274–278, S. 274.
[14] Gregory Bateson, „Eine Theorie des Spiels und der Phantasie", in: Ders.: *Ökologie des Geistes. Anthropologische, psychologische, biologische und epistemische Perspektiven*, Suhrkamp: Frankfurt am Main 1981, S. 241–261, S. 255: „Jede Mitteilung, die explizit oder implizit einen Rahmen definiert, gibt dem Empfänger *ipso facto* Anweisungen oder Hilfen bei seinem Versuch, die Mitteilungen innerhalb des Rahmens zu verstehen."
[15] Kuntzel, „Die Filmarbeit, 2", a. a. O., S. 45.
[16] Theodor W. Adorno, „Kulturkritik und Gesellschaft", in: Ders., *Prismen. Kulturkritik und Gesellschaft*, Berlin/Frankfurt am Main 1955, S. 7–31, S. 24.
[17] Althusser: *Ideologie und ideologische Staatsapparate*, a. a. O., S. 133.
[18] Ebd., S. 137.
[19] Metz, *Die unpersönliche Enunziation*, a. a. O., S. 74: „Der bekannte Schauspieler (d. h., und dies betone ich, der von *einem anderen Ort/Film* her bekannte Schauspieler) wird in den Film das Echo der anderen Filme hineintragen, in denen er gespielt hat".
[20] Siehe Tino Balio, *Grand Design: Hollywood as a Modern Business Enterprise, 1930–1939*, University of California Press: Berkeley/Los Angeles/London 1993, S. 164: „To devise an appropriate screen image for an aspiring star, a studio would cast the player in a number of roles and test audience response to each by consulting fan mail, sneak previews, reviews, exhibitor's comments, and the box office. In essence, producers attempted to mold their protegés to fit consumer interest. Once the correct formula was found, the ingredients would be inscribed in narratives, publicity, and advertising."
[21] Siehe Allison, *Promises in the Dark*, a. a. O., S. 85: „Introducing actors and characters was especially common in the 1930s when it was a standard feature of many Warner Bros. films [...]. With the exception of this cycle of Warner films though, the use of photographs or motion portraits of actors is normally limited to one, or a handful, of the main stars, and is generally confined to star vehicles."
[22] Siehe Eileen Bowser, *The Transformation of Cinema. 1907–1915*, Scribner: New York 1990, S. 103.
[23] Ebd., S. 145.
[24] Jürgen Ruesch, Gregory Bateson, *Kommunikation. Die soziale Matrix der Psychiatrie*, Heidelberg 1995, S. 56 f.
[25] Bass, „Man kettet den Zuschauer an seinen Sitz", a. a. O., S. 416: „Wir haben nie mit den Kameraleuten des jeweiligen Films gearbeitet, sondern hatten stets unsere eigenen. Wie ich schon erwähnte, findet die Arbeit am Vorspann zeitgleich mit den Dreharbeiten des Films statt." Hier S. 274–278, S. 276.
[26] Siehe dazu Georg Stanitzek, „,The plastic people will hear nothing but a noice.' Paratexts in Hollywood, The Beatles, Rolf Dieter Brinkmann, et al.", in: *Soziale Systeme. Zeitschrift für soziologische Theorie*, 9, 2, 2003, S. 321–333.
[27] Vgl. David McNary: „Scribes nix bid to ease credits rules", in: *Variety*, 18. November 2002, S. 1–55, S. 55: „The vote on credits has significant repercussions in Hollywood since bonuses and residuals are based on which writers receive final credit."
[28] Siehe Dave McNary, „DGA tries credit check", in: *Variety*, 19. Februar 2004, S. 1–46, S. 1: „Attempting to

improve the image of the 'Film by' credit and defuse a long-running controversy, the DGA has offered to ban most first-time directors from receiving the credit on films."

[29] Richard E. Caves, *Creative Industries. Contracts between Art and Commerce*, Cambridge, Mass./London 2000, S. 126: „For writers and other creative talent in filmmaking, the credit for work on a film is the building block of professional capital."

[30] Ebd.: „Disputes and arbitrations of screenwriting credits have increased in recent years along with writer's fees (which are commonly tied to the credits they receive). The process consumes resources: writers speak of taking more time to prepare the appeal for credit than they did drafting the script."

[31] Siehe dazu Adam Duncan Harris, „Das goldene Zeitalter des Filmvorspanns: Die Geschichte des ‚Pacific Title and Art Studios'", in: Böhnke, Hüser, Stanitzek (Hrsg.), *Das Buch zum Vorspann*, a. a. O., S. 123–136.

[32] Dank an das Warner Bros. Archive der University of Southern California für die Einsicht in die Akten.

[33] Siehe „A Stand-In Proves Versatile", in: *New York Times*, 3. September 1983.

[34] P. K. Lerner: „Double Duty" in: *Los Angeles Times*, 2. Juni 1991: „Body doubles rarely receive on-screen credit and, in fact, sometimes sign contracts requiring them to keep their work as a secret."

[35] Imogen Edward Jones: „Double Trouble", in: *Sunday Times* (London), 18. April 1993.

[36] „Everybody Is Not a Star", in: *Variety*, 19. September 1962.

# The Economy of Names

**Alexander Zons**

*The fable that tells the truth of cinema
is extracted from stories narrated on its screens.*[1]

Contrary to normal, the 20th Century Fox logo is accompanied here by a soundtrack. Horn section and drums give way to romantic strings. Fade in to a front door. We hear its handle turn. The music stops. The door opens. We see Cary Grant. A voice off-screen says, "Not yet, Cary!" An embarrassed-looking Cary Grant shuts the door. Music. Words appear on the door: "Twentieth Century-Fox presents Cary Grant/Ginger Rogers/Charles Coburn/Marilyn Monroe." The music stops and the same scene repeats: "Not yet, Cary!" Music, and on the door: "in Howard Hawks' Monkey Business." Further credits follow—cast, music, photo-

graphy, script, producer, director. The music stops again. Cary Grant opens the door, gives a quick, skeptical glance. This time the film can begin.

MONKEY BUSINESS (USA 1952) allows itself this digression. What is it that makes the opening title sequence so charming? No artful graphics here as, a few years later, in Saul Bass's title sequences. The titles simply appear on a door, a frequent enough motif and an effective lead-in to the film.[2] But MONKEY BUSINESS plays with the convention: the entrance comes too soon. The actor—and this is fairly unique—is called back by name. One or two viewers may recognize the voice of the director, Howard Hawks.

There is nothing special about the title sequence mentioning names. It generally lists names, a sort of film acknowledgments page. It announces who is going to be seen and, above all, those are the stars, their fine-sounding names blazoned in big letters. In addition to this, the title sequence addresses the viewer. As Christian Metz has noted, it has an "evident and, which is rare for the cinema, even an 'official' address function."[3] It signals that the film is beginning, establishes contact with the viewers, and orientates their gaze. With the title sequence, the film introduces itself. It announces that it will show something. It points at itself: "Here I am." For Francesco Casetti, too, the title sequence refers to the enunciative situation that shapes how a film is perceived.[4]

In their research on the phenomenon of enunciation, both Francesco Casetti and Metz assume that every utterance leaves traces of its made-ness.[5] The same holds for film. The prime example for Casetti is the actor's gaze when it is directed at the camera. That gaze seeks contact with the viewer. It is therefore suppressed in narrative film, for it entails a communicative situation and subverts the autonomy of the film's fiction. In this way, the film assigns the viewer a place and, in doing so, gives itself a direction.[6] Drawing on Louis Althusser's reflections on the concept of ideology, Casetti refers to this phenomenon as "interpellation."[7] For Althusser, "interpellation" refers to the state's (or its representative's) "hailing" of the subject and thus constitutes an act of subject formation. For Casetti, there is something liberating, or at least enlightening, about interpellation: "[T]he list of names which serve as the film's 'frame' or 'proscenium' and which coincide with the beginning and end of the screening, the lowering and raising of the house lights, elicits a reflection on the relation between those who act 'during' a text—the subjects of the enunciation whose marks and traces constitute the essential line of force of a developing process—and those who act 'via' a text—the empirical subjects who wish to express themselves and to understand, to act and to interact. This list of names incites us to reflect on precisely the links that connect 'roles,' an enunciator and enunciatee, and the 'bodies,' a sender and receiver."[8]

So the title sequence provides a list of names that frames the film. This frame facilitates reflection. It does so in a very particular way: by giving us time. The title sequence postpones the start, usually meaning the start of the fiction. This is precisely what happens in MONKEY BUSINESS. We are made to wait in front of the door and Cary Grant behind it. "Not yet, Cary!" the film says. The time hasn't arrived for him to slip into the role of Dr. Barnaby Fulton. But the title sequence seems to anticipate the coming confusion. Comedies thrive on someone acting out of role. MONKEY BUSINESS not only "hails" us in the spirit of Metz's "address function," it also hails (and calls back) somebody else. It plays with the viewer's impatience, which reflects the film's impatience, symbolized by Cary Grant's premature entry, to get on with the story.

The title sequence creates a frame by pointing, among other things, to the distinction between actor and role, although the name Barnaby Fulton is not actually mentioned. The distinction vanishes in the course of the film. This is how the title sequence of the film is able to address us, merely via its form, because it underlines the distinction. For the list of names cannot be embedded in the film's plot. It points beyond the film's fiction to the sphere of its production, as the French term for title sequence implies: *générique*. It thus clashes with the filmic fiction. What exactly is the problem? Freud may be able to help us: "But even in normal behavior, the device of concentration is used for protection not only from whatever is irrelevant and extraneous, but also and especially from whatever is unsuitable and antipathetic. What is felt to be most intrusive of all is any combination of things that originally belonged together ...."[9]

Freud's words facilitate a comparison of two positions on the title sequence. According to André Gardies, the title sequence stands in a relationship of tension to the film it precedes.[10] Since it tells of the film to follow, it necessarily disturbs the fictional universe of the narrative film, which endeavors to repress self-reference. That, following Freud, means that the two narratives—the genesis of the film and the film's fictional narrative—"originally belonged together." But the ideology of Hollywood cinema seeks to conceal this insight. Roger Odin, on the other hand, argues that, precisely because the title sequence sets itself apart from the fictional universe of narrative cinema, it can tie the viewer to the fiction in creating a frame, a transition.[11] The title sequence is able to focus the viewer, one might say, following Freud, on account of its heterogeneous materials. The heterogeneous materials facilitate concentration on the essential; the "unsuitable and antipathetic" thus serves the essential. But this view leaves a question unanswered: Why are there so many different forms of title sequences? For Gardies, the ostentatious inventiveness of title sequence design in classical film is a symptom of the act of repression.

Title sequences do indeed display a great variety of forms. Old forms are not simply replaced, but continue to exist alongside newer ones. Deborah Allison, however, has identified a trend away from the autonomous title sequence toward integration of titles in the film proper—in other words, the current practice of showing "authentic" film images during the title sequence.[12] The title sequence itself seems to have fallen victim to repression or impatience. But, as Allison points out, this development is not linear. Yet she sees the trend as having already begun in the 1930s. Whether one wishes to call the autonomous, clearly demarcated title sequence (animated or otherwise) "classical" or not, the fact is that its position was only unchallenged for a short time, which speaks for a constitutive tension both created by the title sequence and to which it is subject.

The title sequence articulates a complex set of relationships. The film title also plays a role here. The title refers to the film as a whole, of which the title sequence is a part. The title sequence has an object, namely, the film. At the same time, the title sequence is itself film. The film divides itself to present itself as a unity. At this point, the film knows more than the usual about itself and it communicates this to us. It knows the course of the plot and can make pertinent allusions. Not least for this reason it keeps us at it, "chains us to a chair," as Saul Bass puts it, speaking of the "authoritarian" nature of film due to the control it has over its reception time.[13] The title sequence is a frame in Gregory Bateson's sense of the word. It gives us directions for how to read what follows.[14] In this sense, the title sequence sets the mood. TO KILL A MOCKINGBIRD (Robert Mulligan, USA 1962, titles: Stephen O. Frankfurt) does this incomparably. It creates an emotional bond between the viewer and film by enacting the opening credits as mementos. This title sequence takes place in a cigar box, whose contents are shown in a continuous, close-up panning shot. A title sequence could create a kind of metaphor for the film. Thierry Kuntzel sees it as creating a pool of figures that only come to be fully constellated in the course of the film. The diegetic task is then to align "the tabular notation of the beginning as a vector."[15]

The cleft between actor and role becomes particularly clear when the actor's name and role name are linked. How does the filmic discourse integrate this heterogeneous element? It does so, among other ways, via the discourse on stars. Let us listen in to what Adorno has to say on this subject: "Within the context of its social effect, the particular ideological doctrine which a film imparts to its audience is presumably far less important than the interest of the homeward bound moviegoer in the names and marital affairs of the stars."[16] And the ideological function of the star cult? Ideology, according to Althusser, represents "the imaginary relationship of individuals to their real conditions of existence."[17] But he conceives the relationship of individuals as being embodied by definite social practices, so that "this imaginary relation is itself endowed with a material existence."[18] And the star cult has a definite material existence in a range of practices that link actors to their roles.

The star's face is a site where different projections overlap. Overlying perception like an intertextual reference is not only the past of the star's prior films,[19] but also his or her personal past. Precisely this interweaving of person and role characterizes the star system firmly established in Hollywood in the 1930s. The studios create a screen image by tying budding stars down to particular role types that are constructed on the basis of audience reactions.[20] But this is only the first step. An appropriate biography also complements the role. This is not left up to chance in Hollywood, where role and private life are harmonized by studio publicity departments.

Let us take a look at a 1930s title sequence in which, contrary to prevailing opinion (which goes back in large part to Saul Bass), not only interesting but particularly fine examples can be found—the title sequence of THE WOMEN (George Cukor, USA 1939). Following a regular title sequence, in which a selection of names of people involved in the production is presented against a wooden background, "Norma Shearer as Mrs. Stephen Haines (Mary)" is introduced—as a deer. Norma Shearer's name is already on screen before we see a picture of her, but together with her name there appears a picture of a deer. The subsequent list of actresses and roles and their animal characterizations is as follows: "Joan Crawford as Crystal Allen" (leopard), "Rosalind Russell as Mrs. Howard Fowler (Sylvia)" (black cat), "Mary Bowland as The Countess de Lave (Flora)" (monkey), "Paulette Goddard as Miriam Aarons" (fox), "Joan Fontaine as Mrs. John Day (Peggy)" (sheep/lamb), "Lucile Watson as Mrs. Morehead" (owl), "Phyllis Povah as Mrs. Phelps Potter (Edith)" (cow), "Virginia Weidler as Little Mary" (also a deer), "Marjorie Main as Lucy" (horse). For the short space of time at their disposal, the actresses try to put on a particularly characteristic expression that, often enough, is quite close to that of the animal shown—one can almost hear the director calling out, "Look like a ...." Some of the actresses even allow themselves a glance at the camera.

As its title indicates, the film shows us women, and only women. Not a single man is seen in the course of its 132 minutes, but 135 women. And yet the title sequence makes it clear that the absent men nonetheless structure the narrative, for the women's role names contain their husbands' names ("Mrs. Stephen Haines," "Mrs. John Day," etc.) with the women's own first names only appearing in brackets. The husbands' names thus announce the womans' proprietorship claims, which must be defended by means fair or foul.

As early as 1939, posing in title sequences was no longer good form. Warner Bros. productions in the 1930s frequently showed actors' names and their pictures at the end of the title sequence, but Metro-Goldwyn-Mayer, who produced THE WOMEN, did not, nor did the rest of the film industry.[21] There is also a difference in presentation. The Warner Bros. title sequences show the actors—mostly in close-up—in characteristic poses, with role and actor names projected onto them. But, more importantly, the image material of these sequences is almost exclusively taken from scenes in the film proper. So we are dealing with illustrated cast lists of the kind familiar to us from television. The following Warner Bros. productions follow this approach: ONE WAY PASSAGE (Tay Garnett, USA 1932), DAMES (Busby Berkeley/Ray Enright, USA 1934), BORDERTOWN (Archie L. Mayo, USA 1935) and FRONT PAGE WOMAN (Michael Curtiz, USA 1935).

The title sequence of BORDERTOWN shows Margaret Lindsay as Dale Elwell, who glances up coquettishly at the camera three times and then lowers her gaze. In the title sequence, this has the effect of addressing the audience. In the diegetic universe of the film, the scene belongs to a court case. But the precise scene does not actually occur in the film, only a similar one. Thus, whoever made the title sequence had access to more material than only the final edited film and they selected scenes they considered to be particularly characteristic, both for the character and for the actress's image.

The case is different (but similar to THE WOMEN) with another Warner Bros. production: FOUR DAUGHTERS (Michael Curtiz, USA 1938). The title sequence here shows the four daughters of the film's title in characteristic poses (reading, knitting, applying make-up), but it differs from the examples above in that the pictures form a backdrop for the credits rather than being linked directly to actresses' names or role names. They are also more in the style of earlier presentational forms, bearing no relation to scenes from the film proper. They were likely produced specially for the purpose.

THE WOMEN, too, of course, allows its actresses to appear in the title sequence, but only with a decidedly ironic undertone or an ironic patina. Introducing the actors in this way serves to link role and image and has a long tradition. This has to do with the fact that actors are the most important ingredient in the marketing of a film. The actors' names are what draw a large part of the viewing public. This was not always so. Before the star system, films were marketed with reference to the studio.[22]

One reason for studios withholding actors' names was certainly fear of the pay claims that would ensue were they to be mentioned. In 1911, Edison added a card to their title sequences displaying the film cast. A year later, the scriptwriter was also included. The hope was that this would motivate famous writers to participate in film work and discourage plagiarism. Once several names were mentioned, this had consequences for the aesthetic form of the film: the title sequence became more differentiated. A form already disused was resurrected, as Eileen Bowser notes: "In the fall of 1911 the 'present method,' it was said, was 'to flash upon the screen a full-size portrait of the actor in character and costume.' This return to the nondiegetic, or emblematic, introductory shot, used before 1907 and mostly abandoned, may be attributed to the incorporation of the star system into industry practice."[23]

But the opening title sequence can only show a part of the team. Only very rarely does one see any of the other members of the film crew and if they do appear, then do so only in the end credits. MÄNNER (MEN, Doris Dörrie, Germany 1985) and LETHAL WEAPON 4 (Richard Donner, USA 1998) are two exceptions. THE MAGNIFICENT AMBERSONS (Orson Welles, USA 1942) is a kind of precursor of this presentational style, although here the illustrations accompanying the technical credits are not of the technicians themselves but of their equipment. The same holds for Orson Welles, whose absence, however, is more than made up for by his voice as it speaks the end credits.

Jean-Luc Godard passed typical comment on this economy of names in the title sequence of TOUT VA BIEN (JUST GREAT, France/Italy 1972). Here the title cards for the film crew—which in UNE FEMME EST UNE FEMME (A WOMAN IS A WOMAN, France/Italy 1961) he happily shuffles in a way no Hollywood production could ever afford to do since everything there, especially the order of credits, is laid down by contract— are followed by images of checks issued for the various jobs. At the end of the title sequence comes the somewhat laconic observation that stars—in this case Yves Montand and Jane Fonda—bring in the money with which all can be paid.

Film, especially Hollywood film, is a mass medium in the sense defined by Jürgen Ruesch and Gregory Bateson as communication by many for many.[24] The title sequence gathers together various people involved in the making of the film, including those who may not actually have worked together at the same time during production, or who made their contributions, as Bass points out, at different places.[25]

The fact that film owes its existence to collective and, for the most part, industrial-technological modes of production seems banal, yet it is central to my considerations, not least because the title sequence has its own "author." Thus, Saul Bass acts on behalf of Otto Preminger, conceiving a corporate identity for him. "Key art" is the term for the way a film is given a unitary shape via visual signs in advertising. But only a few title designers are themselves credited in the title sequences, to say nothing of their cameramen. Although the viewer does not necessarily wish to be reminded of the fact, the title sequence enacts certain hierarchies.[26] And yet not even in the end credits is everyone mentioned. Omissions often point to significant constraints—in the case of scriptwriters, for instance, to perennially recurring legal issues.[27]

Not all credits are equal, beginning with the notoriously disputed possessory credit: "a film by." The Writers Guild of America in particular has launched repeated attacks over the years in an attempt to top-ple the supremacy of directors. At the beginning of 2004, the Directors Guild of America conceded that directors were to receive this credit only in exceptional cases.[28] Who gets what credit is decisive for careers.[29] In the case of scriptwriters this has tangible financial implications.[30] But the hierarchy of credits always represents a symbolic capital later convertible into real capital. The order of entries is as important as the type size of the credits. For example, in the opening titles of the film INSIDE DAISY CLOVER (Robert Mulligan, USA 1965), Natalie Wood receives one hundred percent of the title size, while Robert Redford gets seventy-five percent.[31] A Warner Bros. internal communication from Steve Trilling to Morris Einfeld of July 12, 1939, in connection with the film THE ROARING TWENTIES (Raoul Walsh, USA 1939), is revealing: "Under pressure I made Gladys George sign her contract with the following billing clausure: 'Artist is to receive no less than fifth billing on all positive prints and paid publicity within the control of the company with only the names of JAMES CAGNEY, PRISCILLA LANE, HUMPHREY BOGART and JEFFREY LYNN to precede hers, and artist's name will be in the same size type as BOGART and LYNN.'"[32]

Gladys George desperately wanted to be fourth on the list. Considerable skill was required to push through the above clause. The title sequence must exactly mirror the positions negotiated. Those making the title sequence must adhere to the stipulations laid down in the billing sheet, which lists the order and type size for all concerned.

But no more than Saul Bass's cameramen do many other film crew members receive credits, even when they are clearly seen in the title sequence. In the opening sequence of SATURDAY NIGHT FEVER (John Badham, USA 1977), for instance, we see the feet of the body double Jeff Zinn.[33] Body doubles are never actually named, not even in the end credits.[34] Of course, that, too, has to do with the star system. No star willingly admits that they have been doubled: "Two struggling actresses—Amy Rochelle and Barbara Anne Kline—claim that they provided the exposed parts [for Demi Moore in INDECENT PROPOSAL (Adrian Lyne, USA 1993)] up on screen. Ms. Moore, meanwhile, insists the curves were all hers."[35]

Stars enjoy a special status that finds expression in the title sequence. As the movie magazine *Variety* stated firmly in its 1962 piece, "Everybody Is Not a Star": "Meantime, let it be emphasized anew that VARIETY's own policy traditions stand. A star is an actor billed above the title of the picture or play. A featured player is one whose name is immediately following the title, and not three frames later."[36]

An important film in more recent title sequence history, SE7EN (David Fincher, USA 1995, titles: Kyle Cooper), omits mention of Kevin Spacey, although he plays an important role in the film as a killer. That has to do, among other things, with the fact that the title sequence is designed as if by the killer himself. Only rarely is one allowed to sign a film personally. But in this case Spacey is given first position in the end credits: "Kevin Spacey as John Doe."

1 Jacques Rancière, *Film Fables* (Oxford: Berg, 2006), p. 6.
2 This motif among other things has been identified by Thierry Kuntzel in his analysis of THE MOST DANGEROUS GAME (Ernest B. Schoedsack, Irving Pichel, USA 1932). See Thierry Kuntzel, "Die Filmarbeit, 2," *Montage/av. Zeitschrift für Theorie & Geschichte audiovisueller Kommunikation*, 8/1 (1999), pp. 25–84.
3 Christian Metz, *Die unpersönliche Enunziation oder der Ort des Films* (Münster: Nodus, 1997), p. 51.
4 Francesco Casetti, *Inside the Gaze: The Fiction Film and its Spectator*, trans. N. Andrew with C. O'Brien (Bloomington, IN: Indiana University Press, 1998) p. 20: "Though its capacity to refer to its enunciative situation is limited, a film exercises an effort in this regard, particularly during the opening and closing credit sequences."
5 Metz, *Die unpersönliche Enunziation* (see n. 3), p. 11: "Die Enunziation ist der semiologische Akt, durch den bestimmte Teile eines Textes uns diesen als Akt erscheinen lassen." (Enunciation is the semiological act by means of which certain parts of a text make us experience the text as an act.)
6 Casetti, *Inside the Gaze* (see n. 4), p. 46: "[T]he *you* put into place by a look into the camera refers not to a particular person among all those who watch the film, but rather to the fact of the film's act of self-offering."
7 Louis Althusser, "Ideology and Ideological State Apparatuses," in Althusser, *Lenin and Philosophy and Other Essays*, trans. Ben Brewster (New York: Monthly Review Press, 1971), p. 174.
8 Casetti, *Inside the Gaze* (see n. 4), p. 40.
9 Sigmund Freud, *Inhibition, Symptom, and Fear*, in *Beyond the Pleasure Principle and Other Writings* (London: Penguin, 2003), pp. 151–240, p. 189.
10 André Gardies, "Am Anfang war der Vorspann," in Alexander Böhnke, Rembert Hüser, Georg Stanitzek, eds., *Das Buch zum Vorspann* (Berlin: Vorwerk 8, 2006), pp. 21–33.
11 Roger Odin, "Der Eintritt des Zuschauers in die Fiktion," in Böhnke, Hüser, Stanitzek, eds., *Das Buch zum Vorspann* (see n. 10), pp. 34–41.
12 See Deborah Allison, *Promises in the Dark: Opening Title Sequences in American Feature Films of the Sound Period*. Ph.D. diss. (University of East Anglia, 2001), p. 107.
13 Saul Bass, interview with Lars Olav-Beier and Gerhard Midding, in this publication, pp. 278–82, p. 278.
14 Gregory Bateson, "A Theory of Play and Fantasy," in *Steps to an Ecology of the Mind* (New York: Ballantine, 1972), pp. 177–93, p. 188: "Any message, which either explicitly or implicitly defines a frame, *ipso facto* gives the receiver instructions or aids in his attempt to understand the messages included within the frame."
15 Kuntzel, "Die Filmarbeit, 2" (see n. 2), p. 45.

16 Theodor W. Adorno, "Cultural Criticism and Society," in *Prisms*, trans. Samuel and Shierry Weber (Massachusetts: MIT Press, 1997), pp. 17–34, p. 30.
17 Althusser, *"Ideology and Ideological State Apparatuses"* (see n. 7), p. 162.
18 Ibid., p. 137; English: ibid., p. 167.
19 Metz, *Die unpersönliche Enunziation* (see n. 3), p. 74: "Der bekannte Schauspieler (d. h., und dies betone ich, der von *einem anderen Ort/Film* her bekannte Schauspieler) wird in den Film das Echo der anderen Filme hineintragen, in denen er gespielt hat …" (The known actor [i.e., and I emphasize, the actor *known from another place/film*] will import into the film an echo of the other films he has acted in …).
20 See Tino Balio, *Grand Design: Hollywood as a Modern Business Enterprise, 1930–1939* (Berkeley: University of California Press, 1993), p. 164: "To devise an appropriate screen image for an aspiring star, a studio would cast the player in a number of roles and test audience response to each by consulting fan mail, sneak previews, reviews, exhibitor's comments, and the box office. In essence, producers attempted to mold their protégés to fit consumer interest. Once the correct formula was found, the ingredients would be inscribed in narratives, publicity, and advertising."
21 See Allison, *Promises in the Dark* (see n. 12), p. 85: "Introducing actors and characters was especially common in the 1930s when it was a standard feature of many Warner Bros. films …. With the exception of this cycle of Warner films though, the use of photographs or motion portraits of actors is normally limited to one, or a handful, of the main stars, and is generally confined to star vehicles."
22 See Eileen Bowser, *The Transformation of Cinema: 1907–1915* (New York: Scribner, 1990), p. 103.
23 Ibid., p. 145.
24 Gregory Bateson, Jürgen Ruesch, *Kommunikation: Die soziale Matrix der Psychiatrie* (Heidelberg: Carl-Auer-Systeme-Verlag, 1995), p. 56f.
25 Bass, "Man kettet den Zuschauer an seinen Sitz" (see n. 13), p. 280: „As I said, we are usually working on the credit sequences while the film is going, so even if we wanted to, we can't work with the same cameraman."
26 See Georg Stanitzek, "'The plastic people will hear nothing but a noice.' Paratexts in Hollywood, The Beatles, Rolf Dieter Brinkmann, et al.," *Soziale Systeme. Zeitschrift für soziologische Theorie*, 9/2 (2003), pp. 321–33.
27 See David McNary, "Scribes nix bid to ease credits rules," *Variety*, November 18, 2002, pp. 1–55, p. 55: "The vote on credits has significant repercussions in Hollywood since bonuses and residuals are based on which writers receive final credit."
28 See Dave McNary, "DGA tries credit check," *Variety*, February 19, 2004, pp. 1–46, p. 1: "Attempting to improve the image of the 'Film by' credit and defuse a long-running controversy, the DGA has offered to ban most first-time directors from receiving the credit on films."
29 Richard E. Caves, *Creative Industries: Contracts between Art and Commerce* (Cambridge, MA: Harvard University Press, 2000), p. 126: "For writers and other

creative talent in filmmaking, the credit for work on a film is the building block of professional capital."

30 Ibid.: "Disputes and arbitrations of screenwriting credits have increased in recent years along with writer's fees (which are commonly tied to the credits they receive). The process consumes resources: writers speak of taking more time to prepare the appeal for credit than they did drafting the script."

31 See Adam Duncan Harris, "Das goldene Zeitalter des Filmvorspanns: Die Geschichte des 'Pacific Title and Art Studios,'" in Böhnke, Hüser, Stanitzek, eds., *Das Buch zum Vorspann* (see n. 10), pp. 123–36.

32 With grateful acknowledgements to the Warner Bros. Archive at University of Southern California for access to the files.

33 See "A Stand-In Proves Versatile," *New York Times,* September 3, 1983.

34 P.K. Lerner, "Double Duty," *Los Angeles Times,* June 2, 1991: "Body doubles rarely receive on-screen credit and, in fact, sometimes sign contracts requiring them to keep their work as a secret."

35 Imogen Edward Jones, "Double Trouble," *Sunday Times,* London, April 18, 1993.

36 "Everybody Is Not a Star," *Variety*, September 19, 1962.

# Filmografien / Filmographies

**ELAINE BASS**

VORSPANNGESTALTUNG – FILMOGRAFIE /
TITLE DESIGN – FILMOGRAPHY:

Casino (Martin Scorsese, USA/F 1995)
Higher Learning (John Singleton, USA 1995)
The Age of Innocence (Martin Scorsese, USA 1993)
Mr. Saturday Night (Billy Crystal, USA 1992)
Cape Fear (Martin Scorsese, USA 1991)
Doc Hollywood (Michael Caton-Jones, USA 1991)
Goodfellas (Martin Scorsese, USA 1990)
The War of the Roses (Danny DeVito, USA 1989)
Big (Penny Marshall, USA 1988)
Broadcast News (James L. Brooks, USA 1987)


**SAUL BASS**
* 1920 New York, USA
† 1996 Los Angeles, USA

VORSPANNGESTALTUNG – FILMOGRAFIE /
TITLE DESIGN – FILMOGRAPHY:

Psycho (Gus Van Sant, USA 1998)
Casino (Martin Scorsese, USA/F 1995)
Higher Learning  (John Singleton, USA 1995)
The Age of Innocence (Martin Scorsese, USA 1993)
Mr. Saturday Night (Billy Crystal, USA 1992)
Cape Fear (Martin Scorsese, USA 1991)
Doc Hollywood (Michael Caton-Jones, USA 1991)
Preminger: Anatomy of a Filmmaker (Valerie A.
Robins, A/USA 1991)
Goodfellas (Martin Scorsese, USA 1990)
The War of the Roses (Danny DeVito, USA 1989)
Big (Penny Marshall, USA 1988)
Broadcast News (James L. Brooks, USA 1987)
The Human Factor (Otto Preminger, GB 1979)
Alien (Ridley Scott, GB/USA 1979)
That's Entertainment, Part II (Gene Kelly, USA 1976)
Rosebud (Otto Preminger, USA 1975)
Phase IV (Saul Bass, USA 1974)
Such Good Friends (Otto Preminger, USA 1971)
Grand Prix (John Frankenheimer, USA 1966)
Not with My Wife, You Don't! (Norman Panama,
USA 1966)
Seconds (John Frankenheimer, USA 1966)
Bunny Lake Is Missing (Otto Preminger, GB 1965)
In Harm's Way (Otto Preminger, USA 1965)
The Cardinal (Otto Preminger, USA 1963)

The Victors (Carl Foreman, USA 1963)
It's a Mad Mad Mad Mad World (Stanley Kramer,
USA 1963)
Nine Hours to Rama (Mark Robson, GB/USA 1963)
Advise & Consent (Otto Preminger, USA 1962)
Walk on the Wild Side (Edward Dmytryk, USA 1962)
Something Wild (Jack Garfein, USA 1961)
West Side Story (Jerome Robbins, Robert Wise,
USA 1961)
Exodus (Otto Preminger, USA 1960)
The Facts of Life (Melvin Frank, USA 1960)
Ocean's Eleven (Lewis Milestone, USA 1960)
Psycho (Alfred Hitchcock, USA 1960)
North by Northwest (Alfred Hitchcock, USA 1959)
Anatomy of a Murder (Otto Preminger, USA 1959)
The Big Country (William Wyler, USA 1958)
Vertigo (Alfred Hitchcock, USA 1958)
Bonjour tristesse (Otto Preminger, USA 1958)
Cowboy (Delmer Daves, USA 1958)
The Pride and the Passion (Stanley Kramer,
USA 1957)
Saint Joan (Otto Preminger, USA/GB 1957)
The Young Stranger (John Frankenheimer, USA 1957)
Edge of the City (Martin Ritt, USA 1957)
Around the World in Eighty Days (Michael Anderson,
USA 1956)
Attack (Robert Aldrich, USA 1956)
Storm Center (Daniel Taradash, USA 1956)
Johnny Concho (Don McGuire, USA 1956)
Trapeze (Carol Reed, USA 1956)
The Man with the Golden Arm (Otto Preminger,
USA 1955)
The Big Knife (Robert Aldrich, USA 1955)
The Shrike (José Ferrer, USA 1955)
The Seven Year Itch (Billy Wilder, USA 1955)
The Racers (Henry Hathaway, USA 1955)
Carmen Jones (Otto Preminger, USA 1954)


**KENT BATEMAN**

FILMOGRAFIE / FILMOGRAPHY:

Bench at the Edge (USA 1998)
The Rogue and Grizzly (Kent Bateman,
Dick Robinson, USA 1982)
Land of No Return (USA 1978)
The Headless Eyes (USA 1971)


**SAMUEL BECKETT**
* 1906 Dublin, Irland / Ireland
† 1989 Paris, Frankreich / France

FILMOGRAFIE / FILMOGRAPHY:

Film (Alan Schneider, USA 1965)

**MAURICE BINDER**
* 1925 New York, USA
† 1991 London, Großbritannien / Great Britain

VORSPANNGESTALTUNG – FILMOGRAFIE /
TITLE DESIGN – FILMOGRAPHY:

A Captive in the Land (John Berry, R/USA 1993)
Hamlet (Franco Zeffirelli, USA/GB/F 1990)
The Sheltering Sky (Bernardo Bertolucci,
USA/I 1990)
Mister Johnson (Bruce Beresford, USA 1990)
Licence to Kill (John Glen, GB/USA 1989)
The Last Emperor (Bernardo Bertolucci, USA/I 1987)
The Living Daylights (John Glen, GB/USA 1987)
Shanghai Surprise (Jim Goddard, GB 1986)
Max mon amour (Nagisa Oshima, F/USA/J 1986)
A View to a Kill (John Glen, GB/USA 1985)
Rustlers' Rhapsody (Hugh Wilson, USA/E 1985)
Octopussy (John Glen, GB/USA 1983)
Green Ice (Ernest Day, GB 1981)
For Your Eyes Only (John Glen, GB/USA 1981)
The Awakening (Mike Newell, GB 1980)
The Sea Wolves (Andrew V. McLaglen,
CH/USA/GB 1980)
Moonraker (Lewis Gilbert, GB/F 1979)
The Wild Geese (Andrew V. McLaglen, CH/GB 1978)
The Spy Who Loved Me (Lewis Gilbert, GB 1977)
Shout at the Devil (Peter R. Hunt, GB 1976)
Forever Young, Forever Free (Ashley Lazarus,
SA 1976)
The Man with the Golden Gun (Guy Hamilton,
GB 1974)
Gold (Peter R. Hunt, GB 1974)
The Tamarind Seed (Blake Edwards, GB/USA 1974)
Live and Let Die (Guy Hamilton, GB 1973)
Young Winston (Richard Attenborough,
GB/USA 1972)
Diamonds Are Forever (Guy Hamilton, GB 1971)
The Private Life of Sherlock Holmes (Billy Wilder,
GB 1970)
Wuthering Heights (Robert Fuest, GB 1970)
Country Dance (J. Lee Thompson, GB/USA 1970)
On Her Majesty's Secret Service (Peter R. Hunt,
GB 1969)
Battle of Britain (Guy Hamilton, GB 1969)
Staircase (Stanley Donen, F/USA/GB 1969)
A Talent for Loving (Richard Quine, USA/GB 1969)
The Magus (Guy Green, GB 1968)
Barbarella (Roger Vadim, F/I 1968)
Billion Dollar Brain (Ken Russell, GB 1967)
Bedazzled (Stanley Donen, GB 1967)
Fathom (Leslie H. Martinson, GB 1967)
Pretty Polly (Guy Green, GB 1967)
The Day the Fish Came Out (Mihalis Kakogiannis,
GR/GB/USA 1967)
You Only Live Twice (Lewis Gilbert, GB 1967)
Two for the Road (Stanley Donen, GB 1967)
The Taming of the Shrew (Franco Zeffirelli,
I/USA 1967)
Caccia alla volpe (Vittorio De Sica, I/USA/GB 1966)
Kaleidoscope (Jack Smight, GB 1966)

Eye of the Devil (J. Lee Thompson, GB 1966)
Arabesque (Stanley Donen, USA 1966)
The Chase (Arthur Penn, USA 1966)
Thunderball (Terence Young, GB 1965)
Promise Her Anything (Arthur Hiller, GB 1965)
Young Cassidy (Jack Cardiff, GB 1965)
Repulsion (Roman Polanski, GB 1965)
The 7th Dawn (Lewis Gilbert, GB 1964)
The Long Ships (Jack Cardiff, GB/JUG 1964)
The Wild Affair (John Krish, GB 1963)
Charade (Stanley Donen, USA 1963)
Stolen Hours (Daniel Petrie, GB/USA 1963)
The Running Man (Carol Reed, GB 1963)
Call Me Bwana (Gordon Douglas, GB 1963)
The Mouse on the Moon (Richard Lester, GB 1963)
I Could Go on Singing (Ronald Neame,
GB/USA 1963)
Dr. No (Terence Young, GB 1962)
Sodom and Gomorrah (Robert Aldrich,
USA/I/F 1962)
The Road to Hong Kong (Norman Panama, GB 1962)
Goodbye Again (Anatole Litvak, F/USA 1961)
The Grass Is Greener (Stanley Donen, GB 1960)
Plein soleil (René Clément, F/I 1960)
Once More, with Feeling! (Stanley Donen, GB 1960)
The Mouse That Roared (Jack Arnold, USA 1959)
Indiscreet (Stanley Donen, GB 1958)
The James Dean Story (Robert Altman,
George W. George, USA 1957)


**STAN BRAKHAGE**
* 1933 Kansas City, USA
† 2003 Victoria, Kanada / Canada

FILMOGRAFIE / FILMOGRAPHY:

Chinese Series (USA 2003)
Work in Progress (USA 2003)
Stan's Window (CDN/USA 2003)
Seasons ... (USA 2002)
SB (One Minute for Vienna) (USA 2002)
Panels for the Walls of Heaven (USA 2002)
Dark Night of the Soul (USA 2002)
Ascension (USA 2002)
Lovesong 6 (USA 2002)
Lovesong 5 (USA 2002)
Lovesong 4 (USA 2002)
Lovesong 3 (USA 2002)
Max (USA 2002)
Resurrectus Est (USA 2002)
Persian Series #13–#18 (USA 2001)
Lovesong 2 (USA 2001)
Lovesong (USA 2001)
Occam's Thread (USA 2001)
Garden Path (USA 2001)
Baby Jesus (USA 2001)
Christ on Cross (USA 2001)
In Jesus Name (USA 2001)
Jesus Wept (USA 2001)
Micro-Garden (USA 2001)
Night Mulch (USA 2001)

Rounds (USA 2001)
Very (USA 2001)
Dance (USA 2000)
The God of Day Had Gone Down Upon Him (USA 2000)
Persian Series #6–#12 (USA 2000)
Water for Maya (USA 2000)
... Reel Five (USA 1999)
Alternating Currents (USA 1999)
The Birds of Paradise (USA 1999)
Cloud Chamber (USA 1999)
Coupling (USA 1999)
Cricket Requiem (USA 1999)
The Dark Tower (USA 1999)
The Earthsong of the Cricket (USA 1999)
The Lion and the Zebra Make God's Raw Jewels (USA 1999)
Moilsome Toilsome (USA 1999)
Persian Series #1–#5 (USA 1999)
Stately Mansions Did Decree (USA 1999)
Worm and Web Love (USA 1999)
Female Mystique and Spare Leaves (USA 1998)
... Reel Four (USA 1998)
... Reel Three (USA 1998)
... Reel Two (USA 1998)
... Reel One (USA 1998)
The Cat of the Worm's Green Realm (USA 1997)
Commingled Containers (USA 1997)
Divertimento (USA 1997)
Self Song/Death Song (USA 1997)
Yggdrasill: Whose Roots Are Stars in the Human Mind (USA 1997)
Beautiful Funerals (USA 1996)
Blue Value (USA 1996)
Concrescence (USA 1996)
The Fur of Home (USA 1996)
Polite Madness (USA 1996)
Prelude 1–24 (USA 1996)
Sexual Saga (USA 1996)
Shockingly Hot (USA 1996)
Two Found Objects of Charles Boultenhouse (USA 1996)
Blood Drama (USA 1995)
Blue Black: Introspection (USA 1995)
Earthen Aerie (USA 1995)
I ... (USA 1995)
I Am Afraid: And This Is My Fear (USA 1995)
In Consideration of Pompeii (USA 1995)
The Lost Films (USA 1995)
Paranoia Corridor (USA 1995)
Retrospect: The Passover (USA 1995)
Sorrowing (USA 1995)
Spring Cycle (USA 1995)
Black Ice (USA 1994)
Cannot Exist (USA 1994)
Cannot Not Exist (USA 1994)
The Chartres Series (USA 1994)
Elementary Phrases (USA 1994)
First Hymn to the Night – Novalis (USA 1994)
I Take These Truths (USA 1994)
The Mammals of Victoria (USA 1994)
Naughts (USA 1994)

We Hold These (USA 1994)
Autumnal (USA 1993)
Blossom Gift/Favor (USA 1993)
Ephemeral Solidity (USA 1993)
The Harrowing (USA 1993)
Stellar (USA 1993)
Study in Color and Black and White (USA 1993)
Three Homerics (USA 1993)
Tryst Haunt (USA 1993)
Boulder Blues and Pearls and ... (USA 1992)
Crack Glass Eulogy (USA 1992)
For Marilyn (USA 1992)
Interpolations I–V (USA 1992)
Agnus Dei Kinder Synapse (USA 1991)
A Child's Garden and the Serious Sea (USA 1991)
Christ Mass Sex Dance (USA 1991)
Delicacies of Molten Horror Synapse (USA 1991)
Vision of the Fire Tree (USA 1991)
Babylon Series #3 (USA 1990)
Babylon Series #2 (USA 1990)
City Streaming (USA 1990)
Glaze of Cathexis (USA 1990)
Passage Through: A Ritual (USA 1990)
The Thatch of Night (USA 1990)
Visions in Meditation #4: D.H. Lawrence (USA 1990)
Visions in Meditation #3: Plato's Cave (USA 1990)
Babylon Series (USA 1989)
Faust 4 (USA 1989)
Visions in Meditation #1 (USA 1989)
Visions in Meditation #2: Mesa Verde (USA 1989)
I ... Dreaming (USA 1988)
Marilyn's Window (USA 1988)
Faust 3: Candida Albacore (USA 1988)
Faust's Other: An Idyll (USA 1988)
Matins (USA 1988)
Rage Net (USA 1988)
The Dante Quartet (USA 1987)
Faustfilm: An Opera: Part I (USA 1987)
Kindering (USA 1987)
Loud Visual Noises (USA 1987)
The Aerodyne (USA 1986)
Confession (USA 1986)
Dance Shadows by Danielle Helander (USA 1986)
Fireloop (USA 1986)
Jane (USA 1986)
The Loom (USA 1986)
Night Music (USA 1986)
Egyptian Series (USA 1984)
Tortured Dust (USA 1984)
Arabic Numeral Series 14–19 (USA 1982)
Hell Spit Flexion (USA 1981)
Arabic Numeral Series 0 (USA 1981)
Arabic Numeral Series 4–13 (USA 1981)
The Garden of Earthly Delights (USA 1981)
Nodes (USA 1981)
Roman Numeral Series IX (USA 1981)
Roman Numeral Series VIII (USA 1981)
RR (USA 1981)
Unconscious London Strata (USA 1981)
Aftermath (USA 1980)
Arabic Numeral Series 1–3 (USA 1980)
Duplicity III (USA 1980)

Made Manifest (USA 1980)
Murder Psalm (USA 1980)
Other (USA 1980)
Roman Numeral Series III–VII (USA 1980)
Salome (USA 1980)
Sincerity V (USA 1980)
Sincerity IV (USA 1980)
@ (USA 1979)
Creation (USA 1979)
Roman Numeral Series II (USA 1979)
Roman Numeral Series I (USA 1979)
23rd Psalm Branch: Part II (USA 1978)
Bird (USA 1978)
Burial Path (USA 1978)
Centre (USA 1978)
Duplicity II (USA 1978)
Duplicity (USA 1978)
Nightmare Series (USA 1978)
Purity, and After (USA 1978)
Sincerity III (USA 1978)
Sluice (USA 1978)
Thot-Fal'N (USA 1978)
The Domain of the Moment (USA 1977)
The Governor (USA 1977)
Soldiers and Other Cosmic Objects (USA 1977)
Absence (USA 1976)
Airs (USA 1976)
Desert (USA 1976)
The Dream, NYC, the Return, the Flower (USA 1976)
Gadflies (USA 1976)
Highs (USA 1976)
Rembrandt, Etc., and Jane (USA 1976)
Short Films: 1976 (USA 1976)
Sketches (USA 1976)
Tragoedia (USA 1976)
Trio (USA 1976)
Window (USA 1976)
Short Films: 1975 #1–#10 (USA 1975)
Sincerity II (USA 1975)
Aquarien (USA 1974)
Clancy (USA 1974)
Dominion (USA 1974)
Flight (USA 1974)
He Was Born, He Suffered, He Died (USA 1974)
Hymn to Her (USA 1974)
Skein (USA 1974)
Sol (USA 1974)
Star Garden (USA 1974)
The Stars Are Beautiful (USA 1974)
The Text of Light (USA 1974)
Gift (USA 1973)
Sincerity I (USA 1973)
The Women (USA 1973)
The Process (USA 1972)
The Riddle of Lumen (USA 1972)
Eye Myth Educational (USA 1972)
The Presence (USA 1972)
Sexual Meditation: Faun's Room, Yale (USA 1972)
Sexual Meditation: Office Suite (USA 1972)
Sexual Meditation: Open Field (USA 1972)
The Shores of Phos: A Fable (USA 1972)
The World Shadow (USA 1972)

The Act of Seeing with One's Own Eyes (USA 1971)
Angels (USA 1971)
Deus Ex (USA 1971)
Door (USA 1971)
Eyes (USA 1971)
Fox Fire Child Watch (USA 1971)
The Peaceable Kingdom (USA 1971)
Sexual Meditation: Room with View (USA 1971)
The Trip to Door (USA 1971)
Western History (USA 1971)
The Animals of Eden and After (USA 1970)
The Machine of Eden (USA 1970)
Scenes from Under Childhood Section #4 (USA 1970)
Sexual Meditation: Hotel (USA 1970)
Sexual Meditation No. 1: Motel (USA 1970)
The Weir-Falcon Saga (USA 1970)
American 30's Song (USA 1969)
Scenes from Under Childhood Section #2 (USA 1969)
Scenes from Under Childhood Section #3 (USA 1969)
Song 29 (USA 1969)
Song 28 (USA 1969)
Song 27 (Part II) Rivers (USA 1969)
Window Suite of Children's Songs (USA 1969)
The Horseman, the Woman, and the Moth (USA 1968)
Lovemaking (USA 1968)
My Mountain Song 27 (USA 1968)
Song 26 (USA 1968)
23rd Psalm Branch: Part I (USA 1967)
Eye Myth (USA 1967)
Scenes from Under Childhood Section #1 (USA 1967)
Song 25 (USA 1967)
Song 24 (USA 1967)
15 Song Traits (USA 1965)
The Art of Vision (USA 1965)
Black Vision (USA 1965)
Blood's Tone (USA 1965)
Bluewhite (USA 1965)
Fire of Waters (USA 1965)
Pasht (USA 1965)
Song 9–14, 16–22 (USA 1965)
Two: Creeley/McClure (USA 1965)
Vein (USA 1965)
Dog Star Man: Part IV (USA 1964)
Dog Star Man: Part III (USA 1964)
Song 1–8 (USA 1964)
The A-Test News (USA 1963)
Dog Star Man: Part II (USA 1963)
Meat Jewel (USA 1963)
Mothlight (USA 1963)
Oh Life (USA 1963)
A Woe Story (USA 1963)
Prelude: Dog Star Man (USA 1962)
Window Water Baby Moving (USA 1962)
Blue Moses (USA 1962)
Dog Star Man: Part I (USA 1962)
Silent Sound Sense Stars Subotnick and Sender (USA 1962)
Films by Stan Brakhage: An Avant-Garde Home Movie (USA 1961)

Thigh Line Lyre Triangular (USA 1961)
The Dead (F/USA 1960)
Cat's Cradle (USA 1959)
Sirius Remembered (USA 1959)
Wedlock House: An Intercourse (USA 1959)
Anticipation of the Night (USA 1958)
Daybreak (USA 1957)
Loving (USA 1957)
Whiteye (USA 1957)
Flesh of Morning (USA 1956)
Nightcats (USA 1956)
Zone Moment (USA 1956)
Centuries of June (USA 1955)
In Between (USA 1955)
Reflections on Black (USA 1955)
Untitled Film of Geoffrey Holder's Wedding
(USA 1955)
The Wonder Ring (USA 1955)
Desistfilm (USA 1954)
The Extraordinary Child (USA 1954)
The Way to Shadow Garden (USA 1954)
The Boy and the Sea (USA 1953)
Interim (USA 1952)


## ROBERT BROWNJOHN

* 1925 Newark, USA
† 1970 London, Großbritannien / Great Britain

VORSPANNGESTALTUNG – FILMOGRAFIE /
TITLE DESIGN – FILMOGRAPHY:

Michael Kohlhaas – Der Rebell / Man on Horseback
(Volker Schlöndorff, D 1969)
The Night of the Generals (Anatole Litvak,
GB/F 1967)
Where the Spies Are (Val Guest, GB 1965)
Goldfinger (Guy Hamilton, GB 1964)
From Russia with Love (Terence Young, GB 1963)


## MARC BRUCKERT

VORSPANNGESTALTUNG – FILMOGRAFIE /
TITLE DESIGN – FILMOGRAPHY:

La Cité des enfants perdus / The City of Lost Children (Marc Caro, Jean-Pierre Jeunet, F/D/E 1995)
Delicatessen (Marc Caro, Jean-Pierre Jeunet, F 1991)


## JÖRG BUTTGEREIT

* 1963 Berlin, Deutschland / Germany

FILMOGRAFIE / FILMOGRAPHY:

Captain Berlin versus Hitler (D 2009)
Schramm/Schramm: Into the Mind of a Serial Killer
(D 1993)
Nekromantik 2 (D 1991)
Der Todesking / The Death King (D 1990)
Nekromantik (D 1987)

Jesus – Der Film/Jesus – The Film (Michael
Brynntrup, Jörg Buttgereit, D 1986)
Hot Love (D 1985)
Blutige Exzesse im Führerbunker (D 1984)
Horror Heaven (D 1984)
Der Gollob (D 1983)
Captain Berlin – Retter der Welt (D 1982)
Mein Papi (D 1982)


## CAMERA EFFECTS LIMITED

Die Produktionsfirma existierte von 1964 bis 1987. /
The production company subsisted from 1964 to 1987.

VORSPANNGESTALTUNG – FILMOGRAFIE /
TITLE DESIGN – FILMOGRAPHY:

In The Shadow of Kilimanjaro (Raju Patel,
GB/KE 1986)
The Supergrass (Peter Richardson, GB 1985)
Steaming (Joseph Losey, GB 1985)
Santa Claus: The Movie (Jeannot Szwarc,
GB/USA 1985)
Runaway Train (Andrei Konchalovsky, ISR/GB 1985)
Defence of the Realm (David Drury, GB 1985)
D.A.R.Y.L. (Simon Wincer, GB/USA 1985)
Until September (Richard Marquand, USA 1984)
Supergirl (Jeannot Szwarc, GB 1984)
Ordeal by Innocence (Desmond Davis, GB 1984)
Martin's Day (Alan Gibson, CDN 1984)
The Falcon and the Snowman (John Schlesinger,
USA 1984)
The Bostonians (James Ivory, GB/USA 1984)
Superman III (Richard Lester, GB/CDN/USA 1983)
Nate and Hayes (Ferdinand Fairfax, USA/NZ 1983)
The Honorary Consul (John Mackenzie, GB 1983)
Heat and Dust (James Ivory, GB 1982)
Night Shift (Ron Howard, USA 1982)
The Courtesans of Bombay (Ismail Merchant,
GB 1982)
Countryman (Dickie Jobson, JAM 1982)
Winston Churchill: The Wilderness Years (Ferdinand
Fairfax, GB 1981)
Honky Tonk Freeway (John Schlesinger,
USA/GB 1981)
The Final Conflict (Graham Baker, GB/USA 1981)
Eye of the Needle (Richard Marquand, GB 1981)
Clash of the Titans (Desmond Davis, USA 1981)
An American Werewolf in London (John Landis,
GB/USA 1981)
Superman II (Richard Lester, GB 1980)
Loophole (John Quested, GB 1980)
Horrid Intermissions (Lawrence Boulting, USA 1980)
Foxes (Adrian Lyne, USA 1980)
The Alternative Miss World (Richard Gayor,
USA/GB 1980)
The Legacy (Richard Marquand, GB/USA 1979)
Yanks (John Schlesinger, USA/D/GB 1979)
Jesus (John Krish, Peter Sykes, USA 1979)
Genesis Project (John Krish, Peter Sykes, USA 1979)
Dracula (John Badham, USA/GB 1979)
Cuba (Richard Lester, USA 1979)

Butch and Sundance: The Early Days (Richard Lester, USA 1979)
Birth of the Beatles (Richard Marquand, USA 1979)
The Bitch (Gerry O'Hara, GB 1979)
Superman: The Movie (Richard Donner, CDN/USA/GB 1978)
The Stud (Quentin Masters, GB 1978)
The Prime of Miss Jean Brodie (Christopher Hodson, GB 1978)
Jubilee (Derek Jarman, GB 1977)
Joseph Andrews (Tony Richardson, GB 1977)
Hazchem (Roy Pace, GB 1977)
East of Elephant Rock (Don Boyd, GB 1977)
Robin and Marian (Richard Lester, USA 1976)
Led Zeppelin: The Song Remains the Same (Peter Clifton, Joe Massot, GB/USA 1976)
Tommy (Ken Russell, GB 1975)
Royal Flash (Richard Lester, GB/USA 1975)
The Romantic Englishwoman (Joseph Losey, F/GB 1975)
The Rocky Horror Picture Show (Jim Sharman, GB/USA 1975)
Galileo (Joseph Losey, GB 1975)
Son of Dracula (Freddie Francis, GB 1974)
Juggernaut (Richard Lester, GB 1974)
The Gambler (Karel Reisz, USA 1974)
The Four Musketeers (Richard Lester, E/PAN 1974)
Sutjeska (Stipe Delic, YUG 1973)
The Optimists (Anthony Simmons, GB 1973)
The Three Musketeers (Richard Lester, USA/GB 1973)
The Final Programme (Robert Fuest, GB 1973)
A Doll's House (Joseph Losey, GB/F 1973)
The Blockhouse (Clive Rees, GB 1973)
Gumshoe (Stephen Frears, GB 1972)
Straw Dogs (Sam Peckinpah, GB/USA 1971)
Romance of a Horsethief (Abraham Polonsky, YUG/F/USA 1971)
To Catch a Spy (Dick Clement, F/GB/USA 1971)
Bloomfield (Richard Harris, Uri Zohar, GB/IL 1971)
And Now For Something Completely Different (Ian MacNaughton, GB 1971)
A Test of Violence (Stuart Cooper, GB 1970)
Performance (Donald Cammell, Nicolas Roeg, GB 1970)
The Man Who Had Power Over Women (John Krish, GB 1970)
The Buttercup Chain (Robert Ellis Miller, GB 1970)
Wonderwall: The Movie (Joe Massot, GB 1969)
The Prime of Miss Jean Brodie (Ronald Neame, GB 1969)
Monte Carlo or Bust (Ken Annakin, GB/F/I 1969)
The Magic Christian (Joseph McGrath, GB 1969)
Kes (Ken Loach, GB 1969)
Hieronymus Merkin (Anthony Newley, GB 1969)
Les Bicyclettes de Belsize (Douglas Hickox, GB 1969)
The Bed Sitting Room (Richard Lester, GB 1969)
Yellow Submarine (George Dunning, GB/USA 1968)
Sebastian (David Greene, GB 1968)
Prudence and the Pill (Fielder Cook, Ronald Neame, GB 1968)
Last of the Long-haired Boys (Peter Everett, GB 1968)
Here We Go Round the Mulberry Bush (Clive Donner, GB 1968)
Diamonds for Breakfast (Christopher Morahan, GB 1968)
The Dance of Death (David Giles, GB 1968)
Charge of the Light Brigade (Tony Richardson, GB 1968)
The Bliss of Mrs. Blossom (Joseph McGrath, GB 1968)
Casino Royale (Val Guest, Ken Hughes, GB/USA 1967)


**PENNY CAUSER**

VORSPANNGESTALTUNG – FILMOGRAFIE / TITLE DESIGN – FILMOGRAPHY:

Twelve Monkeys (Terry Gilliam, GB 1995)


**JEAN COCTEAU**
* 1889 Maisons-Lafitte, Frankreich / France
† 1963 Milly-la-Forêt, Frankreich / France

FILMOGRAFIE / FILMOGRAPHY:

Le Testament d'Orphée, ou ne me demandez pas pourquoi! / The Testament of Orpheus (F 1960)
8 x 8: A Chess Sonata in 8 Movements (Jean Cocteau, Hans Richter, USA 1957)
La Villa Santo-Sospir (F 1952)
Les enfants terribles / The Strange Ones (Jean-Pierre Melville, Jean Cocteau, F 1950)
Orphée / Orpheus (F 1950)
Coriolan (F 1950)
Les parents terribles / The Storm Within (F 1948)
L'aigle à deux têtes / The Eagle with Two Heads (F 1948)
La Belle et la Bête / Beauty and the Beast (Jean Cocteau, René Clément, F 1946)
Le sang d'un poète / The Blood of a Poet (F 1930)
Jean Cocteau fait du cinéma (F 1925)


**KYLE COOPER**

VORSPANNGESTALTUNG – FILMOGRAFIE / TITLE DESIGN – FILMOGRAPHY:

RocknRolla (Guy Ritchie, GB 2008)
Tropic Thunder (Ben Stiller, USA/D 2008)
Bridge to Terabithia (Gabor Csupo, USA 2007)
Married Life (Ira Sachs, USA/CDN 2007)
Across the Universe (Julie Taymor, USA 2007)
Blades of Glory (Josh Gordon, Will Speck, USA 2007)
The Unforeseen (Laura Dunn, USA 2007)
Spider-Man 3 (Sam Raimi, USA 2007)
Freedomland (Joe Roth, USA 2006)
Superman Returns (Bryan Singer, AU/USA 2006)
The Painted Veil (John Curran, CDN/USA 2006)

Bewitched (Nora Ephron, USA 2005)
The New World (Terrence Malick, USA 2005)
Zathura (Jon Favreau, USA 2005)
Spider-Man 2 (Sam Raimi, USA 2004)
Gojira: Fainaru uôzu (Ryûhei Kitamura,
J/AU/USA/CHN 2004)
The Forgotten (Joseph Ruben, USA 2004)
Dawn of the Dead (Zack Snyder, USA/CDN/J/F 2004)
Wimbledon (Richard Loncraine, GB/F 2004)
Darkness Falls (Jonathan Liebesman, USA/AU 2003)
Dreamcatcher (Lawrence Kasdan,
USA/CDN/AU 2003)
Identity (James Mangold, USA 2003)
Spider-Man (Sam Raimi, USA 2002)
Zoolander (Ben Stiller, USA/AU/D 2001)
The One (James Wong, USA 2001)
Nurse Betty (Neil LaBute, D/USA 2000)
Arlington Road (Mark Pellington, USA 1999)
Wild Wild West (Barry Sonnenfeld, USA 1999)
The Mummy (Stephen Sommers, USA 1999)
Pushing Tin (Mike Newell, D/USA 1999)
The Story of Us (Rob Reiner, USA 1999)
Mighty Joe Young (Ron Underwood, USA 1998)
Dead Man on Campus (Alan Cohn, USA 1998)
The Avengers (Jeremiah S. Chechik, USA 1998)
The Negotiator (F. Gary Gray, D/USA 1998)
Sphere (Barry Levinson, USA 1998)
Fallen (Gregory Hoblit, USA 1998)
The Horse Whisperer (Robert Redford, USA 1998)
The Mask of Zorro (Martin Campbell, USA/D 1998)
Without Limits (Robert Towne, USA 1998)
Men with Guns (John Sayles, USA 1997)
Mimic (Guillermo del Toro, USA 1997)
Spawn (Mark A.Z. Dippé, USA 1997)
Boys Life 2 (Mark Christopher, Tom DeCerchio,
Nickolas Perry, Peggy Rajski, USA 1997)
Nightwatch (Ole Bornedal, USA 1997)
Donnie Brasco (Mike Newell, USA 1997)
Flubber (Les Mayfield, USA 1997)
Metro (Thomas Carter, USA 1997)
Bio-Dome (Jason Bloom, USA 1996)
101 Dalmatians (Stephen Herek, USA 1996)
Bogus (Norman Jewison, USA 1996)
Celtic Pride (Tom DeCerchio, USA 1996)
Eraser (Chuck Russell, USA 1996)
Ghosts of Mississippi (Rob Reiner, USA 1996)
Mission: Impossible (Brian De Palma, USA 1996)
The Fan (Tony Scott, USA 1996)
The Island of Dr. Moreau (John Frankenheimer,
USA 1996)
The Juror (Brian Gibson, USA 1996)
Twister (Jan de Bont, USA 1996)
White Squall (Ridley Scott, USA 1996)
Braveheart (Mel Gibson, USA 1995)
Dead Presidents (Albert Hughes, Allen Hughes,
USA 1995)
Seven (David Fincher, USA 1995)
Nixon (Oliver Stone, USA 1995)
The American President (Rob Reiner, USA 1995)
Immortal Beloved (Bernard Rose, GB/USA 1994)
Richie Rich (Donald Petrie, USA 1994)
Nunzio's Second Cousin (Tom DeCerchio, USA 1994)

Quiz Show (Robert Redford, USA 1994)
North (Rob Reiner, USA 1994)
The Life and Times of Charlie Putz
(Robert Rothbard, USA 1994)
Zebrahead (Anthony Drazan, USA 1992)
New York Stories (Woody Allen, Francis Ford
Coppola, Martin Scorsese, USA 1989)


**JEREMY DAWSON**

VORSPANNGESTALTUNG – FILMOGRAFIE /
TITLE DESIGN – FILMOGRAPHY:

The Suicide Club (Rachel Samuels, USA 2000)
Mr. Death: The Rise and Fall of Fred A. Leuchter, Jr.
(Errol Morris, GB/USA 1999)
Saturn (Rob Schmidt, USA 1999)
Pi (Darren Aronofsky, USA 1998)


**JOHN DE BELLO**
* 1952 Los Angeles, USA

FILMOGRAFIE / FILMOGRAPHY:

Black Dawn (USA 1997)
Killer Tomatoes Eat France! (USA 1991)
Killer Tomatoes Strike Back! (USA 1990)
Return of the Killer Tomatoes! (USA 1988)
Happy Hour (USA 1987)
Attack of the Killer Tomatoes! (USA 1978)


**SANDY DVORE**
* 1934 Chicago, USA

VORSPANNGESTALTUNG – FILMOGRAFIE /
TITLE DESIGN – FILMOGRAPHY:

Eve of Destruction (Duncan Gibbins, USA 1991)
Butterfly (Matt Cimber, USA 1982)
The Children of Sanchez (Hall Bartlett,
USA/MEX 1978)
Lipstick (Lamont Johnson, USA 1976)
For Pete's Sake (Peter Yates, USA 1974)
Jonathan Livingston Seagull (Hall Bartlett, USA 1973)
Blacula (William Crain, USA 1972)
The McMasters (Alf Kjellin, USA 1970)
The Dunwich Horror (Daniel Haller, USA 1970)
De Sade (Cy Endfield, Roger Corman, Gordon
Hessler, USA/D 1969)
Three in the Attic (Richard Wilson, USA 1968)
Skidoo (Otto Preminger, USA 1968)

**PABLO FERRO**
* 1935 Antilla, Kuba / Cuba

VORSPANNGESTALTUNG – FILMOGRAFIE /
TITLE DESIGN – FILMOGRAPHY:

The Ministers (Franc. Reyes, USA 2009)
Cthulhu (Dan Gildark, USA 2007)
Starter for 10 (Tom Vaughan, GB/USA 2006)
Tweek City (Eric G. Johnson, USA 2005)
Iowa (Matt Farnsworth, USA 2005)
The Manchurian Candidate
(Jonathan Demme, USA 2004)
Napoleon Dynamite (Jared Hess, USA 2004)
The Truth About Charlie
(Jonathan Demme, USA/D 2002)
Men in Black II (Barry Sonnenfeld, USA 2002)
My Big Fat Greek Wedding (Joel Zwick,
USA/CDN 2002)
The Bronze Screen: 100 Years of the Latino Image in
American Cinema (Nancy De Los Santos,
Alberto Domínguez, Susan Racho, USA 2002)
Bones (Ernest R. Dickerson, CDN/USA 2001)
Bandits (Barry Levinson, USA 2001)
All Access: Front Row. Backstage. Live!
(Martyn Atkins, USA 2001)
For Love of the Game (Sam Raimi, USA 1999)
All the Rage (James D. Stern, USA 1999)
Agnes Browne (Anjelica Huston, USA/IR 1999)
Psycho (Gus Van Sant, USA 1998)
Beloved (Jonathan Demme, USA 1998)
Dance with Me (Randa Haines, USA 1998)
Doctor Dolittle (Betty Thomas, USA 1998)
Hope Floats (Forest Whitaker, USA 1998)
Krippendorf's Tribe (Todd Holland, USA 1998)
As Good as It Gets (James L. Brooks, USA 1997)
Hugo Pool (Robert Downey Sr., USA 1997)
Good Will Hunting (Gus Van Sant, USA 1997)
Men in Black (Barry Sonnenfeld, USA 1997)
L.A. Confidential (Curtis Hanson, USA 1997)
Anna Karenina (Bernard Rose, USA 1997)
Meet Wally Sparks (Peter Baldwin, USA 1997)
That Thing You Do! (Tom Hanks, USA 1996)
The Sunchaser (Michael Cimino, USA 1996)
Mrs. Winterbourne (Richard Benjamin, USA 1996)
Devil in a Blue Dress (Carl Franklin, USA 1995)
To Die For (Gus Van Sant, GB/USA 1995)
Milk Money (Richard Benjamin, USA 1994)
F.T.W. (Michael Karbelnikoff, USA 1994)
Philadelphia (Jonathan Demme, USA 1993)
Addams Family Values (Barry Sonnenfeld,
USA 1993)
Malice (Harold Becker, CDN/USA 1993)
American Heart (Martin Bell, USA 1992)
The Addams Family (Barry Sonnenfeld, USA 1991)
Mobsters (Michael Karbelnikoff, USA 1991)
Career Opportunities (Bryan Gordon, USA 1991)
Book of Love (Robert Shaye, USA 1990)
Darkman (Sam Raimi, USA 1990)
Pump Up the Volume (Allan Moyle, CDN/USA 1990)
Maniac Cop 2 (William Lustig, USA 1990)
The Guardian (William Friedkin, USA 1990)

Heart Condition (James D. Parriott, USA 1990)
Oro fino (José Antonio de la Loma, E 1989)
Married to the Mob (Jonathan Demme, USA 1988)
Beetle Juice (Tim Burton, USA 1988)
Johnny Be Good (Bud S. Smith, USA 1988)
Prince of Darkness (John Carpenter, USA 1987)
No Man's Land (Peter Werner, USA 1987)
No Way Out (Roger Donaldson, USA 1987)
Stop Making Sense (Jonathan Demme, USA 1984)
Swing Shift (Jonathan Demme, USA 1984)
Amityville 3-D (Richard Fleischer, USA 1983)
I'm Dancing as Fast as I Can (Jack Hofsiss, USA 1982)
Second-Hand Hearts (Hal Ashby, USA 1981)
Being There (Hal Ashby, USA 1979)
Last Embrace (Jonathan Demme, USA 1979)
Handle with Care (Jonathan Demme, USA 1977)
Bound for Glory (Hal Ashby, USA 1976)
Harold and Maude (Hal Ashby, USA 1971)
A Clockwork Orange (Stanley Kubrick,
GB/USA 1971)
The Night They Raided Minsky's (William Friedkin,
USA 1968)
Bullitt (Peter Yates, USA 1968)
The Thomas Crown Affair (Norman Jewison,
USA 1968)
Woman of Straw (Basil Dearden, GB 1964)
Dr. Strangelove or: How I Learned to Stop Worrying
and Love the Bomb (Stanley Kubrick, GB 1964)


**WAYNE FITZGERALD**
* 1930 Los Angeles, USA

VORSPANNGESTALTUNG – FILMOGRAFIE /
TITLE DESIGN – FILMOGRAPHY:

Hollywood Homicide (Ron Shelton, USA 2003)
Nobody's Baby (David Seltzer, USA 2001)
Kiss the Sky (Roger Young, USA 1999)
Guinevere (Audrey Wells, USA 1999)
Just a Little Harmless Sex (Rick Rosenthal, USA 1998)
Safe House (Eric Steven Stahl, USA 1998)
The Rainmaker (Francis Ford Coppola, USA 1997)
RocketMan (Stuart Gillard, USA 1997)
O Que É Isso, Companheiro? / Four Days in Septem-
ber (Bruno Barreto, BRA/USA 1997)
Beverly Hills Ninja (Dennis Dugan, USA 1997)
Kingpin (Bobby Farrelly, Peter Farrelly, USA 1996)
Faithful (Paul Mazursky, USA 1996)
Carried Away (Bruno Barreto, USA 1996)
Diabolique (Jeremiah S. Chechik, USA 1996)
Cutthroat Island (Renny Harlin, USA/F/I/D 1995)
Dracula: Dead and Loving It (Mel Brooks,
USA/F 1995)
Four Rooms (Allison Anders, Alexandre Rockwell,
Robert Rodriguez, Quentin Tarantino, USA 1995)
Unstrung Heroes (Diane Keaton, USA 1995)
Waterworld (Kevin Reynolds, Kevin Costner,
USA 1995)
The Indian in the Cupboard (Frank Oz, USA 1995)
Judge Dredd (Danny Cannon, USA 1995)
Forget Paris (Billy Crystal, USA 1995)

The Perez Family (Mira Nair, USA 1995)
French Kiss (Lawrence Kasdan, GB/USA 1995)
Stuart Saves His Family (Harold Ramis, D/USA 1995)
Tall Tale (Jeremiah S. Chechik, USA 1995)
Top Dog (Aaron Norris, USA 1995)
The Brady Bunch Movie (Betty Thomas, USA 1995)
Boys on the Side (Herbert Ross, USA/F 1995)
Speechless (Ron Underwood, USA 1994)
Drop Zone (John Badham, USA 1994)
Silent Fall (Bruce Beresford, USA 1994)
Love Affair (Glenn Gordon Caron, USA 1994)
Blankman (Mike Binder, USA 1994)
The Client (Joel Schumacher, USA 1994)
Wyatt Earp (Lawrence Kasdan, USA 1994)
City Slickers II: The Legend of Curly's Gold (Paul
Weiland, USA 1994)
The Endless Summer 2 (Bruce Brown, USA 1994)
Maverick (Richard Donner, USA 1994)
The Favor (Donald Petrie, USA 1994)
Clifford (Paul Flaherty, USA 1994)
Grumpy Old Men (Donald Petrie, USA 1993)
For Love or Money (Barry Sonnenfeld, USA 1993)
Striking Distance (Rowdy Herrington, USA 1993)
Calendar Girl (John Whitesell, USA 1993)
Heart and Souls (Ron Underwood, USA 1993)
Another Stakeout (John Badham, USA 1993)
Lost in Yonkers (Martha Coolidge, USA 1993)
Wide Sargasso Sea (John Duigan, AU 1993)
Benny & Joon (Jeremiah S. Chechik, USA 1993)
Point of No Return (John Badham, USA 1993)
Groundhog Day (Harold Ramis, USA 1993)
Scent of a Woman (Martin Brest, USA 1992)
Under Siege (Andrew Davis, F/USA 1992)
A River Runs Through It (Robert Redford, USA 1992)
Honeymoon in Vegas (Andrew Bergman, USA 1992)
Rapid Fire (Dwight H. Little, USA 1992)
HouseSitter (Frank Oz, USA 1992)
Straight Talk (Barnet Kellman, USA 1992)
White Men Can't Jump (Ron Shelton, USA 1992)
Basic Instinct (Paul Verhoeven USA/F 1992)
Article 99 (Howard Deutch, USA 1992)
Radio Flyer (Richard Donner, David M. Evans,
USA 1992)
Final Analysis (Phil Joanou, USA 1992)
Child's Play 3 (Jack Bender, GB/USA 1991)
City Slickers (Ron Underwood, USA 1991)
Only the Lonely (Chris Columbus, USA 1991)
Backdraft (Ron Howard, USA 1991)
What About Bob? (Frank Oz, USA 1991)
True Colors (Herbert Ross, USA 1991)
Scenes from a Mall (Paul Mazursky, USA 1991)
The Godfather: Part III (Francis Ford Coppola,
USA 1990)
Child's Play 2 (John Lafia, USA 1990)
Sibling Rivalry (Carl Reiner, USA 1990)
Desperate Hours (Michael Cimino, USA 1990)
My Blue Heaven (Herbert Ross, USA 1990)
Taking Care of Business (Arthur Hiller, USA 1990)
Ghost (Jerry Zucker, USA 1990)
Dick Tracy (Warren Beatty, USA 1990)
Total Recall (Paul Verhoeven, USA 1990)
Class of 1999 (Mark L. Lester, USA 1990)

A Show of Force (Bruno Barreto, USA 1990)
Short Time (Gregg Champion, USA 1990)
I Love You to Death (Lawrence Kasdan, USA 1990)
Opportunity Knocks (Donald Petrie, USA 1990)
Going Under (Mark W. Travis, USA 1990)
Tango & Cash (Andrei Konchalovsky, USA 1989)
Enemies: A Love Story (Paul Mazursky, USA 1989)
Race for Glory (Rocky Lang, USA 1989)
The Punisher (Mark Goldblatt, AU/USA 1989)
Let It Ride (Joe Pytka, USA 1989)
See No Evil, Hear No Evil (Arthur Hiller, USA 1989)
K-9 (Rod Daniel, USA 1989)
The Dream Team (Howard Zieff, USA 1989)
Her Alibi (Bruce Beresford, USA 1989)
Red Scorpion (Joseph Zito, SA/USA/NA 1989)
My Stepmother Is an Alien (Richard Benjamin,
USA 1988)
Child's Play (Tom Holland, USA 1988)
Punchline (David Seltzer, USA 1988)
Moon Over Parador (Paul Mazursky, USA 1988)
Young Guns (Christopher Cain, USA 1988)
The Great Outdoors (Howard Deutch, USA 1988)
Red Heat (Walter Hill, USA 1988)
Rambo III (Peter MacDonald, USA 1988)
Above the Law (Andrew Davis, USA/HK 1988)
Bright Lights, Big City (James Bridges, USA/J 1988)
The Milagro Beanfield War (Robert Redford,
USA 1988)
Moving (Alan Metter, USA 1988)
Switching Channels (Ted Kotcheff, USA 1988)
Pulse (Paul Golding, USA 1988)
A Tiger's Tale (Peter Douglas, USA 1987)
Hiding Out (Bob Giraldi, USA 1987)
The Sicilian (Michael Cimino, USA 1987)
Surrender (Jerry Belson, USA 1987)
The Pick-Up Artist (James Toback, USA 1987)
Innerspace (Joe Dante, USA 1987)
Some Kind of Wonderful (Howard Deutch, USA 1987)
The Big Easy (Jim McBride, USA 1987)
Dead of Winter (Arthur Penn, USA 1987)
Black Widow (Bob Rafelson, USA 1987)
No Mercy (Richard Pearce, USA 1986)
Crimes of the Heart (Bruce Beresford, USA 1986)
The Fly (David Cronenberg, USA 1986)
Club Paradise (Harold Ramis, USA 1986)
Short Circuit (John Badham, USA 1986)
Violets Are Blue ... (Jack Fisk, USA 1986)
Off Beat (Michael Dinner, USA 1986)
Lucas (David Seltzer, USA 1986)
Just Between Friends (Allan Burns, USA 1986)
Pretty in Pink (Howard Deutch, USA 1986)
Down and Out in Beverly Hills (Paul Mazursky,
USA 1986)
Rocky IV (Sylvester Stallone, USA 1985)
Target (Arthur Penn, USA 1985)
Creator (Ivan Passer, USA 1985)
American Flyers (John Badham, USA 1985)
Year of the Dragon (Michael Cimino, USA 1985)
Real Genius (Martha Coolidge, USA 1985)
European Vacation (Amy Heckerling, USA 1985)
Silverado (Lawrence Kasdan, USA 1985)
St. Elmo's Fire (Joel Schumacher, USA 1985)

Cavegirl (David Oliver, USA 1985)
The Slugger's Wife (Hal Ashby, USA 1985)
The Breakfast Club (John Hughes, USA 1985)
The Beniker Gang (Ken Kwapis, USA 1985)
Johnny Dangerously (Amy Heckerling, USA 1984)
American Dreamer (Rick Rosenthal, USA 1984)
The Adventures of Buckaroo Banzai: Across the 8th Dimension (W.D. Richter, USA 1984)
Firestarter (Mark L. Lester, USA 1984)
Sixteen Candles (John Hughes, USA 1984)
Moscow on the Hudson (Paul Mazursky, USA 1984)
Splash (Ron Howard, USA 1984)
Footloose (Herbert Ross, USA 1984)
Unfaithfully Yours (Howard Zieff, USA 1984)
The Lonely Guy (Arthur Hiller, USA 1984)
Violated (Richard Cannistraro, USA 1984)
To Be or Not to Be (Alan Johnson, USA 1983)
Terms of Endearment (James L. Brooks, USA 1983)
Under Fire (Roger Spottiswoode, USA 1983)
The Dead Zone (David Cronenberg, USA 1983)
The Big Chill (Lawrence Kasdan, USA 1983)
Vacation (Harold Ramis, USA 1983)
Max Dugan Returns (Herbert Ross, USA 1983)
The Outsiders (Francis Ford Coppola, USA 1983)
Trenchcoat (Michael Tuchner, USA 1983)
Blue Thunder (John Badham, USA 1983)
Kiss Me Goodbye (Robert Mulligan, USA 1982)
The Toy (Richard Donner, USA 1982)
Author! Author! (Arthur Hiller, USA 1982)
Grease 2 (Patricia Birch, USA 1982)
Hammett (Wim Wenders, USA 1982)
Rocky III (Sylvester Stallone, USA 1982)
The Escape Artist (Caleb Deschanel, USA 1982)
Annie (John Huston, USA 1982)
I Ought to Be in Pictures (Herbert Ross, USA 1982)
Death Valley (Dick Richards, USA 1982)
Class Reunion (Michael Miller, USA 1982)
Pennies from Heaven (Herbert Ross, USA 1981)
Reds (Warren Beatty, USA 1981)
The Pursuit of D.B. Cooper (Roger Spottiswoode, USA 1981)
Body Heat (Lawrence Kasdan, USA 1981)
Wolfen (Michael Wadleigh, USA 1981)
King of the Mountain (Noel Nosseck, USA/GB 1981)
All Night Long (Jean-Claude Tramont, USA 1981)
Sphinx (Franklin J. Schaffner, USA/NL 1981)
Underground Aces (Robert Butler, USA 1981)
The Salamander (Peter Zinner, USA/I/GB 1981)
Seems Like Old Times (Jay Sandrich, USA 1980)
Nine to Five (Colin Higgins, USA 1980)
The Jazz Singer (Richard Fleischer, USA 1980)
Heaven's Gate (Michael Cimino, USA 1980)
It's My Turn (Claudia Weill, USA 1980)
Private Benjamin (Howard Zieff, USA 1980)
Those Lips, Those Eyes (Michael Pressman, USA 1980)
Can't Stop the Music (Nancy Walker, USA 1980)
Carny (Robert Kaylor, USA 1980)
Night of the Juggler (Robert Butler, USA 1980)
The Mountain Men (Richard Lang, USA 1980)
The Nude Bomb (Clive Donner, USA 1980)
The American Success Company (William Richert, USA 1980)

Little Miss Marker (Walter Bernstein, USA 1980)
Nijinsky (Herbert Ross, USA 1980)
The Electric Horseman (Sydney Pollack, USA 1979)
Chapter Two (Robert Moore, USA 1979)
French Postcards (Willard Huyck, F/D/USA 1979)
... And Justice for All. (Norman Jewison, USA 1979)
North Dallas Forty (Ted Kotcheff, USA 1979)
The Main Event (Howard Zieff, USA 1979)
The Muppet Movie (James Frawley, GB/USA 1979)
Apocalypse Now (Francis Ford Coppola, USA 1979)
California Suite (Herbert Ross, USA 1978)
The Deer Hunter (Michael Cimino, GB/USA 1978)
The Lord of the Rings (Ralph Bakshi, USA 1978)
Comes a Horseman (Alan J. Pakula, USA 1978)
Up in Smoke (Lou Adler, USA 1978)
Who Is Killing the Great Chefs of Europe? (Ted Kotcheff, USA/I/F/D 1978)
Almost Summer (Martin Davidson, USA 1978)
Heaven Can Wait (Warren Beatty, Buck Henry, USA 1978)
The Cheap Detective (Robert Moore, USA 1978)
Grease (Randal Kleiser, USA 1978)
Thank God It's Friday (Robert Klane, USA 1978)
Casey's Shadow (Martin Ritt, USA 1978)
American Hot Wax (Floyd Mutrux, USA 1978)
The One and Only (Carl Reiner, USA 1978)
The Goodbye Girl (Herbert Ross, USA 1977)
The Turning Point (Herbert Ross, USA 1977)
First Love (Joan Darling, USA 1977)
March or Die (Dick Richards, GB 1977)
Greased Lightning (Michael Schultz, USA 1977)
The Bad News Bears in Breaking Training (Michael Pressman, USA 1977)
The Domino Principle (Stanley Kramer, GB/USA 1977)
Slap Shot (George Roy Hill, USA 1977)
A Star Is Born (Frank Pierson, USA 1976)
The Seven-Per-Cent Solution (Herbert Ross, GB/USA 1976)
America at the Movies (George Stevens Jr., USA 1976)
Murder by Death (Robert Moore, USA 1976)
The Missouri Breaks (Arthur Penn, USA 1976)
Baby Blue Marine (John D. Hancock, USA 1976)
W.C. Fields and Me (Arthur Hiller, USA 1976)
The Black Bird (David Giler, USA 1975)
One Flew Over the Cuckoo's Nest (Milos Forman, USA 1975)
The Sunshine Boys (Herbert Ross, USA 1975)
Mitchell (Andrew V. McLaglen, USA 1975)
Farewell, My Lovely (Dick Richards, USA 1975)
Night Moves (Arthur Penn, USA 1975)
Posse (Kirk Douglas, USA 1975)
Funny Lady (Herbert Ross, USA 1975)
The Front Page (Billy Wilder, USA 1974)
The Godfather: Part II (Francis Ford Coppola, USA 1974)
Alice Doesn't Live Here Anymore (Martin Scorsese, USA 1974)
Chinatown (Roman Polanski, USA 1974)
Thunderbolt and Lightfoot (Michael Cimino, USA 1974)

The Conversation (Francis Ford Coppola, USA 1974)
Mame (Gene Saks, USA 1974)
McQ (John Sturges, USA 1974)
The Day of the Dolphin (Mike Nichols, USA 1973)
Ash Wednesday (Larry Peerce, USA 1973)
Cahill U.S. Marshal (Andrew V. McLaglen, USA 1973)
Oklahoma Crude (Stanley Kramer, USA 1973)
The Last of Sheila (Herbert Ross, USA 1973)
Lost Horizon (Charles Jarrott, USA 1973)
The Train Robbers (Burt Kennedy, USA 1973)
Travels with My Aunt (George Cukor, USA 1972)
Limbo (Mark Robson, USA 1972)
When the Legends Die (Stuart Millar, USA 1972)
Cancel My Reservation (Paul Bogart, USA 1972)
Last of the Red Hot Lovers (Gene Saks, USA 1972)
Fat City (John Huston, USA 1972)
Portnoy's Complaint (Ernest Lehman, USA 1972)
The Trial of the Catonsville Nine (Gordon Davidson, USA 1972)
The Little Ark (James B. Clark, USA 1972)
To Find a Man (Buzz Kulik, USA 1972)
Star Spangled Girl (Jerry Paris, USA 1971)
T.R. Baskin (Herbert Ross, USA 1971)
Bless the Beasts & Children (Stanley Kramer, USA 1971)
Big Jake (George Sherman, USA 1971)
A New Leaf (Elaine May, USA 1971)
Little Big Man (Arthur Penn, USA 1970)
The Owl and the Pussycat (Herbert Ross, USA 1970)
There Was a Crooked Man ... (Joseph L. Mankiewicz, USA 1970)
R.P.M. (Stanley Kramer, USA 1970)
Lovers and Other Strangers (Cy Howard, USA 1970)
Catch-22 (Mike Nichols, USA 1970)
On a Clear Day You Can See Forever (Vincente Minnelli, USA 1970)
The Molly Maguires (Martin Ritt, USA 1970)
The Comic (Carl Reiner, USA 1969)
The Secret of Santa Vittoria (Stanley Kramer, USA 1969)
Alice's Restaurant (Arthur Penn, USA 1969)
How to Commit Marriage (Norman Panama, USA 1969)
Eye of the Cat (David Lowell Rich, 1969)
That Cold Day in the Park (Robert Altman, USA/CDN 1969)
The Wrecking Crew (Phil Karlson, USA 1969)
Funny Girl (William Wyler, USA 1968)
Did You Hear the One About the Traveling Saleslady? (Don Weis, USA 1968)
The Green Berets (Ray Kellogg, John Wayne, USA 1968)
Rosemary's Baby (Roman Polanski, USA 1968)
Blue (Silvio Narizzano, USA 1968)
Where Angels Go Trouble Follows! (James Neilson, USA 1968)
The Ambushers (Henry Levin, USA 1967)
The Graduate (Mike Nichols, USA 1967)
Guess Who's Coming to Dinner (Stanley Kramer, USA 1967)
Cool Hand Luke (Stuart Rosenberg, USA 1967)
Wait Until Dark (Terence Young, USA 1967)
Camelot (Joshua Logan, USA 1967)
Who's Minding the Mint? (Howard Morris, USA 1967)
Bonnie and Clyde (Arthur Penn, USA 1967)
In the Heat of the Night (Norman Jewison, USA 1967)
Up the Down Staircase (Robert Mulligan, USA 1967)
Thoroughly Modern Millie (George Roy Hill, USA 1967)
Tobruk (Arthur Hiller, USA 1967)
Murderers' Row (Henry Levin, USA 1966)
Any Wednesday (Robert Ellis Miller, USA 1966)
A Fine Madness (Irvin Kershner, USA 1966)
Who's Afraid of Virginia Woolf? (Mike Nichols, USA 1966)
A Big Hand for the Little Lady (Fielder Cook, USA 1966)
Cast a Giant Shadow (Melville Shavelson, USA 1966)
Madame X (David Lowell Rich, USA 1966)
Harper (Jack Smight, USA 1966)
The Silencers (Phil Karlson, USA 1966)
Moment to Moment (Mervyn LeRoy, USA 1965)
Inside Daisy Clover (Robert Mulligan, USA 1965)
Battle of the Bulge (Ken Annakin, USA 1965)
Marriage on the Rocks (Jack Donohue, USA 1965)
Fluffy (Earl Bellamy, USA 1965)
Cat Ballou (Elliot Silverstein, USA 1965)
Strange Bedfellows (Melvin Frank, USA 1965)
Incubus (Leslie Stevens, USA 1965)
Father Goose (Ralph Nelson, USA 1964)
Kitten with a Whip (Douglas Heyes, USA 1964)
My Fair Lady (George Cukor, USA 1964)
Send Me No Flowers (Norman Jewison, USA 1964)
Island of the Blue Dolphins (James B. Clark, USA 1964)
Bedtime Story (Ralph Levy, USA 1964)
Man's Favorite Sport? (Howard Hawks, USA 1964)
4 for Texas (Robert Aldrich, USA 1963)
For Love or Money (Michael Gordon, USA 1963)
The List of Adrian Messenger (John Huston, USA 1963)
A Child Is Waiting (John Cassavetes, USA 1963)
Freud (John Huston, USA 1962)
Gypsy (Mervyn LeRoy, USA 1962)
The Music Man (Morton DaCosta, USA 1962)
A Majority of One (Mervyn LeRoy, USA 1961)
The Children's Hour (William Wyler, USA 1961)
Judgment at Nuremberg (Stanley Kramer, USA 1961)
Back Street (David Miller, USA 1961)
Homicidal (William Castle, USA 1961)
Pepe (George Sidney, MEX/USA 1960)
Midnight Lace (David Miller, USA 1960)
Portrait in Black (Michael Gordon, USA 1960)
Tall Story (Joshua Logan, USA 1960)
The Rise and Fall of Legs Diamond (Budd Boetticher, USA 1960)
Operation Petticoat (Blake Edwards, USA 1959)
Pillow Talk (Michael Gordon, USA 1959)
The Man Who Understood Women (Nunnally Johnson, USA 1959)
Imitation of Life (Douglas Sirk, USA 1959)
The Diary of Anne Frank (George Stevens, USA 1959)

Never Steal Anything Small (Charles Lederer,
USA 1959)
Auntie Mame (Morton DaCosta, USA 1958)
The Fly (Kurt Neumann, USA 1958)
Touch of Evil (Orson Welles, USA 1958)
The Brothers Karamazov (Richard Brooks, USA 1958)
The Deep Six (Rudolph Maté, USA 1958)
Raintree County (Edward Dmytryk, USA 1957)
The Three Faces of Eve (Nunnally Johnson,
USA 1957)
Silk Stockings (Rouben Mamoulian, USA 1957)
The First Traveling Saleslady (Arthur Lubin, USA 1956)
Glory (David Butler, USA 1956)


**STEPHEN O. FRANKFURT**
* 1931 New York, USA

VORSPANNGESTALTUNG – FILMOGRAFIE /
TITLE DESIGN – FILMOGRAPHY:

Network (Sidney Lumet, USA 1976)
Rosemary's Baby (Roman Polanski, USA 1968)
To Kill a Mockingbird (Robert Mulligan, USA 1962)


**FRIZ FRELENG**
* 1905 Kansas City, USA
† 1995 Los Angeles, USA

VORSPANNGESTALTUNG – FILMOGRAFIE /
TITLE DESIGN – FILMOGRAPHY:

Curse of the Pink Panther (Blake Edwards,
GB/USA 1983)
Revenge of the Pink Panther (Blake Edwards,
GB/USA 1978)
Inspector Clouseau (Bud Yorkin, GB 1968)
The Pink Panther (Blake Edwards, GB/USA 1963)


**JEAN-LUC GODARD**
* 1930 Paris, Frankreich / France

FILMOGRAFIE / FILMOGRAPHY:

Vrai faux passeport (F 2006)
Moments choisis des histoire(s) du cinéma (F 2000)
Ten Minutes Older: The Cello (Bernardo Bertolucci,
Claire Denis, Mike Figgis, Jean-Luc Godard, Jirí
Menzel, Michael Radford, Volker Schlöndorff, István
Szabó, GB/D/F 2002)
Liberté et patrie / Liberty and Homeland (Jean-Luc
Godard, Anne-Marie Miéville, CH 2002)
Éloge de l'amour / In Praise of Love (F/CH 2001)
L'Origine du XXIème siècle / Origins of the 21st
Century (F 2000)
The Old Place (Jean-Luc Godard, Anne-Marie
Miéville, F/USA 1998)
For Ever Mozart (F/CH 1996)
JLG/JLG – autoportrait de décembre /
JLG/JLG – Self-Portrait in December (F 1995)

Deux fois cinquante ans de cinéma français /
Twice Fifty Years of French Cinema (Jean-Luc
Godard, Anne-Marie Miéville, CH/GB/F 1995)
Comment vont les enfants / How Are the Kids?
(Lino Brocka, Rolan Bykov, Ciro Durán, Jerry Lewis,
Euzhan Palcy, Jean-Luc Godard, Anne-Marie
Miéville, COL/F/NIG/PHI/R/USA/CH 1993)
Hélas pour moi / Oh, Woe Is Me (F/CH 1993)
Je vous salue, Sarajevo (F 1993)
Les Enfants jouent à la Russie / The Kids Play Russian
(F 1993)
Allemagne 90 neuf zéro / Germany Year 90 Nine
Zero (F 1991)
Contre l'oubli / Against Oblivion (Jean-Luc Godard,
Alain Resnais, Chantal Akerman,
Michel Deville, et. al., F 1991)
Nouvelle vague / New Wave (CH/F 1990)
Le Rapport Darty (Jean-Luc Godard, Anne-Marie
Miéville, F 1989)
Puissance de la parole / The Power of Speech
(F 1988)
On s'est tous défilé (F 1988)
Soigne ta droite / Keep Your Right Up (F/CH 1987)
Aria (Robert Altman, Bruce Beresford, Bill Bryden,
Jean-Luc Godard, Derek Jarman, Franc Roddam,
Nicolas Roeg, Ken Russell, Charles Sturridge, Julien
Temple, GB 1987)
King Lear (USA 1987)
Soft and Hard (Jean-Luc Godard, Anne-Marie
Miéville, F/GB 1986)
Meetin' WA (F 1986)
Détective (F/CH 1985)
Je vous salue, Marie / Hail Mary (F/CH/GB 1985)
Prénom Carmen / First Name: Carmen (F 1983)
Petites notes à propos du film "Je vous salue, Marie"
(F 1983)
Lettre à Freddy Buache / A Letter to Freddy Buache
(F 1982)
Passion (F/CH 1982)
Scénario du film "Passion" (F 1982)
Sauve qui peut (la vie) / Every Man for Himself
(F/A/D/CH 1980)
Scénario de "Sauve qui peut la vie" (F 1979)
Comment ça va? / How Is It Going? (Jean-Luc
Godard, Anne-Marie Miéville, F 1978)
Ici et ailleurs / Here and Elsewhere (Jean-Luc
Godard, Jean-Pierre Gorin, Groupe Dziga Vertov,
Anne-Marie Miéville, F 1976)
Numéro deux / Number Two (F 1975)
Letter to Jane: An Investigation About a Still
(Jean-Luc Godard, Jean-Pierre Gorin, F 1972)
Tout va bien / Just Great (Jean-Luc Godard,
Jean-Pierre Gorin, I/F 1972)
One P.M. (Jean-Luc Godard, D. A. Pennebaker,
USA 1972)
Lotte in Italia / Struggle in Italy (Groupe Dziga
Vertov, Jean-Luc Godard, Jean-Pierre Gorin, I/F 1971)
Le vent d'est / Wind from the East
(Groupe Dziga Vertov, Jean-Luc Godard, Jean-Pierre
Gorin, Gérard Martin, F/I/D 1970)
British Sounds (Jean-Luc Godard, Jean-Henri Roger,
GB 1970)

Pravda (Groupe Dziga Vertov, Paul Burron,
Jean-Luc Godard, Jean-Henri Roger, D/F 1970)
Vladimir et Rosa / Vladimir and Rosa (Groupe Dziga
Vertov, Jean-Luc Godard, Jean-Pierre Gorin,
F/D 1970)
Le Gai savoir / Joy of Learning (F/D 1969)
Amore e rabbia / Love and Anger (Marco Bellocchio,
Bernardo Bertolucci, Jean-Luc Godard, Carlo Liz-
zani, Pier Paolo Pasolini, Elda Tattoli, I/F 1969)
Sympathy for the Devil (GB 1968)
Un film comme les autres / A Film Like Any Other
(Jean-Luc Godard, Jean-Pierre Gorin,
Groupe Dziga Vertov, Anne-Marie Miéville, F 1968)
Cinétracts (F 1968)
Week End (I/F 1967)
Loin du Vietnam / Far from Vietnam
(Joris Ivens, William Klein, Claude Lelouch,
Agnès Varda, Jean-Luc Godard, Chris Marker,
Alain Resnais, F 1967)
La Chinoise (F 1967)
Le plus vieux métier du monde / The Oldest Profes-
sion (Claude Autant-Lara, Mauro Bolognini, Philippe
de Broca, Jean-Luc Godard, Franco Indovina,
Michael Pfleghar, F/D/I 1967)
2 ou 3 choses que je sais d'elle /
Two or Three Things I Know About Her (F 1967)
Made in U.S.A. (F 1966)
Masculin féminin: 15 faits précis /
Masculine, Feminine: In 15 Acts (F/S 1966)
Pierrot le fou / Pierrot Goes Wild (F/I 1965)
Paris vu par... (Claude Chabrol, Jean Douchet,
Jean-Luc Godard, Jean-Daniel Pollet, Eric Rohmer,
Jean Rouch, F 1965)
Alphaville, une étrange aventure de Lemmy Caution /
Alphaville, a Strange Case of Lemmy Caution
(F/I 1965)
Une femme mariée: Suite de fragments d'un film
tourné en 1964 (F 1964)
Les plus belles escroqueries du monde /
The World's Most Beautiful Swindlers (Claude
Chabrol, Jean-Luc Godard, Ugo Gregoretti, Hiromichi
Horikawa, Roman Polanski, F/I/J/NL 1964)
Bande à part / Band of Outsiders (F 1964)
Reportage sur Orly (GB 1964)
Le Mépris / Contempt (F/I 1963)
Les Carabiniers / The Carabineers (F/I 1963)
Ro.Go.Pa.G. (Jean-Luc Godard, Ugo Gregoretti, Pier
Paolo Pasolini, Roberto Rossellini, F/I 1963)
Le petit soldat / The Little Soldier (F 1963)
Vivre sa vie: Film en douze tableaux / My Life to Live
(F 1962)
Les sept péchés capitaux / The Seven Capital Sins
(Philippe de Broca, Claude Chabrol, Jacques Demy,
Sylvain Dhomme, Max Douy, Jean-Luc Godard, Eu-
gène Ionesco, Edouard Molinaro, Roger Vadim,
I/F 1962)
Une femme est une femme / A Woman Is a Woman
(F/I 1961)
Une histoire d'eau / A Story of Water
(Jean-Luc Godard, François Truffaut, F 1961)
Charlotte et son Jules / Charlotte and Her Jules
(F 1960)

À bout de souffle / Breathless (F 1960)
Charlotte et Véronique, ou Tous les garçons s'appel-
lent Patrick / All the Boys Are Called Patrick (F 1959)
Une femme coquette (F 1955)
Opération béton / Operation Concrete (CH 1954)


**SHAN HUA**
* 1942 Shanghai, China

FILMOGRAFIE / FILMOGRAPHY:

Tian shi te jing / Angel Force (HK 1991)
Disciples of Shaolin Temple (CHN 1985)
Feng shen jie / Usurpers of Emperor's Power
(HK 1983)
Shui jing ren / Portrait in Crystal (HK 1983)
Lu ding ji / Tales of a Eunuch (HK 1983)
Yang guo yu xiao long nu / Little Dragon Maiden
(HK 1982)
Xie ying wu / Bloody Parrot (HK 1981)
Cha ren da lao bo ming zai / The Brothers (HK 1979)
Ha luo chuang shang ye gui ren / Hello Sexy Late
Homecomers (HK 1978)
Yi ling ba / Island of Virgins (HK 1978)
Can ku da ci sha / Flying Guillotine 2 (Kang Cheng,
Shan Hua, HK 1978)
Si er ba / Gang of Four (HK 1978)
Jue bu di tou / To Kill a Jaguar (HK 1977)
Lou ye che jung fo mau sat ngon / Arson: The Crimi-
nals, Part 3 (Shan Hua, Chih-Hung Kwei, HK 1977)
Sha jue / Soul of the Sword (HK 1977)
Xiong sha / Homicides: The Criminals, Part 2
(Shan Hua, Chih-Hung Kwei, Chung Sun, HK 1976)
Kong woo ji dai / Brotherhood (HK 1976)
Xianggang qi an / The Criminals (Kang Cheng,
Meng Hua Ho, Shan Hua, HK 1976)
Zhong guo chao ren / The Super Inframan (HK 1975)
Feng liu nu fu xing / From the Underworld (HK 1974)


**TERUO ISHII**
* 1924 Tokio / Tokyo, Japan
† 2005 Tokio / Tokyo, Japan

FILMOGRAFIE / FILMOGRAPHY:

Môjû tai Issunbôshi / Blind Beast vs. Dwarf (J 2001)
Jigoku / Hell (J 1999)
Neji-shiki / Screwed (J 1998)
Burai heiya (J 1995)
Gensen-Kan Shujin / Master of the Gensenkan Inn
(J 1993)
The Hit Man (J 1991)
Boryoku senshi (J 1979)
Wakusei robo Dangard A tai konchu robot Gundan
(J 1977)
Boso no kisetsu (J 1976)
Bakuhatsu! Boso yugi (J 1976)
Kinkin no lumpen taisho (J 1976)
Daidatsugoku (J 1975)
Bakuhatsu! Boso zoku (J 1975)

Jitsuroku 3 okuen jiken: Jiko seiritsu (J 1975)
Chokugeki! Jigoku ken: Dai-gyakuten / The Executioner 2: Karate Inferno (J 1974)
Chokugeki! Jigoku ken / Executioner (J 1974)
Gendai ninkyô-shi (J 1973)
Yasagure anego den: sôkatsu rinchi / Story of a Wild Elder Sister: Widespread Lynch Law (J 1973)
Porno jidaigeki: Bohachi bushido / Bohachi Bushido: Code of the Forgotten Eight (J 1973)
Hijirimen bakuto / The Red Silk Gambler (J 1972)
Kaidan nobori ryu / The Tattooed Swordswoman (J 1970)
Noboriryu tekkahada / Rising Dragon's Iron Flesh (J 1970)
Koroshiya ninbetsucho (J 1970)
Kangoku ninbetsucho (J 1970)
Edogawa Rampo taizen: Kyofu kikei ningen / Horror of a Deformed Man (J 1969)
Yakuza keibatsu-shi: Rinchi - shikei! / Yakuza's Law: Yakuza Keibatsushi: Rinchi (J 1969)
Tokugawa irezumi-shi: Seme jigoku / Inferno of Torture (J 1969)
Ijo seai kiroku, harenchi (J 1969)
Zankoku ijô gyakutai monogatari: Genroku onna keizu / Orgies of Edo (J 1969)
Meiji, taisho, showa ryoki onna hanzaishi / Love and Crime (J 1969)
Tokugawa onna keibatsu-shi / The Joy of Torture (J 1968)
Onsen anma geisha / Onsen Geisha (J 1968)
Tokugawa onna keizu / Tokugawa 1 (J 1968)
Zoku otoshimae (J 1968)
Abashiri Bangaichi: Fubuki no Toso / The Man from Abashiri Jail: Duel in the Snow Storm (J 1967)
Otoshimae (J 1967)
Abashiri Bangaichi: Ketto Reika 30 do (J 1967)
Abashiri Bangaichi: Aku eno Chosen / Challenge for Glory (J 1967)
Abashiri Bangaichi: Dai-setsugen no Taiketsu (J 1966)
Abashiri Bangaichi: Nangoku no Taiketsu (J 1966)
Abashiri Bangaichi: Hokkai-hen (J 1966)
Abashiri Bangaichi: Koya no taiketsu / Abashiri Prison: Duel in the Wind (J 1966)
Shinka 101: Koroshi no Yojinbo / Agent 101: Deadly Bodyguard (J 1966)
Nippon zero chitai: Yoru wo nerae (J 1966)
Daiakuto sakusen (J 1966)
Abashiri Bangaichi / Abashiri Prison (J 1965)
Kaoyaku (J 1965)
Irezumi totsugekitai (J 1964)
Narazu-mono (J 1964)
Evil Brain from Outer Space (Koreyoshi Akasaka, Teruo Ishii, Akira Mitsuwa, J 1964)
Tôkyô gyangu tai Honkon gyangu / Tokyo Gang vs. Hong Kong Gang (J 1964)
Invaders from Space (Koreyoshi Akasaka, Teruo Ishii, Akira Mitsuwa, J 1964)
Attack from Space (Koreyoshi Akasaka, Teruo Ishii, Akira Mitsuwa, J 1964)
Gokinzo yaburi (J 1964)

Atomic Rulers (Koreyoshi Akasaka, Teruo Ishii, Akira Mitsuwa, J 1964)
Showa kyokyaku den (J 1963)
Boss wo taose / Kill the Boss (J 1963)
Gang tai G-men: Shudan kinko yaburi (J 1963)
Ankokugai no kaoyaku: juichinin no gyangu / Boss of the Underworld: Gang of 11 (J 1963)
Gang tai Gang / Gang vs. Gang (J 1962)
Taiheiyo no g-men / The G-men of the Pacific (J 1962)
Koi to Taiyo to Gang (J 1962)
Kiiroi fudo (J 1961)
Kiri to kage (J 1961)
Hana to arashi to gyangu / The Flower, the Storm, and the Gang (J 1961)
Ren'ai Zubari Koza (J 1961)
Sexy chitai / Sexy Line (J 1961)
Joôbachi to daigaku no ryû / Queen Bee and the School for Dragons (J 1960)
Osen Chitai / Yellow Line (J 1960)
Nyotai uzumaki jima / Girls Without Return Tickets (J 1960)
Kurosen chitai / Black Line (J 1960)
Nippon romansu kyuko (Teruo Ishii, Goro Katano, Haku Komori, Nobuo Nakagawa, Tatsuo Yamada, J 1959)
Mofubuki no shito (J 1959)
Senjo no nadeshiko (J 1959)
Nippon romance ryoko: Sapporo han (J 1959)
Joôbachi no ikari (J 1958)
Nyotai sanbashi / Pier of Woman Body (J 1958)
Sûpâ jaiantsu – Uchûtei to jinkô eisei gekitotsu / Destruction of the Space Fleet (J 1958)
Shirosen himitsu chitai / White Line (J 1958)
Sûpâ jaiantsu – Jinkô eisei to jinrui no hametsu / Spaceship of Human Destruction (J 1957)
Sûpâ jaiantsu – Chikyû metsubô sunzen / The Earth in Danger (J 1957)
Sûpâ jaiantsu - Kaiseijin no majô / Invaders from the Planets (Koreyoshi Akasaka, Teruo Ishii, Akira Mitsuwa, J 1957)
Zoku sûpâ jaiantsu / Rescue from Outer Space (J 1957)
Sûpâ jaiantsu / The Steelman from Outer Space (J 1957)
5 nin no hanzaisha (J 1957)
Ring no oja: Eiko no sekai / King of the Ring: The World of Glory (J 1957)
Amagi shinju: Tengoku ni musubu koi (J 1957)

**KUNTZEL+DEYGAS**
Ihre Produktionsfirma namens „Add A Dog" ex-
istiert seit 1999. / Their company named "Add A
Dog" has subsisted since 1999.

VORSPANNGESTALTUNG – FILMOGRAFIE /
TITLE DESIGN – FILMOGRAPHY:

Agathe Cléry (Étienne Chatiliez, F 2008)
On Otto (Tobias Rehberger, 2007)
The Pink Panther (Shawn Levy, USA/CS 2006)
Palais Royal (Valérie Lemercier, F 2005)
Catch Me If You Can (Steven Spielberg, USA 2002)


**DUDLEY MURPHY**
* 1897 Winchester, USA
† 1968 Mexiko, Mexiko / Mexico

FILMOGRAFIE / FILMOGRAPHY:

Alma de bronce (MX 1944)
Yolanda/Toast of Love (MX 1943)
Abercrombie Had a Zombie (USA 1941)
Alabamy Bound (USA 1941)
Easy Street (USA 1941)
I Don't Want to Set the World on Fire (USA 1941)
Lazybones (USA 1941)
Merry-Go-Roundup (USA 1941)
Yes, Indeed! (Josef Berne, Dudley Murphy, USA 1941)
Main Street Lawyer (USA 1939)
One Third of a Nation (USA 1939)
Don't Gamble with Love (USA 1936)
The Night Is Young (USA 1935)
The Emperor Jones (USA 1933)
The Sport Parade (USA 1932)
Lesson in Golf (USA 1932)
Confessions of a Co-Ed (David Burton, Dudley
Murphy, USA 1931)
He Was Her Man (USA 1931)
Black and Tan (USA 1929)
St. Louis Blues (USA 1929)
The Burglar (USA 1929)
Stocks and Blondes (USA 1928)
Alex the Great (USA 1928)
Ballet mécanique (Fernand Léger, Dudley Murphy,
F 1924)
High Speed Lee (USA 1923)
Danse macabre (USA 1922)
The Soul of the Cypress (USA 1921)


**PIER PAOLO PASOLINI**
* 1922 Bologna, Italien / Italy
† 1975 Ostia, Italien / Italy

FILMOGRAFIE / FILMOGRAPHY:

La Rabbia di Pasolini (Pier Paolo Pasolini, Giuseppe
Bertolucci, I 1963/2008)
Salò o le 120 giornate di Sodoma / Salo, or the 120
Days of Sodom (I/F 1975)
Il Fiore delle mille e una notte / Flower of the Ara-
bian Nights (I/F 1974)
Pasolini e... la forma della città (Paolo Brunatto, Pier
Paolo Pasolini, I 1974)
I Racconti di Canterbury / The Canterbury Tales
(I/F 1972)
12 dicembre / Document on Giuseppe Pinelli
(Giovanni Bonfanti, Pier Paolo Pasolini, I 1972)
Il Decameron / The Decameron (I/F/D 1971)
Le Mura di Sana'a (I 1971)
Appunti per un'Orestiade africana / Notes Towards
an African Orestes (I 1970)
Appunti per un romanzo dell'immondezza (I 1970)
Medea (I/F/D 1969)
Porcile / Pigsty (I/F 1969)
Amore e rabbia / Love and Anger
(Marco Bellocchio, Bernardo Bertolucci, Jean-Luc
Godard, Carlo Lizzani, Pier Paolo Pasolini, Elda Tat-
toli, I/F 1969)
Teorema / Theorem (I 1968)
Capriccio all'italiana / Caprice Italian Style
(Mauro Bolognini, Mario Monicelli, Pier Paolo
Pasolini, Steno, Pino Zac, Franco Rossi, I 1968)
Edipo re / Oedipus Rex (I/M 1967)
Le Streghe / The Witches
(Mauro Bolognini, Vittorio De Sica, Pier Paolo
Pasolini, Franco Rossi, Luchino Visconti, I/F 1967)
Uccellacci e uccellini / Hawks and Sparrows (I 1966)
Sopralluoghi in Palestina per il vangelo secondo
Matteo (I 1965)
Comizi d'amore / Love Meetings (I 1965)
Il Padre selvaggio (I 1965)
Il Vangelo secondo Matteo (I/F 1964)
Ro.Go.Pa.G. (Jean-Luc Godard, Ugo Gregoretti,
Pier Paolo Pasolini, Roberto Rossellini, I/F 1963)
Mamma Roma (I 1962)
Accattone (I 1961)


**DAN PERRI**
* 1945 New York, USA

VORSPANNGESTALTUNG – FILMOGRAFIE /
TITLE DESIGN – FILMOGRAPHY:

In the Valley of Elah (Paul Haggis, USA 2007)
Spinning Into Butter (Mark Brokaw, USA 2007)
The House of Usher (Hayley Cloake, USA 2006)
Eight Below (Frank Marshall, USA 2006)
Hoot (Wil Shriner, USA 2006)
The Aviator (Martin Scorsese, USA/D 2004)
The Battle of Shaker Heights (Efram Potelle,
Kyle Rankin, USA 2003)
Gangs of New York (Martin Scorsese, USA 2002)
American Gun (Alan Jacobs, USA 2002)
Insomnia (Christopher Nolan, USA/CDN 2002)
Sorority Boys (Wallace Wolodarsky, USA 2002)
15 Minutes (John Herzfeld, USA/D 2001)
Bartleby (Jonathan Parker, USA 2001)
Speaking of Sex (John McNaughton, CDN/USA/F 2001)
Lucky Town (Paul Nicholas, USA 2000)
Rebel Yell (Mike White, 2000)

Vendetta (Lee Hutcheon, GB 1999)
In Too Deep (Michael Rymer, USA 1999)
Mummy Dearest: A Horror Tradition Unearthed (Duck Dumont, USA 1999)
She's All That (Robert Iscove, USA 1999)
Varsity Blues (Brian Robbins, USA 1999)
A Night at the Roxbury (John Fortenberry, Amy Heckerling, USA 1998)
Melting Pot (Tom Musca, USA/ISR 1998)
Martha meet Frank, Daniel and Laurence (Nick Hamm, GB 1998)
Thick as Thieves (Scott Sanders, USA 1998)
I woke up Early the Day I Died (Aris Iliopulos, USA 1998)
54 (Mark Christopher, USA 1998)
A Price Above Rubies (Boaz Yakin, GB/USA 1998)
Girl (Jonathan Kahn, USA 1998)
The Hunt (John Ridley, USA 1997)
Tinseltown (Tony Spiridakis, USA 1997)
Traveller (Jack N. Green, USA 1997)
Gridlock'd (Vondie Curtis-Hall, USA 1997)
Love Jones (Theodore Witcher, USA 1997)
Playing God (Andy Wilson, USA 1997)
Soul Food (George Tillman Jr., USA 1997)
This World, Then the Fireworks (Michael Oblowitz, USA 1997)
Freeway (Matthew Bright, USA 1996)
Curdled (Reb Braddock, USA 1996)
House Arrest (Harry Winer, USA 1996)
Mulholland Falls (Lee Tamahori, USA 1996)
Congo (Frank Marshall, USA 1995)
Rainbow (Bob Hoskins, GB/CDN 1995)
Separate Lives (David Madden, USA 1995)
Mallrats (Kevin Smith, USA 1995)
Species (Roger Donaldson, USA 1995)
Color of Night (Richard Rush, USA 1994)
Safe Passage (Robert Allan Ackerman, USA 1994)
Picture Bride (Kayo Hatta, J/USA 1994)
Wilder Napalm (Glenn Gordon Caron, USA 1993)
Alive (Frank Marshall, USA 1993)
Dragon: The Bruce Lee Story (Rob Cohen, USA 1993)
Mr. Wonderful (Anthony Minghella, USA 1993)
Sister Act 2: Back in the Habit (Bill Duke, USA 1993)
The Iron Monkey (Yuen Wo-Ping, HK 1993)
Samantha (Stephen La Rocque, USA 1992)
Traces of Red (Andy Wolk, USA 1992)
Original Intent (Robert Marcarelli, USA 1992)
Deep Cover (Bill Duke, USA 1992)
Night and the City (Irwin Winkler, USA 1992)
The Distinguished Gentleman (Jonathan Lynn, USA 1992)
The Player (Robert Altman, USA 1992)
Traces of Red (Andy Wolk, USA 1992)
Guilty By Suspicion (Irwin Winkler, F/USA 1991)
The Taking of Beverly Hills (Sidney J. Furie, USA 1991)
Internal Affairs (Mike Figgis, USA 1990)
The Rescuers Down Under (Hendel Butoy, Mike Gabriel, USA 1990)
Lord of the Flies (Harry Hook, USA 1990)
Pacific Heights (John Schlesinger, USA 1990)
Robocop 2 (Irvin Kershner, USA 1990)

Men Don't Leave (Paul Brickman, USA 1990)
Stella (John Erman, USA 1990)
The First Power (Robert Resnikoff, USA 1990)
Out Cold (Malcolm Mowbray, USA 1989)
Field of Dreams (Phil Alden Robinson, USA 1989)
A Nightmare on Elm Street 4: The Dream Master (Renny Harlin, USA 1988)
1969 (Ernest Thompson, USA 1988)
Miracle Mile (Steve De Jarnatt, USA 1988)
A Time of Destiny (Gregory Nava, USA 1988)
Mystic Pizza (Donald Petrie, USA 1988)
Bull Durham (Ron Shelton, USA 1988)
The Beat (Paul Mones, USA 1988)
The In-Crowd (Mark Rosenthal, USA 1988)
Everybody's All American (Taylor Hackford, USA 1988)
Fresh Horses (David Anspaugh, USA 1988)
Midnight Run (Martin Brest, USA 1988)
Talk Radio (Oliver Stone, USA 1988)
Tequila Sunrise (Robert Towne, USA 1988)
The Seventh Sign (Carl Schultz, USA 1988)
Vibes (Ken Kwapis, USA 1988)
A Nightmare on Elm Street Part III: Dream Warriors (Chuck Russell, USA 1987)
Chuck Berry Hail! Hail! Rock 'n' Roll! (Taylor Hackford, USA 1987)
In the Mood (Phil Alden Robinson, USA 1987)
Revenge of the Nerds II: Nerds in Paradise (Joe Roth, USA 1987)
The Allnighter (Tamar Simon Hoffs, USA 1987)
La Bamba (Luis Valdez, USA 1987)
Raising Arizona (Joel Coen, Ethan Coen, USA 1987)
Wall Street (Oliver Stone, USA 1987)
9 1/2 Weeks (Adrian Lyne, USA 1986)
Deadly Friend (Wes Craven, USA 1986)
Dream Lover (Alan J. Pakula, USA 1986)
Platoon (Oliver Stone, GB/USA 1986)
Quicksilver (Thomas Michael Donnelly, USA 1986)
Quiet Cool (Clay Borris, USA 1986)
Streets of Gold (Joe Roth, USA 1986)
The Color of Money (Martin Scorsese, USA 1986)
Tough Guys (Jeff Kanew, USA 1986)
Where the River Runs Black (Christopher Cain, USA 1986)
Wise Guys (Brian De Palma, USA 1986)
After Hours (Martin Scorsese, USA 1985)
Compromising Positions (Frank Perry, USA 1985)
White Nights (Taylor Hackford, USA 1985)
Key Exchange (Barnet Kellman, USA 1985)
The Last Dragon (Michael Schultz, USA 1985)
Beer (Patrick Kelly, USA 1985)
Grace Quigley (Anthony Harvey, USA 1984)
Against All Odds (Taylor Hackford, USA 1984)
A Nightmare on Elm Street (Wes Craven, USA 1984)
Beat Street (Stan Lathan, USA 1984)
Blood Simple (Joel Coen, Ethan Coen, USA 1984)
All Night in Heaven (John G. Avildsen, USA 1983)
Curtains (Richard Ciupka, CDN 1983)
Spring Break (Sean S. Cunningham, USA 1983)
Star 80 (Bob Fosse, USA 1983)
Streamers (Robert Altman, USA 1983)
The King of Comedy (Martin Scorsese, USA 1983)

An Officer and A Gentleman (Taylor Hackford,
USA 1982)
If You Could See What I Hear (Eric Till, CDN 1982)
White Dog (Samuel Fuller, USA 1982)
The Hand (Oliver Stone, USA 1981)
Blood Beach (Jeffrey Bloom, USA 1981)
Cutter's Way (Ivan Passer, USA 1981)
Honky Tonk Freeway (John Schlesinger,
USA/GB 1981)
The Fan (Edward Bianchi, USA 1981)
Airplane! (Jim Abrahams, David Zucker, Jerry
Zucker, USA 1980)
First Family (Buck Henry, USA 1980)
The Stunt Man (Richard Rush, USA 1980)
Caddyshack (Harold Ramis, USA 1980)
Raging Bull (Martin Scorsese, USA 1980)
The Idolmaker (Taylor Hackford, USA 1980)
The Long Riders (Walter Hill, USA 1980)
Times Square (Allan Moyle, USA 1980)
Going In Style (Martin Brest, USA 1979)
Promises in the Dark (Jerome Hellman, USA 1979)
Bloodline (Terence Young, USA/D 1979)
Dreamer (Noel Nosseck, USA 1979)
Norma Rae (Martin Ritt, USA 1979)
Hanover Street (Peter Hyams, GB 1979)
Players (Anthony Harvey, USA 1979)
The Warriors (Walter Hill, USA 1979)
Blue Collar (Paul Schrader, USA 1978)
Capricorn One (Peter Hyams, USA/GB 1978)
Days of Heaven (Terrence Malick, USA 1978)
F.I.S.T. (Norman Jewison, USA 1978)
House Calls (Howard Zieff, USA 1978)
FM (John A. Alonzo, USA 1978)
I Wanna Hold Your Hand (Robert Zemeckis,
USA 1978)
Movie Movie (Stanley Donen, USA 1978)
The Betsy (Daniel Petrie, USA 1978)
The Last Waltz (Martin Scorsese, USA 1978)
Close Encounters of the Third Kind
(Steven Spielberg, USA/GB 1977)
Exorcist II: The Heretic (John Boorman, USA 1977)
New York, New York (Martin Scorsese, USA 1977)
Star Wars (George Lucas, USA 1977)
The Late Show (Robert Benton, USA 1977)
The White Buffalo (J. Lee Thompson, USA 1977)
3 Women (Robert Altman, USA 1977)
All the President's Men (Alan J. Pakula, USA 1976)
Marathon Man (John Schlesinger, USA 1976)
Paco (Robert Vincent O'Neill, COL/USA 1976)
Buffalo Bill and the Indians, or Sitting Bull's History
Lesson (Robert Altman, USA 1976)
The Legend of Bigfoot (Harry Winer, USA 1976)
Taxi Driver (Martin Scorsese, USA 1976)
Welcome to L.A. (Alan Rudolph, USA 1976)
Nashville (Robert Altman, USA 1975)
Lucky Lady (Stanley Donen, USA 1975)
Once is Not Enough (Guy Green, USA 1975)
Las Vegas Lady (Noel Nosseck, USA 1975)
The Day of the Locust (John Schlesinger, USA 1975)
Russian Roulette (Lou Lombardo, CDN/GB 1975)
Freebie and the Bean (Richard Rush, USA 1974)
California Split (Robert Altman, USA 1974)

The Exorcist (William Friedkin, USA 1973)
FTA (Francine Parker, USA 1972)


**HORST PIEHLER**

VORSPANNGESTALTUNG – FILMOGRAFIE /
TITLE DESIGN – FILMOGRAPHY:

Hokuspokus oder: Wie lasse ich meinen Mann
verschwinden ...? (Kurt Hoffmann, D 1966)


**JAMES S. POLLAK**

VORSPANNGESTALTUNG – FILMOGRAFIE /
TITLE DESIGN – FILMOGRAPHY:

Grand Prix (John Frankenheimer, USA 1966)
The Birds (Alfred Hitchcock, USA 1963)
The Wheeler Dealers (Arthur Hiller, USA 1963)


**LOTTE REINIGER**
* 1899 Berlin, Deutschland / Germany
† 1981 Dettenhausen, Deutschland / Germany

FILMOGRAFIE / FILMOGRAPHY:

Düsselchen und die vier Jahreszeiten (D 1980)
The Rose and the Ring (Patricia Martin,
Lotte Reiniger, CDN 1978)
Aucassin and Nicolette (CDN 1975)
The Lost Son (GB 1974)
Cinderella (GB 1963)
Wee Sandy (GB 1962)
The Frog Prince (GB 1961)
The Pied Piper of Hamelin (GB 1960)
The Seraglio (GB 1958)
Helen La Belle (GB 1957)
The Star of Bethlehem (GB 1956)
Jack and the Beanstalk (GB 1955)
Thumbelina (GB 1955)
Hansel and Gretel (GB 1954)
The little Chimney Sweep (1954)
Caliph Storch (GB 1954)
The Frog Prince (GB 1954)
The Gallant Little Tailor (GB 1954)
The Grasshopper and the Ant (GB 1954)
The Sleeping Beauty (GB 1954)
The Three Wishes (GB 1954)
The Magic Horse (GB 1954)
Puss in Boots (GB 1953/54)
Snow White and Rose Red (GB 1953)
Aladdin and the Magic Lamp (GB 1953)
Mary's Birthday (GB 1951)
Die goldene Gans / The Golden Goose (D 1944)
Una Signora dell'Ovest (Carl Koch, Lotte Reiniger,
I 1941)
Dream Circus (1939)
L'Elisir d'amore (I 1939)
The HPO – Heavenly Post Office (GB 1938)

The Tocher (GB 1937)
Silhouetten (Walter Reisch, Lotte Reiniger, A 1936)
The King's Breakfast (GB 1936)
Der gestiefelte Kater (D 1936)
Galathea: Das lebende Marmorbild (D 1935)
Kalif Storch (D 1935)
Papageno (D 1935)
Der kleine Schornsteinfeger (D 1935)
Das gestohlene Herz / The Stolen Heart (D 1934)
Der Graf von Carabas (D 1934)
Das rollende Rad (D 1934)
Carmen (D 1933)
Sissi (D/A 1932)
Harlekin (D 1931)
Die Jagd nach dem Glück / Running After Luck
(Rochus Gliese, Carl Koch, Lotte Reiniger, D 1930)
Zehn Minuten Mozart (D 1930)
Dr. Dolittle und seine Tiere / Dr. Dolittle and His
Animals (D 1928)
Der scheintote Chinese / The Death Feigning
Chinaman (D 1928)
Die Abenteuer des Prinzen Achmed / The Adven-
tures of Prince Achmed (Lotte Reiniger, Carl Koch,
D 1923–26)
Aschenputtel / Cinderella (D 1922)
Dornröschen (D 1922)
Der fliegende Koffer / The Flying Coffer (D 1921)
Der Stern von Bethlehem / The Star of Bethlehem
(D 1921)
Amor und das standhafte Liebespaar (D 1920)
Der verlorene Schatten / The Lost Shadow (Rochus
Gliese, D 1920)
Das Ornament des verliebten Herzens / The Orna-
ment of a Loving Heart (D 1919)
Der Rattenfänger von Hameln (Paul Wegener, D 1918)
Apokalypse (Rochus Gliese, D 1918)
Rübezahls Hochzeit (Paul Wegener, D 1916)


**CHRISTOPH SCHLINGENSIEF**
* 1960 Oberhausen, Deutschland / Germany

FILMOGRAFIE / FILMOGRAPHY:

The African Twin Towers (D 2008)
Freakstars 3000 (D 2003)
Die 120 Tage von Bottrop (D 1997)
United Trash / The Slit (D 1995/96)
Terror 2000 – Intensivstation Deutschland (D 1991/92)
Das deutsche Kettensägenmassaker / Bleackest
Heart (D 1990)
100 Jahre Adolf Hitler – Die letzte Stunde im
Führerbunker / 100 Years of Adolph Hitler (D 1988)
Mutters Maske (D 1987/88)
Die Schlacht der Idioten (D 1986)
Egomania – Insel der Hoffnung (D 1986)
Menu Total / Meat, Your Parents (Piece to Piece)
(D 1985/86)
My Wife in 5 (Thomas Göttemann, Katrin Köster,
Eckhard W. Kuchenbecker, Ralf Malwitz, Almut
Riebe, Norbert Schliewe, Christoph Schlingensief,
D 1985)

Bye, Bye (Thomas Göttemann, Katrin Köster,
Eckhard W. Kuchenbecker, Norbert Schliewe,
Christoph Schlingensief, Peter Christian, Cornelia
Franke, Wilfried Indiger, D 1985)
Bemerkungen (D 1984)
Tunguska – die Kisten sind da (Christoph Schlingen-
sief, Norbert Schliewe, D 1983/84)
What happend to Magdalena Jung? Die Macht der
Unschuld (D 1983)
Phantasus muss anders werden / Phantasus go home
(D 1983)
Wie würden Sie entscheiden? (D 1982)
Für Elise (D 1982)
Abfall – ein kostbarer Rohstoff (D 1982)
Punkt (D 1978–80)
Mensch, Mami, wir drehn 'nen Film (D 1977)
Das Geheimnis des Grafen von Kraunitz (D 1976/77)
Columbo (D 1975)
Das Totenhaus der Lady Florence (D 1974/75)
Rex, der unbekannte Mörder von London (D 1973)
Wer tötet, kommt ins Kittchen (D 1972)
Erdkundefilm (D 1970)
Die Schulklasse (D 1969)
Mein 1. Film. 1. Eine kleine Kriminalgeschichte.
2. Kurzer Dreh mit Christoph Schlingensief.
3. Allerlei Sachen. (D 1968)
Der Fahnenschwenkerfilm (D 1968)


**QUENTIN TARANTINO**
* 1963 Knoxville, USA

FILMOGRAFIE / FILMOGRAPHY:

Inglourious Basterds (USA/D 2009)
Death Proof (USA 2007)
Grindhouse (Robert Rodriguez, Eli Roth, Quentin
Tarantino, Edgar Wright, Rob Zombie, USA 2007)
Sin City (Frank Miller, Robert Rodriguez, Quentin
Tarantino, USA 2005)
Kill Bill: Vol. 2 (USA 2004)
Kill Bill: Vol. 1 (USA 2003)
Jackie Brown (USA 1997)
Four Rooms (Allison Anders, Alexandre Rockwell,
Robert Rodriguez, Quentin Tarantino, USA 1995)
Pulp Fiction (USA 1994)
Reservoir Dogs (USA 1992)
My Best Friend's Birthday (USA 1987)


**ORSON WELLES**
* 1915 Kenosha, USA
† 1985 Los Angeles, USA

FILMOGRAFIE / FILMOGRAPHY:

Moby Dick (F/GB 1999)
It's All True (Orson Welles, Bill Krohn, Myron
Meisel, Richard Wilson, Norman Foster, F/USA 1993)
Don Quijote de Orson Welles / Don Quixote
(E/I/USA 1992)
The Spirit of Charles Lindbergh (USA 1984)

Filming "The Trial" (USA 1981)
Filming "Othello" (D 1978)
Vérités et mensonges / F for Fake (F/IR/D 1974)
The Other Side of the Wind (F/IR 1972)
London (USA 1971)
The Golden Honeymoon (USA 1970)
The Southern Star (Orson Welles, Sidney Hayers,
F/GB 1969)
The Immortal Story (F 1968)
Vienna (GB/CDN 1968)
Campanadas a medianoche / Chimes at Midnight
(F/E/CH 1965)
Le Procès / The Trial (F/I/D/YUG 1962)
No Exit (Tad Danielewski, Orson Welles,
USA/ARG 1962)
David e Golia / David and Goliath (Ferdinando
Baldi, Richard Pottier, Orson Welles, I 1960)
Touch of Evil (USA 1958)
Mr. Arkadin (F/E/CH 1955)
The Tragedy of Othello: The Moor of Venice
(USA/I/F/M 1952)
Black Magic (Gregory Ratoff, Orson Welles,
USA/I 1949)
Macbeth (USA 1948)
The Lady from Shanghai (USA 1947)
The Stranger (USA 1946)
Journey Into Fear (Norman Foster, Orson Welles,
USA 1943)
The Magnificent Ambersons (Orson Welles,
Fred Fleck, Robert Wise, USA 1942)
Citizen Kane (USA 1941)
Too Much Johnson (USA 1938)
The Hearts of Age (William Vance, Orson Welles,
USA 1934)


## DAVID WOJNAROWICZ

* 1954 Red Bank, USA
† 1992 New York, USA

FILMOGRAFIE / FILMOGRAPHY:

Fear of Disclosure (David Wojnarowicz, Phil
Zwickler, 1989)
Teaching a Frog to Dance – or: Building a
Patriotic Beast (1989)
Howdy Doody Goes for a Ride (1989)
Beautiful People (1988)
Untitled – The Death of Peter Hujar (1987–88)
Fire in My Belly (1987)
Mexican Mummies (1986–87)
Where Evil Dwells (David Wojnarowicz, Tommy
Turner, 1985)
Satan Teens (David Wojnarowicz, Tommy
Turner, 1985)
Heroin (1979)

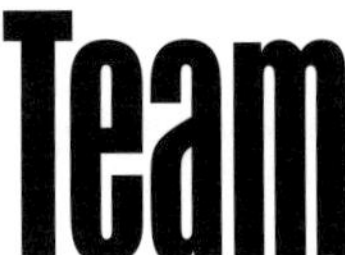

# Team

KW Institute for Contemporary Art
Kunst-Werke Berlin e. V.
Auguststraße 69
D-10117 Berlin
Tel. +49 (0) 30 – 24 34 59 0
Fax +49 (0) 30 – 24 34 59 99
www.kw-berlin.de

**Direktorin / Director**
Gabriele Horn

Geschäftsführender Vorstand / Executive Board of
Directors Kunst-Werke Berlin e. V.
**1. Vorsitzender / Chairman**
Eike Becker
**2. Vorsitzender / Vice-chairman**
Eberhard Mayntz
**Schatzmeisterin / Treasurer**
Kate Merkle

Erweiterter Vorstand / Advisory Board of Directors
Kunst-Werke Berlin e. V.
**Kuratorischer Berater / Curatorial advisor**
Klaus Biesenbach
**Kuratorische Beraterin / Curatorial advisor**
Alanna Heiss
**Künstlerische Beraterin / Artistic advisor**
Katharina Sieverding
**Beraterin / Advisor**
Antje Vollmer

**Kuratorium / Trustees Kunst-Werke Berlin e. V.**
Marina Abramović
Lawton W. Fitt
Christiane Kofler
Egidio Marzona
Rivka Saker
Rosa und / and Gilberto Sandretto
Julia Stoschek
Diana Widmaier Picasso

Ausstellungen / Exhibitions KW Institute for Contemporary Art
**Kuratorin / Curator**
Susanne Pfeffer
**Assistentin der Kuratorin / Assistant to the curator**
Valeska Schneider
**Projektleitung / Project management**
Marianne Sneijers
**Projektassistentin / Project assistant**
Anke Schleper
**Ausstellungsassistenz / Exhibition assistant**
Syelle Hase

**Registrarin / Registrar**
Monika Grzymislawska
**Praktikantin / Intern**
Lucile Bouvard
**Presse und Kommunikation / Press and Communication**
Denhart v. Harling
**Praktikantin / Intern**
Anna v. Küchtzner

Organisation und Management / Organization and management
**Programm-Management, Kooperationen / Program management, cooperations**
Kathleen Knitter
**Assistentin der Direktorin / Assistant to the director**
Tina Wessel
**Sekretariat / Office management**
Ellinor Kuhn
**Organisation Besucherbetreuung / Organization Visitor Service**
Jeanette Gogoll
**Bibliothek und Archiv / Library and archive**
Birgit Spiess

Verwaltung und Finanzen / Administration and finances
**Leiter Verwaltung / Director of administration**
Hartmut Reith
**Buchhaltung / Accountants**
Birgit Broder
Petra Wenzel
**Mitarbeit / Assistance**
Friedrich Brandi
Cornelia Cichon
**Koordination Aufsichtskräfte / Coordination guards**
Anke Kalk
Udo Klink
**Haustechnik / Maintenance**
Manfred Baatz
Konrad Muchow
Dieter Sielaff
Sandra Zeidler
**Datenbank / Database**
Viola Götz
**Aufbauteam und Medientechnik / Installation team and media technology**
Familie Kartenrecht & Friends

Diese Publikation erscheint anlässlich der Ausstellung / This book is published on the occasion of the exhibition

**VORSPANNKINO**
47 Titel einer Ausstellung
47 Titles of an Exhibition

KW Institute for Contemporary Art, Berlin
8. Februar – 19. April 2009 / February 8 – April 19, 2009

**Ausstellung / Exhibition**
Kuratorin / Curator
Susanne Pfeffer
Assistentin der Kuratorin / Assistant to the curator
Valeska Schneider
Projektleitung / Project manager
Marianne Sneijers
Projektassistenz / Project assistant
Anke Schleper
Ausstellungsassistenz / Exhibition assistant
Syelle Hase
Praktikantin / Intern
Lucile Bouvard
Aufbauleitung / Installation manager
Lutz Bertram
Aufbauteam / Installation team
Familie Kartenrecht & Friends
Wandmalerei Foyer / Wall painting foyer (Barbarella)
Götz Valien

**Katalog / Catalogue**
Herausgeber / Editor
Susanne Pfeffer
Redaktion und Lektorat / Editing and copyediting
Katrin Sauerländer
Englisches Lektorat / English copyediting
Sarah Campbell
Korrektorat / Proofreading
Katrin Sauerländer, Tina Wessel
Übersetzungen / Translations
Christopher Jenkin-Jones (Zons), Jeanne Haunschild (Kothenschulte, Pfeffer)
Installationsfotos / Installation shots
Uwe Walter
Druck
schöne drucksachen GmbH, Berlin

Interview Saul Bass erstveröffentlicht / first published in: Lars-Olav Beier, Gerhard Midding, *Teamwork in der Traumfabrik*, Henschel Verlag: Berlin 1993.

**Erschienen im / Published by**
Verlag der Buchhandlung Walther König, Köln
Ehrenstr. 4, 50672 Köln
Tel. +49 (0) 221 20 59 6-53
Fax +49 (0) 221 20 59 6-60
verlag@buchhandlung-walther-koenig.de

**Bibliografische Information der Deutschen Nationalbibliothek**
Die Deutsche Nationalbibliothek verzeichnet diese Publikation in der Deutschen Nationalbibliografie; detaillierte bibliografische Daten sind über http://dnb.d-nb.de abrufbar.

Printed in Germany

**Vertrieb / Distribution**

Schweiz / Switzerland
Buch 2000
c/o AVA Verlagsauslieferungen AG
Centralweg 16
CH-8910 Affoltern a.A.
Tel. +41 (44) 762 42 00
Fax +41 (44) 762 42 10
buch2000@ava.ch

Großbritannien & Irland / UK & Eire
Cornerhouse Publications
70 Oxford Street
GB-Manchester M1 5NH
Tel. +44 (0) 161 200 15 03
Fax +44 (0) 161 200 15 04
publications@cornerhouse.org

Außerhalb Europas / Outside Europe
D.A.P. / Distributed Art Publishers, Inc.
155 6th Avenue, 2nd Floor
USA-New York, NY 10013
Tel. +1 212 627 1999
Fax +1 212 627 9484
www.artbook.com

ISBN 978-3-86560-876-5

**Dank an / Thanks to**
Arsenal – Institut für Film und Videokunst e. V., Crème, Deutsche Kinemathek – Museum für Film und Fernsehen, Eidotech, Filmgalerie 451 Berlin, Michael Glasmeier, Syelle Hase, Wilhelm Hein, Anna Jandt, Annika Kahrs, Claudia Kapp, Bert Neumann, Norbert Schwontkowski, Franziska Solte, Johannes Springer, Götz Valien

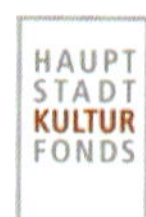

Die Ausstellung wurde realisiert mit freundlicher Unterstützung des Hauptstadtkulturfonds, Berlin. / The exhibition has been realized with kind support by the Capital Cultural Fund, Berlin.

Das Programm der KW Institute for Contemporary Art wird durch die Unterstützung des Regierenden Bürgermeisters von Berlin – Senatskanzlei – Kulturelle Angelegenheiten ermöglicht. / The cultural programs of KW Institute for Contemporary Art are made possible thanks to the support of the Governing Mayor of Berlin—Senate Chancellery—Cultural Affairs.

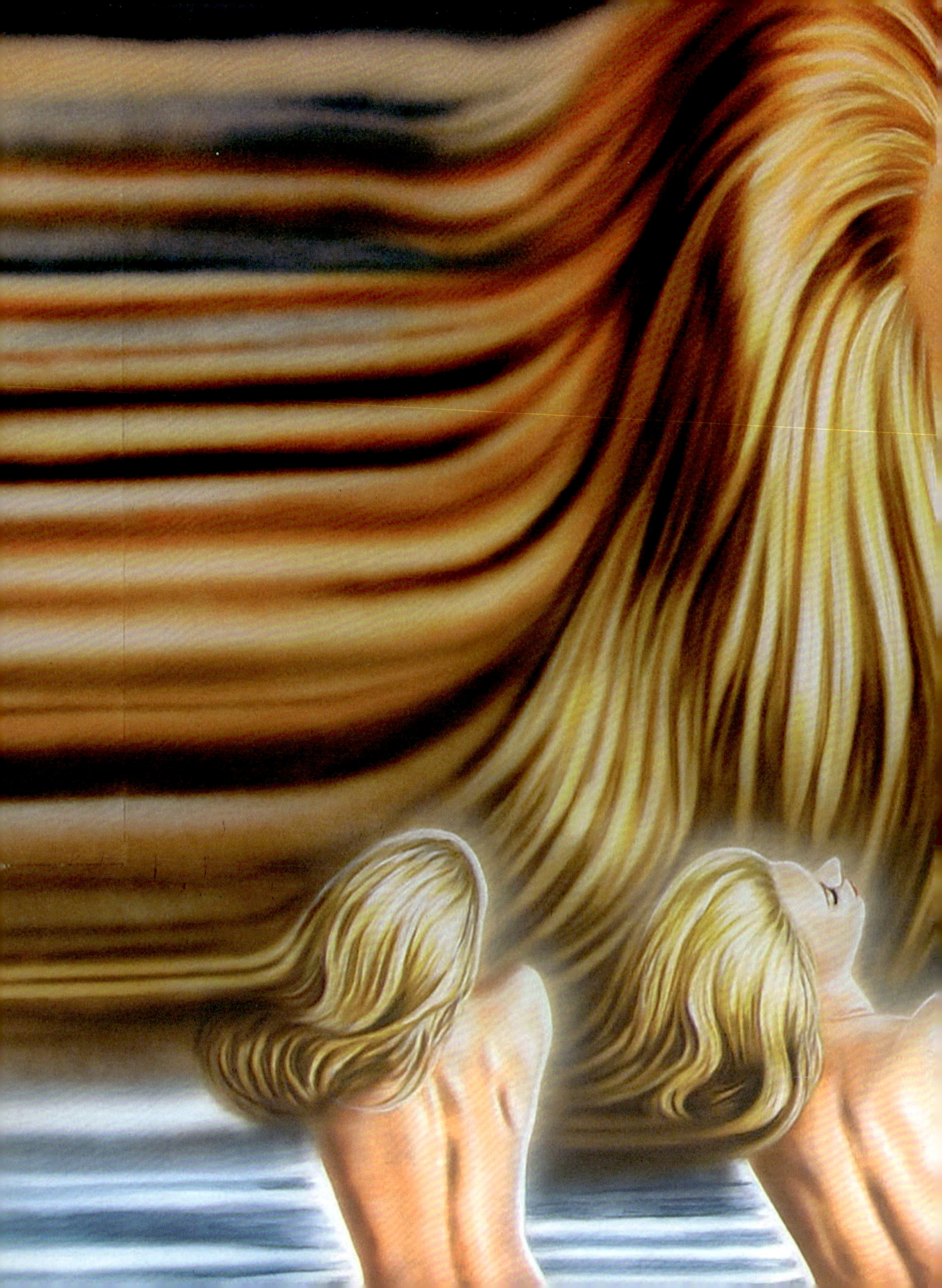